U0930998

北京市社会科学院法治研究中心　法学研究所 ◎编

北京法治发展报告（2020）

STUDIES ON THE RULE OF LAW IN BEIJING (2020)

马一德 ◎主编

《北京法治发展论丛》
编委会名单

前言 FOREWORD

2019年10月，中国共产党第十九届中央委员会第四次会议审议通过了《中共中央关于坚持和完善中国特色社会主义制度　推进国家治理体系和治理能力现代化若干重大问题的决定》（以下简称《决定》），是我国在新时期的一份重要纲领性文件。《决定》全面回答了在我国国家制度和国家治理体系上应该坚持和巩固什么、完善和发展什么这两个重大政治问题，为新时代推进国家治理体系和治理能力现代化提供了根本遵循。中国特色社会主义制度和国家治理体系不仅是以马克思主义为指导、根植于中国历史和中华文化的制度和治理体系，也是党和人民长期艰苦奋斗获得的、深得人民支持和拥护的制度和治理体系。

《决定》强调坚持和完善中国特色社会主义法治体系，提高党依法治国、依法执政能力。《决定》指出，“建设中国特色社会主义法治体系、建设社会主义法治国家是坚持和发展中国特色社会主义的内在要求”。自党的十八大以来，以习近平同志为核心的党中央将依法治国作为党领导人民治理国家的基本方略，将法治作为治国理政的基本方式。党的十八届四中全会提出，依法治国是实现国家治理体系和治理能力现代化的必然要求。党的十九届四中全会对坚持和完善中国特色社会主义制度、推进国家治理体系和治理能力现代化作出全面部署，提出“坚持依法治国、依法执政、依法行政共同推进，坚持法治国家、法治政府、法治社会一体建设，加快形成完备的法律规范体系、高效的法治实施体系、严密的法治监督体系、有力的法治保障体系,加快形成完善的党内法规体系,全面推进科学立法、严格执法、公正司法、全民守法,推进法治中国建设”。党的十八大以来,以习近平同志为核心的党中央把全面依法治国摆在突出位置,推动党和国家事业发生历史性变革、取得历史性成就,中国特色社会主义进入新时代。

2019年年底至2020年年初,新型冠状病毒引发的肺炎疫情席卷世界,正是对国家治理能力和治理体系的严峻挑战和全面大考。疫情发生后,习近平总书记高度重视,多次主持召开会议,对疫情防控工作进行研究部署,要求依法科学有序防控。2020年2月5日,习近平主持召开中央全面依法治国委员会第三次会议,并在讲话中指出,要在党中央集中统一领导下,始终把人民群众生命安全和身体健康放在第一位,从立法、执法、司法、守法各环节发力,全面提高依法防控、依法治理能力,为疫情防控工作提供有力法治保障。习近平强调,疫情防控越是到最吃劲的时候,越要坚持依法防控,并要求各级党委和政府要全面依法履行职责,坚持运用法治思维和法治方式开展疫情防控工作,在处置重大突发事件中推进法治政府建设,提高依法执政、依法行政水平。在疫情防控过程中,党中央和全国人民团结一致,坚持联防联控,以最快的速度遏制疫情的传播,并积极推动疫情后经济社会正常秩序的恢复,不仅为世界重大突发公共卫生事件治理贡献了教科书级别的中国范本,也充分彰显了中国特色社会主义制度和国家治理体系的优越性。

2019年11月,中国共产党北京市第十二届委员会第十次全体会议审议通过了《中共北京市委贯彻〈中共中央关于坚持和完善中国特色社会主义制度　推进国家治理体系和治理能力现代化若干重大问题的决定〉的实施意见》,提出要认真贯彻《决定》提出的总体目标,紧密结合北京实际,立足首都城市战略定位,把建设和管理好首都作为国家治理体系和治理能力现代化的重要内容。2019年9月,北京市委全面依法治市委员会召开第二次会议,指出要扎实做好依法治市各项工作,推进法治中国首善之区建设，为改革发展稳定营造良好的法治环境。要加强立法工作协调，提高立法工作水平；推进法治政府建设，持续优化营商环境；以解决执行难为突破口，进一步提高司法质量和效率。2020 年 2 月，北京市委全面依法治市委员会第三次会议指出：应对首都疫情防控，要深刻认识做好首都疫情防控工作的极端重要性，统筹全市法治力量，全力服务保障疫情防控工作。要充分发挥法治机构作用，加大疫情防控相关决策合法性审查力度，加快立法步伐，加快推进医院安全秩序保障条例立法进程，加大执法力度，强化治安管理，教育引导市民群众增强法治意识，提高各级党委政府疫情防控法治化水平。

北京推进"法治中国首善之区"建设，应紧紧围绕北京市作为全国政治中心、文化中心、国际交往中心、科技创新中心的定位展开，力争质量"最优"、效果"最好"，持续优化提升首都功能，不断完善首都治理体系，切实提高治理能力，为深入贯彻全面依法治国战略发挥引领示范作用，为推进国家治理体系和治理能力现代化作出应有贡献。为了全面展现国家治理体系和治理能力现代化的生动实践，本书收录的文章既包括对北京市作为首都功能的探讨和思考，也包括对国家治理和国家法治发展的分析和反思；既包括对疫情防控特殊时期相关治理问题的建议，也包括经济社会技术快速发展所带来的制度滞后和制度改革问题的讨论。

《北京法治发展论丛(2020)》以当前推进国家治理体系和治理能力现代化的纲领为指导，征集编纂的文章主题由疫情防控、社会法治、司法改革、民事法治、刑事法治、知识产权六个板块组成。疫情防控聚焦新冠肺炎疫情防控期间的网络谣言、刑事犯罪、全球合作、风险沟通等具体问题，提出对策建议；社会法治收录了互联网治理、北京非首都功能疏解、信息化与工业化融合等方面的文章；司法改革关注检察院和法院进行司法改革的具体实践，对制度设计和权力分配的相关问题进行研究并提出建议；民事法治的研究中，收录了对仲裁程序、劳动合同制度、民间借贷、宅基地"三权分置"等问题的研究和探讨；刑事法治板块主要收录了有关经济犯罪和医疗医药犯罪方面的最新文章;在知识产权领域的研究中,主要内容涉及知识产权商业化、人工智能等新领域的专利保护、专利转让以及老字号企业知识产权保护等问题的研究。这些专题研究文章都具有充分的调研观察、深度的专业审视和敏锐的论证思辨,集中反映了各自板块的重点问题和最新动态。

最后,特别感谢参与本卷编撰的中共北京市委政法委、北京市人大常委会法制办、北京市人大常委会内务司法办公室、北京市高级人民法院、北京市人民检察院、北京市公安局、北京市司法局、北京市人民政府法制办、北京市人民政府信访办、北京政法职业学院、北京市法学会、北京市律师协会、北京仲裁委员会等编委单位。

《北京法治发展论丛》编辑部

北京市社会科学院法学所

2020 年 7 月

目录 CONTENTS

疫情防控

建立全球突发公共卫生事件合作应对机制的建议*

马一德**

自新冠肺炎疫情爆发以来，全球约200个国家和地区出现了新冠肺炎疫情，全球累计确诊病例超过1400万例，死亡病例超过60万例，可以说是一次传播速度快、感染范围广、控制难度大的历史罕见全球性大流行病。病毒不分国界，自其产生之日起即成为全人类共同的敌人，对全球各国政府治理能力和合作能力提出了严峻考验。在中国，以习近平总书记为核心的党中央领导中国人民采取果断、有效措施，以世所罕见、史所罕见的组织动员，通过全面果断的防控措施有效遏制了疫情的蔓延，保障了中国人民的生命健康权益，为全球疫情防控争取了宝贵时间和机会窗口，体现了中国作为负责任大国的国际担当，获得国际社会的广泛尊重和支持。

但在全人类共同抗疫的“至暗时刻”，有的国家却仍不忘重拾“冷战思维”、孤立策略，企图将此次疫情作为将中国排挤出全球产业链、转嫁矛盾的契机。疫情爆发之初，美国不顾世界卫生组织建议采取过激措施，宣布对中国公民入境采取限制措施，其中美国将赴华旅行风险级别提升到最高级别；美国白宫正在筹划颁布总统行政令，将医疗供应链从中国等国家转回美国，

---

* 本文成稿于2020年3月24日。

** 马一德，北京市社会科学院法学所研究员，北京市习近平新时代中国特色社会主义思想研究中心研究员。

以降低对外国药物的依赖;美国商务部长罗斯甚至公开提出,中国疫情造成的停工停产与贸易受限,有助于制造业及工作机会回流美国;其媒体层面也不断鼓吹“中国崩溃论”。随着疫情在美国爆发及其自身防控不力,一些政客也极力地通过污名化中国转嫁内部矛盾,多次将新冠病毒称为“中国病毒”“武汉病毒”,企图将新冠病毒源头“甩锅”中国,将美国民众对其政府和医疗卫生体制的不满偷梁换柱为对中国的担忧和敌视。

面对美国的封堵和污名化策略,最行之有效的方式是寻求国际社会的最广泛合作和划出人类命运共同体的最大同心圆。因此自疫情发生以来,习近平总书记多次就加强同世界卫生组织沟通合作、同世界各国团结互助作出重要指示批示,多次就疫情国际合作同多国领导人会谈通话,强调战胜关乎各国人民安危的疫病,团结合作是最有力的武器,要深化疫情防控国际合作,发挥我国负责任大国作用。秉承着人类共同体的理念,我国不断向国际社会提供人力、财力、物力和技术支持:先后向伊朗、伊拉克、意大利、塞尔维亚、柬埔寨派出专家组;向巴基斯坦、老挝、泰国、伊朗等 82 个国家和世界卫生组织、非洲联盟提供资金和抗疫物资援助;与全球 100 多个国家、10 多个国际和地区组织分享多份技术文件、开展技术交流,帮助公共卫生体系薄弱的发展中国家做好防范和应对准备。这一系列真情义举向全世界展示了中国负责任的大国形象,无疑是对美国“冷战思维”、对立策略的最有效回击。

但除了人、财、物支持之外,更加需要中国发挥制度引领作用,由物质输出转变为制度贡献,由双边援助升级为多边合作,以行之有效的合作机制将全球各国在最困难的时刻紧密团结在一起。

第一,当前全球疫情形势需要各国政府之间建立全球突发公共卫生事件合作和协调机制。此次新冠病毒的全球大流行无情地向全世界证明了病毒无国界,以邻为壑、隔岸观火必然导致引火烧身。疫情爆发之初,虽然我国采取了有力的防疫措施为全球防疫赢得了时机,但在其他各国缺乏同步措施的情况下不可避免地迎来了病毒的全球大流行。我国目前虽然实现了本土疫情传播的基本阻断,但也面临着疫情输入的严峻形势和巨大防控成本。此类扩散速度快、覆盖范围广、破坏性强的病毒已经成为当前全球最突出的非传统安全问题,任何一个国家和地区都不可能做到独善其身,抗疫工作不仅仅需要全国上下一盘棋,更需要国内国外一盘棋,建立政府间在不同层面的协调对话机制:在疫情防控特殊时期,各国之间应当搁置政治争议"做同样的事情",建立疫情监测、通报、联合防控、科研攻关、人道主义援助的合作体系,尽最大努力防止疫情在全球范围内的传播;在疫情经济恢复中,需要加强全球经贸合作以缓解经济压力,疫情期间停摆对全球经济带来了前所未有的冲击,金融市场剧烈动荡导致引发全球金融风险、经济危机的可能性不断增大;疫情得到控制之后,经济恢复将成为各国的首要任务,在当前民粹主义盛行的背景下,必须警惕全球投资、技术回流和进一步逆全球化的极端情形,需要各国间加强经贸合作和互信,共同理性地面对当前经济困境、保障全球供应链稳定。

第二,"美国优先"割裂国际信任,中国有能力、有必要深化建构疫情下的国际合作体系,寻求全球深化发展契机。面对此次全球突发公共卫生事件,美国继续秉持其"美国优先"策略,不断企图借助疫情加速与中国"脱钩",并将防控疫情不力的"锅"甩给中国,丝毫未体现其大国担当,反而对全球疫情防控形成阻碍。针对美国的污蔑和指责,我国给出了强有力的澄清和回应,但却不应当止步于此,而是要积极、尽早寻求全球多边合作体系,破局美国孤立策略。中国有能力也有必要推动建立这一全球性合作机制:在此次全球战"疫"中,中国展现出强大高效的组织和动员能力,成为全球第一个成功控制住疫情的国家,一系列举措成为全球防疫措施的标杆;中国始终与世界卫生组织及各国分享技术信息、介绍防控救治经验和方案、派出医疗专家团队支援,彰显了中国对全球公共卫生事业的大国担当;我国最早克服疫情难关走向复工复产,抗疫转产的政策驱动已培育出强大的制造产能,包括口罩、防护服、医疗器械及抗疫技术体系,可以为支援其他国家防疫工作提供必要的物资生产和供应。凭借在技术、经验、物资等层面展现出的优势,中国可牵头建立全球突发公共卫生事件合作机制以推动全球携手尽快渡过难关:一方面,可以将我国在疫情防治过程中的经验优势更大范围地对外辐射,也推动全球各国尽快建立行之有效、一致行动的防疫体系,使全人类尽早摆脱病毒威胁、全球经济回归正常化轨道,全球合作的大背景下一系列污名化指责将不攻自破,不合作、不作为者也将为此付出代价;另一方面,疫情防控的全球合作框架将为日后经济恢复加深全球经贸合作提前布局,疫情期间各国大多数行业处于停摆状态,可通过多边合作对话机制确保重要企业、关键行业的国际供应链畅通,以减缓疫情的经济冲击;同时,此次疫情蔓延很可能导致全球经济进入衰退期,使中美等大国经贸关系进一步复杂化,疫情期间物资供应、科技合作可能成为各方日后深化合作的良好开端,尽早地建构起多边合作体制将为防范未来逆全球化、供应链本地化风险提供制度基础。

基于此,特建议:

由我国牵头或发出倡议,举办“世界公共卫生安全首脑峰会”,邀请全球各国尤其是疫情严重国家首脑参会,将联合抗疫作为全球最紧迫的多边合作议题,完善全球公共卫生治理的多边机制。该多边对话机制可考虑在世界卫生组织、“一带一路”倡议、G20、金砖国家合作机制、上海合作组织等既有多边框架下实施,尤其在“一带一路”倡议中,共建“健康丝绸之路”是其中一项重要内容,故建议可以以“一带一路”沿线国家为主体加强各国间公共卫生合作,并开放性地欢迎其他国家加入,不断扩大人类命运共同体的合作版图。合作内容应当主要围绕六个方面:第一,各国之间搁置政治争议,停止彼此指责和污名化,采取一致措施联防联控,尽最大努力阻止疫情蔓延;第二,各国之间及时、公开、透明发布疫情信息,交流共享有效的防疫措施、诊治经验和救治方案;第三,协调全球应急医药物资供应链合作和向发展中国家援助;第四,加强疫情科研攻关国际合作,并确保疫苗研发成功后的全球可获得性;第五,在建立一致防疫措施的前提下,最大限度保障贸易正常化,保持国际供应链畅通;第六,加强疫情后经济恢复的经贸领域合作,共同防范系统性金融风险、修复全球产业链。在疫情特殊时期,会议时间、地点应当灵活确定,甚至可以通过视频会议的方式尽快召开。面对美国狭隘的“冷战”和对立思维,我们要使全球各国尽快地意识到,全人类共处“一条船”

任何人都不可能独善其身,除了以人、财、物为全球防疫提供必要支持外,我们更加要注重引领全球制度建设以取得事半功倍的效果,最大范围地争取国际合作破解封锁策略,为全球战“疫”抢夺时间和机遇,为我国未来经济全球化发展建立可靠的伙伴关系。

关于新冠肺炎疫情网络谣言治理的对策建议

常秀娇[*]　罗瑞芳[**]

武汉市言论治理的沉痛教训表明，采取隐瞒和压制的粗暴方式，会使网友丧失对政府信息的基本信任而陷入"塔西佗陷阱"，甚至出现报复性反弹。人心定则天下安，当前应进一步依法加强网络治理，采取有效的措施手段，强化网络舆情引导，抵制网络谣言，形成和巩固"上下一心"共同抗击新冠肺炎疫情的大好局面，奠定战"疫"胜利的社会基础。

网络谣言治理需两条腿走路，标本兼治。所谓治本，就是信息公开，用真实信息挤压虚假信息的空间，这也符合国际治理谣言的经验。所谓治标，就是对于已经产生并且对社会秩序产生一定影响的谣言，也要依法严厉打击。我国一直重视信息公开工作，当前从中央到各省级政府都能够做到及时、权威发布。但疫情特殊时期，网络虚假信息呈"爆发"之势，信息公开和执法工作都需要进一步创新突破、细化完善和规范统一。具体建议如下：

一、完善新冠疫情信息发布的内容和形式

中央和各省市级政府的疫情信息发布形成了以官网、微博和微信为常规端口，以新闻发布会为重点发布的基本格局，以疫情概况和防控措施为核心内容，发挥了较好的信息公开作用，但仍有完备空间。

---

* 常秀娇，北京市社会科学院法学所助理研究员，法学博士。

** 罗瑞芳，北京市社会科学院法学所副研究员，经济学博士。

一是统一要求新冠肺炎病例信息的发布内容。根据公安机关通报的案例统计，自 2020 年 1 月 22 日至 2 月 16 日 19 时共发布 222 件网络谣言的案件，其中有 147 件与病例具有一定关联，占比高达 66%，可见与病例信息有关的网络谣言仍是重灾区。对于这类谣言，只要政府把相关信息公开做得更细一些，就能在很大程度上消解。当前全国各地都会定时发布病例信息，发布的内容、范围和呈现形式都有所不同、各自为政，建议鼓励各地结合本地情况详细发布病例信息，对于两类信息要做统一要求，强化这些信息发布的规范性：其一，公布确诊病例信息细化到行动轨迹。有些省市当前只公布确诊或仅公布确诊病例活动的小区，而有些省市在这方面的信息发布做得更细致，如天津市对每日官方发布新增确诊病例的轨迹路线，可以推广。建议要求各省市根据传染病流行病学调查，及时公布每日新增确诊病例隔离前的本地活动轨迹，涉及密切接触者的人数以及采取的控制手段等。其二，公布疑似病例相关信息。大部分省市不发布这类信息，但对于发现疑似病例的小区，社区也会加强防控举措，居民难免有所察觉而无端猜测，甚至将猜测发布到网络，发酵谣言信息。对此，建议对疑似病例所涉区域以及该区域应对性防护情况，疑似病例是否纳入集中隔离观察、后续确诊或排除情况向社会公布。当然，此类信息的发布要注意保护公民个人信息，除确有必要，不得涉及敏感信息。

二是完善新闻发布会的形式。在疫情时期，中央和各省市政府持续高频地举行新闻发布会发布疫情，体现了对公众知情权的尊重，需要继续发扬。在形式上，建议：其一，采取站立式的新闻发布会方式，这既符合国际惯例，也体现了为人民服务的精神，同时人员间隔能达到 1 米，起到良好的防护示范作用；其二，在记者提问环节，对应的新闻发言人除需查看具体数据等情况外，应尽量脱稿作答，以增加观众的信任度和好感。

二、启用基层的信息发布功能，精准送达民众

疫情当前，人民群众更加关心与自身相关的信息，所以信息发布要达到阻碍虚假信息传播的目的，就必须要将相关度高的信息更精准地送达到人民群众。目前，有些省市的社区已经尝试通过社区微信公众号、社区微信群、报

到党员群等途径进行信息发布,起到了很好的效果,而大部分省市社区的工作还不到位。建议通知各省市下达统一的部署要求,激活基层街乡、社区的信息发布功能。社区可设专人(社区志愿者、优秀党员等)开展工作:一是制作发布社区防疫信息。包括社区或各小区的管控举措、消毒防护情况(消毒频次、垃圾处理等)、居家隔离便民服务等;本社区或各小区确诊、疑似、密切接触者和返京居家隔离的情况。特别是出现家庭聚集病例时,应着重提示。二是抓取高相关度和重大信息日常推送。社区专员需从其他官方端口(各级政府、卫健委、疾控中心、公安、消防等相关职能部门的微博、微信和官网等)抓取与社区居民高相关度和重大的信息推送到人民群众身边,特别是体现正能量的信息。做到信息的"特快专递",不仅仅是保障人民群众的知晓权利,而且能够引导其关注信息的方向,无暇关注谣言信息,形成共同防控疫情的良性互动。

三、多元创新信息发布形式,强化舆论群意引导

当前关于疫情信息发布的形式较为单一、固化,如新闻发布会、官方微博图片新闻等,人民群众关注度和获取度都较为有限,故应在发布形式上有所创新。可以区分信息性质、级别,对于一些知识普及性、更贴近群众生活的或是宣传基层防疫工作情况等信息可以通过视频制作、漫画制作等更柔和的信息形式进行发布。

同时,应发挥各地的人才资源优势,强化舆论群意引导。无论是疫情变化发展情况还是疫情防控措施的发布及落实情况,都是群众关心的热点问题,也都可能触发谣言信息。对此,建议由各相关专业、行业专家对此进行专业的分析、解读,引导群众正确理解和认识,避免这些问题领域成为谣言的摇篮。同时,在全国大部分省市的各行各业已经开始陆续复工的情况下,应当引导人民群众关注疫情信息有节有制,在积极防护的同时回归生活重心、工作重心。

此外,还应充分重视自媒体的作用。引导自媒体对于官方发布的信息、专家建议等进行转发、宣传。做好自媒体的规范管理工作,引导鼓励自媒体正向宣传。既要加大对自媒体的监督管理,对于疫情时期传谣、造谣的自媒体,依法从严处理,又要设立正向激励机制,如组织评选"正能量先锋奖"。

四、变被动辟谣为主动辟谣，调动社会组织力量阻断网络谣言传播

辟谣是阻断谣言传播的有效途径之一，当前官方辟谣多为被动，主要靠记者采访的推动，具有偶发性，建议卫健委、疾控中心等政府部门能够利用大数据监测分析，主动辟谣。一是通过12345或其他平台主动征集谣言信息，将人民群众关注度比较高的问题筛选出来，存在虚假内容的，主动辟谣。二是充分利用公安机关的网络舆情监控数据，对于网络上盛传的影响面比较广的疫情信息进行核实，存在不实内容的，主动辟谣。

除官方辟谣外，还应当充分调动起社会组织的力量，特别是各行业协会、商会等，关注并击破涉行业领域的相关谣言。疫情影响下，经济社会等各种不稳定因素可能会随之集中暴露，更不乏国际国内各种别有用心的力量会借此制造不实信息蛊惑群众，应当充分重视、杜绝、阻断此类谣言的传发。建议有序激发、调动和引导各行业组织等社会组织力量，从各行业、各领域角度编织一道严密的防控网，阻断相关网络谣言的传播。

五、依法从快、从严办理新冠肺炎疫情网络谣言案件

全国范围内，各地警方已通报了大量与疫情有关的网络谣言案件，大部分被处以行政处罚，其中刑事立案占比2.7%。刑法是守护社会正义的最后一道防线，在网络谣言的治理上确实应慎用刑罚，但公安机关对于主观恶性大、传播范围广和对社会秩序影响大的网络谣言案件也要敢于亮剑、主动出击，及时通报办案结果，用典型案例来发挥威慑作用，实现一般预防。例如，曾有网传“重庆市开州区某商家将于某日下午2:00~5:00在某广场免费发放一次性口罩”，并附有派发地址的地图，后经证实为谣言。此谣言切中人民群众急需口罩的心理在网络上被广为传播，鼓动人民出行暴露，甚至有可能发生在广场聚集等待派发的情况，主观恶性大。

当然越是在最吃紧的时候，越要严格依法办案，不能扩大打击面。例如，对于造谣者，公安机关要充分考量行为人的主观恶性，恶意造谣故意向社会散播恐慌的，要坚决追责；而虽有部分不实，但行为人主观恶性不大，只

是善意的不当言论等情况,还是要以批评教育为主。对于传谣者,公安机关要重点考察行为人的“明知”故意,行为人虽未求证信息的真实性,但对谣言信以为真而积极传播的,不能以“未经证实”为由降维打击。

开展风险沟通、促进科学防疫

高　娜[*]　王伟伟[**]

我国的新冠疫情已得到基本控制，进入以预防为主的新阶段。当前，首都的人员流动性增强，人与人之间的接触不可避免。而首都的工作和居住环境具有人群密集度大的特点。在一些写字楼、大型车站，集贸市场以及旅游景点等场所，已出现人群聚集的现象。同时，国外疫情仍在蔓延，英、美等国家采取所谓"群体免疫"的防控策略，全球疫情防控局面严峻，首都作为对外交往的中心城市，疫情防控任务具有长期性。

由于疫情防控的长期性，民众可以在一定期限内少出门、居家远距离办公，但无法承受长期、高强度的疫情防控措施。卫健委等部门已提出科学佩戴口罩的倡议。民众在日常外出和公共场所佩戴口罩仍是常态。随着疫情得到控制，民众对待疫情的心态也可能发生变化。有的民众可能出现放松防控的倾向，而有的民众仍然处于疫情焦虑状态。

一方面，疫情的防控具有长期性，可能出现反复；另一方面，民众面对疫情出现不同的心态和应对措施。在疫情防控新阶段，如何科学、有效地防控疫情，如何引导公众采取科学、适度、有效的防控措施，值得关注。

一、关于风险沟通的媒体

可通过传统媒体并充分重视微博、微信、抖音等新媒体，加强与公众在

* 高娜，清华大学公共管理学院博士后，管理学博士。

** 王伟伟，法学博士，北京社会科学院法学研究所助理研究员。

疫情态势、风险防控上的沟通,促使民众保持疫情防控的风险意识,采取科学、适度、有效的预防行为。

在此次疫情防控中,广播、电视、报纸等传统媒体和新媒体对疫情防控给予了充分的报道,对于公民配合政府采取防控措施发挥了重要作用。特别是戴口罩、勤洗手、少聚集等防控措施,得到民众的积极响应。但我国媒体对民众个人如何在不同场合、环境中采取科学、适度的疫情防控措施的细节性报道不够重视,相关节目和报道的供应不足。同时,新媒体上的海量信息重复、矛盾的问题突出,权威性和可信赖性不足。

在疫情防控的常态化阶段,仍应重视传统媒体和各种新媒体,特别是微博、微信、抖音等新媒体的风险沟通功能,在尊重公众表达自由的基础上,通过专业节目的制作,向社会公众提供权威、专业、准确、细化的风险沟通信息,保持民众对新冠病毒防控的风险意识,引导民众采取合理的防控措施,继续采取勤洗手、少聚集,保持社交距离等预防措施。同时,应进一步加强疫情防控风险沟通的科学性,在不同场景下是否以及如何科学佩戴口罩等问题上,与公众做科学、细化的风险沟通。

二、关于风险沟通的主体

要重视医学、心理学、管理学等专家和专业人士在疫情风险沟通中的作用,通过专家对民众的讲解和沟通,引导民众个人采取科学的疫情防控措施。

我国民众普遍重视各种专家的意见。专家在风险沟通中的作用也已得到学术研究的认可。在本次疫情应对中,医学领域的专家,如钟南山、李兰娟等院士和其他专业人士向民众传递了疫情防控的重要信息。特别是专家阐释的疫情信息以及提醒民众采取戴口罩、勤洗手、少聚集等基本的防护措施,为民众所了解和践行。与国外对比可见,我国公民积极佩戴口罩,除与欧美国家的文化差异外,政府和专家的积极倡导应发挥了促进作用。

在疫情防控新局面下,仍应重视医学、心理学、社会学、管理学、法学等各种专家在风险沟通中的作用。在心理学和管理学方面,积极引进“行为洞见”的理论，利用简化信息、增加行为吸引力等行为洞见策略，引导公众心理和预防行为。例如，有研究表明，向公众宣传“为了家人的健康，请出门佩戴口罩”的宣传标语与“出门戴口罩”的标语相比，将戴口罩与公民对家人的健康的关心联系起来，更能促进公众戴口罩的行为，从而有助于促进目标行为。

法治是疫情有序防控的基本保障。在此次疫情防控中，中央提出依法防疫，在法治轨道上统筹疫情防控的各项工作。我国也在不断完善疫情相关的法律法规，如制定《生物安全法》等。在疫情常态化防控中，应发挥法学专业人士的积极沟通作用，对疫情相关的法规进行宣传讲解，敦促公民的行为合法、合规。

三、关于风险沟通的对象

在重视与普通民众沟通的同时，根据不同社会群体的风险感知、防控能力等的差异，区分不同群体进行差异化的风险沟通，重视特殊群体的风险意识和风险防控措施的引导。

我国是拥有 14 亿人口的大国，城乡差异、地区差异大。不同地域、不同职业、不同群体的风险感知和风险预防能力存在差异。例如，老年人和青壮年、军队和军人与医院和医护人员、城市人口和农村人口的风险意识、风险防控能力和防控措施可能存在不同。在疫情防控的风险沟通中，应充分体现不同群体的风险意识的差异性，重视不同群体在国民经济和社会角色中的不同，充分重视特殊群体和社会弱势群体。

现代行为科学的研究表明，在尊重受众权利和自由的基础上，从风险沟通相对方的角度出发，考虑受众的行为倾向和特点，引导公众作出政府所追求的行为，实现政府管理的目标，是有效率和低成本的政府施政方式。在新冠疫情防控上，应考虑不同群体的特质和行为倾向，促使民众采取科学、有效的风险预防行为。例如，对于风险意识过高的群体，采取适度的降压沟通措施，缓解相关群众的压力和过度预防行为。对于过度自信和盲目乐观的群体，采取提升风险意识的沟通措施，提升风险意识，促使其采取适度的风险预防行为。在风险沟通上,既要针对盲目乐观的情绪也要考虑过度悲观的情绪,进行多角度、全方位的应对与沟通。

四、关于民众情绪的安抚

通过风险沟通传播防控知识,也应重视民众的安全感和疫情焦虑情绪,对负面情绪加以管控,增强民众战胜、应对疫情的决心。反对地域、职业歧视,提倡公民意识,增强国民的凝聚力。

在我国应对疫情的过程中,民众曾出现风险焦虑的心态,甚至出现囤积物资、争相购买防护及生活用品的现象。我国通过各种商超和在线平台的供应,应对了民众的抢购潮,平复了民众的焦虑心态。由此可见,民众的安全感对于社会稳定和疫情防控也是非常重要的。

当前我国媒体普遍重视宣传舆论引导,而在民众心理需求回应上存在不足。普通民众是媒体的主要受众,通过调查公众的心理和行为倾向,平复民众的情绪,通过各种媒体和渠道,有针对性地宣传与安抚,是新情势下保持民众良好的心态和增强安全感的重要举措。在此,可重视行为科学的研究成果,促进民众采取科学、有效的防控措施,并保持良好的社会安全感。

本次疫情是全国性的,但集中爆发在湖北等地,疫区人民在全国的疫情防控中付出很大代价。目前,社会存在对疫情地区人员的不安全感和焦虑心态。这不利于复工复产和平等对待疫情集中爆发地区的民众。另外,我国当前对来自国外的人员,包括来自国外的同胞也存在不同的社会心态,不同地区的人群应当怀有平等、博爱之心,“有朋自远方来,不亦乐乎”也是我国的优良文化传统。在大灾大难面前,更是体现和实现中华民族优秀传统的时候。在这种情况下,政府采取适度的沟通和宣传措施,提倡公民精神、互助精神和公益之心,平复民众的焦虑情绪,回归正常的社会心态,具有积极、实际意义。

五、关于风险沟通的组织保障

加强风险沟通的组织保障,健全风险沟通的领导机制,形成部门联动,对风险沟通的主体、内容、方式、途径等进行把握和管理，增强风险沟通的科学性、有效性。

为加强风险沟通的科学性、有效性和组织保障，可根据必要性成立风险沟通领导小组，由地方党政主要领导，以及宣传舆论、公共安全、医疗卫生、应急管理、出入境、检验检疫等部门组成，并由医学、管理学、法学、社会学、心理学各类专家、专业人士组成咨询或专家小组，引入行为科学及各学科的研究成果，协助领导小组对疫情防控风险沟通的管理，为疫情防控的风险沟通提供科学基础和各国、各地的成功经验。

综上所述，面对不确定性的突发公共卫生风险，尤其是处于变化中的疫情风险，公众往往依靠其认为可信的风险信息进行决策。科学的风险沟通是向公民递送风险预防知识、引导公民风险意识、促使公民采取风险预防行为的有效途径。在当前疫情防控的新局势下，政府除了继续采取直接的风险预防措施外，应重视“风险沟通”的作用，让民众对疫情防控的心理和预防行为保持在科学、适度的水准上，促使公民个人采取科学、有效、适度的疫情防控措施，避免过度预防和预防不足，保障疫情防控与复工复产协调并行。

社会法治

我国信息化与工业化融合领域立法问题研究

栾　群[*]

一、导论

信息化与工业化深度融合(业界惯称为"两化融合")是当前产业经济乃至整个社会发展的必然趋势,特别是2020年新冠肺炎疫情再次证明了产业上云、上网的重要性。2011年4月,工信部、科技部、财政部、商务部、国资委联合发布《关于加快推进信息化与工业化深度融合的若干意见》(工信部联信〔2011〕160号),正式开启了两化融合的序幕。在两化融合领域,2012年5月,民爆行业等重点行业组织了企业参加两化融合展;2014年1月,工信部发布《信息化和工业化融合管理体系要求(试行)》(2017年5月发布正式版GB/T 23001-2017);2015年1月,发布实施《原材料工业两化深度融合推进计划(2015~2018年)》;2015年7月,组织稀土行业等重点行业申报两化融合示范项目;2016年3月,开展两化融合创新推进2016专项行动;2017年3月,工信部开展两化融合管理体系贯标总结;2017年6月,工信部、国资委等三部门发布《深入推进信息化和工业化融合管理体系的指导意见》(工信部联信软〔2017〕155号)。

2017年10月,党的十九大报告再次强调了推动新型工业化、信息化、城镇化、农业现代化同步发展("新四化")。中央于2014年2月成立了中央网

---

* 栾群,工业和信息化部赛迪研究院政策法规所所长,工业和信息化法律服务中心主任,法学博士。

络安全和信息化领导小组,习近平总书记亲任组长,加强顶层设计,全面推进信息化,并于2018年3月根据中共中央《深化党和国家机构改革方案》,升级为中央网络安全和信息化委员会。2019年10月,党的十九届四中全会提出,"坚持和完善中国特色社会主义制度,推进国家治理体系和治理能力现代化"。根据党的十九届四中全会精神,强化信息技术对国家治理体系和治理能力现代化的支撑成为必然选择。[①] 在信息化推进的同时,国家与行业治理还面临法治化要求。特别是2014年党的十八届四中全会成为党的全会历史上首次以法治为主题的全会,提出全面推进依法治国的战略决定。当信息化与法治化的历史洪流交汇时,必然让产业经济规范发展和治理产生化学反应。

2014年11月2日,工信系统召开传达学习贯彻党的十八届四中全会精神会议,提出"要积极推动加强互联网领域立法,完善网络信息服务、网络安全保护、网络社会管理等方面的法律、行政法规,依法规范网络行为。围绕两化深度融合的中心任务,研究工业和信息化立法规划,明确立法工作的方向、任务。继续大力推进电信法、无线电管理等立法进程,依法加强电信市场监管和无线电管理"。时任工信部部长苗圩提出,"要结合工业转型升级、信息化和工业化深度融合、军民深度融合发展面临的新形势新任务,以建设法治政府为目标,以科学界定管理职能、加强法律制度建设、严格执行法律规范、依法监督权力运行为着力点,全面提升工业和信息化领域法治水平"。[②]在两化融合领域,如何落实贯彻依法治国方略,"立良法、树好规",依靠法治手段更好地推进信息化和工业化深度融合发展,成为当前我们面临的重大历史课题。

① 张浩、栾群:《强化信息技术对国家治理体系和治理能力现代化的支撑》,载《学习时报》2019年11月27日,第A6版。

② 苗圩:《全面推进工业和信息化系统法治建设》,载《紫光阁》2014年第12期。

二、我国两化融合进展与立法遇到的问题

(一)我国两化融合进展情况

1. 我国推动信息化发展的主要节点与脉络

早在20世纪80年代,邓小平同志首先提出了“开发信息资源,服务四化建设”,号召加强全社会信息化的开发、利用。自1993年起,我国信息化建设陆续启动了以“金”字命名的一系列国家级信息应用工程,主要有“金关工程、金卡工程、金税工程、金财工程、金审工程、金盾工程、金农工程、金保工程、金水工程”等涉及宏观经济管理的各个信息系统,由财政、金融、税务、公安等各部门分别牵头,共同开启了我国信息化建设的序幕。2000年,党的十五届五中全会提出:“信息化是当今世界经济和社会发展的大趋势。大力推进国民经济和社会信息化,是覆盖现代化建设全局的战略举措。”2002年,党的十六大指出,“信息化是我国加快实现工业化和现代化的必然选择。坚持以信息化带动工业化,以工业化促进信息化,走出一条科技含量高、经济效益好、资源消耗低、环境污染少、人力资源优势得到充分发挥的新型工业化路子”。由此可知,国家和部门层面已经达成共识,即信息化与工业化的融合发展是进行现代化建设的必然选择,“两化融合”成为我国工业经济发展的重要战略,也是我国实施新型工业化的重要支撑和抓手。2007年,党的十七大又提出“大力推进信息化与工业化融合,促进工业由大变强”。2010年,党的十七届五中全会进一步指出,要推动信息化与工业化的“深度”融合。

2012年11月,党的十八大提出“工业化、信息化、城镇化、农业现代化”同步发展,这一“新四化”的提出标志着两化深度融合发展进入新阶段。2013年党的十八届三中全会、2014年党的十八届四中全会,分别作出全面深化改革和推进依法治国的决定,提出在教育、医疗、军队、治安等各个领域全面推进信息化;全面推进法治建设,完善立法、严格执法、加强守法,信息化与产业深度融合进入法治化新阶段。2017年10月,党的十九大再次强调信息化等“新四化”。2019年10月,党的十九届四中全会从治理现代化的角度,对信息技术应用等提出更高的要求,明确要更加重视运用人工智能、互

联网、大数据等现代信息技术手段,提升治理能力和治理现代化水平。

2. 信息技术不断融入工业行业及主要领域

回顾人类历史上的多次科技革命和产业变革可以发现:信息技术的突破和对其他行业的扩散、融合,成为此次科技革命的一个重要特征。总结来看,16 世纪以来科技领域大致发生了 5 次可以称为"革命"的重大进步:一是近代物理学诞生,二是蒸汽机和机械技术革命,三是电力和运输技术革命,四是相对论和量子论革命,五是电子和信息技术革命。其中,蒸汽机和机械技术革命、电力和运输技术革命,还引发了著名且影响广泛的第一次与第二次工业革命。美国学者里夫金在研究这些科技革命和产业变革后,提出像上两次一样,新的技术发展(特别是信息技术)正在引发当前的"第三次工业革命"。①

虽然各领域的进展不同,但比较而言电子信息技术与其他领域技术相比,对产业发展和社会生活影响更大、更广,而且持续的时间也更长。根据产业界的总结,微电子技术和软件技术不断发展,软件与硬件(集成电路)的设计相互渗透,越来越多的硬件功能逐渐都可通过软件予以实现,"硬件软化"的趋势非常明显。当然,这里必须要澄清的是,一是绝不可忽视信息技术的硬件;二是信息技术也不是孤立的,需要配合以其他领域的技术。如网络技术方面,"三网融合"(电信网、计算机网、有线电视网)和宽带技术等也在持续突破,"互联网 +"与"智能 +"应用持续成为行业热点。信息技术已成为支撑当今经济活动和社会生活的基石,拉动信息消费也成为各地刺激消费和拉动经济持续增长的重要手段,2018 年我国信息消费规模约 5 万亿元,同比增长 13%,2019 年前三季度就接近 4 万亿元。② 从产业的视角看,信息技术对推动传统工业行业转型升级、提质增效,更是发挥着无可替代的作用。最主要的路径有:实现"机电一体化",发挥信息技术的"嵌入式"功

---

① [美]杰里米·里夫金:《第三次工业革命:新经济模式如何改变世界》,张体伟、孙豫宁译,中信出版社 2012 年版。

② 班娟娟:《信息消费发展潜力巨大 2018 年规模达 5 万亿》,载 http://finance.china.com.cn/news/20190108/4862450.shtml,2019 年 1 月 8 日最后访问;韩鑫:《信息消费规模在壮大》,载《人民日报》2019 年 12 月 12 日,第 10 版。

用;通过采用计算机辅助设计、网络设计等技术,更好实施传统工业的技术创新;实现生产过程的自动化控制,采取计算机辅助制造和工业过程控制技术等。事实证明,通过推进信息化与工业化融合,可以明显提高生产效率、产品品质,提升企业的生产成品率和市场竞争力。在行业管理方面,如管理信息化、业务流程优化、电子商务、供应链与客户管理等,信息技术本身就是重要的业务构成,业务实现在很大程度上取决于信息技术的采用。

3. 依法治国要求两化深度融合应规范发展

在信息化发展初期,基本上是先由工业企业自发进行信息技术应用的探索,一般都是根据企业自身条件和业务需要尝试采用信息技术。而后,随着信息技术的效率提升作用日益凸显,国家政府层面开始重视,有的很快提升为国家战略。据统计,截至 2013 年世界上已经有 146 个国家推出了国家宽带战略或计划,其中 70% 是发展中国家。[①] 此后的国家战略中,不论是欧美还是东亚,各个国家或经济体都已注重信息化对经济社会特别是产业的赋能作用。近年来,特别是工信部成立以来,作为行业管理部门出台或推动出台一系列促进两化深度融合发展的文件。如《关于推进消费品工业两化融合的指导意见》(工信部消费〔2009〕508 号)、《关于加快推进信息化与工业化深度融合的若干意见》(工信部联信〔2011〕160 号)、《信息化和工业化深度融合专项行动计划(2013 ~ 2018 年)》(工信部信〔2013〕317 号)、《信息化发展规划》(工信部规〔2013〕362 号)、《工业企业信息化和工业化融合评估规范》(GB/T 23020 - 2013)、《信息化和工业化融合管理体系评定管理办法(试行)》(工信部信〔2014〕564 号)、《原材料工业两化深度融合推进计划(2015 ~ 2018 年)》、《信息化和工业化融合发展规划(2016 ~ 2020 年)》、《国务院关于深化制造业与互联网融合发展的指导意见》(国发〔2016〕28 号)、《关于深入推进信息化和工业化融合管理体系的指导意见》(工信部联信软〔2017〕155 号)、《关于全面推进移动物联网(NB - IoT)建设发展的通知》(工信厅通信函〔2017〕351 号)、《国务院关于深化"互联网 + 先进制造业"发

---

① 王蕴韬:《构建我国宽带发展评价指标体系》,载《世界电信》2014 年第 5 期。

展工业互联网的指导意见》(2017 年 11 月 27 日)等。这些文件角度各不相同,有的是指导意见或发展规划,也有的是行动方案或计划,还有的是评估规范和管理体系或要求,共同构成了我国促进两化深度融合发展的政策体系。

根据党的十九届四中全会关于国家治理体系和治理能力现代化的精神,两化融合也正是治理提升的重要支撑和标志。在国家治理上,1978 年党的十一届三中全会提出“有法可依,有法必依,执法必严,违法必究”十六字方针;1996 年国民经济“九五”计划纲要,郑重将“依法治国”作为一项根本方针和奋斗目标确立下来,1999 年又将“依法治国”庄严地载入《宪法》。2014 年党的十八届四中全会作出全面推进依法治国的决定,提出建设法治中国和法治政府,把行政执法信息化和政务公开信息化作为推进依法行政的重要手段。2014 年 2 月,中央网络安全和信息化领导小组成立,第一次会议即通过了《中央网络安全和信息化领导小组工作规则》《中央网络安全和信息化领导小组办公室工作细则》等文件,提出信息化工作一定要规范化运作的要求。同时,一系列信息化法律法规规章密集出台,如《关于维护互联网安全的决定》《电子签名法》《互联网信息服务管理办法》等,在网络安全、电子签名、信息服务等领域发挥着重要的指引与规范作用。特别是《网络安全法》自 2017 年 6 月 1 日起已开始实施,共七章 79 条,为网络运行安全和网络信息安全提供了有力的法律保障。在 2019 年十九届四中全会决定中,“制度”一词出现 222 次,国家进行行业治理等现代化治理要依靠制度、法治的决心可见一斑。

(二)两化融合立法的主要问题

1. 缺乏国家法律层面的顶层规范

人工智能、大数据、云计算等新一代信息技术快速迭代并加快产业化,深刻改变着企业生产方式、市场供给形式、商业服务模式与生活消费范式。2020 年的新冠肺炎疫情,更是让人们认识到信息技术的威力和对社会生产生活的深刻影响。总之,信息技术以前所未有的力度,重塑着传统产业、催生着新兴产业。但是,当前却缺乏法律层面的顶层规范和制度保障,与这种立体的、全方位的影响不相匹配。以国民经济的"压舱石"制造业为例,在国家制度的整体安排中,专门对工业和制造业及其信息化的制度性设计几乎为零。所以,这也在较大程度上导致信息化从制造业的应用,扩展为对其他各领域渗透的困难。如对电网、能源、航空、交通运输以及城市基础设施等,如果在制造环节就缺乏对设备、装备、部件中的信息化技术的标准和要求,则很难期待这些领域的信息化进展。在物流、教育、医疗、社保、电子商务、新农村建设、文化艺术体育等领域,道理亦同。在我国各大重点领域都有其领域基本法,如铁路领域有《铁路法》、公路领域有《公路法》、邮政领域有《邮政法》、教育领域有《教育法》、农业领域有《农业法》、建筑领域有《建筑法》,但作为共和国脊梁的工业领域却没有"工业法",信息化领域也没有"信息化法",当然也就更不会有信息化与工业化融合的"两化融合法"。与工业行业和制造业相关的中小企业、循环经济等子领域,虽有基本法立法但又被冠之以宣言性质的"促进法",如《中小企业促进法》《循环经济促进法》。当然,并非凡重要领域都必须立法,但反观两化融合领域基本法缺失与产业发展当前之现状,如投入有限、资源分散、条块分割、行业壁垒、封闭僵化、各自为政等,与法律层面的顶层设计缺失不无关系。

2. 碎片化规范亟待进行整合优化

我国长期以来吃够了技术落后的苦,也造就了"重技术、轻制度"的行业发展观念。这虽然是由发展阶段决定的,但是到了改革深水区和高质量发展阶段之后,这一状况必须改变。政府部门和地方出台的法规和政策,多是从信息化工程建设、信息资源开发以及技术应用等产业发展环节的角度来规范,带有天然的碎片化特征,导致两化融合发展的广度、深度不够和全产业链推进进度较慢,很多工作在试点示范阶段之后缺乏后续配套的制度安排。而且,工业经济运转是一个体系化、产业链式的系统,一个环节受阻,就会导致整个链条或整个系统停滞。两化融合发展的本质实际上是通过信息技术手段提高打通行业链条的效率,但是在更大的政治、经济、文化、社会生态范畴上,与农业、商业、教育、卫生、环保、物流、金融、财税等各类法规政策的衔接,没有做到整合优化,特别是信息化本身涉及的通信、电子、电子商务、互联网和移动互联网等政策的内部整合,就必然无法协调各类主体、各方力量共同推动两化融合。

3. 规范层级叠床架屋多重复建设

首先我们必须承认,政策、规章的问题导向性好,方便行业部门操作,但是从治理角度讲,不如法律法规的制度安排彻底、有力,更适合顶层设计和提供制度保障。理想状态下,应当是顶层设计和政策落实相互配合,共同推进领域发展。但现实首先是顶层设计缺失,同时政策又趋碎片化。随着以互联网为特征的信息经济发展,当前已经暴露出很多诸如大数据产权归属、用户信息保护、国家信息安全等重要问题,并日益普遍化、常态化。地方上,已有先行先试(如表1中政策的总结),得出的经验是根本上还要建立健全法律制度和执法监督机制。在两化融合立法或信息化单独立法,仅是停留在论证阶段的现实情况下,必须依靠虽然碎片化且低层级的各部门和地方规范。能够退而求其次地将两化融合产生的融合创新产品,及时、安全、全生命周期地进行市场化,加快质量认证和相关技术标准的"立改废释",已属不易。但是,反观那些已经出台的系列文件和规范,特别是不同地方的信息化发展战略、信息化指导意见、宽带战略、信息化规划等,除了两化融合评估规范有统一的必要性外,事实上其他如规划、意见等重复者甚众。即使再多的内部叠床架屋,也无法改变行业外关注度不高,对行业之外资源的协调能力有限的发展窘境。

三、两化融合规范的现有体系与理想框架

(一)现有体系

对问题的陈述,不是对现有体系的鄙视,而是扬弃。事实上,任何进步都需有现实的基础。近年来,我们已有的一系列关于信息化和两化融合的文件,是在接下来新征程中推进两化融合进行法治化转型的基础性探索。根据笔者的梳理,当前两化融合规范体系主要包括总体战略、指导意见、战略规划、行动计划和评估标准等几个方面。具体如表1所示。

表1　当前主要两化融合规范体系

序号	种类	文件名称	内容说明
1	总体战略	《2006～2020年国家信息化发展战略》(2006年)	中共中央办公厅、国务院办公厅2006年印发的《2006～2020年国家信息化发展战略》,集中体现了我国信息化发展的总体战略。其中确定了我国信息化发展的四个目标和六大战略计划,并提出了九点相应的信息化发展保障措施
2	指导意见	《加强工业互联网安全工作的指导意见》(工信部联网安〔2019〕168号)	十部门联合提出加强工业互联网安全工作,明确以安全保发展,以发展促安全。严格落实《网络安全法》等法律法规,按照"谁运营谁负责、谁主管谁负责"的原则,坚持发展与安全并重,安全和发展同步规划、同步建设、同步运行
		《国务院关于深化"互联网+先进制造业"发展工业互联网的指导意见》(2017年11月27日)	工业互联网通过系统构建网络、平台、安全三大功能体系,打造人、机、物全面互联的新型网络基础设施,形成智能化发展的新兴业态和应用模式,是推进制造强国和网络强国建设的重要基础,是全面建成小康社会和建设社会主义现代化强国的有力支撑。该意见提出夯实网络基础等七大任务,建立健全法规制度,完善工业互联网规则体系等六项保障措施
		《关于深入推进信息化和工业化融合管理体系的指导意见》(工信部联信软〔2017〕155号)	两化融合管理体系工作正在从试点应用走向全面普及,在凝聚社会共识、转变行业管理方式、激发市场活力、提升企业竞争力等方面取得明显进展,但总体上仍处于起步阶段,在标准体系、贯标广度深度、协同工作机制、社会认可度、人才队伍建设等方面有待进一步加强。为推广普及两化融合管理体系,加速技术创新和管理变革,提升全要素生产率和产业竞争力,加快制造强国建设,提出两化融合管理体系意见
		《国务院关于深化制造业与互联网融合发展的指导意见》(国发〔2016〕28号)	制造业是国民经济的主体,是实施"互联网+"行动的主战场。推动制造业与互联网融合,有利于形成叠加效应、聚合效应、倍增效应,加快新旧发展动能和生产体系转换。该意见提出的任务

续表

序号	种类	文件名称	内容说明
			为,打造制造企业互联网"双创"平台,推动互联网企业构建制造业"双创"服务体系,支持制造企业与互联网企业跨界融合,培育制造业与互联网融合新模式,强化融合发展基础支撑,提升融合发展系统解决方案能力,提高工业信息系统安全水平
		《国务院关于促进信息消费扩大内需的若干意见》(国发〔2013〕32 号)	两化融合必须以市场为导向,更多依靠经济手段,注重消费需求牵引发展,特别是要培育促进信息消费的市场环境。意见明确提出了挖掘消费潜力、增强供给能力、激发市场活力、改善消费环境,建立促进信息消费持续稳定增长的长效机制
		《国务院关于大力推进信息化发展和切实保障信息安全的若干意见》(国发〔2012〕23 号)	该意见提出发展目标:重点领域信息化水平明显提高;下一代信息基础设施初步建成;信息产业转型升级取得突破;国家信息安全保障体系基本形成
		《关于加快推进信息化与工业化深度融合的若干意见》(工信部联信〔2011〕160 号)	该意见提出,到 2015 年,信息化与工业化深度融合取得重大突破;生产性服务业领域信息技术应用进一步深化;支撑"两化"深度融合的信息产业创新发展能力和服务水平明显提高
		《关于推进消费品工业两化融合的指导意见》(工信部消费〔2009〕508 号)	消费品工业是我国国民经济的传统支柱产业和重要的民生产业,在经济和社会发展中起着举足轻重的作用。但是,消费品工业长期积累的产业结构不合理、产品同质化严重、创新能力弱、能耗物耗较高、食品药品安全问题突出等深层次矛盾日益突出。该意见提出提升轻工、纺织、医药、食品等行业两化融合发展水平
3	战略规划	《信息化和工业化融合发展规划(2016 ~ 2020)》(工信部规〔2016〕333 号)	"十三五"时期是我国全面建成小康社会的决胜阶段,是适应把握引领经济发展新常态的关键时期,是抢占全球新一轮产业竞争制高点的战略机遇期。大力推进信息化和工业化深度融合,加快新旧发展动能和生产体系转换,提高供给体系的质量效率层次,对于推动我国制造业转型升级、重塑国际竞争新优势具有重大战略意义

续表

序号	种类	文件名称	内容说明
		《"十三五"国家信息化规划》(国发〔2016〕73 号)	"十三五"时期是全面建成小康社会的决胜阶段,是信息通信技术变革实现新突破的发轫阶段,是数字红利充分释放的扩展阶段。信息化代表新的生产力和新的发展方向,已经成为引领创新和驱动转型的先导力量
		《"宽带中国"战略及实施方案》(国发〔2013〕31 号)	《方案》部署了我国未来几年宽带发展目标及路径,对我国"十二五"后半段以及"十三五"期间的宽带发展具有重要指导意义。而且《方案》发布还意味着"宽带战略"从部门行动上升为国家战略,宽带首次成为国家战略性公共基础设施
		《互联网行业"十二五"发展规划》	《规划》提出"十二五"时期九大任务,创新应用体系,培育发展互联网新兴业态;服务两化融合,全面支撑经济社会发展;建设"宽带中国",推进网络基础设施优化升级;推进整体布局,向下一代互联网发展演进;突破关键技术,夯实核心基础产业;加强顶层设计,建立先进完备的互联网标准体系;完善监管体系,打造诚信守则的互联网市场环境;健全制度手段,强化互联网基础管理;加强体系建设,提升网络与信息安全保障能力
4	行动计划	《关于开展两化深度融合创新推进 2016 专项行动的通知》(工信部信软〔2016〕123 号)	为贯彻落实制造强国战略,加快推进《工业和信息化部关于贯彻落实〈国务院关于积极推进"互联网+"行动的指导意见〉的行动计划(2015 ~ 2018 年)》,提升信息化与工业化融合发展水平,推动制造强国和网络强国建设,特实施两化深度融合创新推进 2016 专项行动,组织开展两化融合管理对标、评估和诊断等七项重点工作
		《原材料工业两化深度融合推进计划(2015 ~ 2018 年)》(2015 年 1 月 21 日)	为深入贯彻党的十八大关于信息化和工业化深度融合的战略部署,落实《信息化和工业化深度融合专项行动计划(2013 ~ 2018 年)》,大力推进原材料工

续表

序号	种类	文件名称	内容说明
			业两化深度融合,加快促进原材料工业转型升级,制定本推进计划,提出了原材料工业领域的行业引导、平台建设、示范普及等两化融合主要目标,八大任务和六大工程等
		《信息化和工业化深度融合专项行动计划(2013 ~ 2018)》(工信部信〔2013〕317 号)	开展八项主要行动推动信息化和工业化深度融合:一是“企业两化融合管理体系”标准建设和推广行动。二是企业两化深度融合示范推广行动。三是中小企业两化融合能力提升行动。四是电子商务和物流信息化集成创新行动。五是重点领域智能化水平提升行动。六是智能制造生产模式培育行动。七是互联网与工业融合创新行动。八是信息产业支撑服务能力提升行动。其中,电子商务和物流信息化集成创新、智能化水平提升和智能制造生产模式培育是此次专项行动的重点内容
5	评估标准	《工业企业信息化和工业化融合评估规范》(GB/T 23020 - 2013)	该规范是促进两化融合工作的第一个国家标准。评估框架包括“水平与能力”和“效能与效益”两个部分。水平与能力评估包括基础建设、单项应用、综合集成、协同与创新四个主要评估方面,标准提出了各方面与不同水平与能力级别相关的评估关键要素,并给出了各要素的评估要点。效能与效益评估则包括竞争力、经济和社会效益两个主要评估方面,也给出了各方面与不同效能与效益提升相关的评估要素,并给出了各要素的评估要点

来源:作者根据互联网资料整理。

立法需要根据《立法法》的要求和程序,进行长期、复杂、完整的论证、调研和几读审议。可以认为,上述列表中的总体战略、指导意见、战略规划、行动计划和评估标准方面,对于行业发展和信息化建设而言是指引,甚至可以作为顶层设计,同时也是国家两化融合立法的有益探索和基础性材料。事实上，地方上已经有类似的立法经验和有效做法。典型的如贵州的大数据立法，2016 年 1 月，贵州省第十二届人大常委会第二十次会议通过了《贵州省大数据发展应用促进条例》，此为全国首部大数据领域的地方性法规；2019 年 8 月，贵州省第十三届人大常委会第十一次会议通过《贵州省大数据安全保障条例》。但是，这些地方立法背后都有地方政策打下的基础，如 2014 年《贵州省人民政府关于加快大数据产业发展应用若干政策的意见》和《贵州省大数据产业发展应用规划纲要（2014 ~ 2020 年）》等产业政策。所以，未来两化融合领域如果要推动出台立法，除了上述国家部委出台的政策文件外，地方上的政策文件也是重要基础。[①] 国家标准，如《信息化和工业化融合管理体系要求（试行）》（GB/T 23001 - 2017），以及权威研究机构的研究成果也是领域立法的重要参考，如 2012 年工信部赛迪研究院《中国区域"两化"融合发展水平评估报告》及后续各年的信息化报告等。

（二）理想框架

根据行业发展实际和管理部门实践，我们认为两化融合的立法体系，至少应当包括以下几个方面。

1. 市场经济法。现有的立法体系是建立在市场经济的基础之上，这是西方法学理论和法制史发展的结论。2011 年 3 月，十一届全国人大四次会议上时任全国人大常委会委员长吴邦国宣布，我国的中国特色社会主义法律体系已经形成。其中，主要的标志之一就是民事基本法、知识产权法、公司企业法、网络安全法等基础性法律体系，以及竞争法、金融法、消费者法、电子商务法等经济法律体系的建立。这一层面上，可以不单独作两化融合立法，但是需要在市场经济基本法律体系中修改增加信息化内容，如增订电子合同等。同时，也可以根据立法计划把网络安全、资源保护等内容归入此中。

---

① 除表格中的国家及部门政策文件外，还有地方文件如：2001 年重庆市《信息化带动工业化发展规划》、2007 年《上海市关于应用信息技术改造提升传统产业的若干政策意见》、2010 年《山东省关于信息化与工业化融合试验区建设的指导意见》、广东省《推进信息化和工业化融合（2010 ~ 2012 年）行动计划》，2011 年《浙江省关于加快推进信息化和工业化深度融合的意见》与 2014 年《关于建设信息化和工业化深度融合国家示范区的实施意见》等。

2. 基础设施法。信息基础设施主要包括电信网、广播电视网、互联网、公共数据中心及其支持环境。目前,两化融合的基础设施建设还没有专门的法律出台,全国首部地方性的信息基础设施法规是 2014 年《贵州省信息基础设施条例》,以及后续 2018 年《天津市公共电信基础设施建设和保护条例》等。从行业发展的角度而言,这是两化融合的基础(信息化)的基础(信息基础设施)。产业界一般认为,信息基础设施立法至少应该包括:信息基础设施规划,设施经营者与建设者责任,公安、环保等相关部门的保护责任、电磁辐射环境的监管责任,基础设施迁移,以及各行为主体和义务主体的法律责任划分等。

3. 信息权利法。这里有两种理解,一种狭义的理解特指公民个人信息权利立法,另一种广义的理解包括政府信息公开的立法内容由个人权利申请发动。在发达经济体中有赋予公民个人或法人或组织以权利,以产生调动社会资源进行信息化融合其他领域的可能性,如芬兰是第一个承认公民网络权(宽带权)的国家,[①]美国、欧盟等经济体更是在近些年加强立法加强个人信息权利。我们国家如何处理如与民法典、网络安全、电信法等立法关系,这里不做展开,简单来讲,笔者认为,通过关键条款伴随式立法倒不失为一种务实选择。

4. 行业规制法。信息化与工业化深度融合发展,产生很多新技术、新业态、新模式、新产业。在模式和行业创新初期阶段,"得益"于规则短暂缺失实现了野蛮生长。但缺乏社会规则和行业规制,必然会伴之以行业乱象而产生治理之需,这一点已屡次被证明。最典型的如一些互联网平台的商业模式创新,却伴之以欺诈、胁迫、误导、歧视、侵权甚至诱发犯罪。相关部门和组织发布的《网络交易平台经营者履行社会责任指引》《网络零售第三方平台交易规则制定程序规定(试行)》,甚至新近的《网络安全法》和《电子商务法》等,在一定程度上都是问题导向型的立法结果。

---

① 《"宽带权"成芬兰公民基本权》,载凤凰网,http://news.ifeng.com/c/7fYs4Sm1Thv,2010 年 10 月 7 日最后访问。

5. 行业专题法。体系化立法是系统性工程,“罗马建成非一日之功”,经济生活不能等立法出台才得继续。就一些急迫、不可等的事项必须马上作出规定,给行业以明确指引。比较典型的如 2013 年《电话用户真实身份信息登记规定》和 2015 年《互联网用户账号名称管理规定》,可谓抓住了整治网络乱象的“牛鼻子”,将手机和网络用户实名制提上日程并有力落实后,一些行业乱象得以改善。其他方面的突出问题,如信道管理、电子公告、增值服务、信息安全等具体问题,亦可采取此策略。也许这里有些“多谈些问题、少谈些主义”的味道,但这是权宜之计,根本上还是要有制度性、体系化考虑。

另外,还有一个搭建两化融合立法框架的思路,就是借鉴“促进法”立法。笔者梳理了我国已有的促进法,主要有:2002 年《清洁生产促进法》《民办教育促进法》,2003 年《中小企业促进法》(2017 年修改),2004 年《农业机械化促进法》,2007 年《就业促进法》,2008 年《循环经济促进法》。另外,1993 年《科技进步法》实际上就是科技领域的促进法,1996 年还出台了《科技成果转化法》并于 2015 年 8 月修正,实际上也是成果转化促进法。在文化领域,《电影产业促进法》也已于 2017 年 3 月 1 日施行,可谓行业促进立法的典范之作。在近年来的全国“两会”上,已经有多名代表和委员提出我国应当加快制定“两化融合促进法”,笔者也在这里呼吁赞同更多力量汇集推进。

四、信息化与工业化融合法治重点领域

(一)电信法

基于 2000 年《电信条例》,近些年研究制定“电信法”的呼声一直不断。如果从 1980 年原邮电部考虑起草电信法和邮政法算起,至今已经 40 年了。当前,电信法已经列入十三届全国人大常委会的立法规划。《电信条例》于 2014 年 7 月 29 日被第一次修订,根据 2016 年 2 月 6 日《国务院关于修改部

分行政法规的决定》(国务院令第 666 号)进行了第二次修订。[①] 未来的"电信法"立法一方面必须尊重现有体制状况,另一方面要积极反映和推动改革进展。1998 年电信事业实施了政企分开、邮电分营的体制改革,在原邮电部和电子部的基础上组建了信息产业部,2008 年现在的工业和信息化部成立,主管电信行业。未来的"电信法"当着眼于电信与互联网行业发展,特别是对融合型业务作出相对合理的业务划界,维护好电信用户和企业的合法利益。目前根据工信部的立法计划,工信部正在会同司法部等部门抓紧推进"电信法"立法进程。

(二)无线电法

1993 年的《无线电管理条例》(国务院、中央军委令第 128 号,2016 年修订),已施行将近 30 年了,各种情势已发生剧烈变化。除此之外,无线电领域的立法还有 2010 年《无线电管制规定》(国务院、中央军委令第 579 号)、2013 年《无线电频率划分规定》、2017 年《无线电监测设施测试验证工作规定(试行)》、2018 年《车联网(智能网联汽车)直连通信使用 5905 - 5925MHz 频段管理规定(暂行)》,以及 2019 年《卫星网络国际申报简易程序规定(试行)》等。无线电管理体制经过改革已经与 1993 年时大不相同(管理机构变化,三级管理体制改为二级),而且无线电随着两化融合新情况的出现当时立法并未考虑到的问题陆续出现,如智能网联汽车、无人机等新设备出现亟待规范无线电通信标准和行为。根本上,还是要处理好稳定与发展的关系,既要"管理好空中电波秩序",又要"推动无线电频谱资源的充分高效利用"。

(三)互联网信息服务法

党的十八届四中全会明确提出,"加强互联网领域立法,完善网络信息

① 2016 年第二次修订仅将《电信条例》第 16 条修改为:"专用电信网运营单位在所在地区经营电信业务的,应当依照本条例规定的条件和程序提出申请,经批准,取得电信业务经营许可证。"重点在 2014 年的第一次修订,主要根据是 2014 年 1 月 28 日国务院公布的《国务院关于取消和下放一批行政审批项目的决定》,旨在取消和下放行政审批项目。

服务、网络安全保护、网络社会管理等方面的法律法规,依法规范网络行为"。2017 年 6 月 1 日起开始施行的《网络安全法》和前述的《电信条例》一样,属于"急用为先"的立法范例。在此之前,只有《电子签名法》和全国人大常委会《关于维护互联网安全的决定》《关于加强网络信息保护的决定》三部文件能起到"法律"效力。虽然都涉及互联网信息服务,但是专门的规范是国务院《互联网信息服务管理办法》,这是 2000 年通过的,2011 年根据《国务院关于废止和修改部分行政法规的决定》修订。互联网信息服务分为经营性和非经营性两类,如果是经营性互联网信息服务则实行许可制度,如果是非经营性互联网信息服务则实行备案制度。所以,从某种意义上说互联网信息服务领域的法治问题,实际上也是市场与政府关系的互联网映射。法律适用方面,除了传统的侵权法和刑法适用之外,还有大量《治安管理处罚法》《计算机信息网络国际联网安全保护管理办法》等规范适用问题。主要互联网立法及相关文件见表 2。

表 2　主要互联网立法及相关文件列表

序号	文件名称	主要内容或方向	发布时间
1	《中华人民共和国计算机信息系统安全保护条例》	我国网络信息安全保障的纲领性文件,在此领域对国家各部门的职责分工予以规定	1994 年 2 月 18 日
2	《中华人民共和国计算机信息网络国际联网管理暂行规定》	加强对计算机信息网络国际联网的管理,保障国际计算机信息交流的健康发展。	1996 年 2 月 1 日
3	国务院信息化工作领导小组《〈中华人民共和国计算机信息网络国际联网管理暂行规定〉实施办法》	实施办法	1998 年 2 月 13 日
4	《互联网信息服务管理办法》	规范互联网信息服务活动,促进互联网信息服务健康有序发展	2000 年 9 月 20 日
5	《中华人民共和国电信条例》	规范电信市场秩序,维护电信用户和电信业务经营者的合法权益,保障电信网络和信息的安全,促进电信业的健康发展	2000 年 9 月 25 日

续表

序号	文件名称	主要内容或方向	发布时间
6	《全国人大常委会关于维护互联网安全的决定》	维护互联网安全	2000 年 12 月 28 日
7	《互联网上网服务营业场所管理条例》	加强对互联网上网服务营业场所的管理,规范经营者的经营行为,维护公众和经营者的合法权益,保障互联网上网服务经营活动健康发展,促进社会主义精神文明建设	2002 年 9 月 29 日
8	国家食品药品监督管理局《互联网药品信息服务管理办法》	加强药品监督管理,规范互联网药品信息服务活动,保证互联网药品信息的真实、准确	2004 年 7 月 8 日
9	《电子签名法》	规范电子签名行为,确立电子签名的法律效力,维护有关各方的合法权益	2004 年 8 月 28 日 2015 年 4 月 24 日、2019 年 4 月 23 日两次修正
10	《最高人民法院、最高人民检察院关于办理利用互联网、移动通讯终端、声讯台制作、复制、出版、贩卖、传播淫秽电子信息刑事案件具体应用法律若干问题的解释》	司法解释	2004 年 9 月 3 日
11	《中国互联网络域名管理办法》	促进中国互联网络的健康发展,保障中国互联网络域名系统安全、可靠地运行,规范中国互联网络域名系统管理和域名注册服务	2004 年 11 月 5 日
12	《非经营性互联网信息服务备案管理办法》	非经营性互联网信息服务备案管理	2005 年 2 月 8 日
13	《互联网 IP 地址备案管理办法》	加强对互联网 IP 地址资源使用的管理,保障互联网络的安全,维护广大互联网用户的根本利益,促进互联网业的健康发展	2005 年 2 月 22 日

续表

序号	文件名称	主要内容或方向	发布时间
14	《互联网著作权行政保护办法》	加强互联网信息服务活动中信息网络传播权的行政保护，规范行政执法行为	2005年4月30日
15	国务院《信息网络传播权保护条例》	保护著作权人、表演者、录音录像制作者的信息网络传播权，鼓励有益于社会主义精神文明、物质文明建设的作品的创作和传播	2006年5月18日 2013年1月30日修订
16	工业和信息化部《电子认证服务管理办法》	规范电子认证服务行为，对电子认证服务提供者实施监督管理	2009年2月18日
17	工业和信息化部《电信网络运行监督管理办法》	加强电信网络运行监督管理，保障电信网络运行稳定可靠，预防电信网络运行事故发生，促进电信行业持续稳定发展	2009年4月24日
18	工业和信息化部、国务院新闻办公室、教育部、公安部等12部门《关于建立境内违法互联网站黑名单管理制度的通知》	建立境内违法互联网站黑名单管理制度	2009年7月29日
19	工业和信息化部《通信网络安全防护管理办法》	加强对通信网络安全的管理，提高通信网络安全防护能力，保障通信网络安全畅通	2010年1月21日
20	工业和信息化部《规范互联网信息服务市场秩序若干规定》	规范互联网信息服务市场秩序，保护互联网信息服务提供者和用户的合法权益，促进互联网行业的健康发展	2011年11月29日
21	《全国人大常委会关于加强网络信息保护的决定》	旨在为互联网时代的个人信息保护装上“法律的盾牌”，为网络信息保护工作提供了上位法律支撑	2012年12月28日
22	《工商总局、工业和信息化部关于加强境内网络交易网站监管工作协作积极促进电子商务发展的意见》	加强境内网络交易网站监管工作，积极协作，促进电子商务发展	2014年9月29日

续表

序号	文件名称	主要内容或方向	发布时间
23	国家互联网信息办公室《互联网用户账号名称管理规定》	加强互联网用户账号名称管理,提出“后台实名、前台自愿”的原则	2015 年 2 月 4 日
24	国家新闻出版广电总局、工业和信息化部《网络出版服务管理规定》	共分七章,分别包括:总则,网络出版服务许可,网络出版服务管理,监督管理,保障与奖励,法律责任,附则	2016 年 2 月 4 日
25	《网络安全法》	共分七章,分别是:总则,网络安全支持与促进,网络运行安全(第一节一般规定,第二节关键信息基础设施的运行安全),网络信息安全,监测预警与应急处置,法律责任,附则	2016 年 11 月 7 日
26	国家互联网信息办公室《互联网信息内容管理行政执法程序规定》	共分八章,分别是:总则,管辖,立案,调查取证,听证、约谈,处罚决定、送达,执行与结案,附则	2017 年 5 月 2 日
27	国家互联网信息办公室《互联网新闻信息服务管理规定》	共分六章,分别是:总则,许可,运行,监督检查,法律责任,附则	2017 年 5 月 2 日
28	工业和信息化部《互联网域名管理办法》	共分六章,分别是:总则,域名管理,域名服务,监督检查,罚则,附则	2017 年 8 月 24 日
29	《电子商务法》	共分七章,分别是:总则,电子商务经营者(第一节一般规定,第二节电子商务平台经营者),电子商务合同的订立与履行,电子商务争议解决,电子商务促进,法律责任,附则	2018 年 8 月 31 日
30	国家互联网信息办公室《区块链信息服务管理规定》	为了规范区块链信息服务活动,维护国家安全和社会公共利益,保护公民、法人和其他组织的合法权益,促进区块链技术及相关服务的健康发展	2019 年 1 月 10 日

续表

序号	文件名称	主要内容或方向	发布时间
31	国家互联网信息办公室《儿童个人信息网络保护规定》	为了保护儿童个人信息安全,促进儿童健康成长,根据《网络安全法》《未成年人保护法》等法律法规,制定本规定	2019 年 8 月 22 日
32	《最高人民法院、最高人民检察院关于办理非法利用信息网络、帮助信息网络犯罪活动等刑事案件适用法律若干问题的解释》	司法解释	2019 年 10 月 21 日
33	《密码法》	共分五章,分别是:总则,核心密码、普通密码,商用密码,法律责任,附则	2019 年 10 月 26 日
34	国家互联网信息办公室《网络信息内容生态治理规定》	共分八章,分别是:总则,网络信息内容生产者,网络信息内容服务平台,网络信息内容服务使用者,网络行业组织,监督管理,法律责任,附则	2019 年 12 月 15 日

来源:作者根据互联网资料整理。

(四)个人信息保护法

两化融合带来新技术、新业态、新模式、新行业,给产业经济带来新动能,也给公民个体的生产生活带来巨大影响。影响有好的方面也有坏的方面,好的方面是享受信息服务的便捷,坏的方面是个人信息被侵犯成为常态化问题。近年来,网络上不断出现兜售个人信息的事件,也有在商业竞争中窃取商业秘密,以及个人因不慎暴露个人信息导致人身财产损失的案件发生。当前,随着《民法典》的颁布,个人信息保护立法又一次成为法治热点。原因在于我国的个人信息保护,目前主要依靠民事法律中的名誉权、荣誉权、隐私权、一般人格权或通信自由权等规定,予以司法上的保护。但是,个人维权和行政维权方面,却缺少专门的法治实践和规范总结。信息社会"信息就是财富",个人信息保护事关每个人的人格利益和财产利益。国外如

2018 年欧洲开始实施 GDPR(一般数据保护条例),美国一贯注重个人信息保护,2019 年旧金山、萨默维尔、纽约、奥克兰等城市都通过或考虑通过立法禁止人脸识别以保护个人信息,日本内阁在 2020 年 3 月 10 日批准了《个人信息保护法》修正案。国内除了《电子商务法》和《网络安全法》也有个人信息保护规定外,最直接的是 2020 年 3 月 6 日公布的《信息安全技术个人信息安全规范》(GB/T 35273 - 2020)。个人信息保护从私领域看属于人权范畴,从公领域看属于产业竞争的范畴。欧美日等发达经济体之所以同时加强个人信息保护立法,不排除有产业竞争的考虑。据悉,立法部门正在研究推动"个人信息保护法"和"数据安全法"相关工作,亦可有所期待。[①]

(五)电子商务法

2014 年被称为电商立法元年,当时就考虑起草电子商务立法。经过行业和立法部门的不懈努力,在 1996 年《联合国电子商务示范法》的基础上,我国的《电子商务法》于 2018 年 8 月 31 日获第十三届全国人民代表大会常务委员会第五次会议通过,为调整以数据电文为交易手段,通过信息网络所产生的各种商事交易关系提供了法律规范。《电子商务法》之前,电子商务领域仍然是依赖大量的、单行的法规规章在解决部分问题,不可避免地形成重复规定或规定冲突。《电子商务法》的出台,发挥了立法对数字经济的引领推动作用,极大规范了电子商务行为,明确各方权利义务关系。但其后还需对诸如"零星小额""必要""及时""合理"等模糊表述,以及金融产品服务、音视频节目等新业务模式,电商平台大数据杀熟等亟待行业监管的事项进行规定细化和优化。[②] 据悉,相关部门正在研究制定《电子商务法》实施细则,有些电商法未及构建的制度有望细化和落地。

---

① 2019 年 12 月 20 日,全国人大常委会法工委发言人岳仲明在北京提到,中国明年将制定个人信息保护法、数据安全法等。梁晓辉:《中国 2020 年将制定个人信息保护法、数据安全法》,载中新网,http://www.chinanews.com/gn/2019/12-20/9039098.shtml,2019 年 12 月 20 日最后访问。

② 李文静:《电子商务从产业政策到法律的转型研究》,载《互联网经济》2020 年第 3 期。

（六）大数据法

目前，我国相关部门已经持续发布了促进信息消费扩大内需意见、软件和信息技术服务业规划、促进大数据发展行动纲要、大数据产业发展规划（2016～2020年）等意见或规划文件。近年来，全国“两会”也多有代表、委员提出加快数据立法，目前仍在讨论推进之中。[①] 2017年12月8日下午，中央政治局就实施国家大数据战略进行第二次集体学习，习近平总书记强调，大数据是信息化发展的新阶段，随着互联网的快速普及，全球数据呈现爆发增长、海量集聚的特点，我们要在前沿技术研发、数据开放共享、隐私安全保护、人才培养等方面做前瞻性布局。我国要实施大数据战略，习近平总书记指出的重点领域必须由法律来确定大数据的调整范围，包括数据的收集、数据收集的范围和形式，数据的公开和免费，数据的存储和交易，数据的民事和刑事责任等。

（七）政府信息化法

由于中国特色的体制原因，政府在经济社会发展中的引导和影响作用不可小觑，在信息化建设和推动两化融合方面政府部门垂范作用仍然非常重要。何况，据统计，我国可利用、可开发、有价值的数据80%左右在政府手上，推动政府信息化和政府信息公开，开发利用政府数据资产则可望释放出亿万产值。政府信息化，首要的就是推动政府信息公开共享。这既是《政府信息公开条例》的明确规定，也是建设服务型、法治化政府的法治要求。政府信息化平台建设必须着眼于政务效率提高，改革政府管理的传统模式，通过信息化手段优化业务工作流程，做到程序精简化、标准化、规范化。另外，还要建设一批政务数据库，为提高国家治理体系和治理能力现代化奠定基础。如2020年的新冠肺炎疫情突如其来，给疫情防控和复工复产带来了巨

---

① 主要是由于技术和行业发展不稳，模式创新出现太快，共识难以短时间内达成。参见《建议加快推进大数据立法进程》，载《中国电子报》2019年3月15日，第4版。

大挑战,但人员、企业、物料、交通等动态数据库被曝出能力建设跟不上,仍然存在很多"填表抗疫"的情况,给行业治理和社会管理造成极大不便。当然,当前政府办公也基本实现了自动化和信息化,还有政府信息安全的问题自不用赘述。在依法治国大背景下,推进政府信息化必须由政府信息化法规范推动才更有希望。

五、推进两化融合法治化发展的建议

(一)推动研究制定两化融合领域的基本法

如上所述,工业化和信息化建设长期以来都是依赖于产业政策为主要手段的推进方式,根据企业反映和行业管理实践来看,其中会发生若干无法可依、规范层级较低、重复规定或规定冲突的现象。从已有领域基本法的立法看,但凡是对于国民经济极其重要的领域都有基本法,一则必须保障某领域或行业的支柱地位和更好发挥支柱作用,二则反过来立法与行业可以相互加强,从而保障这一领域走向正循环。信息化对于国家发展和国际竞争的重要性已无须多言,而这一切必须通过与各领域的融合发展特别是与工业化的深度融合,才能最充分地体现出来并最终转化为现实生产力。从国外的立法实践看,美国有《电子政务法》,日本有《IT 基本法》,韩国有《信息化促进基本法》和《电子商务基本法》,印度有《信息技术法》等。"良法是善治的前提",我国关于信息化的规范并不是完全空白,但主要散见于各部门、各地方,缺乏统一的顶层设计。国家在政策和战略层面,一直也在强调信息化与工业化深度融合发展的重要性。但时至今日,在开启新征程新经济的新阶段,必须把国家战略、地方实践转化为法律制度通过司法和执法体系体现出来,才是真正地走向治理现代化。

(二)进行两化深度融合方面基本问题研究

立法之难表面上看在于程序,但实际上在于现实之于法律语言的转化。一方面,现实事实与法律事实之间的对应关系,需要照顾各方面各领域的人。法律是妥协的产物,从这一角度看需要法律界与产业界达成共识,才能更好实现法律化和产业化。而不同领域、立场和阶层的人之间的相互不理解,似乎是一种无解的问题。另一方面,把从现实事实中梳理出的法律事实再进行法律技术处理转化为法律规范,这也是极其困难的。这种事情必须由专业的法律人才去做,是一个体系化要求的支撑。这种工作不是一个产业界的人加上一个学法律的人就能够完成的,而必须有一帮人既懂法律又懂产业(信息化、工业化和如何融合),而这些东西的基础是必须对两化融合领域的基本问题先作深入研究。信息化与工业化深度融合,特别是近年来"工业互联网"的概念兴起,相关的接口标准及国际化、核心零部件、工业系统、集成服务等技术路径和产业路径选择,事实上有很多还不确定。两化融合的技术层面、产业层面、商业层面和法律层面的基本问题,虽然分属于不同领域但实际上又是相互关联的,必须加强基本问题研究,而这也是各界达成共识的过程。

(三)结合工业互联网的要求探索依法治理

前几年有过关于消费互联网升级的讨论,标志之一是究竟叫工业互联网还是产业互联网。有学者指出,工业互联网的叫法是从水平平台的角度看的,产业互联网是从垂直平台的角度看的,都是在讲新一代互联网商业生态的。随着2017年发布的《国务院关于深化"互联网+先进制造业"发展工业互联网的指导意见》为工业互联网正名,这一争论也暂告一段落。可以认为,工业互联网的出现就是两化深度融合的结晶,是信息化建设的新阶段。发展工业互联网,就要求发展数字化、网络化、智能化,要求建设新一代关键基础设施,要求继续加强信息化对其他领域特别是工业行业的渗透与融合。同时,工业互联网本身也是未来的基础设施升级版,方向是带动社会生产生活从虚拟到实体、从生活到生产的全方位、立体化打通,极大拓展经济社会和生活空间。可以想见,这种革命性的技术与产业变革带来的必定是社会关系的重塑,我们之前的立法、执法和司法遵循的规则还是单纯的工业化关系规则,在两化深度融合的大技术背景下,必然需要新的规则体系。

(四)统筹协调做好各行业领域信息化建设

信息化实际上是贯穿我们这个时代发展的主旋律之一,涉及面极广,是造就现有产业格局和竞争格局的最重要的技术条件,而且未来会越来越重要。之所以必须格外强调信息化与工业化的两化深度融合,是因为越来越多的迹象表明,经济过度虚拟化的问题已被证明了是一种有失偏颇的非正确选择。单纯的信息化并无意义,新一代信息基础设施建成如果没有工业行业在上面运行和应用,就只是徒有其表的屠龙之术。未来的竞争是体系化、生态化竞争,不仅是行业之间的竞争,还需要交通、金融、保险、法律等各方面综合解决能力的支撑。统筹协调做好各行业领域信息化工作,在发生国际动荡性问题时才能有及时的技术攻关、相互衔接的接口标准,甚至才能有一系列关于网络、智能模块、智能联网装备和工业软件的整套解决方案。而这一切的实现要通过一系列法律、法规、规章进行黏合、保障、规范,产业经济系统才得有效运行,在技术和制度上共同保障而不至于贻误战机。

新时代中国互联网治理政策研究

于雯雯*

政策是社会公共权威在特定情境中，为达到一定目标而制订的行动方案或行动准则。[①] 在我国，政策的表现形式多样，[②]并且对利益相关者的行为具有有效的引导性。党的十八大以来，以习近平同志为总书记的党中央高度重视互联网发展与治理相关问题。习总书记结合中国国情及全球发展形势，多次就相关议题发表重要讲话，党中央及国务院出台了诸多政策文件，构成新时代中国特色社会主义理论与制度的重要组成部分，为新时代我国互联网发展及治理提供了体系化的政策指引。本文主要通过对政策规范的研究来探讨中国互联网治理政策的理论基础、目标体系与中国互联网治理的实现路径问题。

一、新时代中国互联网治理政策的理论基础

新时代中国互联网治理的政策理论和体系集中反映了马克思主义哲学的世界观及方法论，是马克思主义理论中国化的又一次实践。

---

* 于雯雯，北京市社会科学院法学所助理研究员，法学博士。

① 谢明编著:《公共政策导论》(第4版)，中国人民大学出版社2016年版，第6页。

② 如中共中央和国务院发布的文件、党和国家领导人的重要讲话、国家的大型发展计划、中央政府部门和地方政府出台的一些规定和办法以及法律等。公共政策研究者通常将法律也作为公共政策的具体表现形式，本文着眼于法律与政策执行机制的差异，从而将政策与法律作为独立的研究对象。本文的研究范围主要是党和国家领导人的重要讲话以及中共中央和国务院发布的政策文件。

(一)新时代中国互联网治理政策是运用马克思主义唯物史观指导互联网发展和治理实践的重要体现

马克思主义理论认为,社会发展的动力来自社会内在的矛盾性,生产力与生产关系的矛盾、经济基础与上层建筑的矛盾是社会发展的基本矛盾和基本动力,社会基本矛盾及其决定的阶级斗争、社会革命、社会改革等构成社会发展的动力系统,推动社会的发展变化。① 人类社会的发展最终归结为生产力的发展,是先进生产力不断取代落后生产力的进程。正如马克思所言:"随着新的生产力的获得,人们改变自己的生产方式,随着生产方式即谋生的方式的改变,人们也就会改变自己的一切社会关系。手推磨产生的是封建主的社会,蒸汽磨产生的是工业资本家的社会。"②

生产力是人们积极地改造自然、获得物质生活资料的能力,是解决人和自然界的矛盾的社会物质力量,其是在物质生产活动即劳动中形成的,包括劳动对象、劳动资料和劳动者的基本要素。③ 劳动资料是人们在劳动过程中改变或影响劳动对象的一切物质资料和物质条件。生产工具是劳动资料中的主要部分,是社会生产力发展水平的客观标志,是人类征服自然能力的尺度。"各种经济时代的区别,不在于生产什么,而在于怎样生产,用什么劳动资料生产。劳动资料不仅是人类劳动力发展的测量器,而且是劳动借以进行的社会关系的指示器。"④

新时代中国互联网治理政策是运用马克思主义唯物史观指导互联网发展和治理实践的重要体现。"我国经济发展进入新常态,新常态要有新动力,互联网在这方面可以大有作为。要着力推动互联网和实体经济深度融合发展,以信息流带动技术流、资金流、人才流、物资流,促进资源配置优化,促进全要素生产率提升,为推动创新发展、转变经济发展方式、调整经济结

---

① 安德志等:《马克思主义基本原理》,西北工业大学出版社 2016 年版,第 125 页。

② 《马克思恩格斯选集》(第一卷),人民出版社 2012 年版,第 222 页。

③ 安德志等:《马克思主义基本原理》,西北工业大学出版社 2016 年版,第 125 页。

④ 马克思:《资本论》(节选本),中共中央马克思、恩格斯、列宁、斯大林著作编译局编译,人民出版社 2018 年版,第 98 页。

构发挥积极作用。”[①]这一基本判断抓住了当代社会发展变革的根本所在,即以互联网为生产工具推进生产力的发展,推进生产关系及上层建筑的发展,从而推动社会的发展进步以及提升国家的整体实力。

1. 以互联网为基础的数字经济成为国家竞争的核心要素

信息资源日益成为重要的生产要素和社会财富,信息掌握的多寡成为国家软实力和竞争力的重要标志。[②] 党的十九届四中全会《中共中央关于坚持和完善中国特色社会主义制度　推进国家治理体系和治理能力现代化若干重大问题的决定》明确将“数据”作为生产要素,要“健全劳动、资本、土地、知识、技术、管理、数据等生产要素由市场评价贡献、按贡献决定报酬的机制”。我国网民数量、网络零售交易额、电子信息产品制造规模已居全球第一,一批信息技术企业和互联网企业进入世界前列,形成了较为完善的信息产业体系。[③] 互联网作为推动产业发展的“革命性”因素,其通过数据准确寻找有效需求进而提高资源配置效率,并且利用互联网改造传统产业,进而形成新的产业模式。中国互联网络信息中心(CNNIC)2020 年 4 月 28 日发布的第 45 次《中国互联网络发展状况统计报告》显示,我国数字经济快速发展,2019 年规模已达 31.3 万亿元,位居世界前列,占国内生产总值(GDP)的比重达到 34.8%。可见,以互联网为基础的数字经济已经成为新一轮科技革命的火车头,成为国家竞争的核心要素,成为拉动经济增长的重要动力。

2. 核心技术自主创新是关键

马克思认为,生产力由一般生产力和直接生产力构成。劳动力、劳动工具和劳动对象这些直接进入生产过程的是直接生产力,科学知识是一般生产力,科学并入生产,通过物化转化为劳动对象和劳动资料,或者通过人格

---

① 习近平:《在网络安全和信息化工作座谈会上的讲话》,载《人民日报》2016 年 4 月 26 日,第 2 版。

② 习近平:《努力把我国建设成为网络强国》,载人民网,http://politics.people.com.cn/n/2014/0227/c70731-24486582.html,2018 年 5 月 9 日最后访问。

③ 《国家信息化发展战略纲要》。

化来武装劳动者,从而成为直接生产力。[①] 邓小平同志在 1978 年召开的全国科学大会上重申了"科学技术是生产力"的马克思主义观点,并指出:"现代科学技术的发展,使科学与生产的关系越来越密切了。科学技术作为生产力,越来越显示出巨大的作用。"[②]基于对科学技术重要性的认识,邓小平同志进一步提出了"科学技术是第一生产力"的重要思想。支持科技创新已成为我国国家政策体系的重要内容。[③] 新时代我国明确提出了要实施创新驱动发展战略。党的十九大报告强调:"要加快建设创新型国家。创新是引领发展的第一动力,是建设现代化经济体系的战略支撑。要瞄准世界科技前沿,强化基础研究,实现前瞻性基础研究、引领性原创成果重大突破。"《中共中央关于坚持和完善中国特色社会主义制度　推进国家治理体系和治理能力现代化若干重大问题的决定》进一步明确要完善科技创新体制机制,包括构建社会主义市场经济条件下关键核心技术攻关新型举国体制;健全鼓励支持基础研究、原始创新的体制机制;建立以企业为主体、市场为导向、产学研深度融合的技术创新体系;完善科技人才发现、培养、激励机制等。

信息通信技术是互联网发展的基础动力,当今世界各国互联网领域的竞争,集中体现在信息通信技术的竞争。[④] "同世界先进水平相比,同建设网络强国战略目标相比,我们在很多方面还有不小差距,特别是在互联网创新能力、基础设施建设、信息资源共享、产业实力等方面还存在不小差距,其中

---

① 刘大椿等:《审度:马克思科学技术观与当代科学技术论研究》,中国人民大学出版社 2017 年版,第 133 ~ 142 页。

② 《邓小平文选》(第二卷),人民出版社 1994 年版,第 87 页。邓小平图书馆、邻水经济社会发展研究会课题组编著:《邓小平教育科技理论与实践研究》,西南交通大学出版社 2017 年版,第 252 页。

③ 党的十二大报告把科学列为经济发展的战略重点。党的十三大报告把发展科学技术和教育事业放在首要位置。党的十四大报告把建立和完善科技与经济有效结合的机制、加速科技成果的商品化和向现实生产力转化、不断完善保护知识产权的制度,作为促进整个经济由粗放型经营向集约化经营转变的重大步骤。党的十五大报告提出要实施科教兴国战略和可持续发展战略。党的十六大报告提出要大力发展教育和科学事业,全面建设小康社会。党的十七大报告提出,要提高自主创新能力,建设创新型国家。

④ 陈家喜:《互联网发展与治理的中国方案——习近平网络治理思想研究》,载《理论视野》2017 年第 7 期。

最大的差距在核心技术上。"[①]"互联网核心技术是我们最大的'命门',核心技术受制于人是我们最大的隐患。"[②]在主持中央政治局第三十六次集体学习时,习总书记再次强调:"要紧紧牵住核心技术自主创新这个'牛鼻子',抓紧突破网络发展的前沿技术和具有国际竞争力的关键核心技术,加快推进国产自主可控替代计划,构建安全可控的信息技术体系。实施网络信息领域核心技术设备攻坚战略,推动高性能计算、移动通信、量子通信、核心芯片、操作系统等研发和应用取得重大突破。"[③]2017 年 1 月,中共中央办公厅、国务院办公厅印发了《关于促进移动互联网健康有序发展的意见》,明确提出要在移动芯片、移动操作系统、智能传感器、位置服务等核心技术上实现突破和成果转化,尽快实现部分前沿技术、颠覆性技术在全球率先取得突破。近年来,中兴、华为等事件的发生更加凸显了在信息通信领域实现核心技术自主创新的重要性和紧迫性。

(二)新时代中国互联网治理的整体政策架构遵循马克思主义辩证法的指导

唯物辩证法是一个庞大的科学系统,在它里面包含有多种科学体系,反映各种各样的规律。其中,对立统一规律、质量互变规律、否定之否定规律这三大规律是唯物辩证法在审视对象、把握世界时最突出的规律,也是事物在运动发展过程中表现得最为深刻的必然规律。[④] 在这三大规律中,对立统一规律处于核心地位。列宁指出:"统一物之分为两个部分以及对它的矛盾着的部分的认识,是辩证法的实质(是辩证法的'本质'之一,是它的基本的特点或特征之一,甚至可说是它的基本的特点或特征。)"[⑤]毛泽东在《矛盾

---

① 习近平:《在网络安全和信息化工作座谈会上的讲话》,载《人民日报》2016 年 4 月 26 日,第 2 版。

② 习近平:《在网络安全和信息化工作座谈会上的讲话》,载《人民日报》2016 年 4 月 26 日,第 2 版。

③ 《习近平在中共中央政治局第三十六次集体学习时强调:加快推进网络信息技术自主创新朝着建设网络强国目标不懈努力》,载《人民日报》2016 年 10 月 10 日,第 1 版。

④ 周永生主编:《马克思主义基本理论读本》,辽宁人民出版社 2016 年版,第 27 页。

⑤ 《列宁选集》(第 2 卷)(第 3 版修订版),人民出版社 2012 年版,第 556 页。

论》中指出:“事物的矛盾法则,即对立统一的法则,是唯物辩证法的最根本的法则。”

唯物辩证法教导人们要善于观察和分析各种事物的矛盾的运动,并根据这种分析,指出解决矛盾的方法,要善于抓住关键、找准重点、洞察事物发展的规律。新时代我国互联网治理的整体政策架构即是以马克思主义唯物辩证法为指导的。“网络安全和信息化是一体之两翼、驱动之双轮,必须统一谋划、统一部署、统一推进、统一实施。做好网络安全和信息化工作,要处理好安全和发展的关系,做到协调一致、齐头并进,以安全保发展、以发展促安全,努力建久安之势、成长治之业。”①对于网络空间的自由放任或者严防死守都是行不通的,必须将“用”与“治”相结合,辩证统一地处理二者的关系,从而寻求科学发展。一方面,积极推进信息化建设,运用信息技术和网络平台改善政务、民生和经济等各方面的发展方式和效率;另一方面,规范网络使用行为,防止网络成为滋生违法犯罪的温床。

信息化和网络安全是新时代我国互联网发展与治理中的主要矛盾所在,也就是我们需要抓的关键、找的重点、集中精力办的大事。围绕这两个主要方面形成了两个主要政策群。

1. 信息化方面

没有信息化就没有现代化。当今世界,信息技术创新日新月异,以数字化、网络化、智能化为特征的信息化浪潮蓬勃兴起。信息化代表新的生产力和新的发展方向,已经成为引领创新和驱动转型的先导力量。适应和引领经济发展新常态,增强发展新动力,需要将信息化贯穿我国现代化进程始终,加快释放信息化发展的巨大潜能。为此,我国于 2016 年 7 月出台了《国家信息化发展战略纲要》,作为规范和指导未来一段时期我国信息化发展的纲领性文件,也是我国国家战略体系的重要组成部分,是信息化领域规划、政策制定的重要依据。“十三五”时期是信息化引领全面创新、构筑国家竞

① 《努力把我国建设成为网络强国》,载人民网,http://politics.people.com.cn/n/2014/0227/c70731-24486582.html,2018 年 5 月 9 日最后访问。

争新优势的重要战略机遇期,为此我国于2016年12月出台了《"十三五"国家信息化规划》,进一步对"十三五"期间我国信息化发展作出行动部署。此外,我国还先后制定了《"宽带中国"战略及实施方案》(国发〔2013〕31号)、《关于推进物联网有序健康发展的指导意见》(国发〔2013〕7号)、《关于积极推进"互联网+"行动的指导意见》(国发〔2015〕40号)、《关于促进云计算创新发展培育信息产业新业态的意见》(国发〔2015〕5号)、《新一代人工智能发展规划》(国发〔2017〕35号)、《数字乡村发展战略纲要》等政策文件。习总书记在中共中央政治局就实施国家大数据战略进行第二次集体学习时指出:"大数据是信息化发展的新阶段。大数据发展日新月异,我们应该审时度势、精心谋划、超前布局、力争主动,深入了解大数据发展现状和趋势及其对经济社会发展的影响,分析我国大数据发展取得的成绩和存在的问题,推动实施国家大数据战略,加快完善数字基础设施,推进数据资源整合和开放共享,保障数据安全,加快建设数字中国,更好服务我国经济社会发展和人民生活改善。"我国相继出台了《促进大数据发展行动纲要》《关于推进公共信息资源开放的若干意见》《大数据产业发展规划(2016~2020年)》等政策。党的十八届五中全会正式将实施国家大数据战略上升为国家政策层面。由此可见,我国已逐步形成了以《国家信息化发展战略纲要》等信息化专门政策为基础,在信息基础设施、新一代信息技术以及信息技术与传统产业融合等多领域进行政策布局的信息化发展政策群,引导新一代信息技术与经济社会各领域的深度融合,推动优势新兴业态向更广范围、更宽领域拓展,全面提升经济、政治、文化、社会、生态文明和国防等领域信息化水平,从而最大限度发挥信息化的驱动作用。

2. 网络安全方面

以习近平同志为核心的党中央高度重视网络安全,将其提升到国家整体安全的战略高度,作为总体国家安全观的重要组成部分。当前,我国面临着网络基础设施受制于人、民族网络产业落后、网络应急保障不力、信息泄密频繁发生、网上谣言屡禁不止、网络恐怖、网络犯罪活动猖獗等突出问题。这些问题的存在,严重影响了国家安全。面对极其复杂的网络安全形势,我们需要树立正确的网络安全观;加快构建关键信息基础设施安全保障体系;全天候、全方位感知网络安全态势;增强网络安全防御能力和威慑能力。[①] 2016年12月,国家互联网信息办公室发布了《国家网络空间安全战略》,明确了中国网络空间安全战略的五大目标、四项原则及九大战略任务。[②] 这是我国第一次正式发布网络空间安全战略,为维护我国网络安全提供了政策保障。2017年《网络安全法》的生效实施,将维护网络安全进一步上升到国家法律层面。

要实现网络安全与信息化的辩证统一、齐头并进,首先需要打破条块分割的体制阻隔,避免部门利益竞争所导致的政策冲突。因此,2014年2月,中央网络安全和信息化领导小组成立,这体现了党中央深刻认识到网络基础设施及信息化对经济、政治、社会、文化等各方面的积极影响,同时也意识到网络及信息安全、网络内容的丰富健康、网络交往行为的文明有序对保障人民群众的合法权益、维护国家安全和稳定、促进社会文明进步的重要意义。因此,通过建立更强有力、更有权威性的组织来统筹、协调、指导网络安全与信息化工作。目前90%以上地市成立了网信领导小组,71%以上地市成立了领导小组办公室,我国中央、省(区、市)、地(市)三级网信工作领导管理体系已初步建立。2018年3月,《深化党和国家机构改革方案》出台,中央网络安全和信息化领导小组改为中央网络安全和信息化领导委员会,进一步强化了党对网络安全和信息化工作的统一领导,加强了在该领域重大工作的顶层设计、总体布局、统筹协调、整体推进和督促落实。

二、新时代中国互联网治理政策的目标体系

目标是行动的方向,也是发展的牵引。对于新时代中国互联网治理政

---

① 习近平:《在网络安全和信息化工作座谈会上的讲话》,载《人民日报》2016年4月26日,第2版。

② 包括:(1)五大目标:和平、安全、开放、合作、有序。(2)四项原则:尊重维护网络空间主权;和平利用网络空间;依法治理网络空间;统筹网络安全与发展。(3)九个战略任务:坚定捍卫网络空间主权;坚决维护国家安全;保护关键信息基础设施;加强网络文化建设;打击网络恐怖和违法犯罪;完善网络治理体系;夯实网络安全基础;提升网络空间防护能力;强化网络空间国际合作。

策的目标定位这一问题需要置于整个互联网发展政策体系之中进行综合考量。只有对其进行多维度、分层次的合目的性分析,才不会落入将互联网空间作为单一管制对象的思维陷阱。

（一）有序可控

这是新时代中国互联网治理的直接目标。“网络空间同现实社会一样,既要提倡自由,也要保持秩序。”[①]人类对秩序的追求反映了主体对客体的控制能力,体现于其对规则的崇尚、探索及掌握之中。根据互联网治理工作组的定义,互联网治理,是指政府、私营部门和民间社会根据各自的作用制定和实施旨在规范互联网发展和使用的共同原则、准则、规则、决策程序和方案。其实质就是使互联网能够按照人类制定的规则来发展和使用,从而实现一种可控、有序的状态。其中,不仅包括互联网使用规则,而且包括互联网发展规则。

（二）网络强国

这是新时代中国互联网治理的战略目标。在 2014 年 2 月召开的中央网络安全和信息化领导小组第一次会议上,习总书记明确提出“努力把我国建设成为网络强国”的总体目标和战略构想。2015 年 10 月,实施网络强国战略被列入党的十八届五中全会通过的《中共中央关于制定国民经济和社会发展第十三个五年规划的建议》中。2016 年习总书记将中国网络强国战略提升到综合施策的新高度,提出了“六个加快”的要求:(1)加快推进网络信息技术自主创新;(2)加快数字经济对经济发展的推动;(3)加快提高网络管理水平;(4)加快增强网络空间安全防御能力;(5)加快用网络信息技术推进社会治理;(6)加快提升中国对网络空间的国际话语权和规则制定权。[②] 由

① 《习近平在第二届世界互联网大会开幕式上的讲话》,载新华网,http://www.xinhuanet.com/politics/2015-12/16/c_1117481089.htm,2018 年 5 月 9 日最后访问。

② 《习近平在中共中央政治局第三十六次集体学习时强调:加快推进网络信息技术自主创新 朝着建设网络强国目标不懈努力》,载《人民日报》2016 年 10 月 10 日,第 1 版。

"网络大国"向"网络强国"的转型,不仅表明了我国互联网治理的战略机遇和发展路径,而且将对未来互联网全球新秩序的形成和规则制定产生深远影响。[①]

(三)人民幸福

这是新时代中国互联网治理的终极目标。新时代中国互联网治理的最终目标还是要为人民服务,为人民谋取幸福。习总书记明确指出:"要适应人民期待和需求,加快信息化服务普及,降低应用成本,为老百姓提供用得上、用得起、用得好的信息服务,让亿万人民在共享互联网发展成果上有更多获得感。"[②]"网络空间天朗气清、生态良好,符合人民利益。网络空间乌烟瘴气、生态恶化,不符合人民利益。"[③]新时代中国互联网治理不仅着眼于中国人民的利益,而且着眼于全人类的共同利益。"网络空间是人类共同的活动空间,网络空间前途命运应由世界各国共同掌握。各国应该加强沟通、扩大共识、深化合作,共同构建网络空间命运共同体。"[④]"中国愿同国际社会一道,坚持以人类共同福祉为根本,坚持网络主权理念,推动全球互联网治理朝着更加公正合理的方向迈进,推动网络空间实现平等尊重、创新发展、开放共享、安全有序的目标。"[⑤]

有序可控、网络强国与人民幸福这三个目标是一个有机统一体,必须相互结合才不会发生目的性偏离。首先,有序可控是相对的,而不是绝对的,互联网治理绝不是要将互联网完全管制起来,从而使其丧失创新发展的空间,而是通过有序可控来保安全、促发展,促进网络强国战略目标的实现;其

---

① 李希光:《习近平的互联网治理思维》,载《人民论坛》2016年第4期。

② 习近平:《在网络安全和信息化工作座谈会上的讲话》,载《人民日报》2016年4月26日,第2版。

③ 习近平:《在网络安全和信息化工作座谈会上的讲话》,载《人民日报》2016年4月26日,第2版。

④ 《习近平在第二届世界互联网大会开幕式上的讲话》,载新华网,http://www.xinhuanet.com/politics/2015-12/16/c_1117481089.htm,2018年5月9日最后访问。

⑤ 《习近平:在第三届世界互联网大会开幕式上的视频讲话》,载新华网,http://www.xinhuanet.com/politics/2016-11/16/c_1119925133.htm,2018年5月14日最后访问。

次,网络强国不是为某些人或者某些利益集团的利益服务,而是立足于为人民谋利益、谋幸福,要让人民能够从网络经济、网络社会、网络文化中获得利益和满足;最后,网络强国不是一国独大、一国霸权,而是要实现全人类的利益和幸福,因此互联网国际治理需要开放合作、共建共享。

三、新时代中国互联网治理的实现路径

作为技术产物的互联网在商业推动下实现了社会化应用,其飞速发展与人类认知的相互作用促使"以怎样方式来治理互联网"成为当下世界性议题。新时代中国互联网治理政策体系给出了解决该议题的基本的"中国方案"。

(一)依法治理

"互联网作为20世纪最伟大的发明之一,把世界变成了'地球村',深刻改变着人们的生产生活,有力推动着社会发展,具有高度全球化特性。但是,这块'新疆域'不是'法外之地',同样要讲法治。"[①]"要坚持依法治网、依法办网、依法上网,让互联网在法治轨道上健康运行。"[②]

实现依法治理必然要求推进互联网法治建设。既要全面规划,系统推进网络空间法治化;又要突出重点,着力解决现实问题。"要严密防范网络犯罪,特别是新型网络犯罪,维护人民群众利益和社会和谐稳定。"[③]党的十八大以来,《国家信息网络专项立法规划2014～2020》顺利出台,全国人大常委会先后制定了《刑法修正案(九)》《网络安全法》《电子商务法》等政策法律,国家互联网信息办公室制定了《互联网新闻信息服务管理规定》《互联网信息内容管理行政执法程序规定》《互联网用户公众账号信息服务管理规

---

① 《坚持构建中美新型大国关系正确方向促进亚太地区和世界和平稳定发展》,载人民网,http://politics.people.com.cn/n/2015/0923/c1024－27621591.html,2018年5月8日最后访问。

② 《习近平在第二届世界互联网大会开幕式上的讲话》,载新华网,http://www.xinhuanet.com/politics/2015－12/16/c_1117481089.htm,2018年5月9日最后访问。

③ 《习近平在中共中央政治局第三十六次集体学习时强调:加快推进网络信息技术自主创新朝着建设网络强国目标不懈努力》,载《人民日报》2016年10月10日,第1版。

定》《互联网群组信息服务管理规定》《互联网信息搜索服务管理规定》《互联网直播服务管理规定》《儿童个人信息网络保护规定》《网络信息内容生态治理规定》《网络安全审查办法》等部门规章,《关于办理利用信息网络实施诽谤等刑事案件适用法律若干问题的解释》《关于办理侵犯公民个人信息刑事案件适用法律若干问题的解释》《关于办理非法利用信息网络、帮助信息网络犯罪活动等刑事案件适用法律若干问题的解释》《关于办理危害计算机信息系统安全刑事案件应用法律若干问题的解释》《关于审理利用信息网络侵害人身权益民事纠纷案件适用法律若干问题的规定》《关于审理侵害信息网络传播权民事纠纷案件适用法律若干问题的规定》等司法解释也陆续出台,2020 年 5 月 25 日,第十三届全国人大第三次会议第二次全体会议召开。全国人大常委会工作报告在下一步主要工作安排中指出,围绕国家安全和社会治理,要制定个人信息保护法、数据安全法等。我国网络法治建设正在稳步推进,对网络违法违规行为形成了持续有力的震慑,为依法管网、依法办网、依法上网提供了基本的法律依据。

(二)综合治理

网络综合治理旨在调动各方主体的力量、运用多元化路径,从而形成治理的协作力和总体效应。党的十九大报告明确指出,“要加强互联网内容建设,建立网络综合治理体系,营造清朗的网络空间”。《国家网络空间安全战略》进一步指出:“要加快构建法律规范、行政监管、行业自律、技术保障、公众监督、社会教育相结合的网络治理体系,推进网络社会组织管理创新,健全基础管理、内容管理、行业管理以及网络违法犯罪防范和打击等工作联动机制。鼓励社会组织等参与网络治理,发展网络公益事业,加强新型网络社会组织建设。鼓励网民举报网络违法行为和不良信息。”

(三)专项治理

专项治理可以利用有限的公共资源和执法力量,在一定期限内,依法集中有效地解决特定的社会突出问题。专项治理与综合治理相辅相成,是我国现实社会治理经验在互联网治理上的延伸适用。2001 年至今,我国已开展了多次网络专项治理活动,网络违法经营、网络低俗内容、网络谣言、网络盗版、“伪基站”等网络乱象得到整治:(1)“治网吧”专项行动。2001 年 4 月,依据国务院办公厅颁行的《关于进一步加强互联网上网服务营业场所管理的通知》精神,共依法取缔各类网吧近 17,488 家。(2)“清网站”专项行动。2004 ~ 2005 年,通过集中清理和备案,国家基本上掌握了全国大部分已有网站的信息。(3)“肃网风”专项行动。“净网”“清源”“护苗”等致力于整治互联网低俗之风专项行动。(4)“控谣言”专项行动。2013 年 8 月,公安机关集中打击网络有组织制造传播谣言等违法犯罪专项行动。(5)“惩犯罪”专项行动。2015 年 6 月,国务院组成了由公安部、工信部等 23 个部门和单位参加的打击治理电信网络新型违法犯罪专项行动。[①] (6)打击网络侵权盗版专项行动。2005 年起,国家版权局联合有关部门开展了打击网络侵权盗版“剑网行动”,先后开展了网络视频、网络音乐、网络转载、网络云存储空间、网络文学、网络广告联盟、图片等领域的版权专项整治,集中强化对网络侵权盗版行为的打击力度。仅 2019 年专项行动期间,各级版权执法监管部门就删除侵权盗版链接 110 万条,收缴侵权盗版制品 1075 万件,查处网络侵权盗版案件 450 件,其中查办刑事案件 160 件、涉案金额达 5.24 亿元。[②]

(四)舆论引导

“做好党的新闻舆论工作,事关旗帜和道路,事关贯彻落实党的理论和路线方针政策,事关顺利推进党和国家各项事业,事关全党全国各族人民凝聚力和向心力,事关党和国家前途命运。”[③]在 2013 年全国宣传思想工作会议上,习总书记强调:“要把网上舆论工作作为宣传思想工作的重中之重来

---

① (1)至(5)专项治理行动参见岳爱武、苑芳江:《从权威管理到共同治理:中国互联网管理体制的演变及趋向——学习习近平关于互联网治理思想的重要论述》,载《行政论坛》2017 年第 5 期。

② 《“剑网 2019”专项行动查办刑事案件涉案金额达 5.24 亿元》,载 www.gov.cn,2020 年 6 月 6 日最后访问。

③ 《坚持正确方向创新方法手段提高新闻舆论传播力引导力》,载《人民日报》2016 年 2 月 20 日,第 1 版。

抓。宣传思想工作是做人的工作,人在哪儿重点就在哪儿……很多人特别是年轻人基本不看主流媒体,大部分信息都从网上获取。必须正视这个事实,加大力量投入,尽快掌握这个舆论场上的主动权,不能被边缘化了。"①其彰显了互联网在整个舆论体系的突出地位。互联网舆论引导重在两个方面:

其一,维护意识形态安全,对于危害意识形态安全、违反党性原则的舆论和话语坚决予以反对。意识形态安全关键在于:(1)坚持马克思主义。必须用马克思主义指导哲学社会科学领域的发展,巩固和扩大马克思主义思想在学术领域的阵地;必须加强互联网领域的马克思主义理论阵地建设。(2)坚持中国特色社会主义。必须坚持中国特色社会主义不动摇,最大限度地团结和凝聚全国各族人民共同奋斗的精神追求和行动力量。(3)坚持社会主义核心价值观。大力培育和践行社会主义核心价值观,社会主义核心价值观是"兴国之魂",是我国社会主义意识形态的本质体现,对保障我国网络意识形态安全具有重要意义和关键作用。对待错误社会思潮要有"亮剑"精神,以求在主动有效的批判中提升马克思主义的影响力、吸引力和话语权。领导干部要敢于在重大政治原则和大是大非问题上表明立场、进行争论,坚决回击恶意攻击、造谣生事的现象,不能随波逐流、人云亦云。②

其二,在公共事件舆论中把握正确的舆论导向,形成良好的舆论氛围。习总书记强调指出:"形成良好网上舆论氛围,不是说只能有一个声音、一个调子,而是说不能搬弄是非、颠倒黑白、造谣生事、违法犯罪,不能超越了宪法法律界限。要把权力关进制度的笼子里,一个重要手段就是发挥舆论监督包括互联网监督作用……对网上那些出于善意的批评,对互联网监督,不论是对党和政府工作提的还是对领导干部个人提的,不论是和风细雨的还是忠言逆耳的,我们不仅要欢迎,而且要认真研究和吸取。"③即使一些网民

---

① 习近平:《胸怀大局把握大势着眼大事努力把宣传思想工作做得更好》,载《人民日报》2013年8月21日,第1版。

② 田海舰:《习近平互联网意识形态建设思想研究》,载《社会科学家》2017年第10期。

③ 习近平:《在网络安全和信息化工作座谈会上的讲话》,载《人民日报》2016年4月26日,第2版。

出现了模糊认识或错误看法，他也主张宽容对待。“网民大多数是普通群众，来自四面八方，各自经历不同，观点和想法肯定是五花八门的，不能要求他们对所有问题都看得那么准、说得那么对。要多一些包容和耐心，对建设性意见要及时吸纳，对困难要及时帮助，对不了解情况的要及时宣介，对模糊认识要及时廓清，对怨气怨言要及时化解，对错误看法要及时引导和纠正，让互联网成为我们同群众交流沟通的新平台，成为了解群众、贴近群众、为群众排忧解难的新途径，成为发扬人民民主、接受人民监督的新渠道。”①

（五）参与互联网国际治理交流与合作

积极参与互联网全球治理的规则制定和实施、加强交流合作是新时代中国互联网治理政策体系的重要组成部分。习总书记在首届互联网大会的贺词中指出：“中国愿意同世界各国携手努力，本着相互尊重、相互信任的原则，深化国际合作，尊重网络主权，维护网络安全，共同构建和平、安全、开放、合作的网络空间，建立多边、民主、透明的国际互联网治理体系。”这是新时代中国参与互联网国际治理的基本立场。

1. 网络主权是前提

法国学者让·博丹提出了国家主权概念，“现代国际法之父”格老秀斯对其内容进行了完善，揭示了国家主权的两重性，即对内的最高权和对外的独立权。根据这种权力，国家按照自己的意志决定对内对外政策，处理国内国际一切事务，而不受外来干预。在国内层面，法律乃治国之重器，由国家制定或认可并由国家强制力保障实施，依法治网体现了国家通过行使立法权来主张和行使网络空间的主权。在国际层面，网络的互联互通与跨国性对互联网全球治理提出了更高要求。《联合国宪章》确立了主权平等原则，是当代国际关系的基本准则，覆盖国与国交往的各个领域，其原则和精神也应该适用于网络空间。主权国家参与互联网全球治理体制的构建与治理规

---

① 习近平：《在网络安全和信息化工作座谈会上的讲话》，载《人民日报》2016年4月26日，第2版。

则的制定是其行使主权的重要体现。

2. 四项原则与五点主张

我国立足于本国的发展现实和实践需求,重视和积极参与互联网治理的国际活动,同时积极主办和组织互联网治理国际活动,在有关互联网发展与治理的国际平台上积极提出、丰富本国的基本立场和观点。2015 年 12 月,第二届互联网大会召开,习近平同志作了主旨演讲,系统提出了中国参与全球互联网建设的“四项原则”和“五点主张”。具体而言:“四项原则”包括:(1)坚持尊重网络主权,尊重各国自主选择网络发展道路、网络管理模式、互联网公共政策和平等参与国际网络空间治理的权利。(2)坚持维护和平安全,网络空间不应成为各国角力的战场,更不能成为违法犯罪的温床,维护网络安全不应有双重标准。(3)坚持促进开放合作,创造更多利益契合点、合作增长点、共赢新亮点,推动彼此在网络空间优势互补、共同发展,让更多国家和人民搭乘信息时代的快车、共享互联网发展成果。(4)坚持构建良好秩序,依法治网、依法办网、依法上网,同时要加强网络伦理、网络文明建设,发挥道德教化引导作用。“五点主张”包括:(1)加快全球网络基础设施建设,促进互联互通,让更多发展中国家和人民共享互联网带来的发展机遇。(2)打造网上文化交流共享平台,促进交流互鉴,推动世界优秀文化交流互鉴,推动各国人民情感交流、心灵沟通。(3)推动网络经济创新发展,促进共同繁荣,促进世界范围内投资和贸易发展,推动全球数字经济发展。(4)保障网络安全,促进有序发展,推动制定各方普遍接受的网络空间国际规则,共同维护网络空间和平安全。(5)构建互联网治理体系,促进公平正义,应该坚持多边参与、多方参与,更加平衡地反映大多数国家意愿和利益。

3. 发布《网络空间国际合作战略》

2017 年 3 月初,中国政府发布了《网络空间国际合作战略》,全面宣示了中国在网络空间相关国际问题上的政策立场,系统阐释了中国开展网络空间国际合作的基本原则、战略目标和行动要点,展现了中国作为全球网络空间建设者、维护者和贡献者的责任与担当。(1)中国网络空间国际合作战略以和平发展为主题,以合作共赢为核心,倡导和平、主权、共治、普惠作为网络空间国际交流与合作的基本原则。(2)中国参与网络空间国际合作的战略目标是:坚定维护中国网络主权、安全和发展利益,保障互联网信息安全有序流动,提升国际互联互通水平,维护网络空间和平安全稳定,推动网络空间国际法治,促进全球数字经济发展,深化网络文化交流互鉴,让互联网发展成果惠及全球,更好造福各国人民。(3)制订九个方面的行动计划,包括倡导和促进网络空间和平与稳定;推动构建以规则为基础的网络空间秩序;不断拓展网络空间伙伴关系;积极推进全球互联网治理体系改革;深化打击网络恐怖主义和网络犯罪国际合作;倡导对隐私权等公民权益的保护;推动数字经济发展和数字红利普惠共享;加强全球信息基础设施建设和保护;促进网络文化交流互鉴。

由此可见,在参与互联网国际治理方面,我国始终坚持和尊重各国在网络空间中的主权,坚持自由与秩序、发展与治理并重,一方面,支持和发展信息基础设施建设和互联网产业创新发展,加快网络普及与互联互通,促进网络文化交流;另一方面,始终致力于维护网络和平安全,构建和平、安全、开放、合作的网络空间,建立多边、民主、透明的全球互联网治理体系。

疏解北京非首都功能的法治意义

张真理*

2019 年 1 月 18 日，习近平总书记在京津冀协同发展座谈会上强调指出，紧紧抓住“牛鼻子”不放松，积极稳妥有序疏解北京非首都功能。要更加讲究方式方法，坚持严控增量和疏解存量相结合，内部功能重组和向外疏解转移双向发力，稳妥有序推进实施。这一论断不仅为我们揭示了把握好“首都”与“北京”相互关系、推进京津冀协同发展的基本立场、辩证思维和主要路径，而且贯彻了“法治是治国理政的基本方式”，强调了我国宪法上“首都”优先于“北京”的基本原则，彰显了从中国实际出发，创造性地遵守和贯彻我国宪法精神、原则和规定的实践智慧。因此，从贯彻落实“全面依法治国”的意义上讲，推进北京非首都功能疏解，推动京津冀协同发展的系统工程突出展现了“坚持依法治国首先要坚持依宪治国，坚持依法执政首先要坚持依宪执政”等中国特色社会主义法治原理。

一、我国宪法首都条款充分体现了“人民主权”的观念

我国《宪法》第 143 条规定：中华人民共和国首都是北京。这一宪法首都条款，缘起于我党对中华人民共和国首都的“人民主权”的基本考虑，其入宪生动反映了中国共产党的主张通过法定程序上升为国家意志的过程。

将首都定为北京的理由，集中反映在 1949 年 8 月新政治协商会议筹备

---

* 张真理，北京市社会科学院法学所所长、研究员，法学博士。

会第六小组关于“国都”的说明中：“中华人民共和国是人民自己的国家，它依靠的是中国人民，自不一定要建都南京了。北平作为中国的首都已有700多年的历史，在政治上位于华北老解放区内，人民力量雄厚，在经济上邻近我国重工业区的东北省，便于发展工业，在文化上这里有几百年的文化积蓄，规模宏伟，文物集中，是世界上有名的历史大都城之一，而且自‘五四’以来，这里就是新文化思想的摇篮。此外，在地理上，北平位于华北平原之中，将来有足够的扩充余地，在交通上四通八达，有平沈、平绥、平汉、平沪等铁路干线，联络全国各地，在国际航空线和海运上邻近天津，亦极为便利。总之，从各种条件看，北京实具备现代大国首都的各种资格。”①

从上述说明看，定都北京的首要理由在于能够充分展现新中国政权的“人民主权”性质。首先，优良的政治基础——北京位于老解放区，有较为广泛的人民群众基础。早在1948年11月，毛泽东同志就指示华北局：“蒋介石的国都在南京，他的基础是江浙资本家。我们要把国都建在北平，我们也要在北平找到我们的基础，这就是工人阶级和广大的劳动群众。”②其次，便利于工业化——既有利于取得首都建设与发展的雄厚物质条件，体现先进生产力的发展方向，又有利于扩大劳工阶级的规模，进一步巩固政权基础。再次，民主等新文化风尚与深厚的历史积淀并存，有利于“人民主权”的意识形态的生根发芽。最后，广阔的拓展空间，利于政令畅通、政事活动的交通条件也是北京适宜成为中华人民共和国首都的重要条件。

自1954年9月，该条款正式成为中华人民共和国第一部宪法“五四宪法”条文以来，在半个多世纪的沧桑岁月中，历经1975年、1978年和1982年三部宪法以及多次修宪，该条款所表达的基本规范并未发生变化，保持了高度的稳定性。由于“民主中的制宪从来都没有结束”，③因此，这一历史事实说明，该首都条款的入宪理由至今仍然有着坚实的根基，适应于当前的情况。

---

① 周一青：《政协知识与实践》，政协湖南省沅江市委员会1994年版，第146～147页。

② 薄一波：《若干重大决策与事件的回顾》，中共党史出版社2008年版，第3页。

③ ［德］克里斯托夫·默勒斯：《德国基本法：历史与内容》，赵真译，中国法制出版社2014年版，第17页。

二、"首都"优先于"北京"是国家核心利益

我国《宪法》第143条规定的"中华人民共和国首都是北京",其中的"首都"是指承载中华人民共和国国家核心政治功能的空间区域,而"北京"则是中华人民共和国的一个行政区域。该条明确规定,以北京这一行政区域作为承载我国国家核心政治功能的空间范畴,也就是说,北京应以"首都"为其优先宪法地位,以其作为国家组成部分的"地方"为其次要宪法地位。依法理,该条也即授权国家使用必要合理之手段使北京保持适宜承载首都功能的状态,而北京也负有采取必要措施确保适宜状态得以保持的义务。其实质理由在于,一般意义上,首都对于作为国家本质特征的主权具有天然象征和必然实体的意义,因此,保持北京适宜首都功能的状态是国家利益的核心内容之一。

这一宪法规范体现于历次中央对北京发展的要求中。1950年2月,北京市委根据中央指示正式提出:"北京是光荣的人民的首都,因此,我们的市政建设,同时又是为代表与领导全国人民的中央人民政府各机关服务的。"①1983年,《中共中央、国务院关于〈北京城市建设总体规划方案〉的批复》中提出了"要为党中央、国务院领导全国工作和开展国际交往,为全市人民的工作和生活,创造日益良好的条件"的要求。2005年,《国务院关于北京城市总体规划的批复》中明确要求"四个服务":"为中央党、政、军领导机关的工作服务,为国家的国际交往服务,为科技和教育发展服务,为改善人民群众生活服务"。"四个服务"成为贯彻落实"首都"优先于"北京"的实践原则,成为处理都城关系的行动指南。2017年9月,《中共中央、国务院关于对〈北京城市总体规划(2016年—2035年)〉的批复》中再次强调了"四个服务"的基本职责,并要求"明确首都发展要义,坚持首善标准,着力优化提升首都功能,有序疏解非首都功能,做到服务保障能力与城市战略定位

---

① 北京市档案馆、中共北京市委党史研究室编:《北京市重要文献选编》(第2册),中国档案出版社2001年版,第47页。

相适应，人口资源环境与城市战略定位相协调，城市布局与城市战略定位相一致”。

三、首都功能体现国家意志与人民理想

首都功能为何，并非一成不变，与一国的国家形式、政权性质、政治传统、民族观念、发展阶段等具体经济社会条件密切相关，既呈现出依时依地而不同的演变性和历史感，又呈现出延续特定内在逻辑以呼应当下的统一性和时代感。自史观之，在人多地少的农耕经济和政权高度集中的政治传统基础上形成了“择天下之中而立国，择国之中而立宫，择宫之中而立庙”的中国古代首都观，而现代以后的中国首都观与“民族复兴”“建构国家”等观念密不可分——首都是国家政权的中心、是国家意志和国家认同的载体，也是国家整体风貌和发展战略的“展示窗口”与“精神象征”。

当前，北京要承担的首都功能被确定为：全国政治中心——中央政府进行国家政治活动、完成国家最高决策、履行国家职能的中心区域，体现人民主权观念和统一多民族国家观念的符号场域；全国文化中心——以培育和弘扬社会主义核心价值观为基础，引领全国社会主义文化风向和道德风尚的首善之区，以巩固各民族对中华人民共和国的认同、对中华民族历史文化的认同；国际交往中心——国家外交活动的主要举办地、构建新型国际关系的主场、发展新型全球治理的动力源；全国科技创新中心——以建设要素密集、活动集中、实力雄厚、辐射广泛的全球科技创新中心为引领，推动国家经济转型、实现科技强国目标。

四、疏解非首都功能是保持北京“宜都”状态的合法途径

国家使用何种必要合理之手段使北京保持适宜承载首都功能的状态，以及北京应采取何种措施确保“宜都”状态，则决定于三个方面：

第一，在于国家整体发展与北京这一行政区域发展的情势变更，对这一现实状况的认定构成合法性判断的事实框架。自中华人民共和国成立之后，北京除政治中心、文化中心功能之外，逐渐还兼具了经济中心、金融中

心、科研中心、教育中心、医疗中心等诸多功能,从而引发了人口过多、交通拥堵、房价高涨,生态恶化等“城市病”。早在 1983 年,《中共中央、国务院关于〈北京城市建设总体规划方案〉的批复》中就高度关注这一不良趋势,一再强调“采取强有力的行政、经济和立法的措施,严格控制城市人口规模”、“北京城乡经济的繁荣和发展,要服从和服务于北京作为全国的政治中心和文化中心的要求”。但这种非首都功能挤压首都功能的状况不仅没有改善,而且在进入 21 世纪之后有愈演愈烈的态势。“北京”作为地方的功能已经影响到北京的首都功能,从而违背了宪法上所规定的“首都”优先原则。在此种情况下,中央政府和地方政府均获得了采取必要而合理措施改变这种情况的一般合法性。

第二,在于符合我国中央政府与地方政府互动关系的法定模式,该法定模式构成了把握“北京”与“首都”关系的中央与地方治理体系变革框架。我国《宪法》第 3 条规定了我国处理中央和地方关系的基本原则,即既要坚持中央集中统一领导,又应当照顾到地方的具体情况,充分调动地方的主动性和积极性原则。正如习近平总书记所指出的“建设和管理好首都,是国家治理体系和治理能力现代化的重要内容”,为破解北京发展难题,党中央明确提出了疏解非首都功能、京津冀协同发展的国家战略,创造性地适用中央和地方关系的宪法原则,搭建了京津冀三地协商共治的合作框架,从而开创了在中央政府协调下区域地方政府协同治理的公法模式,实现了我国区域发展的治理变革。无论是《京津冀协同发展规划纲要》的出台,还是《北京城市总体规划(2016 年—2035 年)》及《北京城市副中心控制性详细规划(街区层面)(2016 年—2035 年)》的制定,都充分贯彻了中央疏解非首都功能、推动京津冀协同发展的战略意图,充分调动了京津冀三地转型发展的积极性,有效回应了破解北京“城市病”、着力提升首都核心功能的客观需求。

第三,在于采用实践中逐步发展起来的具体法定治理途径,该法定治理途径构成了把握“北京”与“首都”关系的政府权力与个体权利互动框架。实践中尤其突出了如下治理途径。

城乡规划制度。根据我国城乡规划法的相关规定,城乡规划是政府的权力和职责，其目的是协调城乡空间布局，改善人居环境，促进城乡经济社会全面协调可持续发展。习近平总书记明确要求“北京城市规划要把握好战略定位、空间格局、要素配置”，而且强调“总体规划经法定程序批准后就具有法定效力，要坚决维护规划的严肃性和权威性”。北京城市规划一旦确定，规划区域范围内的产业发展、基础设施建设、住房开发、生态环境保护等均应符合规划要求，政府应自觉遵守各项规划、积极贯彻落实规划，企业、个人、社会组织的相关活动也受到各项规划的法定限制，政府对违反规划要求的行为负有制止、纠正和处罚的职责。

土地开发权制度。土地开发权是对土地做不同方式利用（既包括土地用途的变更，也包括土地利用强度的改变）的权利。土地开发权的制度已经被广泛用于城市集约化开发、保护城市的生态环境、历史文化古迹等公益目标，如日本土地基本法规定了土地利用应有利于公共福利的原则，而美国纽约古典风格的中央火车站建筑的保留也是利用土地开发权的经典案例。《中共中央、国务院关于对〈北京城市总体规划（2016年—2035年）〉的批复》既要求“严格控制城市规模”“科学配置资源要素，统筹生产、生活、生态空间”，也明确要求“做好历史文化名城保护和城市特色风貌塑造”，尤其是“加强对世界遗产、历史文化街区、文物保护单位、历史建筑和工业遗产、中国历史文化名镇名村和传统村落、非物质文化遗产等的保护”，突出体现了首都土地利用的公共利益原则。在北京市目前开展的背街小巷整治提升、历史文化街区胡同四合院整治、历史文物腾退保护、经济技术开发区工业用地循环利用等工作中，已经积累了一些土地开发权的管制和补偿的个案经验，充分体现了土地开发有利于公共利益的原则。

综上所述，由习近平总书记亲自推动的以疏解非首都功能为核心的京津冀协同发展这一系统工程，不仅体现了我国宪法上“首都”先于“北京”的基本原则，而且在“凡属重大改革都要于法有据”的基本方针指引下，已经在实践中逐步向一整套中国特色社会主义地方法治发展方案跃变。

2019 年北京市法学研究工作和管理状况

北京市法学会课题组

2019 年，北京市法学会（以下简称学会）在市委的坚强领导和中国法学会的有力指导下，深入贯彻落实习近平新时代中国特色社会主义思想，增强“四个意识”，坚定“四个自信”，做到“两个维护”，践行习近平总书记全面依法治国新理念新思想新战略，围绕为中华人民共和国成立 70 周年庆祝活动营造良好的法治氛围、提供良好的法治服务，把政治建设放在首位，树牢首都意识、坚持首善标准、聚焦突出问题、狠抓工作落实，努力开创新时代工作新局面。

一、坚持政治建会，加强政治引领

作为政法战线的重要组成部分，牢记学会机关首先是政治机关，不断提升政治站位、加强政治建设，引领首都法学法律工作者高举旗帜，积极投身法治中国首善之区建设。

一是加强理论武装。扩大理论学习中心组的参会人员范围，增加学习次数，全年以党组理论中心组（扩大）会议形式学习 18 次，每次均指定领学人，并开展深入讨论，做到学习与谋划工作相结合，确保理论武装在学会持续加强，转化为推动工作的强大动力。举办政治及业务素质重点培训班 2 期，工作部署暨培训会 1 期，培训区法学会、研究会负责人 180 余人次，筑牢思想政治基础、提升业务素质能力。依托首都法学网、微信公众号等平台，及时集中地宣传展示习近平新时代中国特色社会主义思想、习近平总书记全面依法治国新理念新思想新战略的最新成果，引导广大法学法律工作者日常学、随时学，筑牢思想基础。

二是深入开展“不忘初心、牢记使命”主题教育。按照中央、市委总体部署，在市委主题教育第六巡回指导组和市委政法委的具体指导下，成立领导小组，结合学会工作实际，制定专门工作意见，第一时间召开动员部署会，精心抓好组织实施。学会领导带队赴各区法学会、研究会实地调研近40次，梳理问题91个，已解决81个，挂账督办10个，有效解决了区法学会、研究会的实际困难。机关党总支组织全体党员干部赴香山革命纪念地、西山无名英雄纪念广场等教育基地开展主题党日活动，机关各党支部共开展专题讨论50余次、主题党日活动30余次，确保主题教育入脑入心。

三是抓好意识形态责任制落实。利用首都法学网改版，整合法学会系统网站，实现研究会网站链接全覆盖，有效加强了阵地建设。要求各研究会在“两会”、大庆筹备期间等重要时期做好正面引导、积极发声，坚决同西方“宪政”“三权分立”“司法独立”等错误思潮和负面舆论作斗争。严格论坛、研讨会、研究会年会、课题选题等重大事项的审批，强化对论坛主题、学术会议的政治把关。

二、坚持夯实基础，加强党的组织建设

按照市委常委会“加强学会自身建设，深入推进机构改革，实现党的组织和工作全覆盖”的要求，以夯实基础为重点，健全基层组织，优化组织设置，创新活动方式，提升组织力，扩大党的组织和工作有效覆盖。

一是稳步推进区法学会党的组织建设。加强对区法学会的指导支持，用好考核激励机制，提高“平安北京建设工作考核”中党的建设分值，加强党建工作的宣传报道，实现了16个区法学会党的组织全覆盖，其中，丰台、大兴、昌平、密云4个区法学会成立了党组，通州区法学会成立了联合党委，朝阳区法学会成立了党总支，东城、西城、海淀、石景山、门头沟、房山、顺义、怀柔、平谷、延庆10个区法学会成立了联合党支部。

二是有效加强研究会党的组织建设。总结研究会党的组织建设中好的

经验做法,通过推广属地的社区、街道或者发起单位成立党支部模式,探索成立功能型党组织模式,将党的组织设置作为新申请研究会的硬性条件等方式,实现64个研究会党的组织有效覆盖,其中,3个研究会成立了党支部,1个研究会成立了党建工作委员会,60个研究会成立了临时党支部等功能型党组织。

三、坚持首善标准,加强服务大局

服务大局和中心工作是法学会的重要价值所在,也是广大法学法律工作者的职责所在,学会坚持围绕中心、服务大局,完善服务重大发展战略、重大立法事项、重大改革举措的工作机制,推动法治引领和保障机制建设,更好发挥法治固根本、稳预期、利长远的作用。

一是加大立法论证工作力度。围绕"街道办事处条例""物业管理条例""民营经济健康发展""科学技术成果转化"等主题进行立法论证10项,组织专家学者积极向市人大、市政协建言献策,为推进科学立法、民主立法、依法立法,推进首都经济社会发展作出积极贡献。其中,北京市法学会环境资源法学研究会会长高桂林教授撰写的《关于京津冀机动车尾气治理的提案》得到蔡奇同志批示肯定,对《北京市机动车和非道路移动机械排放污染防治条例》列入2020年立法项目起到了极大的推动作用。

二是优化课题研究方向。围绕政法领域全面深化改革,以《司法人员职业保障研究》《智能办案系统机制研究》《以审判为中心的司法改革研究》等五个市级课题为牵引,组织引领专家学者加强相关领域的基础性、可行性问题研究,引导法治理论、法治实践的相互转换、相互提升。注重利用"首都法学动态",将优秀课题的主要内容编发,如《北京市保障民营经济健康发展立法建议》《北京国际交往中心建设法律保障研究》《司法改革背景下新审判管理模式的制度化构建》《"枫桥经验":涉基层治理矛盾纠纷多元化解的路径探析》,着力为首都的重大发展提供法治支持和保障。在习总书记出席投运仪式并宣布北京大兴国际机场正式投入运营后,协调京津冀三地法学会、有关研究会论证法治保障问题,并就2020年相关研究课题设置作出安排,通过增强课题研究的针对性、实效性,不断向中心聚焦、为大局聚力。

三是加强《北京市法治建设年度报告》编写和宣传工作。紧密结合法治实践的变化和需要来调整编写内容和成员单位,2018 年《北京市法治建设年度报告》系统介绍了北京市委全面依法治市委员会成立情况和所开展的工作,新增监察法治建设和法治国企建设内容,增加了 2 个成员单位即市纪委市监委和市国资委,以更好展示法治中国首善之区建设的成绩。在宣传费用压缩、预算削减的情况下,学会沟通协调北京日报社等单位,推动《年度报告》主要内容在《北京日报》刊发,加大宣传报道力度,打造法治亮点品牌。

四是加强对外交流工作。围绕对台工作大局,在 6 月,与中国台湾法曹协会共同主办"第五届两岸法律实务专业研讨会",组织 29 名专家学者、法律实务工作者赴台湾,就"知识产权的法制与实务"等主题,开展了广泛深入的调研和研讨。面对香港特区新形势,指导"北京市涉台法律事务研究会"更名为"北京市台港澳法律事务研究会",拓展首都与台港澳法学法律界的联系,增进法学交流和实务合作,为"一国两制"的法治实践作出积极贡献。指导研究会积极为对外交流提供法治保障,如指导北京融商一带一路法律与商事服务中心在京主办发布会,与意大利、巴西、奥地利等 12 个国家的 23 个机构和代表共同签署了《一带一路服务机制北京倡议》,推荐律师参加在哈萨克斯坦的法治论坛,服务"一带一路"倡议。

四、坚持从严管理,规范研究会建设

加强对研究会建设的长远规划和统筹考虑,通过制定完善的管理制度、针对性培育、指标化考核、规范性退出等方式,确保研究会的发展规范有序。

一是完善管理制度。按照《中国法学会章程》和《国务院社团登记办法》,着手修订《研究会管理办法》,进一步明确研究会成立标准、考核标准及实施等问题。着手制定《北京市法学会贯彻落实〈中国法学会关于改革和完善监管制度,促进研究会健康有序发展的意见〉的实施办法》,确保研究会的发展、管理、服务有章可循、有据可查,实现合理化发展、规范化管理、精细化服务。

二是做好基础工作。为摸清底数、准确掌握情况，下决心、下功夫做好会员信息核实工作，核查出去世、主动申请退出、应清退的会员 913 人，及时删除信息、完善数据。经梳理，市法学会管理的会员实有 44,555 人，其中，个人会员 12,555 人（直接管理会员 1500 人）、团体会员单位 9 个，会员 32,000 人，现已着手建立会员信息管理系统，加强会员的信息更新，为从严管理打下基础。

三是规范活动开展。全年委托开展学术活动 100 余项，购买社会组织法律服务项目 24 个，严格按照《北京市法学会向研究组织购买服务项目资金使用管理规范指引》《北京市法学会购买法学法律社会组织法律服务项目考核评优办法》等规定，做到活动开展"三提前"，即提前把关指导、提前规范管理、提前预防问题，通过随机抽查项目资金使用等方式，确保项目管理规范，促进转化质效提升。

五、坚持创新发展，繁荣法学研究

发挥首都法学法律人才荟萃、资源丰富的优势，结合法治实践，围绕京津冀协同发展等重大战略，加强理论研究创新，形成了一批具有中国特色、时代特征、首都特点的理论成果，为中国特色社会主义法治理论的发展作出贡献。

一是充分用好学术交流平台。利用第十四届"环渤海区域法治论坛"、第八届京津沪渝法治论坛、第五届京津冀法学交流研讨会等平台，全年征集论文近 2000 篇，其中，《行政审判类型化案件要素式审判机制研究——以京津沪渝地区政府信息公开案件为样本》等 10 余篇文章获一等奖，《跨区域消费纠纷解决机制研究》《裁判文书校核机制的思考》等 100 余篇文章获奖，为学术前沿、法治实践都提供了有价值、可参考、能转化的理论成果。

二是持续办好《法学杂志》。年初《法学杂志》入选中国法学核心科研评价（CLSCI）来源期刊，进入全部四个法学核心期刊目录，在全市法学类杂志中遥遥领先。《法学杂志》全年出刊 12 期，刊发 171 篇文章，在内容方面，围绕法治热点问题，设计了"枫桥经验法治化""民法典编纂""人工智能法治"

"乡村振兴战略法治""反腐败追逃追赃"等22个专题,在作者方面,除关注法学名家外,也注重培养青年法学家,保持每期都有"青年法苑"栏目。

三是重点抓好青年法治人才培养。在入库人才近2000名的"首都法学法律高级人才库"中,专门设立"百名法学青年英才人才库",收录青年英才281人,采取多种方式进行跟踪培养。全年组织50人赴延安、香山纪念地等革命教育基地进行政治培训,组织30多人赴中国人民大学法学院、北京日报社等地开展法治调研、业务培训,优秀的青年英才作为"首都十大杰出青年法学家"的推荐人选,着力培养一批政治信念坚定、治学态度严谨、学术成果突出的青年法学领军人物。

六、坚持丰富载体,加强法治宣传

围绕为中华人民共和国成立70周年庆祝活动营造良好的法治氛围,将法治宣传作为各项工作的切入点和延长线,丰富宣传形式和载体,拓展宣传渠道,强化宣传效果,讲好首都法治故事,展示法治中国首善之区建设的成就经验。

一是办好"双百"活动。联合其他成员单位,精心制订"双百"实施方案,围绕学习宣传习近平总书记全面依法治国新理念新思想新战略等主题,深入开展宣讲活动,全年共组织活动3822场,听众达361,928人次,为宣传法治、弘扬法治,推进法治中国首善之区建设发挥了积极作用。9月17日,举办了主题为"庆祝中华人民共和国成立七十周年首都法治建设成就与展望"的首都法学家专场报告会,并发动各区法学会、各研究会结合各区实际、各研究领域开展形式多样的法治宣传,营造良好的法治氛围。

二是加强首都法学网建设。突出首都法学网官网性质,坚持政治优先的办网理念和"全会办网、归口管理、相互支持、分工负责、共同建设"的办网原则,优化整合网站资源。赴中国法学会、上海市法学会、北京政法网等考察调研,学习先进经验,精心组织网站改版工作,合理设置政治引领、研究成果展示、研究会信息交流、法治人才培养等版块,围绕中华人民共和国成立70周年法治成就、扫黑除恶专项斗争、"12·4"宪法日等重大活动,开展集中宣传报道10余次,努力将首都法学网打造成为法学领域政治引领的主流平台、学术导向的指引平台、服务大众的传播平台。

三是突出融媒体建设。探索建立新媒体工作室,通过微视频制作、专题策划、展播等方式,扩大新媒体运用,推进传统媒体和新媒体的深度融合。加大"北京市法学资讯"微信公众号的推送力度,全年推送原创文章近300篇,"法学杂志"微信公众号的关注人数增长了1倍,已达近8000人,着重推送每期刊发目录和司法实践类的热点文章,以更好宣传《法学杂志》。

七、坚持需求导向,加强法律服务

始终牢记群众性是群团组织的根本特点,坚持面向基层、服务群众,主动对接人民群众日益增长的法治需求,不断加强新时代法学会法律服务的职能。

一是组织好基层行活动。大力推进"青年普法志愿者法治文化基层行活动",主动对接人民群众日益增长的法治需求,研究提出更多解民忧、促民生、护民利的法律政策措施,全年开展活动6021场,组织青年法学家和青年普法志愿者参加活动14,879人次,发放资料530万余册,受众约432万人次,并带动更多法学法律工作者满腔热情地做好服务群众的工作。

二是着力解决老百姓身边的法律问题。通过建立"公益法律服务站"等方式,围绕与群众切身利益密切相关的领域,如教育、就业、养老、婚姻家庭、社会保障、医疗卫生、食品安全等方面,开展法律服务,不断满足人民群众对美好生活的向往,增强人民群众的获得感、幸福感、安全感。

三是着力防范经济社会发展的潜在风险。引导各研究会提前研判,开展前瞻性研究和法律服务,北京市房地产法学会开展了春秋两季房展义务法律咨询与讲座,北京市劳动和社会保障法学会联合市高级法院发布《劳动关系诚信建设社会报告》,北京市法学会行政法学研究会发布《北京市营商环境法治化建设研究》《北京市依法治市规划路径对策研究》等研究成果,北京市食品药品安全法治研究会组织了"首都食安法治行动"系列社会公益活动,北京企业法治与发展研究会围绕首都企业商事纠纷多元化纠纷解决机制构建开展研究，为相关领域的潜在风险防范提供法治保障。

八、坚持深化改革，加强自身建设

一是抓紧制订改革方案。坚持问题导向，通过调查研究找准问题，在征求各区法学会、各研究会意见的基础上反复修改，确保改革措施扎实有效，下一步将力争尽快出台改革方案，通过深化改革来增强发展的新动能。

二是加大队伍建设力度。组织开展了“新时代新气象新作为”大讨论活动，在讨论中不断深化认识、转变理念、凝聚共识，激励干部队伍干事创业的斗志。积极稳妥推进职级晋升工作，通过 23 名干部的职级晋升，充分调动干部队伍干事创业的积极性。按市委组织部、市委政法委要求，落实好机关内部的 2 名局级领导职位人选的民主推荐、考察工作。

三是加强机关党的建设。充分发挥党组的领导作用，合理安排分工，强化整体配合，把领导班子建设成为坚强有力的领导集体。完成机关党总支换届，强化党总支书记、委员的作用发挥，明确责任清单，压实机关党总支、机关各党支部的主体责任。

四是加强干部的日常监督管理。认真贯彻落实领导干部述职述德述廉、个人有关事项报告、从严管理干部档案等制度，严格出境、出京申报制度，制定《权力运行及风险情况一览表》，梳理出各部门廉政风险点 15 方面 22 项，从严管理机关干部。

五是加强机关工作规范管理。规范会议制度，明确“三重一大”事项必须上会研究、议题必须提前征求意见、党组成员必须明确表态等议事规则，全年召开党组(扩大)会议 17 次，会长办公(扩大)会议 10 次。进一步规范资金使用、公车使用等制度，不断提升机关工作规范化水平。办理、流转公文近千件，调整机关保密委员会组成人员，有力保障了学会工作的规范运行。

六是营造积极向上的机关文化氛围。组织好春节联欢会、工间操等活动，认真落实探亲假和年休假制度，做好“两节”慰问、党员生日送祝福等工作，进一步增强机关干部的凝聚力、向心力。

司法改革

“责任制”新型审判团队构建研究

陈　洁[*]　张　帆[**]

一、前言

构建新型审判团队是建立权责明晰、权责统一、高效有序的审判权运行机制的关键一环。随着审判权运行机制改革的深入推进，审判管理结构由科层化向扁平化转变，通过组建新型审判团队引入具有凝聚力的团队精神，形成更具专业化的分工协作，并大幅增加审判团队的“责任”空间，从而祛除管理中的行政化色彩，减少管理层次，缩短管理链条。从某种程度而言，审判团队已经成为开展司法实务活动的基本单元，[①]具有了办案单元和自我管理单元的双重性质，被赋予了一定的审判管理权限。在当前阶段，虽然许多法院已基本完成审判团队的组建，但并不意味着审判团队能够立即有效运转，审判权运行机制改革所带来的审判单元新旧交替，需要审判管理在权力分配和制度设计上与之呼应。本文旨在对审判团队运行情况进行实证分析的基础上，以多重审判管理权限的配置与界分为视角，探索审判团队在审判管理中行权的责任模式，从而有效促进审判质效的提升。

---

* 陈洁，北京市朝阳区人民法院审判管理办公室（研究室）法官助理，硕士研究生。

** 张帆，北京市朝阳区人民法院执行局法官助理，硕士研究生。

① 禹爱民、李明耀：《推进科学审判团队建设全面提高审判质效》，载《人民法院报》2017 年 8 月 14 日，第 2 版。

二、实践观察:审判团队运行现状分析

在各地法院审判团队建设的推进过程中,部分法院对审判团队内的管理模式进行了诸多有益的探索。如北京高院建立团队召集人制度,[①]试行“审判权与事务权”相对分立模式,列举了团队召集人的具体职责;上海浦东法院、[②]深圳前海法院、乌鲁木齐新市法院等在审判团队中专门设置负责人,主持团队工作,确定办案计划或工作安排、督促办案进度、管理审判事务、确保审判质量等;深圳福田法院、广东佛山中院等实行审判长负责制,以审判长为中心,赋予审判长相对完整、独立的审判职权。从各地一些优秀团队的经验中也能看出,通过强化团队内部管理,工作成效得到了明显提升。

为进一步考察新型审判团队的实践开展情况,笔者以所在法院作为样本,[③]分别向审判团队中法官和审判辅助人员进行了调查。根据调查的反馈意见,当前不同审判团队的自治管理工作开展进度不一,管理程度和水平参差不齐,在实践中的管理效能也存在差距。经深入访谈了解,发现主要存在以下三类普遍现象。

(一)管理缺位——不清楚“该不该管”

目前,仅有少数审判团队建立了相对成熟的内部管理机制,而大多数团队虽然能“明显感到团队组建后协调性的工作增多了”,但也仅仅就问题解决问题,并未系统性地进行管理,甚至有少数团队成员认为其“只需要做好本职工作,团队管理事项不在自身职责范围内,应由院庭长负责”。从整体上来看,审判团队目前更多侧重于能否完成结案指标,对于其他审判管理方面未给予足够的重视,管理缺位的现象较为普遍。例如,对团队每月的审判质效数据极少进行深入评估和分析,对审判质效中存在的问题也未提出有

---

① 《北京市高级人民法院关于加强审判团队建设的指导意见(试行)》。

② 《上海市浦东新区人民法院审判团队(合议庭)负责人绩效评价考核指引》。

③ 笔者所在的B市C区人民法院自2016年以来,立足案件和人员情况,在各审判业务庭室共组建159个审判团队,包含速裁团队、专业审判团队和普通审判团队等多种类型。

针对性的解决办法;对文书公开率、庭审直播率等司法公开数据长期不予重视;部分专业化审判团队仅停留于"案结事了"层面,针对类案中的共性法律问题较少进行定期的梳理、归纳和研讨,形成具有指导性的办案规范等。

在这种管理缺位的情形下,大部分审判管理工作仍然直接由院庭长负责,团队中存在的问题也由院庭长首先发现,但由于院庭长精力有限,无法兼顾所有审判团队的管理,也难以对审判团队的运行进行全程监督,且外部管理在沟通反馈上存在滞后性,不利于审判团队及时发现问题并采取改进措施。

(二)管理不当——不明确"管的标准是什么"

在已经采取管理措施的审判团队中,有的团队成员表示在管理过程中时常感到"手忙脚乱",或是已采取的一些组织、协调的措施也大多凭借经验,仍处于摸索阶段,没有明确的依据,存在管理不当的问题。

一方面,存在管理权的滥用,违反了改革精神和法律规定。例如,一些法官存在对法官助理授权过度的情况,将主持庭前谈话、起草裁判文书等专业性较强的审判辅助工作直接交由法官助理全权处理,甚至将一些程序性事项的决定权交由法官助理,超出了法官助理的履职边界。

另一方面,存在管理错误,没有在充分了解和深入分析的基础上开展管理,也缺乏科学的理论依据,导致管理效果未达预期,甚至导致工作成效下降。例如,一些审判团队中的工作任务安排不明确,出现重复劳动或某一工作无人负责的极端情况;还有一些审判团队中的职责分工不合理,只是机械地按照常规办法进行分配,而未充分考虑不同成员的学历背景、经验能力或性格特点等个性化因素,导致部分团队成员的能力与职责不相匹配,工作任务完成质效不高。

(三)路径不明——不知道"应当如何去管"

另外,也有部分审判团队存在"想参与管理但是不知从何下手"的情况,其反映出的深层问题即是审判管理权的行使路径不明确。以审判团队业绩考评为例,根据相关改革文件规定,法官可以在团队其他成员的业绩考评中提出考核建议,但在实际操作中,法官对于团队和团队其他成员的业绩考评过程极少参与,仍然是被动地接受考评结果,而审判团队也极少开展自我测评,即使开展了自我测评,内部测评的结果也与外部考评结果相互脱节,没有体现在审判团队的最终绩效中。

三、根源探究:审判团队现存问题的症结透析

本轮司法改革通过组建新型审判团队,将审判权还权于法官和合议庭,使审判管理格局发生了"结构性变革"。然而,由于处在转型期间,新的审判管理格局还未成熟定型,相应的审判管理制度相对滞后,在一定程度上阻碍了审判团队自治管理的有效开展,具体包括以下三方面原因。

(一)审判管理权限尚未重新划定

在过去行政化的审判管理格局下,审判管理以行政等级为界限基本可划分为三个管理层级,大多数法官处于管理的最底层,案件的判决由院庭长层层审核、逐级报批,管理工作的开展也按照垂直方向自上而下地贯彻执行,呈现统一的直线关系,法官在审判管理中的责任空间较小,往往是被动接受指令。在扁平化的审判管理格局下,审判团队的责任空间大大增加,虽然减少了管理层级,管理主体却更加多样化。除少数不设置庭室和专门审判管理部门的小规模法院外,大部分法院中审判团队在团队内外存在多重管理条线。从团队外部看,有专门审判管理部门以及院庭长、所在庭室,都对审判团队进行或多或少的管理监督;从团队内部看,团队的审判长、负责人、召集人以及团队的法官对团队其他人员、团队各项事务存在直接的管理权。在多重管理格局下,不同管理主体之间的权限难免存在交叉或空白,审判团队自治管理的权力定位较为模糊。在此情形下,出于担心内部管理与外部管理相冲突的心理,审判团队内部对是否开展自治管理往往持观望等待的消极心态。

（二）审判管理流程尚未重新构建

1. 缺乏完整的制度规范标准

司法责任制明确了科学的审判团队应以自主扁平的管理模式为建设重点，关于审判团队管理模式的规定集中在《最高人民法院关于完善人民法院司法责任制的若干意见》《最高人民法院司法责任制实施意见（试行）》等最高人民法院发布的改革意见中，除较为明确地提及法官的考核建议权外，主要为一些概括性、原则性的顶层设计，在法律层面没有规定。审判团队自治管理的权限范围和职责边界，以及应遵循何种审判管理流程，在现有的改革意见中难以确认。虽然北京、上海、广东等地法院也就审判团队自治管理的相关制度设计进行了有益的探索，但尚未形成完整的体系。

2. 缺乏明确的操作流程指引

审判管理流程不仅关系审判权运行的效率，也影响审判质量，审判管理流程的建立和控制是审判权运行机制构建所不可或缺的步骤。审判管理需要覆盖诉讼中的各个节点，需要以大量的统计数据和收集信息为基础，在其他管理层级削减之后，审判团队需要担负起更加全面、深入、细致的审判管理职责，需要更加明确的审判管理流程指引。目前大部分法院在审判团队组建后没有在制度设计上给予审判团队自治管理相应的保障，审判团队难以有效获取审判质效数据等管理资源，而作出的管理决策也无法在实践中落地，最终导致审判团队的自治管理流于形式。即使是已经相对明确的考核建议权，从各地法院制定的审判团队业绩考评办法来看，也未实际将法官纳入业绩考评的主体范围，在一定程度上阻却了法官考核建议权的行使。

（三）审判管理能力尚未重新塑造

审判团队责任制的基础是必要的审判管理能力。有学者主张，审判团队的构建应以资深法官为核心，资深且业务精良的法官是团队的核心，其素质和能力是整个团队良好运行和审判质效的充分保障，强调了法官能力对审判管理的重要影响①。然而,当前团队成员普遍缺乏相关的审判管理能力,即使一些管理较好的团队也主要因为法官具备经验积累以及团队成员的配合程度较高,而并未形成系统理论。并且在现实条件下,所有审判团队均以资深法官为核心的理想状态基本无法实现。当前法官队伍年轻化趋势明显,尤其是在基层法院,多为独任制审判团队,团队中往往只有一名青年法官,相关的审判经验和工作阅历都相对较少,审判管理能力较为欠缺,与管理需求不相匹配。审判团队内部对于自治管理不自信、不习惯,而院庭长也不放心、不放手,导致审判团队并未开展实质管理。

四、应然状态:审判团队责任制的权力定位

任何组织的管理权力都是有限的、一定的,需要通过权力配置来实现权力的有效行使。归根结底,审判团队自治管理的核心问题是厘清其在多重审判管理条线中的权力定位,以及明确不同审判管理主体之间的权力关系。

(一)审判团队自治管理的两个价值维度

最高人民法院在2011年下发的《关于完善人民法院审判权与审判管理权运行机制的意见(征求意见稿)》中对审判管理权作了界定:“审判管理权是指人民法院通过组织、领导、指导、评价、监督、制约等方法,对审判工作进行合理安排,对司法过程进行严格规范,对审判质效进行科学考评,对司法资源进行有效整合,确保司法活动公正、廉洁、高效运行的权力。”现代法院具有审判权和审判管理权双重权力运行制度,审判权与审判管理权处于相辅相成、审主管辅的权力结构中。审判权运行机制改革后,审判管理权的运行应同步进行转型,形成新的范式。

1. 审判权归位的需求:审判团队应在权限范围内自主行使审判管理权

长期以来,我国法院司法行政化色彩较为浓厚,行政化的管理模式已经

---

① 胡建萍、杨咏梅:《构建以资深法官为核心的审判团队及其运作模式》,载《人民司法·应用》2016年第31期。

在法院的管理中被深深地内在化了，[①]形成了明显的科层化等级结构，法官被内嵌在一个严格的上行下效的等级结构中，院庭长的职位具有行政和司法双重权威，院庭长的管理性权力很容易异化，影响法官或合议庭的审判权并使之无力形成有效对抗，法官、合议庭对于院庭长的审判管理权产生了单向依赖，造成一些案件的审判质效不高。在此背景下，本轮司法改革中，通过组建新型审判团队给予法官和合议庭依法独立行使审判权的自治空间，真正还权于法官和合议庭。根据审判权运行机制的改革，审判管理权结构也发生了变革，管理层级大幅削减，院庭长、审判委员会的权限被限缩和圈定，赋予审判团队一定的审判管理权。因此，审判团队责任制的基础在于使审判权回归本位，按照自身的内在规律运行，应保障审判团队的自治空间不受其他权力的不当干预。

2.“放权不放任”的需求：审判团队责任制是对外部审判管理权归位后的补足

审判管理的功能定位在于“规范、保障、促进、服务”审判工作，法官的判断权需要借助外部活动来进行，思维、判断的信息来源于这些活动，判断的质量、效率和效果取决于这些活动的质量，离开管理，审判将变得无序。[②] 在扁平化管理模式下，审判管理权与审判权的行使主体在一定程度上存在重合，但并不意味着审判权的行使可以代替审判管理的开展。根据司法责任制“由审理者裁判、由裁判者负责”的要求，法官需要对承办案件的质量负责，对于审判质效的要求“有增无减”，而一个封闭组织内的管理资源是相对固定的，不同审判管理主体之间的权限调整呈现“此消彼长”的关系。在院庭长对个案的审判管理权弱化之后，审判团队相应的管理权必须及时补足，如审判团队怠于进行内部管理，那么相关管理权限又会回流到庭长手中，过多的外部干涉反而会引发行政化的回潮，导致新型审判团队的功能定位无法实现。因此，审判团队自治管理的范围在于外部管理难以覆盖的部分，从

---

① 王申：《司法行政化管理与法官独立审判》，载《法学》2010 年第 6 期。

② 高权：《审判管理学原理》，人民法院出版社 2014 年版，第 8 页。

内部调控审判工作,提高业务能力,完善流程监督,同时有效对接外部管理,成为与放权相配套的审判管理机制的重要组成。

(二)审判团队内部管理权与其他审判管理权的关系

审判团队所面对的环境具有外部和内部两个维度,外部管理主体主要包括院庭长、审判委员会、审判管理部门以及专业法官会议。审判管理的高效运作应理顺内部管理与外部管理的关系,通过内外权力交互配合关系形成一体化审判管理格局。

1. 管理视角:宏观管理与微观管理

外部管理属于宏观管理,院庭长和专门审判管理部门负责对审判质效的整体把控,包括对审判态势的研判、审判流程的监督、审判团队业绩的考评、疑难复杂案件办理的指导等,审判委员会和法官会议的审判管理权应固定在涉及案件办理的重大问题、宏观问题、战略问题等内容的决定,侧重于统一法律适用和裁判尺度。内部管理则属于微观管理,是以法官为主导的,对审判团队承办具体案件审判质效的具体把控,包括与日常审判工作相关的所有管理职责,包括案件办理的一般性问题、微观问题、临时问题等。内部管理在整体方向上应与外部管理保持一致,不能与全员审判管理制度相违背。

2. 管理过程:节点管理与全程管理

由于管理距离上的差异,外部管理无法实现对案件办理过程的实时监督,虽然通过信息化建设能够实现对审判活动的全程留痕,但院庭长以及审判管理部门的管理只能在某一诉讼节点回顾诉讼过程,进行事后管理。内部管理则更加具备近距离管理的优势,能够对审判流程进行全程跟踪,尤其是对事前、事中的监督,在诉讼过程中就能够对出现的审判质效偏差及时予以纠正,管理效能也能够更加迅速地反馈在工作成效上,对审判质效的影响更为直接和准确。节点管理和全程管理形成互补关系,共同保障审判管理对诉讼全流程的覆盖。

3. 管理方式:统筹管理与精细管理

相比于外部管理,内部管理对于团队内部情况更加熟悉和了解,就团队运行过程中存在的问题能够采取更具有针对性的管理举措,因此,内部管理应趋向于精细化管理,充分体现审判团队自身的期望和需求,在管理手段上更加灵活、柔性、创新,管理程度更加深入、细致。然而,在扁平化组织机构下,各个审判团队相互独立、平权运行,容易形成“各自为政”的局面,不利于审判流程的规范和法律适用的统一,外部管理则需要对扁平化单位的运行缝隙予以协调和黏合,加强横向结构之间的紧密联系,对审判权运行的标准与规范予以控制。

五、路径选择:“责任制”新型审判团队构建

新形势下,审判管理制度需要回应审判运行机制改革,与其共同促进司法责任制改革目标的实现。

(一)审判团队自我管理权限范围的厘清

审判团队作为司法活动的基本单元,其运行过程中同时涵盖审判权、审判管理权和司法行政事务管理权三类职权,厘清审判团队自我管理的权限范围是进行有效“自治”的前提,如将审判团队的运行视为同心圆模式(见图1),那么根据各自与法院中心工作的密切程度,三类职权呈现出以下关系。

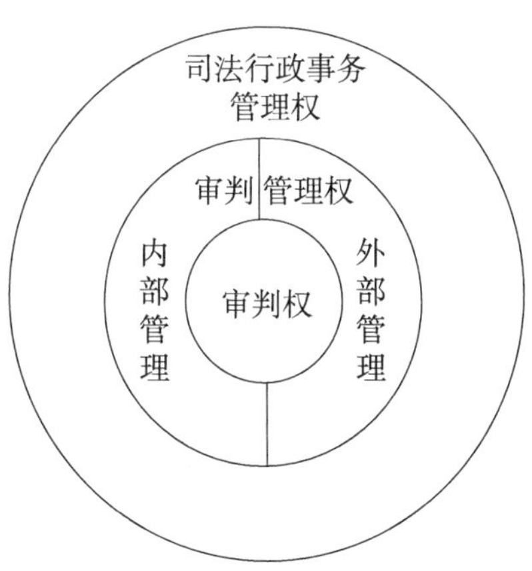

图1　审判团队内部职权关系

1. 核心工作——审判权

审判权,是指人民法院调查认定事实、适用法律和对案件作出裁判的权力。[①]。审判团队的主要职责是审理案件,审判权在所有职权中无疑应处于核心地位,审判权的实际行使主体主要为独任制法官、合议庭和审判委员会。在审判团队中,独任制法官和合议庭依法独立行使审判权,但同时需要接受相应的管理和监督。

2. 密切辅助——审判管理权

最高人民法院在2011年下发的《关于完善人民法院审判权与审判管理权运行机制的意见(征求意见稿)》中对审判管理权作了界定:"审判管理权是指人民法院通过组织、领导、指导、评价、监督、制约等方法,对审判工作进行合理安排,对司法过程进行严格规范,对审判质效进行科学考评,对司法资源进行有效整合,确保司法活动公正、廉洁、高效运行的权力。"审判管理权从属于审判权,因为其具有管理职能而能形成对审判权的监督制约,因而具有服务和制约审判权的双重功能,审判管理权要充分发挥作用,必须在服务审判权行使的同时加强监督制约。[②] 故审判管理权在审判团队运行中处于审判权的外围,审判管理权的行使应密切围绕审判权的运行。对审判团队进行的审判管理又区分为内部管理和外部管理,外部管理是院庭长、专门审判管理部门等对团队审判工作质效的整体把控,包括对审判流程的监督、团队业绩的考评、疑难复杂案件办理的指导等;内部管理是以法官为主导的、对审判团队承办案件中审判质效的具体把控,包含与日常审判工作相关的所有管理职责,法官对审判团队整体办案质量负责。

3. 外围辅助——司法行政事务管理权

"二五纲要"中曾将司法管理分为审判管理、司法人事管理和司法政务管理。由于近年来审判管理得到高度重视并被不断强化,与其他司法行政

---

① 胡云腾、范跃如:《审判权与审判管理权运行机制研究》,载《人民司法·应用》2011年第15期。

② 胡云腾、范跃如:《审判权与审判管理权运行机制研究》,载《人民司法·应用》2011年第15期。

事务管理相比,审判管理有其特定的内容和运行规律,有必要将审判管理与一般的司法行政事务管理进行区分,一般的司法行政事务管理包含法院人员管理、财务装备管理、机关事务与后勤保障管理等方面。司法行政事务管理权与审判管理权共同服务或辅助于审判权这一核心,但审判管理权与审判权的关系更加紧密。司法行政事务管理权在本质上为一种行政权,其目的在于让审判团队更好地集中于案件办理的考量。司法行政事务管理原则上不属于审判团队内部的职责范围,适合由院级或庭室层面统一负责,但审判团队负有一定的协助义务。

综上所述,审判团队自我管理的重心在于审判管理体系中的审判团队内部管理环节,应围绕审判团队所有承办案件的审判工作而开展,相比于外部管理应更加全面、细致、深入。

(二)新型审判团队“责任制”的基本设计

在具体制度设计上,根据现代管理模型,可以将审判团队的内部管理职责内容区分为计划、组织、领导、控制四个模块。

1. 计划模块

共同的目标是团队的必备要素,针对共同目标必须确定实现目标的战略,并制订方案以整合和协调各种活动,审判团队作为办案单元,将高效优质地完成审判任务作为团队工作目标,相关的计划工作应围绕审判任务展开:(1)设定明确的审判任务目标:审判团队应根据各自的审判任务、办理案件类型、人员情况确定科学、合理的整体目标,设立审判质效应达到的预期效果;同时,对审判任务进行细化分解,确定阶段目标,明确每季度、每月、每周应完成的阶段性任务。目标设定应具有清晰明确的时间范围,并且是可量化的,并根据计划过程中的不确定因素进行调整。(2)制订清晰的团队工作计划:根据审判任务制订具体实施计划,将在审案件的审理进度、重大敏感疑难复杂案件的办理、长期未结案的清理、审判辅助事务的开展以及司法公开工作的推进等,纳入工作计划进行统筹安排,并进一步细化工作流程,形成团队运行的流程图。

2. 组织模块

在工作计划明确之后,管理者应负责安排和设计团队成员的工作以实现任务目标:(1)提前进行个人能力评估:针对当前团队成员类型多样的趋势,在任务分配前法官应对团队其他成员的司法技能、专业特长、性格特点等进行全面了解,对团队成员的综合能力进行基础评估,作为任务分配的依据;(2)细化全流程责任分工:根据司法责任制的要求,法官依法独立行使裁判权,法官助理和书记员按照职责分工承担审判辅助事务,在规定的职责范围内,法官对团队成员的具体工作任务进行分配,可以按照收案、庭前准备、庭审、宣判等阶段明确各流程节点的职责分工,在审判事务相对复杂的节点可以编制任务清单。在此过程中,允许法官根据实际情况对审判辅助人员的职责范围和工作要求进行合理调整,并且可以进行个性化设计。

3. 领导模块

在团队运行过程中,管理者应给予其他团队成员激励和支持,帮助解决工作冲突,创建有效的沟通渠道,提升团队协作水平,营造团队良好工作氛围。(1)指导支持:当团队成员对工作任务界限不清或感到压力时,法官应对成员工作方向予以指导,尤其是对法官助理主持调解及庭前会议、撰写法律文书等专业性较强的辅助工作应强化法官的指导作用,对于成员工作开展给予更多激励与支持,同时关注成员的心理动向,及时予以疏导。(2)沟通协调:建立团队内信息共享机制,包括新出台的政策文件、法律规定、规章制度以及案件办理情况等与团队运行相关的所有信息,及时向团队成员传递,在必要时组织学习;畅通团队成员沟通渠道,定期召开团队会议,就日常工作的相关问题听取团队成员意见,对于团队重大事项的决定以及工作中遇到的“瓶颈”和困难,组织团队成员进行研究讨论,群策群力共同协商解决。(3)冲突平衡:妥善处理团队运行过程中团队成员因职责分工、工作方式方法等方面的冲突问题,降低团队运行内耗;提升团队成员在审判流程中的风险意识,积极应对突发情况,如内部无法协调解决,则及时向院庭长进行汇报。

4. 控制模块

为了实现目标和按计划完成工作，团队内部管理的其中一项重要内容是对工作绩效进行全程监管和评估，将实际绩效与设置的目标进行比较，如果目标没有实现，应及时予以纠正，把工作“拉回轨道”。(1)定期总结分析：定期调度、督促案件审理进度，关注案件办理质量，阶段性开展总结分析，对审判团队的整体运行质效进行检查、分析、评估，对审判工作相关数据进行深入分析，针对案件办理中存在的问题及时予以纠正，灵活调整工作方式和方向。(2)完善业绩考评：定期开展团队内部的自我测评，通过团队成员之间的互相测评来反馈团队的工作情况，可采取团队述职报告的形式，由团队成员对一定时期内工作实际表现、对团队能力的评定、工作中存在的问题以及今后的改进方向进行报告，法官根据对其他各团队成员的工作内容、团队贡献以及努力程度等情况的持续性观察，对团队成员的最终绩效作出综合评价，并提出考核和奖惩建议。(3)积极改进完善：定期总结工作经验，梳理工作成果，对于好的工作经验可以形成规范性制度予以固定，对于经总结发现的问题要提出解决办法，制订改进方案，有效堵塞审判管理漏洞，减少风险隐患，促进审判团队业务水平不断提升，管理能力持续完善。

六、结语

新型审判团队作为司法改革中的新生事物和重要制度创新，仍处在不断探索、完善的阶段。审判团队的建设不应仅停留于组建的完成，审判团队的有效运行不能完全依靠外部管理，审判团队责任制路径的构建，是顺应新型审判权运行体系下审判管理需求的重要尝试，直接关系到司法责任制目标的实现和审判质效的提升。目前，审判团队的司法效能还未充分发挥，仍有巨大的潜力亟待挖掘，相关机制建设还有待在实践检验的基础上进一步完善。

北京法院“互联网＋司法公开”的路径优化

张志富[*]　王慧敏[**]

党的十八大以来，以习近平同志为核心的党中央高度重视司法公开工作，党的十八届三中、四中全会将推进司法公开，构建开放、动态、透明、便民的阳光司法机制作为全面深化改革和全面依法治国的重要任务，并作出一系列重大部署。[①] 随着互联网、大数据、物联网、人工智能等新一代信息技术的深入发展，我国在基础设施建设、数字资源共享、政策法规保障等方面不断推动新一轮技术变革，在转变传统经济发展方式、构建新型政府服务模式的同时促进了民众思维方式和认知理念的转变。互联网思维已逐步渗透到民众生活的各方各面，民众对互联网的依赖性逐步加深，不仅从网络服务的接受者转变为网络服务的需求者，也从被动接受信息者转变为网络内容的主动创造者。在信息化时代，民众对司法制度、司法机关、司法权运行过程及结果提出了更高的期待和要求。

为顺应这一潮流，以2018年11月最高人民法院发布的《关于进一步深化司法公开的意见》（以下简称《意见》）为标志，人民法院信息化建设在“智慧法院”建设目标的基础上，更加注重互联网与司法公开的融合问题，力图实现司法公开从信息化到智能化再到科学化的转变，《意见》被认为标志着

---

* 张志富，北京市海淀区人民法院立案庭审判员，法学硕士。

** 王慧敏，北京市海淀区人民法院立案庭法官助理，法律硕士。

① 2018年11月《最高人民法院关于进一步深化司法公开的意见》。

我国司法公开进入“3.0版”的新阶段。①

在“互联网+司法公开”背景下,北京法院在践行“智慧法院”建设的基础上不断将信息技术的运用与建立司法公开平台相融合,在内部统一使用“智慧云”案件综合管理系统,在外部通过网站、微信矩阵、微博等数据平台逐步建立并运行了审判流程公开、庭审活动公开、裁判文书公开、执行信息公开四大平台。在移动互联网环境下,北京法院开放、动态、透明、便民的阳光司法机制已经基本形成,司法公开规范化、制度化、信息化能力逐步提高,在“努力让人民群众在每一个司法案件中感受到公平正义”的司法公开新路径上取得显著成效。

为进一步优化服务,提升首都法院司法公开力度、广度及深度,满足民众日益增长的司法需求,本文拟在互联网信息技术作为依托的司法公开新模式下,通过当前北京法院“互联网+司法公开”实践现状梳理出尚需完善的问题,来探讨优化北京法院以信息技术作支撑的司法公开的路径的方法。

一、北京法院“互联网+司法公开”的现状

以2005年最高人民法院《人民法院第二个五年改革纲要(2004-2008)》中第一次提出“司法公开”为开始,中国的司法公开事业经过2009年最高人民法院颁布的《关于司法公开的六项规定》、2013年最高人民法院发布《关于推进司法公开三大平台建设的若干意见》、2015年年底最高人民法院提出的“智慧法院”建设目标、2018年11月最高人民法院发布《关于进一

① 林坤:《论司法公开3.0版的基本理念》,载《海峡法学》2020年第1期。纵观司法公开的发展历程,以相关规范性文件的出台为标志,可将司法公开分为五个版本:(1)司法公开1.0版(2005~2008年),以2005年最高人民法院《人民法院第二个五年改革纲要(2004-2008)》中第一次提出“司法公开”为标志;(2)司法公开1.5版(2009~2012年),以2009年最高人民法院颁布的《关于司法公开的六项规定》中明确扩大司法公开的内容为标志;(3)司法公开2.0版(2013~2015年),以2013年最高人民法院发布《关于推进司法公开三大平台建设的若干意见》,提出建设司法公开三大平台为标志;(4)司法公开2.5版(2016~2018年),以2015年年底最高人民法院提出“智慧法院”建设目标,实现“互联网+”法院融合为标志;(5)司法公开3.0版(2019年至今),以2018年11月最高人民法院发布《关于进一步深化司法公开的意见》,推动人民法院信息化建设3.0版之上的司法公开为标志。与之前四个版本相比,司法公开3.0版本更加注重互联网与司法公开的融合问题,通过AI等高科技的引入,力图实现司法公开从信息化到智能化再到科学化的转变。

步深化司法公开的意见》为标志已逐步进入人民法院信息化建设3.0版本的建设与完善之中。努力打造一个全方位、立体化的司法公开平台体系,为公众提供多元化、高效率的司法公开服务,让司法公开成为推进北京法院规范化建设、促进司法公正、提升审判管理水平的突破口和助推器是北京法院的工作目标。北京法院在践行“互联网+司法公开”过程中,取得了以下显著成效。

1. 建立多平台同步运行、多渠道便捷公开的司法公开网络平台运行体系。因“服务而生”的互联网深刻改变了民众的生活方式,也成为民众获取信息的关键路径。在以习近平为核心的党中央提出的网络强国、建设数字中国的部署下,北京法院系统的信息化建设也逐步完善,这不仅体现在法院工作模式的转变,也体现了“让数据多跑路、让群众少跑腿”的司法服务新理念。以H法院为例,除了依托北京市高院开发的司法公开平台,如北京审判信息网、北京法院网、北京法院直播网、中国庭审直播网(北京)等网站,北京法院APP、北京移动微法院微信小程序、北京法院诉讼服务公众号、京法网事微博、法院微博、法官微博及北京法院12368语音服务系统等平台外,H法院先后建立了北京H法院网站、官方微信公众号、微信自主立案平台、官方微博等司法服务与司法公开平台,涵盖了民众获取信息的电脑端及移动端常用的信息获取渠道。北京法院在坚持“统一开发、集约建设、分布完成”原则的基础上确定了“一库两平台”建设总体方案,以2013年司法服务平台建设为起点,经过新技术应用,北京法院系统化的司法公开平台建设取得阶段性成果。

2. 实现公开内容全覆盖、信息公开全方位的服务立体化机制。互联网信息传播速度快、受众广泛、信息量大,为司法公开全面实现审判流程公开、庭审活动公开、裁判文书公开、执行信息公开提供了条件。在公开方式上,司法公开借助互联网的优势,不仅改变了传统仅靠文字、图片进行公开的模式,更是实现了语音直播、视频现场直播等以直观方式创新阳光司法的公开方式;在公开内容服务项目上,以H法院微信公众号为例,服务内容提供了诉讼指南、掌上服务、司法公开三大栏目,涵盖了裁判文书查询、执行信息公开、官网网站指引、机构名册、案件信息查询、法院指引服务、诉讼文本下载等20余项具体内容,加之,不同平台之间的交叉链接,基本能够满足民众诉讼服务事务的需要;除服务民众诉讼需求外,H法院亦通过官方微博、法官的个人微博、展示法院内部工作人员及工作状态的微信公众号来加强与民众之间的互动,进一步扩大了司法公开内容的深度和广度。

3. 构建内容主动型公开、信息引导型公开的司法公开服务理念。在建设服务型政府的背景下,为满足民众日益多样化的诉讼服务需求,让“百姓少跑腿、数据多跑路,不断提升公共服务均等化、普惠化、便捷化水平”的理念日益成为共识。在司法为民理念及司法公开的新要求下,北京法院正逐步转变传统被动公开方式,一方面建立了全方位司法服务平台来主动适应互联网时代数据共享模式中民众对司法信息的获取需求,及时有效发布各项司法信息;另一方面通过建设司法公开平台体系来实现普法教育、成果宣传,引导民众了解案件审理流程及获取司法公开信息的方式方法,正确指导民众获取司法信息的行为。

二、民众对司法公开的现实需求

当前,从民众的角度看,其对司法公开主要有三方面的现实需求。

1. 案件进展查询的需求。这主要是对处于诉讼中的当事人而言,查询案件进展是处于诉讼中的当事人的基本需求。但目前法院和当事人之间的信息不对称,当事人在获取信息方面处于被动地位,能够获取信息的渠道非常少,尤其是在案件量大、案多人少情况较为突出的法院,联系法官难或查询案件进展难是较为突出的问题。这一问题的根源在于北京法院的收案量过大,法官手里的未结案件较多,会形成一个恶性循环:第一,法官的结案压力大,法官倾向于将更多的时间用于开庭、结案等能推动案件实质进展的工作而不是接待、解答等事务性工作;第二,案件量多,审理周期必然延长,审理周期长的案件当事人在漫长的等待过程中对于案件查询的需求就会更加旺盛,法官接待压力也会持续增大;第三,未结案件多本身也就导致了该法官需要面对的当事人更多,当事人的查询需求往往会超过法官的接待能力,这就导致法官不愿意也没有更多的时间对当事人的查询予以回复,当事人查询不到案件进展会对案件进展查询产生更加强烈的需求,进而会更多地通过电话、来访等方式反映需求。恶性循环下,法官事务性接待体系崩溃,"法官永远不接电话""联系不上法官"则会成为常态。

但从当事人角度来说,查询需求不仅是一个知情权的问题,而且是司法应该赋予并应完全满足当事人的基本权利,这也是进行司法监督、信服司法公正的基础和前提。这种矛盾产生的根源实际在于案件工作量与法官正常处理能力不匹配,即客观的工作量超过甚至远远超过了正常工作的负荷。现阶段,随着信息化的发展,查询需求虽在一定程度上得到了缓解,当事人获取信息的渠道增多,获取信息的内容和范围也有了较大改善,但根本性的矛盾却没有改变,当事人的查询需求仍然旺盛和迫切,现阶段的技术手段和获取方式尚远远不能满足当事人信息查询需求。

2. 对案件结果进行合理预期的需求。我国虽然不是判例法国家,但因为法律的适用是一致且连续的,相同或类似的案例结果必然趋向于一致,通过司法公开,当事人可以合理且全面地获取类似案件的法律适用、裁判结果等信息,用于指导自己案件的诉讼策略。从实体角度看,查询以前的案例有助于对自己案件的结果作出合理的预期;从程序角度看,通过对类似案件的对比,可以明确自己在案件处理过程中是否受到了不公正待遇。对案件结果进行预期的需求,客观上也有利于推动司法公正和提升司法权威:一方面,案件结果的可预期性,使司法工作者受到正当的约束和合理的监督,减少"暗箱操作"的可能性,确保司法结果的公正性;另一方面,案件结果的可预期性,也有助于提高当事人(无论是胜诉方还是败诉方)对案件结果的接受程度,接受案件处理结果也就间接认可了司法工作,对于司法工作的认可也能够在潜移默化中提高司法的权威性。

对案件预期结果的需求客观上也会指导和影响人们的日常行为,特别是当民众或企业进行重大行为决策时,对该行为在法律上的评价和由此带来的后果是必然要考虑的选项,司法公开有助于民众和企业及时了解类似行为的法律后果等相关信息,在综合评判的基础上作出对自己利益最大化的选择。

3.涉诉主体征信信息的需求。当今我国社会无论是在商业领域还是公民生活中,个人和企业征信越来越受到重视。从另一个角度讲,个人和企业征信在日常交往中扮演的角色越来越重要,无论是在大型商业活动中,还是在日常简单的网络购物中,交往对象的诚信度都是重要的参考因素。涉诉行为应该是征信的重要指标之一,在市场经济愈加发达的今天,民众对司法公开的需求内容和范围也逐渐扩大,已经不仅仅局限于判决结果或者法律适用本身,交往对象在法律中的表现也是民众对于司法公开基本且迫切的需求。民事主体的涉诉数量、原因、诉讼策略等在诉讼过程中显现的司法诚信度在现代社会中显得越发重要。民事主体的司法诚信度是衡量是否值得交往的重要依据,也能够在一定程度上反映出民事主体自身乃至内在的问题,为交往对象进行决策提供参考依据。

三、北京法院"互联网+司法公开"的现存问题

"互联网+司法公开"时代,司法公开被赋予了全新的时代使命和任务。在北京法院实现互联时代司法运行模式新发展的同时,不仅仍存在民众需求与新时代下司法服务的矛盾,同时也增加了互联网如何与司法公开服务深度融合的矛盾。这就说明,信息技术作为手段,是创新工作模式的基础,能否真正发挥对司法公开的推动作用不仅是靠开发服务平台可以满足,更需要从当前问题出发构建新型法院公共关系,转变法律理念、思维模式,衡量司法情感与行为决策之间的平衡。从H法院在推进"互联网+司法公开"实践过程中,由案件当事人、法官等司法公开参与方的关系及反映来看,北京法院"互联网+司法公开"尚存以下问题:

1.重视司法公开形式创新,忽略公开方式的规范性建设。北京法院在继续传统的、纸质公开方式的同时,也逐渐顺应形势,采取电子化的方式公开,利用法院网站、平台、微博、微信、手机、APP等信息化手段的运用,发布各类司法信息,提升司法透明的实效,初步实现了司法公开的实现方式由简单到多元、由传统到现代的转型。在此过程中,产生的形式化问题也较严

重:一方面是司法公开平台数量多、技术设计烦琐、信息传输交互性弱,难以满足实际需求。虽然司法公开的平台建设涵盖了电脑端、移动手机端中民众经常使用的软件、网站、程序平台,也在技术上实现了加密、识别、传输等各项新技术的运用。但通过实际的操作及民众的普遍反映可知,在众多的平台中选出民众所需的平台选项,往往经过多个步骤,且常出现系统不稳、反复登录等情形,这就导致平台的应用效果不佳。另一方面是法院将司法公开成为创新手段,却并未把司法公开作为法院的一项义务,这导致司法公开仅仅被作为社会矛盾的减压阀而非法治精神的推动者,追求权力主导下的形式公开而非以用户需求需要为导向的实质公开,强调司法公开的载体建设等同于司法公开本身并被看作司法外部形象拓展职能的形式,从而忽视了作为司法公正的内涵式结构。[①] 在各法院推行"互联网 + 司法公开"的建设中,缺乏规范性、统一性、互通性,公开的内容会经过甄别、选择、加工,以法院为视角的互联网司法公开易引发公开信息失真,虽然运用新技术来助力司法公开形式上符合了时代的发展需求,但法院未把全面深刻的司法公开本身作为一项义务,则流于形式的创新手段也有可能会激发更多矛盾,过多地注重形式,强调宣传效果,反而更易引起民众反感。

2. 司法公开内容不能满足民众需求。从根本意义上说,司法公开是一项宪法的基本原则和诉讼法的基本制度,其既表明司法权运行是透明和民主的,也体现了公权力对于民众知情权、参与权和监督权的尊重和满足。"最大限度公开原则在全球范围内已经成为司法公开的基本共识"。[②] 从实际的公开内容看,在法律规定的范围中,重视从整体上进行审判流程公开、庭审活动公开、裁判文书公开、执行信息公开,对于当事人的个案查询需求,则存在不能完全满足的情形。从整体上看,北京法院公开的内容更多地重视宣传,进行舆论导向,在细节、协调、应用上有需进一步完善之处,公开的内容大而虚,与民众实际需求差异较大;从民众的需求看,不同社会群体对

① 林坤:《论司法公开3.0版的基本理念》,载《海峡法学》2020年第1期。

② 林坤:《论司法公开3.0版的基本理念》,载《海峡法学》2020年第1期。

于司法公开内容有着不同的期待和要求，法院公开的主动性不足，缺乏对于社会公众和当事人关心度的研究，在信息化时代依然消极地采取选择性回应、延迟性回应和自我性回应等方式进行司法公开。[①] 公开的范围、内容、效率等方面的力度不足，不能满足民众对于司法公开差异化的需求，同时，司法内容公开与民众的司法需求之间缺乏合理、双向互动，导致民众需求得不到满足的同时法院也"出力不讨好"，增加了额外的工作量和工作压力。

3. 司法公开程序待完善，时效性与适当性问题较突出。信息化时代，民众接受的信息的高效性、便捷性需求提升，"迟到的信息是无用的信息，非但不能保障公众的知情权、当事人的诉权，更不利于树立司法权威"，[②]及时、有效、适当满足民众需求是司法公开的应有之义。虽然，北京法院在及时性上已经取得了较大进步，如立案后相关信息能够通过手机短信的方式发送给当事人，但整个审判系统并未做到同步，比如开庭日期等信息，由于内外网系统的限制，审判人员确定开庭日期后并不能通过系统自动、及时通知到当事人。另外，借助信息化手段推进司法公开的过程中没有对当事人、社会公众以及特定民意代表进行区分，存在片面强调效率和速度的"即时公开"，忽视限期公开和合理时间内公开等做法的合理性。以自动发送信息为例，对于案件不加区分地一律自动发送案件相关信息，容易导致审判信息不当泄露，实践中已经出现多起原告申请了财产保全而系统自动向被告发送案件立案信息的情况，这使被告转移财产的风险增大。

四、北京法院"互联网+司法公开"路径优化

1. 转变思维，变被动为主动，构建司法公开新型"互动模式"。首先，司法公开应当以人为本，从人民群众的需求出发，从司法公开范围上讲，应做到应公开尽公开，即除涉密或涉隐私等特殊情况外，其他信息应一律公开。在公开的力度上，不应局限于当事人或者社会的要求，而应尽全力促使相应

---

① 林坤：《"互联网+"司法公开路径解析》，载《山西师大学报》(社会科学版)第46卷第3期。

② 林坤：《论司法公开3.0版的基本理念》，载《海峡法学》2020年第1期。

的信息全部公开,不应因法院本身的能力或考虑而进行取舍。在公开方式上,应考虑不同年龄、知识水平、地域的当事人和司法参与者对科技前沿技术的接受程度和认可程度,保证新技术在司法公开领域能够适用于合理需求的民众,即尽可能采用民众平常使用的技术手段予以公开。其次,构建循序渐进的互联网技术推动司法公开的步伐,互联网新技术是对司法公开这一目的的运用工具,而非司法公开本身,不仅体现在要平衡好司法公开内容的限度和深度,而且体现在对传统纸媒的替代的程度和时限,充分考虑民众的适应程度。此外,对于司法公开,要及时更新观念,不应局限于旧技术、老观念,如就公告而言,不应简单地采用登报等简单而又落后的方式,而应该采用信息化、网络化公告方式,诸如通过微信、微博、网站等方式进行公告,无论从公告的范围还是准确性上,效果都要优于传统纸媒方式,尤其是在民众对于互联网普遍接受的今天,更不应因循守旧、墨守成规,而应及时与新技术结合,更新司法公开方式。最后,建立司法公开良性互动关系,加强与民众之间的互动性,建立沟通的理性,更好地平衡法院工作与民众需求之间的关系,构建良好的沟通、反映渠道,切实满足民众对于司法公开的需求。

2. 完善司法公开平台建设,统一整合全市平台资源。首先,升级技术运用,将司法流程与系统相融合,司法的每一步都要通过系统来体现,同时,统一法院内部工作平台与司法公开外部网络平台,使二者在信息上同步,对于审判人员的操作,凡是属于司法公开范畴的,自动通过外网进行公开。民众作为诉讼参与人,其最想获得的内容是与其案件进展相关的流程、承办法官、开庭时间等方面的信息,但目前的方式是在法院内网上产生的信息,须经过二次处理后再通过外网进行公开,不仅浪费人力物力,还易在公开过程中产生差错,时间上也较为滞后。因此,通过将内外网进行整合,同步将法院在内部工作平台中产生的可公开的司法信息适时、恰当地通过外网予以公开,不仅能够提高审判效率,也减轻了当事人诉累,不必再通过各种手段进行查询。其次,规范北京法院公开平台运行规则、统一“互联网 + 司法公开”制度设计规范。平台的规范运行,是确保民众知情权的关键;统一的公开制度设计,是北京法院平稳运行的基础。这就要求不仅要在司法公开意识上达成一致,还需对公开的内容、程序、范围、方式、权利的救济途径进行规范,确保数字化时代的网络信息技术安全的统一运用、数据维护及软件升级。建立统一的司法公开数据库,对于所有需要公开的数据,统一进行收集、汇总,做到数据统一、准确,在此基础上,再通过不同的网络端口予以公开。

3. 加强司法公开队伍建设,增强司法公开服务意识。首先,加强技术人才队伍建设,走出单纯依靠技术公开司法内容的简单模式,在司法公开领域促进司法和技术的深度融合,为司法公开提供技术和人才保障。互联网时代,法院要借助信息技术提高司法公开的效果,技术人才必不可缺。这类技术人才除具备互联网技术开发、运行的知识外,还需要有司法为民意识、相关法律基础知识,能够在开发公开平台的同时,将司法公开法治思想融入平台的建设中。其次,加强司法公开协调队伍建设。司法公开的内容涉及各个方面,依据《最高人民法院关于进一步深化司法公开的意见》,建立健全司法公开协调机制,公开内容涉及多个人民法院、人民法院多个内设机构或者其他单位的,应当经协调一致后予以公开,确保司法公开的信息准确完整。不仅要协调各级法院的司法公开信息内容,还需要协调法院内部各审庭室有关审判流程、庭审活动、裁判文书公开、执行信息等审执信息的公开,以及法院内务信息与平台公开内容建设的关系,提升各平台间数据共享与协调运用能力。更为重要的是,要协调处理好法院司法公开推进过程中与当事人的需求之间的关系,这样才能确保在数据高速传播的时代,司法公开内容的一致性、准确性、及时性。最后,加强司法公开数据研究队伍建设。“互联网”新技术运用于司法公开领域后,大量的司法公开数据产生,对司法公开数据资源的深度研究,不仅能有效研判出民众的关注热点、司法公开的纰漏之处、新型司法活动的运行规律,还可以在对数据资源的广泛利用中,加强法治宣传教育、进一步提升司法能力、促进法律统一适用。

综上所述,在当前司法公开已取得基本成效的基础上,司法公开是作为人民法院制度建设的一场革命,正借助互联网这个新技术实现更高程度的变革。北京法院在全国“互联网 + 司法公开”建设进展中起到了引领的作用,但也面临技术、人才、机制等各方面的难题。在“互联网”和司法公开两者相互融合的过程中,对民众的知情权、信息保护权与司法公开内容的广度与深度之间的矛盾仍旧存在且更加突出。应当注意的是,新型司法公开模式的建立,不应是互联网作为技术手段与司法公开的简单相加。在思想上转变传统思维、在技术上加强平台建设、在人才上加强队伍建设,是应对人与技术的挑战、解决司法公开3.0版难题、塑造民众法治意识、优化司法公开路径的重要方法。

检察监督中调查核实权的行使与完善

——以立案监督案件中调查核实权为视角

海淀区人民检察院课题组*

2019年3月12日最高人民检察院张军检察长在第十三届全国人民代表大会第二次会议上的工作报告中指出，要加强对刑事立案活动的监督，紧盯有案不立、有罪未究和不当立案、越权管辖等问题。2018年全国检察机关共督促侦查机关立案22,215件、撤案18,385件，同比分别上升19.5%和32%。报告中的各项数字体现的不仅是检察机关工作的内容与成绩，更深刻反映出立案监督程序对于监督侦查机关的刑事立案权，维护当事人合法权益发挥的重要作用。立案监督工作开展得好坏与调查核实权的运用有着密不可分的关系，调查核实权作为检察机关开展法律监督、作出监督决定所倚仗的最重要职权与手段，在检察权力配置中属不可或缺的一环。本文以调查核实权在立案监督中的运行为视角，在厘清调查核实权性质定位的基础上，通过分析调查核实权实际行使过程中存在的问题与不足，提出针对性的完善建议。

一、检察机关调查核实权的性质定位

新修订的《人民检察院组织法》第21条明确了检察机关对三大诉讼进

---

* 课题负责人：刘中发，海淀区人民检察院检察委员会专职委员；课题组成员：林卉，海淀区人民检察院检察官；刘轩，海淀区人民检察院检察官助理；张霁月，海淀区人民检察院检察官助理。

行监督时可以进行调查核实,并依法提出抗诉、纠正意见和检察建议。[①] 该法条虽然明确了调查核实权启动的条件和适用的范围,但并未界定调查核实权的内涵和外延。有学者立足于检察机关的法律监督地位,从调查核实权的目的出发,认为调查核实权是指检察机关为查明是否存在诉讼违法行为或者损害公益行为而进行的核查工作。[②] 还有学者从民事检察监督的角度定义调查核实权,认为调查核实权是指人民检察院在依法介入的民事案件中,因履行法律监督职责,决定是否依法提出检察建议或者抗诉之必要,采取调阅案卷、询问相关人员、调取相关证据、勘验、鉴定等方式,就案件的相关情况向当事人或者案外人予以调查核实的一项职权。[③] 笔者认为,第一种观点较为抽象和原则,并未就调查核实权的外延进行充分的释明,而第二种观点又将调查核实权限定在民事检察监督程序中,具有局限性,两种观点故均存在不足。

对调查核实权进行定性,首先,应从其字面含义入手,调查核实权的权力组成包括两部分内容——调查权与核实权。依据百度汉语释义,调查是指为了了解情况而进行考察;核实是指审核查实。其次,对两种权力的性质进行深入比较又会发现二者之间存在相似的地方,但又略微不同。虽然二者都强调对于事实之确认,但调查权立足于主动作为,核实权则多为被动审查,从扩大检察机关行使调查核实权的内容与范围上来讲,两种方式的结合有利于检察机关针对不同的案件类型和案件事实进行选择掌握。最后,考虑到调查核实权在具体运行过程中的方式,应当对其手段进行具体细化。基于上述观点,笔者认为,调查核实权是指法律赋予检察机关在诉讼监督过程中,依照法定程序为确认或查证某种待证事实而采取的查询、调取、复制相关证据材料,询问相关人员,咨询专业人员,委托鉴定,评估,审计,勘验物证和现场等相关活动的一项职权。

---

① 张志杰:《刑事检察工作指导》(2019 年第 1 辑),中国检察出版社 2019 年版,第 16 页。

② 万春:《检察法制建设新的里程碑——参与〈人民检察院组织法〉修订研究工作的体会》,载《国家检察官学院学报》2019 年第 1 期。

③ 陈慧丽:《检察机关调查核实权的实操规范》,载《中国检察官》2017 年第 23 期。

关于检察机关调查核实权的性质，学界和实务界长期以来存在是否属于侦查权之争。有学者从两者的法律地位、目的和手段方面加以论证，认为调查核实权不属于侦查权。[①] 但也有不少学者和实务工作者认为调查核实权是查明法律事实的一种职权，应当属于广义上的侦查权。笔者认为，检察机关的调查核实权从性质上讲应当是一种“准侦查权”。侦查权，是指侦查机关依法对刑事案件侦缉查讯的权力，常见的权力机关包括：公安机关、国家安全机关、军队保卫部门、检察机关等。从定义可知，侦查权强调依职权主动发现，即存在犯罪事实的情况下，通过侦查取证锁定犯罪嫌疑人，追究其刑事责任，并且侦查权的行使以国家强制力为保障，在满足相应条件下可以采取限制他人的人身或财产权利等方式。调查核实权同样具有复原事实的意旨，在行为目的方面和权力属性方面与侦查权存在类似之处，具有“准侦查”意义。[②] 另外，二者在启动方式上基本相同，无论是侦查权还是调查核实权，都要求相应的公权力主体依据相关的程序性规定依法进行，才能使相关行为获得的结果具备效力。反观二者不同的一面：一是权力的对象范围存在差异。调查核实权的对象范围略广于侦查权，通常认为这是由检察机关的法律监督地位决定的，因为监督往往意味着事后监督，故监督的对象包括公安司法机关在内，在审核查实的内容上自然将公安司法机关的侦查取证、司法审判等行为纳入其中。二是权力的强制性存在不同。在任何情况下，调查核实权均不得采取限制调查对象的人身自由、财产等合法权利的手段和方式。虽然《人民检察院组织法》第21条明确了被监督对象具有配合的义务，但是并未随附违反义务的惩罚后果，属于一种抽象的义务规范，仅具有宣言效果，而不具备强制性，通常认为如果法律规则之中没有任何制裁性因素，那么法律规则制定得再完备，也仍然无法实施，[③]这与公安机关的侦查权以国家强制力作为后盾存在明显不同。

---

① 纪晓慧：《刑事立案监督调查权》，载《法制与社会》2010年第16期。

② 樊华中：《检察公益诉讼的调查核实权研究——基于目的主义视角》，载《中国政法大学学报》2019年第3期。

③ 陈瑞华：《程序性制裁理论》（第3版），中国法制出版社2017年版，第142页。

二、检察机关行使调查核实权的正当性

(一)检察机关行使调查核实权的法理基础

在法理上,判断一部法律适用的对象范围以及有关主体是否受该法律的约束和调整,主要是看有关主体是否依据该法律而获得法律授权或者被赋予法律义务。① 根据这一精神,检察机关调查核实权的法理基础应包括以下几方面。

1. 派生于宪法的授权——检察权

《宪法》是我国的根本大法,在我国的法律体系中处于最高的法律地位,一切国家机构、组织的职权均需要宪法赋予,检察机关同样不例外。根据《宪法》第 134 条、第 136 条之规定,检察机关是我国的法律监督机关,依法独立行使检察权。上述条文的核心内容:一是确立了检察机关的地位,二是赋予了检察机关的职权,明确了检察机关在履行法律监督职责,依法独立行使检察权具有权力的合法性与正当性。这里的检察权是检察机关内部所有职权的总称,故检察机关行使的一切权力均来源于检察权、派生于宪法的授权。调查核实权作为检察机关履行法律监督职能的重要手段,无论在诉讼阶段还是在监督阶段都发挥着重要作用,因此调查核实权属于检察权的分支之一,其行使的正当性来源于检察权,派生于检察权。②

2. 来自法律的明确规定

除宪法外,检察机关行使调查核实权同样来自相关法律的明确规定。2019 年 1 月 1 日出台的《人民检察院组织法》第 21 条第 1 款规定:“人民检察院行使本法第二十条规定的法律监督职权,可以进行调查核实,并依法提出抗诉、纠正意见、检察建议。有关单位应当予以配合,并及时将采纳纠正意见、检察建议的情况书面回复人民检察院。”该条款从法律层面直接肯定

---

① 万毅:《〈人民检察院组织法〉第 21 条之法理分析》,载《国家检察官学院学报》2019 年第 1 期。

② 廖秀健、钟雪、刘白:《监督与制约:检察机关行使调查核实权的困境及其改进》,载《西北民族大学学报》(哲学社会科学版)2019 年第 3 期。

了检察机关行使调查核实权的前提与依据。[①] 当然,这里的调查核实权是一个统一的原则性规定,具体行使的程序、方式、原则等散见于三大诉讼法及检察机关内部规范性文件中。虽然《刑事诉讼法》第113条没有直接说明立案监督阶段可以行使调查核实权,但是参考《刑事诉讼法》第57条关于排除非法证据的立法精神,立案监督阶段检察机关同样享有调查核实权。而且新出台的《人民检察院刑事诉讼规则》(以下简称《刑诉规则》)第551条、第557条明确规定了立案监督阶段检察机关可以开展调查核实的具体手段。

3.具体于检察内部规范

最高人民检察院、公安部于2010年10月联合下发的《关于刑事立案监督有关问题的规定(试行)》(以下简称《规定》)第8条规定了检察机关在立案监督阶段可以采取的调查核实的方式,明确了公安机关配合的义务,为全国检察机关行使调查核实权提供了指引。各省市在《刑诉规则》和《规定》的基础上,从实操性角度细化了调查核实的方式。这与新出台的《刑诉规则》的精神和内容能够相互契合。以北京为例,北京市人民检察院就依托上述法律法规及司法解释出台了《北京市检察机关监督工作参考规范》(以下简称《参考规范》),规定了立案监督阶段八项调查核实的方式,[②]为北京市检察机关开展立案监督活动提供了充分的依据。

(二)检察机关行使调查核实权的现实基础

1.调查核实权是保证立案监督决定正确的前提

"目的是全部法律的创造者。每条法律规则的产生都源于一种目的,即

① 孙谦:《新时代检察机关法律监督的理念、原则与职能》,载《检察日报》2018年11月4日,第3版。

② 《参考规范》第34条规定:根据需要,可以采取以下方法进行调查核实:(1)询问当事人、证人、办案人员或者案外人;(2)听取当事人、诉讼参与人、办案机关、办案人员以及相关人员的意见;(3)咨询专业人员、相关部门或者行业协会等对专门问题的意见;(4)调取、查阅、复制相关证据材料;(5)进行伤情、病情检查或者鉴定;(6)委托评估、审计;(7)勘验物证、现场;(8)其他调查核实方式。

一种事实上的动机。”[①]立案监督程序是对公安机关的立案决定的监督,包括应当立案而不立案和不应当立案而立案两种情形。《刑事诉讼法》第112条明确了立案的标准:一是有犯罪事实发生,二是需要追究刑事责任。检察机关作出监督决定也应当围绕上述标准。通常情况下,立案监督程序属于一种事后监督,即当公安机关作出不予立案决定后,公民才可以向检察机关申请立案监督。这种事后审查的监督方式需要检察机关对公安机关据以作出不予立案的证据材料进行调查核实,以确定有无犯罪事实发生,一般围绕构成要件展开,包括客观行为、犯罪结果、因果关系、犯罪主体、主观过错等。在公安机关取证不充分或者怠于取证的情况下,检察机关还应当主动作为,积极开展调查核实工作,包括采取询问当事人,调取书面证据材料等方式进行调查核实。另外,立案监督作为一种单向性权力,具有指令性,即公安机关接到检察机关的《通知立案书》后,必须无条件执行,不可以提请复议、复核或不予立案。因此,检察机关要保证监督决定的正确性,就必须在通知立案前进行必要的调查,查明确实有应当立案侦查而不立案侦查的事实,并收集必要的证据材料加以证实。[②]

2. 调查核实权是发现公安机关违法行为的重要方式

立案监督程序中,调查核实权同样要注重对公安机关违法行为的发现。受理立案阶段,公安机关是否存在程序违法抑或滥用职权、玩忽职守、索贿受贿等行为,往往比较隐蔽,不易为当事人或公众所知,但其不当立案或不予立案的行为往往造成一方陷入诉累或长期求告无门,影响极其恶劣。因此,检察机关的调查核实权在刑事立案程序中也具备发现侦查机关违法的重要职责。实务中,对立案决定正确与否进行实体监督往往与此相生相伴,密不可分。我们在办理一起立案监督案件中,发现办案民警在当事人之间已就涉案争点问题进行多次民事诉讼后,帮助民事败诉一方以刑事立案的

① [美]E.博登海默:《法理学——法律哲学与法律方法》,邓正来译,中国政法大学出版社2004年版,第105页。

② 申柳华、李佩霖:《检察机关在立案监督中调查权初探》,载《河南公安高等专科学校学报》2004年第5期。

方式插手民事纠纷,并且立案后长期未开展侦查活动,干扰民事再审程序和执行工作,严重损害另一方当事人的财产权利。为此,我们以未依法受理立案、立案后长期不侦查等为由向公安机关发出《纠正违法通知书》,及时纠正公安机关的错误立案行为,帮助当事人挽回了受损的财产利益。

三、立案监督案件中调查核实权行使面临的困境

(一)手段的单一性对调查核实权形成掣肘

长期以来,立案监督工作依据《刑诉规则》等规范性文件进行。根据《刑诉规则》第551条的规定,人民检察院对诉讼活动进行监督时可以采取以下几类调查核实方式:一是询问办案人员和有关当事人;二是查阅、复制公安机关办案过程中的相关法律文书及案卷材料;三是调取讯问笔录、录像等视听资料及委托进行伤情鉴定等;四是其他调查核实方式。从上述规定的内容看,立案监督阶段可以采取的调查核实手段仍较为单一,虽然有兜底性的条款,但适用的难度极大,检察机关免不了仍是处于被动状态,监督方式仍限于对公安机关已掌握材料的审查核实,难以体现检察机关法律监督主体能动性的地位,也与当下强调做优做强监督职权的检察格局不相适应。虽然,部分省市检察机关在《刑诉规则》的基础上进行了细化,在监督手段、方式上予以扩展,但对外的约束力不强。究其原因:一是长久以来立案监督工作并非检察工作中的重点,理论界与实务部门对检察机关的关注点往往集中在诉讼业务,而对立案监督工作的重视不足,立案监督工作一直以来都是非主流的业务存在。二是在原有“一体两翼”办案格局下,立案监督工作依托于审查逮捕工作的开展,受批捕阶段办案时限的要求,办案人员难以充分开展立案阶段案件的调查核实工作,所做的工作一般也仅限于《刑诉规则》中列举的方式,难以开展耗时较长、工作复杂的调查核实手段,客观上制约了立案监督工作的有效进行。三是立案监督案件往往经过公安机关的复议复核,对于公安机关开具不予立案的案件,大都经过较为细致、全面的侦查工作,意图通过调查核实手段进一步获取其他有罪证据的概率较低,故将调查核实手段仅停留在书面审理即可。随着《刑诉规则》的修改与面世,调查

核实权在条文中得以明确规定,上述窘境得到了很大缓解,其成效让我们拭目以待。

(二)操作细则缺位使调查核实权难以落地

现行我国的法律法规及司法解释鲜有对调查核实权操作规程的规定,实务中多比照《刑事诉讼法》中侦查行为程序要求类推适用到调查核实权中去。例如,对当事人、证人进行询问,应当至少有两名检察人员参加,并在笔录完成后交由被询问人签字确认;对于调取的书证物证应当保证其真实性、完整性,并标明来源和出处,等等。笔者认为,在没有具体操作规程的情况下,作为替代手段,可依赖于刑事诉讼法相关条文的规定对调查核实权的程序予以明确,但这终究不是长久之计。《刑事诉讼法》针对的对象主要是侦查机关在侦查过程中的取证行为,旨在严格规范侦查权的行使,控制国家权力触角的延伸,保障犯罪嫌疑人的合法权益,从而为确认犯罪事实和追究犯罪嫌疑人的刑事责任提供充分的依据。作为一种"准侦查权",调查核实权本质上与侦查权不尽相同,其所受到的程序限制也不应当与侦查行为完全相同,应当在专门的法律监督法或者在司法解释中以专门章节予以规范,确保法律内容与调整对象的统一性。

(三)能力短板制约调查核实权发挥

在履行法律监督职权的过程中,检察机关一直强调监督核心能力建设,重要内容之一就是突出调查核实能力的培养。如何通过深入的调查核实工作,充分辨析论证,以还原事实,作出正确且经得起时间检验的监督结论,考验着每一个从事立案监督工作的检察人员,也是其安身立命的法宝。随着司法改革的深入推进,检察机关对干警的执业能力与素养提出了越来越高的要求,实务中的立案监督案件往往呈现案发时间较为久远、补证空间有限、案件事实和证据纷繁复杂等特点,涉诉人在经年累月奔波于各机关后,将立案监督程序视作救命稻草。但与之相反的是,囿于自我定位和办案习惯,检察人员往往热衷于以补充侦查等形式来查明案件事实,重思辨轻调查，且队伍年龄普遍年轻化，缺乏丰富的取证经验，尤其是“反贪、反渎”转隶后，使长期工作在侦查一线的检察人员调离检察队伍，这一能力短板愈加显现，其调查核实水平与日益提高的办案素养要求不能相匹配，导致实践中不乏“公安机关一问就撂，检察机关一问就翻”的怪象。

（四）证据效力不明确影响调查核实权实效

证据能力是指证据的资格，即某一材料能够用于严格的证明的能力或者资格，亦即能够被允许作为证据加以调查并得以采纳。[①] 而判断证据能力的标准要求证据具有合法性和关联性。根据上述判断标准，有学者认为检察机关在立案监督阶段具有决定立案与否的实体性权力，其作为适格的取证主体，只要按照相应的程序要求收集调取证据，就可以收入侦查卷宗作为后续程序的证据使用。[②] 不同的意见则认为，虽然检察机关具备在立案监督中进行证据调查的合法性，享有调查核实权，却不能当然地推出检察机关通过调查核实取得的证据材料具有证据能力，其认为公检法三机关在进行刑事诉讼时，只能分别行使各自的职权，严格按照法定的分工进行，不能相互取代。只有享有侦查权的侦查机关在法律规定的范围内依法定程序获取的证据才是合法的、有效的。[③] 笔者同意第二种观点，检察机关在监督程序中作为非法定的侦查机关，其所取得的证据需要必要的转化程序才能够进入刑事诉讼作为证据使用。《刑诉规则》第563条规定：“人民检察院通知公安机关立案或者撤案，应当制作通知立案书或者通知撤销案件书，说明依据和理由，连同证据材料送达公安机关……”该条规定明确使用了“证据材料”而非“证据”一词，似乎表明最高人民检察院认为立案监督阶段获取的证据材料并不必然能够作为后续公诉、审判环节的证据使用，仅能作为支撑自己监督决定的依据。

---

① 张建伟：《刑事诉讼法通義》（第2版），北京大学出版社2016年版，第246~247页。

② 周飞：《关于刑事立案监督的两个问题》，载《人民检察》2000年第2期。

③ 申柳华、李佩霖：《检察机关在立案监督中调查权初探》，载《河南公安高等专科学校学报》2004年第5期。

这一观点在立案监督实务中存在不少现实困境亟待解决。以取证条件为例,检察机关通过调查核实获得了某一言词证据,并据此作出了通知公安机关立案的监督决定,但这一关键证人在公安机关立案后即死亡,导致公安机关无法再次进行询问并据此形成完整证据链条,后续诉讼进程则无法顺利进行。调查核实所得证据是否具备证据能力不明确,将影响到监督程序和诉讼程序的有序衔接,甚至影响到国家诉权的实施和公平正义的实现。除此之外,调查核实取得证据的效力不明确,还造成了实务中重复取证的问题,如重复司法鉴定、重复询问等,不仅浪费了司法资源,还可能因证据内容的不稳定而影响到诉讼程序的推进。

四、立案监督案件中调查核实权的完善措施

(一)细化操作规程为调查核实权提供支撑

调查核实权的行使要依据一定的程序规范,这是程序正义及确保证据材料满足合法性的必然要求。在赋予调查核实权多项调查核实手段时,也应当规范检察人员的取证行为,笔者认为,通过借鉴《刑事诉讼法》及相关司法解释对常见侦查行为规定,可以制定诸如下列操作规程:

人民检察院调查核实,应当由二人以上共同进行。调查笔录经被调查人校阅后,由调查人、被调查人签名或者盖章。被调查人拒绝签名盖章的,应当记明情况。

人民检察院可以就专门性问题书面或者口头咨询有关专业人员、相关部门或者行业协会的意见。口头咨询的,应当制作笔录,由接受咨询的专业人员签名或者盖章。拒绝签名盖章的,应当记明情况。

人民检察院对专门性问题认为需要鉴定、评估、审计的,应当委托具备资格的机构进行鉴定、评估、审计。

人民检察院认为确有必要的,可以勘验物证或者现场。勘验人应当出示人民检察院的证件,并邀请当地基层组织或者当事人所在单位派人参加。当事人或者当事人的成年家属应当到场,拒不到场的,不影响勘验的进行,应当记明情况。

人民检察院认为确有必要的,可以调取书证、物证、视听资料等证据材料。调取证据材料时,应当制作证据清单,由当事人签名确认无误。

（二）提升检察人员调查核实能力确保监督实效

调查核实质量的好坏直接决定着监督决定的正确与否,而检察人员调查核实能力的强弱将直接反映在调查核实的过程中。现实的情况是调查核实能力普遍是检察人员能力的短板,在与法律适用与证据审查能力比较起来明显处于弱势地位,因此加强检察人员调查核实能力建设,将其提升到能力培养的重要一环。其具体包括以下内容:

1. 以专题培训活动为主线实现受训人员的全覆盖

业务培训是短期内能够较快提升业务能力的重要抓手,而专题模块的素能培训则在上述基础上针对立案监督过程中调查核实权行使的薄弱环节进行针对性的补强。笔者建议,以实际业务为突出导向,以培训和轮训相结合的方式,定期开展专题类的培训活动,实现受训人员的全覆盖和多频次。具体可邀请公安部门刑侦方面的专家和纪委监察委的业务骨干,就实际侦查方案的制订、侦查工作的开展等内容进行针对性的培训。

2. 以技能比武为核心实现业务能力的全面提升

技能比武往往是对检察人员全方位能力与素质的考量,能够切实反映出检察人员在办案过程中所运用到的综合能力。笔者认为,可以以技能比武为目标导向,对所有办案人员高标准、严要求,切实发挥检察人员在调查核实中的主动权,将影响案件定性的关键细节进行逐一核实,为正确作出监督决定提供充分的事实依据和保障。

3. 以典型案例学习为依托助力调查核实能力的提升

优秀的立案监督案例往往具有典型性和代表性,能够对其他办案人员有所启发,达到触类旁通,为调查核实能力的提升提供催化作用。笔者建议,可定期在本系统内开展优秀立案监督案例评选活动,特别是将那些在办案过程中调查核实权使用充分、目的突出、手段多样,实现多层监督效果的优秀案例文书予以公开,将优秀办案人员的先进经验、做法推而广之,并内化为所有检察人员的重要实践,切实提升整体队伍的调查核实能力。

(三)明确调查核实证据的效力,实现监督与诉讼的有效衔接

调查核实之目的在于查明与案件相关的事实,其对象是与案件争议事实相关的证据材料,其权力主体是被依法赋权的检察机关工作人员,程序是依职权按照法定要求对证据材料进行提取、固定,通过调查核实取得的证据材料是检察机关依法作出监督决定的根基。因此,有必要以立法形式确认调查核实取得证据的效力。笔者认为,可以借鉴《刑事诉讼法》第54条对于行政机关收集证据的效力规定,充分考虑诉讼效率和司法资源等因素,以证据性质为区分,通过法律或司法解释的形式明确检察机关在监督程序中收集的物证、书证、视听资料、电子数据等客观性证据材料,在刑事诉讼中可以作为证据使用,同时对于言词证据等主观性证据,鉴于其内容受取证程序影响较大,需要经公安机关重新依程序进行转化,以便后续审查逮捕和起诉环节直接作为证据采纳,有效避免重复取证、取证条件丧失等情形出现。

民事调解检察监督制度研究

——兼论《民事诉讼法》第208条

李 辰[*] 齐 红[**] 王 鹏[***] 李 莹[****]

根据《民事诉讼法》第208条的规定，检察机关发现调解书损害国家利益、社会公共利益的，应当提出抗诉，明确了检察机关可以对调解书进行法律监督。实务中，由于检察机关与法院对该条文的不同解读，尤其是对国家利益、社会公共利益内涵与外延的不同认识，使双方在这一问题上产生争议与冲突。本文将以研究分析该条文入手，探讨产生争议的深层次原因，并在结合相关案例的基础上，对检察机关民事调解检察监督模式的设计提出建议，以期对完善该项制度的框架，提供有益思路。

一、民事调解检察监督概述

（一）民事调解制度的特点

《民事诉讼法》第9条规定，人民法院审理民事案件，应当根据自愿和合法的原则进行调解；调解不成的，应当及时判决。由此确立了民事诉讼中的调解制度。调解在我国目前的纠纷解决机制中占据着重要的地位。调解既

---

* 李辰，北京市人民检察院第二分院副检察长。

** 齐红，北京市人民检察院第二分院第六检察部主任。

*** 王鹏，北京市人民检察院第二分院第六检察部干部。

**** 李莹，北京市人民检察院第二分院第六检察部干部。

包括法院调解,又包括人民调解委员会的调解、仲裁调解、行政调解、民间调解等诸多种类。本文主要讨论的是法院调解以及由法院确认的调解协议。法院调解具有以下特点。

1. 应用广泛性

民事诉讼法中的简易程序、一审程序、二审程序,甚至审判监督程序都可以以调解的方式结案,调解制度在民事诉讼程序中具有广泛的应用性。

最高人民法院院长周强在《2019 年最高人民法院工作报告》中关于法院调解工作有如下论述:"(全国各级法院)坚持创新发展新时代'枫桥经验',强化诉调对接,健全多元化纠纷解决机制。加强在线调解平台建设,及时有效化解矛盾纠纷。扩大律师调解试点,进一步发挥律师在化解社会矛盾中的重要作用。坚持合法自愿原则,各级法院以调解方式结案 313.5 万件。"①可见调解工作是法院的一项重要工作,以调解方式结案是法院结案的重要方式之一。

在确立立案登记制度以来,法院受理的案件数量大幅度增长,最高人民法院为了应对此形势,确立了"分调裁审"的工作机制,各级法院亦分别召开了繁简分流和调解诉裁机制改革推进会,突出了调解在结案中的重要作用。2019 年 6 月 12 日召开的全国高级法院院长座谈会指出,构建多元化纠纷解决体系具有紧迫性和重要性,进一步强调了拓展调解应用的意义。

2. 程序简化性

调解程序可以贯穿于法院审理案件的全过程,相对于审判程序来讲,调解程序相对比较简化。

法院的调解工作可以在开庭前进行,也可以在庭审中进行;调解过程可以由合议庭主持,也可以由独任审判员主持;可以用简便的方式通知当事人到庭。调解并没有程式化的过程,调解结果也不局限于当事人的诉讼请求。《最高人民法院关于人民法院民事调解工作若干问题的规定》第 9 条规定,调解协议内容超出诉讼请求的,人民法院可以准许。因此在调解的过程中,

---

① 数据来源于《2019 年最高人民法院工作报告》。

双方当事人为了尽快达成合意，可能会有不同程度的妥协，所以即使达成的调解协议的内容同诉讼请求不一致甚至超出诉讼请求的，只要符合合法自愿原则，法院均予以认可。

3. 内容非公开性

《民事诉讼法》第10条确认了人民法院在审理案件的过程中，实行公开审判原则。在实践中，大部分生效文书都予以公开，而民事调解则有很大的不同，调解过程及调解协议的内容一般不具有公开性。最高人民法院司改办主任贺小荣就《最高人民法院关于推进司法公开三大平台建设的若干意见》和《最高人民法院关于人民法院在互联网公布裁判文书的规定》回答记者提问时指出，调解书是当事人之间对私权处分的结果，是一种自治。在调解方式结案的文书当中，不体现法官的心证和裁判的过程，人民法院没有形成一个新的裁判的过程。《民事诉讼法》第156条规定，公众可以查阅人民法院判决书、裁定书，但是没有调解书，所以在这次司法解释中，没有把调解书列入互联网的公开范围。对于社会影响巨大的案例及人民群众的知情权无法得到满足的情况，可通过最高人民法院公布典型案例或发布指导性案例的形式解决。① 由此可见，因为调解书涉及当事人私权处分，为了尊重当事人的自治，大部分调解书并不在公开范围内，很难为外界知晓。

（二）民事调解检察监督的必要性

按照《民事诉讼法》的规定，调解书生效后不可上诉，当事人只能向人民法院申请再审。如此一来，对于调解书只能采取内部监督的方式予以纠正，缺乏切实有效的外部监督机制。对民事调解制度监督的不足，使检察机关的监督成为必要，一方面能够降低违法调解发生的可能性，另一方面又为调解协议的合法有效提供充分的保障。检察机关对民事调解进行监督，是弥补民事调解制度缺陷的重要外部措施，也是民事检察监督工作的内在

① 《五问裁判文书公开——采访最高人民法院司改办主任贺小荣》，载 http://www.banyuetan.org/chcontent/sz/wzzs/szft/2013121/86598.shtml，2020年6月13日最后访问。

要求。

1. 民事调解制度的缺陷

民事调解制度在体现该制度重要性的同时,也存在一定程度的缺陷,影响该制度实施的效果。

首先,各级法院追求以调解方式结案的案件数量,并作为考核的重要指标。出现为调解而调解、久调不决的情况,影响了办案的质效。其次,调解程序的简化性特点在客观上为当事人之间恶意串通、违法调解等提供了土壤。对于调解协议的内容,法院基本上不会进行实质性的审查,增加了调解内容损害国家利益、社会公共利益、他人合法权益的可能性。最后,调解书不具有公开性,透明性不高,堵塞了从外部开展监督的途径。

2. 调审合一模式的先天不足

在民事审判程序中,法官既是调解过程的参与者,又是调解失败后裁判结果的制定者。这种调审合一的模式存在先天不足,有可能使调解过程出现违法违规的情况。调解实际上是法院审判权和当事人处分权相结合的产物。① 目前我国法律规定了法院调解的自愿原则和合法原则,但是对于法院是否应该查明事实、分清是非并没有明确的规定。这决定了法官在调解的过程中,可能出现一定程度的事实认定偏差。此外,调解制度对法官的中立性提出了更高的要求,如果没有足够的监督制约机制,有可能会产生枉法裁判,甚至司法腐败现象。

3. 虚假调解情况日益凸显

近年来,民事虚假诉讼频发,很大比例是通过调解方式结案的。比如,双方虚构债权债务关系,通过法院调解结案对该法律关系予以确认;离婚案件中,夫妻双方调解转移财产,逃避债务。这些虚假诉讼案件通过法院对调解的确认,来谋取不正当利益。

虚假调解的行为不仅损害国家、社会公共利益,也会损害第三人的合法权益,更是对司法资源和司法权威的挑战。由于虚假诉讼具有隐蔽性,达成

① 杨秀清:《民事诉讼法》,中国人民大学出版社 2011 年版,第 131 页。

调解协议的各方对调解书内容均认可，对于权益受到侵害的第三人来说，很难提供充分的证据证明，也很难实现权利的自我救济；对于国家、社会公共利益来说，很难发现权益遭受侵害，容易引起制度失灵。[①]

由此可见，国家利益、社会公共利益有被侵害的潜在风险，权利被侵害方救济无门，对于检察机关来讲，虚假调解带来的问题增加了其对民事调解进行检察监督的紧迫性。

（三）民事调解检察监督的可行性

1. 民事调解检察监督的法律基础

法律监督职能是检察机关的基本职能之一，对民事调解进行检察监督具有充分的法律基础。

根据《宪法》及《人民检察院组织法》的规定，人民检察院是国家专门法律监督机关，其监督称为检察监督。检察监督是人民检察院依法对有关国家机关及其公职人员执法、司法活动的合法性和刑事犯罪活动所进行的监督。[②]《民事诉讼法》第14条亦确立了检察监督原则，明确了人民检察院对民事诉讼有权实行法律监督。从广义上来讲，民事调解活动属于民事诉讼的范畴，因此检察机关必然有权对其进行监督。

此外，依照《人民检察院民事诉讼监督规则（试行）》第24条的规定，已经发生法律效力的调解书符合《民事诉讼法》第209条第1款规定的，当事人可以向人民检察院申请监督；第99条规定，人民检察院发现同级人民法院民事审判程序中调解违反自愿原则或者调解协议的内容违反法律的，应当向同级人民法院提出检察建议。这些规定也从制度层面确立了检察机关对民事调解开展检察监督。

2. 民事调解检察监督的实践基础

通过对民事调解检察监督工作的不断探索和深入，检察机关积累了一

---

① 黄蔚菁：《损害私人利益虚假纠纷诉讼调解书的检察监督》，载《法治社会》2018年第2期。

② 张文显：《法理学》，高等教育出版社、北京大学出版社1999年版，第294页。

定的经验,为不断完善该项监督工作提供了坚实的基础。

检察机关近几年加大了对虚假诉讼的打击力度,仅2018年,最高人民检察院就会同最高人民法院制定了虚假诉讼的相关司法解释,同时监督纠正“假官司”达1484件。[①] 其中,有很大的一部分是针对虚假调解书的监督。各地检察机关也在布局调解监督试点工作,如吉林省试点的梅河口市检察院成功办理的“支持第三人行使撤销之诉并发检察建议”案件,成功探索了全新的监督模式。

成功的监督经验为我们今后开展监督工作提供了充分的信心,但是,在监督过程中出现的争议更引发了我们的进一步思考。通过相关案例和检法各自出台的规定,我们发现争议的根源在于对《民事诉讼法》第208条的不同解读。检、法两家的规定以及各自在实务中的操作对该条作出了或扩大或限缩的解释,正因如此,才造成民事调解检察监督工作中出现种种争议甚至冲突的局面。本文将重点对该条文进行分析,希望能够提取检法两家对这一监督领域最大限度的共识,缓解当前民事调解检察监督工作中存在的种种问题。

二、对《民事诉讼法》第208条的法理分析

根据《民事诉讼法》第208条的规定,[②]检察机关对于损害国家利益、社会公共利益的调解书,可以提出抗诉或者检察建议。

(一)民事调解检察监督的制度沿革

根据1991年颁布的《民事诉讼法》第185条的规定,人民检察院对已经

---

① 数据来源于《2019年最高人民检察院工作报告》。

② 《民事诉讼法》第208条规定:“最高人民检察院对各级人民法院已经发生法律效力的判决、裁定,上级人民检察院对下级人民法院已经发生法律效力的判决、裁定,发现有本法第二百条规定情形之一的,或者发现调解书损害国家利益、社会公共利益的,应当提出抗诉。地方各级人民检察院对同级人民法院已经发生法律效力的判决、裁定,发现有本法第二百条规定情形之一的,或者发现调解书损害国家利益、社会公共利益的,可以向同级人民法院提出检察建议,并报上级人民检察院备案;也可以提请上级人民检察院向同级人民法院提出抗诉。各级人民检察院对审判监督程序以外的其他审判程序中审判人员的违法行为,有权向同级人民法院提出检察建议。”

发生效力的判决、裁定可以提出抗诉,但是对调解书是否可以提出抗诉未作出明确具体的规定。1999 年,针对《黑龙江省、河南省高级人民法院关于检察院对调解书抗诉应否受理的请示》,最高人民法院发布《关于人民检察院对民事调解书提出抗诉人民法院应否受理问题的批复》,在其中答复:“《中华人民共和国民事诉讼法》第一百八十五条只规定人民检察院可以对人民法院已经发生法律效力的判决、裁定提出抗诉,没有规定人民检察院可以对调解书提出抗诉。人民检察院对调解书提出抗诉的,人民法院不予受理。”由此可见,在该项制度发展初期,无论是立法还是实践操作,对调解书的检察监督均持否定态度。

2007 年 10 月对《民事诉讼法》的第一次修正,依旧未将调解书纳入检察机关监督的范围。2009 年,《全国检察机关贯彻民事诉讼法座谈会纪要》要求“按照修改后的民事诉讼法总则的规定,开展对民事调解等活动的检察监督工作”。逐渐开始将民事调解检察监督工作纳入工作内容。2010 年,最高人民检察院在《关于加强和改进民事行政检察工作的决定》中明确提出,“继续开展民事执行监督、调解监督、督促起诉、支付起诉等改革探索,总结经验,加强规范,确保取得良好效果”。[①] 从本质上来讲,虽然此阶段调解监督工作不断发展深入,但是尚缺乏明确的法律规定。

2012 年《民事诉讼法》第 208 条的规定正式将对调解书的监督纳入了检察机关监督的范围。同时《人民检察院民事诉讼监督规则(试行)》第 77 条也明确规定,如果人民检察院发现民事调解书损害国家利益、社会公共利益,依法向人民法院提出再审检察建议或者抗诉。至此,从法律层面上对民事调解检察监督的对象、适用条件等作了明确的规定。

(二)《民事诉讼法》第 208 条与其他条文的冲突与碰撞

依据《民事诉讼法》第 208 条的规定,检察机关对调解书进行监督的条

① 王杏飞:《调解检察监督若干争议问题之再思考》,载《法律科学》(西北政法大学学报)2018 年第 1 期。

件是“损害国家利益、社会公共利益”。从字面表述上来看,此条规定虽然赋予了检察机关依职权监督的内容,但是排除了大量存在的对私人利益产生损害的民事调解书的监督。反观《民事诉讼法》第 198 条的规定,法院进行再审的调解书,只需要符合“确有错误”即可。同时根据《民事诉讼法》第 201 条的规定,当事人对于已经生效的调解书,能够提出证据证明调解协议的内容违反法律规定或者调解违反自愿原则,就可以申请再审。

第 208 条的规定,同第 198 条、第 201 条在本质上存在明显的区别。一方面,从内部来讲,检察机关对于生效调解书的监督事由,同生效判决、裁定的监督事由不同,而法院再审理由和当事人申请再审的事由,无论是针对判决、裁定还是调解书,均趋向于一致;另一方面,从外部来讲,如果当事人认为调解违法并以此为由向法院申请再审,法院能够以调解书是否违法为标准进行判断,而如果检察机关针对调解提请抗诉或者检察建议,则法院要考虑该调解是否侵犯国家利益和社会公共利益。这导致无论是从内部法律适用还是外部的横向比较,都出现了冲突和碰撞。当事人、法院、检察机关在实践操作中需要秉持不同的标准,这种内外部标准的不统一既造成办案的难度,又对司法权威造成一定的冲击。对于此区别,是否应该对标准予以统一存在较大的争议。如果需要进行差别化对待,那么差别对待的界限应该如何予以确认则成为亟待解决的问题。

(三)对私益的维护与检察监督定位的冲突与碰撞

法律赋予检察机关对侵犯“两益”的生效民事调解书进行监督的权力,而未规定检察机关是否可以针对损害第三人等其他合法利益的调解进行监督。

否定性观点认为,检察机关是我国的法律监督机关,只能对公权力进行监督,不能成为私权救济的工具。如果允许检察机关对损害其他合法权益的调解书进行监督,则有可能会与检察监督的职能定位存在冲突与碰撞。我们认为,不能脱离个体利益去讨论国家利益和社会公共利益,检察机关维护法律正确实施的目的之一也是调整因法律适用错误而对个体造成的伤害，从而去保护更多人的权益。正如英国功利主义学派认为，社会公共利益实质上是诸多私人利益的累计相加，个人利益是社会利益的具体化，二者不是割裂开来而是有机统一的。如果想要真正实现对社会公共利益的维护，就需要将具象的个人利益予以保障。

事实上，我国法律并未规定检察机关只能单纯地维护国家利益和社会公共利益。相反，《检察官法》第10条对检察官义务和权利的规定中包括“维护国家利益、社会公共利益，维护个人和组织的合法权益”。而且，部分调解书表面上看损害了第三人或者一方当事人的利益，但从实质上来看，系对司法资源和司法权威的冲击，这无疑将对整个社会经济秩序造成损害，严重影响公共利益。

因此，检察机关不仅仅是国家利益和社会公共利益的维护者，对于私益亦应采取适当手段予以捍卫。

三、民事调解检察监督的难点

民事调解检察监督制度尚处在发展探索阶段，目前仍然存在诸多难点，在理论和实践中都存在一定程度的困境。

（一）“国家利益和社会公共利益”概念认定上的困境

检察机关有权对调解书进行检察监督的基本前提就是调解书侵犯了国家利益、社会公共利益。但是，“国家利益、社会公共利益”是比较抽象的概念，对于何为国家利益、社会公共利益，一直以来都没有明确的界定。

关于国家利益，国际法学家摩根索认为，国家利益应该包括国家主权、领土完整和文化完整，国家利益最中心的内容是国家在国际政治中的权力；结构现实主义学派代表华尔滋主张生存是国家的唯一利益；新自由主义学派代表人物基欧汉在国际关系视角下主张国家利益包括生存，独立，经济财富。在我国，有学者主张，“国家”是在一定领土范围内对其国民进行控制并享有最高主权的一种特殊的社会组织形式;[①]亦有学者认为国家利益往往包含社会公共利益,社会公共利益是从国家利益中逐渐分化出来的。[②]

关于社会公共利益,以哈耶克、哈林顿等为代表的政治学家则主张社会公共利益与普遍利益等概念相似,是法律规则构成的抽象利益。在英美法系国家,公共利益的基本内涵有多数利益说、共同利益说和整体利益说等。

目前,我国还没有对"国家利益和社会公共利益"的概念作出权威的定义,如果不能明确地界定"两益"的内涵和外延,检察机关在办案的过程中将很难把握这一监督标准,那么在操作中此规定将形同虚设,从而难以充分实现对民事调解的检察监督。

(二)意思自治的保护和检察监督界限之困境

检察机关在对调解进行监督的过程中,需要平衡尊重当事人的意思自治和检察机关监督职能的关系。就目前的实践情况来看,由于法律规定的概括性和模糊性,在操作中检察机关对于调解监督的标准并未形成体系化的认识,对于是否可以监督、如何监督、以何种理由监督都尚未形成明确的方案,自然就形成了检察监督界限控制的困境。

对民事调解检察监督持否定意见的学者认为,调解书的形成虽然存在法院的参与,但是最终的决定因素在于当事人在协商之后形成的合意,而非法官的审判权。这种纠纷解决机制本质上是当事人在平等自愿的基础上形成的意思自治,因此检察机关监督权力不应过分介入。[③] 如果检察机关过分进行监督,可能会侵犯当事人在民事诉讼中享有的处分权。

但是,对于检察机关来说,为了尽可能保证调解协议切实反映当事人的真实意思表示,防止调解协议违反自愿、合法等原则,保障国家利益、社会公

---

① 伍俊斌:《论公民社会与政治国家的共存共强》,载《黑龙江社会科学》2010 年第 1 期。

② 孙晓莉:《中国现代化进程中的国家与社会走向》,载《教学与研究》2000 年第 8 期。

③ 廖中洪:《也论调解书检察监督的范围与内容——兼与李浩教授商榷》,载《西南政法大学学报》2015 年第 6 期。

共利益以及其他合法权益不因为非法调解或者恶意串通的行为受到侵害，则需要对调解进行监督。从另一个角度来讲，保证调解协议的合法性和有效性也是充分保障当事人意思自治、尊重当事人处分权利的重要体现，因此民事调解检察监督和意思自治原则二者在本质上是不冲突的。检察机关应该以尊重当事人的意思自治为前提，从实质上审视调解协议内容及程序是否合法有效，同时需要提高调解检察监督制度完善的效率，随着制度的不断明确，检察机关对于监督界限的把控将更加科学和明确。

（三）检法观点协调之困境

实践中，检、法两家对该条的理解和适用也是存在分歧的，体现在各自出台的法律规定中。

《最高人民法院关于适用〈中华人民共和国民事诉讼法〉的解释》第409条第1款规定："人民法院对调解书裁定再审后，按照下列情形分别处理：（一）当事人提出的调解违反自愿原则的事由不成立，且调解书的内容不违反法律强制性规定的，裁定驳回再审申请；（二）人民检察院抗诉或者再审检察建议所主张的损害国家利益、社会公共利益的理由不成立的，裁定终结再审程序。"对该条的解读认为，当事人对调解书申请再审，如果调解书损害"两益"的，可以认为违反法律强制性规定；第413条规定，人民检察院依法对损害国家利益、社会公共利益的发生法律效力的判决、裁定、调解书提出抗诉，或者经人民检察院检察委员会讨论决定提出再审检察建议的，人民法院应予受理。对该条的解读认为，损害"两益"不应理解为"违反法律"或者"适用法律错误"。结合这两个条文来看，法院对于是否损害国家利益和社会公共利益的理解，有较大的空间和余地，而且针对当事人和检察机关不同的主体，判断的标准也不一样。实践中，出现了法院认为因不属于损害"两益"的范畴而对检察机关的抗诉裁定不予受理的情况。

《人民检察院民事诉讼监督规则（试行）》第77条规定，人民检察院发现民事调解书损害国家利益、社会公共利益的，依法向人民法院提出再审检察建议或者抗诉。对该条的解读认为，对民事调解书的监督，应当区分两种情形:一种是调解书存在损害国家利益、社会公共利益的情形,关于“两益”的理解,实践中应当慎重把握,既不能把所有违反法律规定的情形都理解为违反“两益”,也不能将“两益”的范围不当缩小,应当结合案件的具体情形并综合考虑多方面因素进行判断;另一种是调解违反自愿原则或者调解协议内容违反法律的情形。对后一种调解书的监督,体现在第99条对审判程序监督的规定中,这种立法安排,更像一种不得已而为之的做法,一方面是由于《民事诉讼法》第208条的规定,另一方面是检察机关认为对违反自愿原则和调解协议内容违反法律规定的调解书,确有监督的必要。

四、民事调解检察监督制度的模式设计

为了充分解决民事调解检察监督制度中的困境,进一步完善该制度的整体框架,需要从立法角度及检法沟通角度给予充分的重视。

(一)完善立法

1.拓展案件来源

由于调解具有隐蔽性,检察机关很难通过职权发现其中的不当情形。因此,有必要赋予当事人或案外人针对调解申请检察监督的权利。此外,应该将调解监督的案件来源拓展至其他部门移送相关线索。检察机关其他部门在办理案件的过程中发现的可能涉及违法调解的情况,应该及时移送至民事检察监督部门。

2.确立监督对象

依照《民事诉讼法》第208条的规定,检察机关的主要监督对象为“调解书”,不仅包括人民法院制定的调解书,还包括有效的调解笔录、经人民法院确认效力的调解协议、仲裁调解书等。但是,调解书仅仅是法院或者人民调解委员会等进行调解之后产生的结果,如果仅仅将调解书纳入检察监督的范围,可能会限缩检察监督的对象。调解和调解书最主要的区别在于,调解是一种诉讼活动,既包括主持调解活动,也包括确认调解协议内容,形成调解结果,送达调解书等一系列内容。调解书是法律文书。

因此,为了能够更科学地实现检察监督的目标,应当将检察监督对象设定为调解而非单纯的调解书。调解书的产生是由调解过程中的各个阶段组合完成的,如果调解书存在问题,那么调解的过程很有可能出现瑕疵。同理,如果调解程序存在问题或者在调解过程中当事人、法官存在不法行为,则调解结果也会发生错误。检察机关在对调解书进行监督的同时,对调解过程有必要一并监督。

3. 明确监督条件

在立法的过程中,应该尽量将调解检察监督的条件予以明确。通过对相关案例的总结,我们发现目前检察机关主要针对以下几种情形的调解进行监督。

(1)调解违反自愿原则

调解违反自愿原则的情况主要有:一是一方当事人存在欺诈或者胁迫行为,另一方因重大误解或者受胁迫签署调解协议;二是法官在调解的过程中以拖促调、强制调解,以判决结果等相威胁,迫使双方达成调解结果;三是法院在调解中未查明代理人的代理权限,对未经特别授权的诉讼代理人等无权限的人达成的调解协议予以确认,剥夺了当事人的权利。如果当事人能够提供证据证明调解结果的形成违反了自愿原则,检察机关则能够对调解进行监督。

(2)调解协议内容违反法律规定

在此类案件中,当事人双方一般存在恶意串通的情形,对抗性较弱,通过调解方式迅速达成调解协议。检察机关对于违反法律规定的调解,应当保持高度的敏锐性,对办案过程中发现的交易异常和诉讼异常及时启动监督程序。

(3)调解程序违法

调解程序违法主要表现在,调解过程中遗漏当事人径行调解,侵犯了当事人的权利;有的调解过程违反回避原则;有的调解书未依法送达就予以执行;有的案件在明知基层法院对案件没有管辖权的情况下建议当事人将案件拆分成标的符合管辖条件的数个案件,以实现对案件的操作。

(4)审判人员在调解中存在违法行为

法官在调解的过程中应当保持中立,但是不当调解案件中存在法院工作人员徇私舞弊、贪污受贿的情况。在这种案件中,法官不对案件进行审查,导致调解书认定的事实与真实情况不一致。甚至和当事人互相串通。在此种情况下,当事人的合法权益难以得到有效的保障。检察机关对此类调解进行监督的同时,如果发现审判人员存在违法行为,也应将案件线索移送相关部门。

(5)调解侵犯第三人合法权益

对于损害第三人合法权益的调解案件,检察机关应该区别对待。如果权益受到侵害方能够通过申请再审、执行异议之诉、第三人撤销之诉等途径得到救济,那么检察机关不应贸然介入。如果穷尽所有救济途径后第三人的权利仍然无法得到救济,那么检察机关应该对此类调解案件进行监督。此外,在一些调解损害第三人利益的案件中,虚构债权债务关系数额或者第三人数量较大,影响到社会秩序和司法公信力,对社会造成的影响突破了侵害单独个体的范畴,检察机关也应及时介入进行监督。

(二)加强检、法的沟通与协调

虽然法院和检察机关的观点不一致,但是作为国家的司法机关,二者的共同目的都是维护司法权威,保障社会公平正义。因此,二者应该在求同存异的基础上,以更加包容的心态展开沟通交流,争取在调解监督的基本办案理念层面达成共识,制定更为明确合理的工作细则,结合具体情况,在卷宗调取、调查取证等方面协商解决民事调解检察监督工作中遇到的问题和难点,并利用人工智能、大数据等作用,建立线索共享、互联机制,为检察机关进行监督提供重要的证据以及意见参考。同时,检察机关可以丰富监督方式,采用发送纠正违法行为通知书等形式开展调解监督工作,既尊重法院的独立审判权,又对不当的调解进行精准监督,努力促进双赢,共同营造良好的法治氛围。

（三）促进同其他部门的沟通与协调

检察机关在进行调解监督的过程中需要对案件进行充分细致的全面审查，如果必要还需要行使调查核实权。因此，在办案过程中，对内要加强与刑事部门、检察技术部门的沟通与协调，打破业务部门之间的壁垒，建立线索双向移送、反馈机制；对外要增进与税务、公安等部门的合作，以更好地进行线索的排查以及案件的调查。

民事法治

PE 投资人权利保护条款设计研究

熊安平[*]

一、前言

(一)研究背景

私募股权投资(Private Equity,PE)在现今金融市场领域颇为活跃。受经济环境的影响,诸多市场主体的融资需求以及已逐步实现规模化拓展的股权投资者之间以互利为目的慢慢形成了较为稳定的股权投资关系,且这一互利关系随经济和融资环境的变化存在巨大的发展潜力。从投资结果来看,成功的股权投资可为各方提供可观的经济回报:目标企业可在管理投资项目过程中不断成长,投资人能够通过目标企业的股权退出得到一定的股权溢价,而原股东和经营者则能够从目标企业的成长中获得收益。①

私募股权投资追求的高回报和对标的企业阶段性成长的促进,同时也伴随较大风险。风险可能与市场有关,而根源则在于私募股权投资各相关法律主体关系的复杂性。为防范因此而产生的风险,各主体都会试图通过一系列协议安排来寻求利益平衡和风险分散。通过投融资市场多年的实践和积累,立足于私募股权投资的法律风险分散和平衡机制正逐步构建,而通

---

* 熊安平,北京亦庄国际投资发展有限公司法律事务部高级法务经理,硕士研究生,律师、拍卖师、经济师、劳动关系协调师,研究方向为民商法学。

① 韩虎:《国有资本对外股权投资的几个法律特性分析》,载《交通财会》2017 年第 3 期。

过协议安排来架构私募股权投资人权益保护体系还有诸多问题需要进一步研究和探讨。

(二)研究意义

为有效维护各方权益,有必要通过协议安排来落实私募股权投资法律风险防控,以较为合理的手段和科学的控制路径提升管控效果,从而使私募股权投资法律风险防控为投资人投资工作的顺利开展提供保障。

在本文中,我们拟通过对私募股权投资人权利保护条款设计的研究,将优先权条款作为工具,健全和完善以知情权、反稀释保护、强制出售权等为主要内容的权利保护体系,有效控制法律风险。同时,注重对对赌条款的考量,以期有效控制股权投资所面临的市场风险。

(三)研究现状

由于私募股权投资在我国起步较晚,目前国内关于私募股权投资人权利保护的研究文献不多,且绝大多数是在金融、经济领域的研究,对于投资人权利保护的法律研究十分欠缺。[①] 对国内在私募股权投资这一领域学术论著的梳理发现,目前学界关于投资人的权利保护散见于各位学者的论著中。

在股权投资的交易条款设置问题的研究上,国内学者论著也较少,我们将在本文研究中梳理目前国内私募股权投资实务中为交易双方所惯用的交易文件条款。另外,国外文献较为代表性的主要为美国学者的论著和期刊文献等,有代表性的诸如 Jack Levin 和 Houman B. Shadab 有关私募股权投资和私募股权基金的相关论述。

在私募股权投资相关协议中基本都会约定购买价格、交割时间、交割条件等,同时也会确定投资中需要使用的其他法律文件和为了保障股权投资者投资安全的各种保护性条款。作为股权投资中最为基础的交易价格和交

① 刘向东、陈奕文:《私募股权投资法律风险的分析与控制》,载《天津法学》2012 年第 1 期。

易数量等条款一般都是私募股权投资协商中最先确定的。在前述核心问题解决以后,各种保护性条款便成为投资者和目标企业反复商讨的项目,诸如国有投资主体普遍关注的投决委员会席位及其是否具有一票否决权、投资主体的最惠国待遇条款、跟投选择权条款、提前退出选择权等。无论是何种性质的投资主体,私募股权投资人的利益正是通过这些防范性条款加以保障的。这些条款在国外的私募股权投资协议中广泛应用,但是这些条款并非全部能够得到我国法律的肯定。

二、PE投资相关概述

(一)何为PE投资

PE源于美国,国内学者对PE的称谓较为多样,诸如"私人权益投资""私募股权投资""私有权益投资"等,尚无统一的定义。我们采用多数学者的译法,将PE称为"私募股权投资"。

PE可从广义和狭义两个层面来区分。在广义上指:通过定向募集的方式,从资金充裕个人投资者或者专业投资机构手中筹集资金,并将该等资金主要投资于非上市公司股权,或者上市公司非公开交易股权的一种投资方式。[①] 广义的PE投资在发展阶段上涵盖了包括种子期、初创期、发展期、扩展期、成熟期和上市前期等不同阶段企业的权益类投资。从具体类型看,可以划分为创投基金、并购重组基金、资产类基金和其他股权投资基金四类(见表1)。而狭义PE专指对创业后期的非上市公司进行的股权投资。

① 郑强、陈工孟:《私募基金的基金的结构与典型条款设计》,载《中国流通经济》2010年第6期。

表1 股权投资资本的分类①

类别	基金类型	风险收益特征
天使投资资本	天使投资基金	极高风险、极高收益
创业投资资本	种子期(Seed Capital)基金、初创期(Start - up)基金、成长期(Expansion)基金、成熟期(Pre - IPO)基金	较高风险、高收益
并购重组资本	MBO基金、产业投资资本(Industry Investment Capital)、LBO基金、减值和重组资本(Distressed and Turnaround Capital)	中等
资产类基金	基础设施基金、房地产投资基金(包括REIT)、融资租赁基金	风险相对较低、收益相对稳定
其他股权资本	PIPE、夹层资本、次级股权资本	多元化

(二)PE投资的投资主体

PE投资的主体为投资人与被投资企业(目标企业),出于对投资人利益的保护,一般也将目标企业的原股东、大股东或实际控制人列入投资法律关系中,要求其对投资人作出相应的陈述和保证,且在各方商定的情形出现时与目标企业一起对投资人承担连带责任。对目标企业进行商务、财务、法务等尽职调查会涉及律师事务所、会计师事务所等中介机构。前述机构一般由投资人聘请,目的是通过尽调的方式发现目标企业可能存在的问题,供投资人在投资决策过程中予以参考。

PE投资人是私募股权资本的提供者,包括个人、机构以及政府。在美国,PE投资的发展初期,PE投资人以拥有一定财富的个人投资人为主。随着PE投资的进一步发展,机构以其雄厚的资金实力逐渐转化为PE投资的主要资本来源,该等机构包括大型企业财团、养老基金、投行、保险公司等。

① 黄韬、王致远:《股权投资法律属性研究》,载《国际商务》(对外经济贸易大学学报)2013年第2期。

从我国目前PE投资的资金来源比例上看，个人资金和政府资金则占比较大。根据国务院办公厅国办发〔2008〕116号文转发国家发展改革委、财政部、商务部《关于创业投资引导基金规范设立与运作的指导意见》，由财政出资设立并按市场化方式运作的政策性基金主要通过扶持创业投资基金的发展，引导社会资金进入创业投资领域，其本身不直接从事创业投资业务。从创业创新实践来看，通过设立引导基金，政府已为各级各类创业企业提供了一条颇为重要的资金渠道。

（三）PE投资运行模式及其基本特征

PE投资环节涉及募、投、管、退全流程，且一般PE投资均有明确的投资期限，较短的设置3～5年，较长的则设置8年及以上。

从运行过程来看，投资机构第一步需要设计完备的资金募集说明，内容包括投资策略、投资周期、风险控制、退出策略、预期投资收益等来吸引意向投资者。第二步，需要在众多项目中遴选出符合一定标准的拟投项目，经过聘请的中介或内部专业人员的尽调以确定投资风险和投资可行性，在可行性论证后将主要投资条件提交相关决策机构进行审议。第三步，决策机构作出投资决策后，需要经各方协商后签署包含投资额、对赌条款及其他内容的相关法律文件。第四步，在投资期内，通过协助目标企业明晰经营战略、改善公司治理结构、提供社会资源等使目标企业价值得以提升。最后，投资人可根据项目情况通过IPO（Initial Public Offerings，首次公开发行股票）、并购、股权回购等方式实现退出。①

PE投资有别于传统投资，其具有营利性、较高的风险性、一定的期限性以及财务投资性等特征：

1. 营利性

一般来说，投资行为均以营利为目的，PE投资机构必须为其出资者赢得满意的回报，这是投资机构的立身之本，也是PE投资作为一种行业得以存

---

① 任慧芳：《浅析股权投资的法律风险及其防范》，载《企业科技与发展》2016年第11期。

续并繁荣发展的理性前提。同时,PE 投资机构在客观上解决了目标企业扩大再生产所需的资金问题,并利用其专业知识向目标企业提供各种帮助和指导,从而实现价值创造,使各方利益得到最大限度的实现。

2. 较高的风险性

PE 投资是一个较高风险的行业。一方面,投资对象多为成长中的非上市公司,这些企业有其经营中的亮点,但尚未进入一个稳定的盈利周期,在股权投资的长周期内,目标企业随时可能面临生死存亡的危机;另一方面,退出通道的有限性也加大了这种风险。IPO 退出常为股权投资机构选择,这种方式通常会有较高的溢价,但国内 A 股 IPO 有着较高的门槛,还常常因政策原因而被迫中止。[①] 其他的诸如通过并购、管理层回购退出等,但投资机构通过这些方式退出所获得的收益往往远低于 IPO 退出,无法让其投资人获得一个满意的回报。

基于这一特征,PE 投资有必要在运作上采取严密的风险控制措施,尽最大可能保障资金的安全。例如,在项目的筛选上,需要由行业专家、财务及法律专业中介机构对项目的可行性进行全面的尽职调查;在投资决策上,应由专业人员按照事先约定的程序和议事规则就是否交易作出决策;在投资交易中,有必要设计稳妥的交易架构、确定包括对赌协议在内的风险控制条款;投资有效期内,根据所投目标公司情况决定是否参与目标企业重大事项的管理,等等。

3. 一定的期限性

PE 投资机构通常在募资时就约定了一个基本固定的投资期限,行业惯例通常为 5 ~7 年,这主要是考虑投资资金的流动性问题,以便出资人合理安排出资。同时期限安排也是对于投资机构的一种约束,除非经出资人同意,投资机构必须在存续期内处置完毕其所持有的非上市公司股权,实现退出清算。这就要求投资机构“为卖而买”,在投资伊始就要完整考虑包括退出在内的各个环节。

① 任慧芳:《浅析股权投资的法律风险及其防范》,载《企业科技与发展》2016 年第 11 期。

4. 财务投资性

PE 投资机构投资于某个企业的目的是通过目标企业的股权增值而获得盈利。虽然投资机构有时会谋求董事席位，也会向目标企业输入先进的管理经验、利用一些社会资源为目标企业争取商业机会，但这些都是资本带来的附加服务，是为了提升目标企业股权增值的空间。PE 投资有别于产业投资或战略投资，其一般不以控制目标企业为目的，且不直接参与目标企业日常的经营管理。

PE 投资的以上特征，决定了投资者在进行股权投资时所设计的包括对赌协议或对赌条款、优先权条款等在内的投资模式及风控措施在经济学上具备正当性。

三、设置 PE 投资人权利保护条款的必要性

（一）PE 投资的风险性概述

从对 PE 投资的特征分析可以看出，虽然 PE 投资的具体操作模式可能会有所不同，但在看似可观的投资回报背后同时潜藏着不同程度的风险。从宏观层面来看，引发这些风险的原因有来自投资项目本身、投资后相关政策的变化，以及因为信息不对称引起的资本流动受阻等。

就投资项目本身风险而言，目标公司可能会因经营不善、经济环境不利、疫情防疫等因素导致业绩水平下降、停工停产，甚至破产重组等情形出现，该等情况将直接影响投资人通过 IPO、管理层回购等方式完成退出，从而造成投资本金损失。从风险所处阶段来看，此类风险更多地集中在项目投资及投后管理阶段。

除上述情况外，因宏观政策发生变化，包括但不限于财政、货币、行业、地区发展等政策的变化，也会对标的企业产生不利影响。我们可以将宏观政策变动风险归入无法回避的系统风险，处于不同行业的企业所受到的冲击可能会因其行业不同而有所不同。

(二)项目投资及投后管理阶段的风险

项目投资及投后管理阶段是投资人所面临风险较为集中的阶段。

一方面,在前期项目寻找过程中容易出现失误的情况,或者由于前述对目标企业的商务、财务、法务尽调不够细致深入,从而导致投资人在投后其资本无法获得预想的增值或出现更为严重的后果;另一方面,在投后对目标企业的投后管理的被动参与性也使投资人难以掌控其所投资金的具体去向。

因此,在相关协议文件中确立 PE 投资人的相关权利保护条款对 PE 投资人意义重大。

(三)信息不对称引起的投资人权利实现的障碍

信息不对称,是指参与各方所掌握或获取的有关项目的信息因时间、知识、机会等不同而有不同程度的认知。可能是一方知道而另一方不知道,或者另一方知道得更多,甚至第三方也无法验证,即使可以验证也必须花费巨大的成本。

PE 投资人在基金募集到项目投资的各个阶段均存在信息不对称的情况。在机构投资主导的基金募集阶段,首先,因为 PE 管理人无法对其管理的基金作完全公开的披露,PE 投资人的投资在相当大的程度上仅是对私募股权投资的管理者本身素质的考量,而该种选择又极易会由于管理人自身为募集资金之目的而故意夸大自身能力和优势而影响 PE 投资人的选择,从而对 PE 投资人后续投资造成先天的不利影响。其次,PE 投资人通过其选定的基金管理人获知被投资企业的信息是由目标企业提供的,对于公司运营本身的动态信息也仅通过与管理层和相关人员的了解获知,导致获知的信息存在表面性和滞后性,从而造成 PE 投资人所获知的信息与其真实情况有不一致的情形。①

---

① 张添琳:《私募股权投资法律风险的控制思路与途径略述》,载《法制与社会》2016 年第 27 期。

鉴于项目本身潜在的风险、政策变动可能引发的风险,以及项目运营中存在的众多信息不对称引发的风险,我们有必要在涉及PE投资相关的协议文件中确立对PE投资人的相关权利保护条款,以降低由此可能给PE投资人带来的各项风险。

四、PE投资人权利保护条款的设置

(一)交易条款中投资人权利保护概述

在PE投资行为中,投资法律文件并非一个单独的文书,往往是整套的法律文书。当然,在这一整套的法律文书中,最为关键的就是投资协议(或称股权投资协议)。其他的配套文书都是依据投资协议而制定的补充性的法律文书。鉴于私募股权投资基金产生于欧美等先进国家,而且私募股权投资在上述国家中也比较成熟和先进,所以目前我国国内的私募股权投资业多是借鉴上述国家的有关经验。

我们将对私募股权有关法律文件可能出现的一些主要条款和权利进行分析。首先,因为对赌条款、回购权和优先分红权是投资谈判中最常出现的,也是在我国学术界和业界最有争议的三个条款,我们会首先对对赌条款、优先分红权和回购权进行分析。其次,我们对优先购买权、优先认购权、反稀释条款这三个投资人干预融资企业的股权比例的重要工具进行分析。最后,共同出售权、强制出售权、优先清算权这三个条款是在融资企业出现经营困难时,投资人保障其注入的资本安全或减少其投资损失的重要条款,笔者将在此一并进行分析阐述。

(二)PE投资中最主要的三个条款

1. 对赌条款

(1)对赌条款的产生背景

在投融资实操中,项目方因对标的企业的情况熟知而具有一定的信息优势,在标的企业融资成功后又是资金使用方,且最终还是投融资结果的最大受益者。相较而言,投资者却始终处于信息获取的不利位置,且项目方一般不会让财务投资人参与企业的经营管理,投资人在最终收益分配方面也相对较为弱势,对赌条款在此背景下应运而生。

对赌是投资人与标的企业、标的企业的大股东或实际控制人在达成投资时,对于标的企业未来发展的不确定性进行的约定。其存在的形式或直接签署对赌协议,或将对赌条款直接记载于投资协议中,成为投资协议的有机组成部分。如果触发约定的条件,则投资方可以行使要求标的企业、标的企业的大股东或实际控制人回购、业绩补偿等权利。

(2)对赌条款的设置目的

作为投资人评估标的企业价值的计算方式和保障机制,对赌条款常被投资人运用于私募股权投资中。其根源于目标企业未来盈利的不确定性,设置对赌条款的目的就是在投资人和目标企业之间尽可能地寻求投资交易的公平与合理。对赌条款的设置既可以保护投资人的正当利益,又会时时提醒目标企业有业绩对赌或经营目标对赌的条件存在,从而激励目标企业和管理层奋发图强。对赌条款的实质是一种财务工具,是带有附加条件的价值评估方式。通过对对赌条款的设计和谋划,可以卓有成效地保护投资人的利益,目前在国际国内创业型、成熟型企业投融资业务中已被广泛采用,均有对赌条款成功应用的案例。

(3)对赌条款的合法性分析

基于投融资双方对标的企业未来不确定性的估值调整机制,对赌条款最终的目的就是实现投融资双方的共赢。但由于我国 PE 行业的发展历史短、行业机制混乱等原因,加之部分的投资方过于依赖对赌协议,并将对赌条款设置得极为苛刻,许多融资方对对赌协议产生摒弃的想法。而且 PE 行业法律的空白,使国内法院系统对对赌条款难以作出既合法又合理的,且具有公信力的判定。所以,我们有必要从法理上对对赌协议进行分析。

首先,从对赌条款的法律性质来看,对赌协议是一种具有激励作用的射幸合同,它是投融资双方基于企业未来价值股价不对等的一种协调。有鉴于此,我们可以看出对赌条款关于投融资双方的权利义务是否可以兑现,均取决于未来的不确定事件的发生,或者更应该说是取决于融资方的管理层自身的勤勉尽责和目标企业的发展态势。

其次,对赌协议是否成立所依赖的重要的法律原则即为合同自由原则与合同信守原则。我国法律并没有对对赌协议进行针对性的规范,则对赌协议应当归属于无名合同。我们认为,无名合同的履行,在双方自愿签订且不涉及任何第三者的利益时,合同双方均应当严格依照合同约定履行。

最后,从功能来看,对赌条款的设置可以为投资方起到担保或保护的功能。即对赌协议应当属于投资协议的从属合同。若作为主合同的投资协议成立且生效,即作为从合同的对赌协议也应当得到遵守。

综上所述,在我国法律没有对对赌协议进行详细的规范之前,对赌协议应当参照有关规定进行认定,在投资协议和对赌协议均不存在无效或可撤销等情形时,对赌协议应当是具有法律效力的。

(4)我国首个对赌案例

甘肃海富与世恒公司业绩对赌纠纷案是我国首个对赌协议判决案例,因其经历甘肃地方中院一审、甘肃高院二审、最高人民法院再审而受到社会各方面广泛关注。

上述案例是我国对赌协议的法律指向标,该案的审理引起了中国 PE 界人士和法律界人士的强烈关注。最终,最高人民法院的判决使中国 PE 界人士大大地松了一口气。最高人民法院对此案的判决对于中国 PE 界的发展和规范,具有十分积极的指导意义。这表明了最高人民法院在认定此问题上的立场:只要不损害第三人利益,在维护交易安全和公众利益的前提下,应最大限度尊重当事人的意思自治,从而认定对赌条款具有法律效力。

2. 回购权条款

(1)回购权的内涵

回购权,是指若目标企业在约定的阶段内不能达到投资人的计划(如IPO),目标企业或其原股东、实际控制人就需要按照约定购买投资人的投资份额,以达到投资资本安全退出目标企业的目的。例如,投资人持有优先股,在资本投入的5年内,根据目标企业的2/3以上的优先股股东的请求,目标企业或其原股东就应当以该等优先股的认购金额和累计未交付股利叠加优先股销售后10%的年回报率作为对应价格收购优先股。

(2)回购权的设置目的

私募股权投资者对目标企业进行投资的唯一目的就要是得到利益,而该利益主要是通过退出目标企业实现的。退出目标企业的方式有多种,但各种理想的退出方式都无法实现的时候,就会出现投资资金被套牢在目标企业的尴尬局面。很多的私募股权投资者为了防止类似的局面出现,都会在投资协议当中加入回购权的约定,创造出投资者的一个最后的退出可能性。回购权不仅可以为投资人保留退出的通道,标的企业大股东或实际控制人也可出于强化企业控制权的考虑行权,从而降低对外部资金和资源的过度依赖。

(3)回购权的合法性分析

关于有限责任公司股权回购的规定,可参见《公司法》第74条的规定;股份公司股份回购的规定,可参见《公司法》第142条的规定。

私募股权投资人请求行使回购权的情形,一般是由于目标企业不能达到投资人的计划目标,也可能是由于在目标企业管理中投资人与原管理团队产生比较严重的分歧。因此,我们需要关注《公司法》第177条关于公司减资的规定。在此条规定下,如果目标企业履行回购权,实施的操作也比较复杂。

3.优先分红权条款

(1)优先分红权的含义

股东分红权,是股东有权依据投入资本或所占股份数额要求获得股利的权利。股东投资的基本目的就是想要获利,即凭借企业盈利获取股利。而优先分红权,是指股东持有优先股,就有权在公司分红派息的同时,可以优先于其他股东获取相应股息之权利。

(2)优先分红权的设置目的

作为私募股权的投资者,相对于公司的分红,其更在意的是被投资公司是否可以迅速提高公司效益,其所持有的股权是否可以短时间内进行最大的增值。优先分红权的功能在于减弱企业高管进行分红的欲望,促使其把红利放在企业的持续成长中,而且可以防范企业高管凭借多次分红的形式抽离资本。优先分红权的使用可以凭优先分红条款控制公司的分红节奏,最大限度地将短期内的资本再投入公司的持续发展之中。

(3)优先分红权的合法性分析

2018 年修正后的《公司法》中扩大了公司的自我管理范围,给予了公司以其意思自治有效经营公司的权利。关于股东分红及利润分配,可参见《公司法》第 34 条、第 166 条。

可见,我国《公司法》并没有针对优先分红权进行明确的规范,但也没有为该权利的实施制造法律上的障碍。因此,通过该权利保证公司内部自治的决策自由,只要经全体股东的同意并写入相关投资协议、章程之中,优先分红权能够得到我国法律的肯定。

(三)PE 投资人干预股权比例的三个重要工具

1. 优先认购权条款

(1)优先认购权的含义

优先认购权,是指公司销售新增股份或可转换公司债券时原来的股东有权依据本来所占有的股份比例优先于第三人购买的权利。企业为了扩大生产经营规模,可能在募集到第一轮的私募股权投资者的注资后会进行第二轮乃至第三轮的募集。在此过程中,前一轮的私募股权投资者就会面临自己所持有的股权份额被稀释的风险。为了能对目标企业的控制和保证自己的收益比例,私募股权投资者在投资协议中很多时候会增加优先认购权的条款。

(2)优先认购权的合法性分析

《公司法》第 34 条对公司新增资本时,股东有优先认缴权进行原则规定。该条款仅规定在《公司法》“有限责任公司的设立和组织机构”的章节中,在股份有限公司的章节当中却并无类似表述。所以在法学界和司法实践中往往就认为《公司法》确定的优先认购权不适用于股份有限公司。[①] 因此,为了避免漏洞,投资人向股份有限公司投资时,通常都会在投资协议中增加优先认购权的有关规定。

2. 优先购买权条款

(1)优先购买权的含义

优先购买权,是依照我国法律或当事人自愿订立的协定,在出让人对外出让其所有物中,某人有权在同一的条件下优先购买该标的物的权利。在私募股权投资中,优先购买权,是指投资人在目标企业的老股东出让其股份时,投资者可以同等条件购买此等股份。

(2)优先购买权的合法性分析

《公司法》对有限责任公司的股权对外出让的过程中的股东优先购买权予以了明确,具体可参见《公司法》第 71 条之规定。针对股份有限公司的优先购买权,我国法律存在空白。部分业界人士认为依据《公司法》第 137 条规定,"(股份有限公司)股东持有的股份可以依法转让",国内目前并不准许对意思自治下转让股份进行限制,股份有限公司的股东可以根据其意愿随时售出其所持有的股份而不应当受到公司章程和有关协议等文件的限制。所以,在股份有限公司中适用优先购买权有着法律上的障碍,国际私募股权融资的优先购买权以及所有针对股份转让进行的限制与约束的条款均无法得到实施。

3. 反稀释条款

(1)反稀释条款的含义

反稀释,是在目标企业非公开发行中或开展下一轮融资时,股权投资人为防止其股份价值下降及股份比例被严重稀释而使用的方案,以保证持有的股份不受股票分割等正常市场行为或经营策略等做法的影响。

---

① 侯利宏:《私募股权投资中投资人几个特殊权利在中国法下的运用》,载《西南政法大学学报》2013 年第 2 期。

(2)反稀释条款的设置目的及其功能

私募股权投资者较为担心的是其资讯滞后产生投资交易定价虚涨,其投入资本时的价格反而低于以后的投资价格,导致投资者的持股优势明显下降,所以有必要引用反稀释措施。若是第二轮的投资价格高于投资人的投资价格,投资人的投入资本就具有优势,也代表着投资人的投入资本增值了,就根本不需要反稀释。假如,投资人以每股 2 元的定价购买 100 万股的股份,且该目标企业以比 2 元更低的定价进行下一次融资时,依据反稀释条款,投资人有权获得额外的股票,并且应当是免费的,直到投资人持有全部股份的实际价格等于第二轮股票发行的价格为止。该情况与房地产公司分两期推出楼盘,若第一期房产的购买者得知下一期的楼价比他们的价格要低,通常就会产生难以理解的心情,而且会要求房地产公司退房或返还差额;若下一期楼盘的定价比第一期暴涨,首期业主反而会认为是十分正常的,私募股权投资人也有相似的心理。

简言之,反稀释条款的功能有两个:一是能够刺激被投资企业提高以后的融资定价,不然其他的股东的权益会受到反稀释条款的损害;二是投资者能得到相应的保护,可防止自身持有的股份不被过分稀释,甚至被迫退出目标企业。

(四)PE 投资人保障资本安全的三个重要条款

1. 优先清算权条款

(1)优先清算权的含义

优先清算权,是指私募股权投资者在企业进行清算或因为特定原因而终止经营的时候,具有的优先于其他普通股股东获得分配的权利。几乎所有的私募股权投资在投入时都选择可转换优先股的资本投入方案,该方案最关键的就是具备清算优先权。[①] 为了防范目标企业的清算或结束营业损

---

① 谢静:《私募股权基金投资人权益的法律保护》,载《郑州航空工业管理学院学报》(社会科学版)2013 年第 1 期。

害投资者的利益,一般都会在投资时设立一个极为关键的条款,确定企业在清算完成后的利益分配,即在目标企业清算的情形,在清偿企业对外债务后的剩余财产,投资者有权优先获得分配(投入的资本加上部分的额外利润),此后的剩余财产由投资者及其他股东依据持股份额进行分配。

(2)优先清算权的合法性分析

根据《公司法》第186条之规定,优先清算权并没得到我国《公司法》的承认。虽然社会上的学者和股权投资者都对该条的规定提出了不同的质疑和批评,但现时我国还没有针对该规定的新司法解释或修正案作出例外性的规定。

综上,有限公司与股份有限公司在投融资过程中即使约定了优先清算权条款,也将陷入因未能得到我国法律承认而约定无效的境地。

2. 共同出售权条款

(1)共同出售权的含义

共同出售权,是指基于各方目前的持股比例,当公司股权可出售时按该等比例划分可出售股权,从而各投资人能够通过相应比例的股权转让从而实现退出。

(2)共同出售权的合法性分析

在我国目前法律框架下,如《公司法》未明确禁止,则公司股东之间可按意思自治原则作出任意约定。共同出售权既约束标的公司原股东,同时也约束新加入的投资者,但对拟收购原股东股权的第三方却并无当然的法律效力。因此,在共同出售权条款设计时,可以在相关投资协议中约定原股东出让股份须经过新加入投资者的同意,否则不得出让股份。如此操作可充分调动原股东对各方进行协调的职权性,从而使交易顺利进行。①

① 石慧荣、傅赵戎:《私募股权投资中的领售权与随售权条款研究》,载《湖南科技学院学报》2015年第7期。

3. 强制出售权条款

(1)强制出售权的含义

强制出售权,是指在有第三方有意收购标的企业的全部或大部分资产或股权时,若私募股权投资者同意该项收购,标的企业原股东应投赞成票同意此项收购。

(2)强制出售权的现实运用

我国法律框架下,由于股权转让涉及签订协议等人身强制的行为,若目标企业原股东违反了强制出售权的约定,我国司法机关是难以强行要求企业原股东将股份转让出去的。所以在该情况下,私募股权投资者可追究企业原股东的违约责任或赔偿损失责任。

以上三个权利均是私募股权投资者与目标企业的原股东之间的约定,我国法律对上述股东间的协议是抱着尊重公司自治的态度。因此,上述权利可在投资协议或股东协议当中载明。

(五)PE 投资人其他重要权利保障条款

1. 知情权保障条款的内涵与应用

在目标企业的经营过程中,对目标企业相关经验情况的知情权也是投资者较为关注的问题。尤其对于纯财务投资者而言,因其不参与公司实际经营,投资人有必要通过知情权来了解公司的财务状况和经营情况,以便及时识别和规避风险。现行《公司法》规定,公司股东有权对公司的财务状况和相关资料进行查阅、复制等,但对于投资人想超出法定的范围和方式使用标的企业资料信息的,经营者则有权予以拒绝。单凭《公司法》的兜底条款显然不能满足投资人对目标公司相关信息的需求。

基于知情权方面的考虑,私募方通常会向目标企业董事会派驻董事或向监事会派驻监事,或者派驻并无表决权的观察员,以便行使知情权。

2. 知情权保障条款的控制目标与完善

知情权保障条款的控制目标在于,通过协议条款的约定,使 PE 投资人可以在法律兜底范围之外更加全面地了解企业的经营信息。投资实践中,

通常可以通过如下途径更为有效地实现投资人的知情权:

一种是除了向目标企业派驻董事会成员或观察员之外,私募股权基金中该项目的负责人兼任目标企业监事会成员,以便利用监事身份对企业进一步监督了解;另一种是私募股权基金可投资设立一个财务相关的咨询公司,提前约定好该公司与目标企业签订顾问协议,咨询公司有权了解目标企业的所有经营数据,对公司经营提供财务分析、投融资途径分析的支持。

“三权分置”下宅基地退出法律机制探讨

罗瑞芳[*]　王丹丹[**]

目前,我国农村违法占地建房、违规买卖宅基地等问题比较突出,宅基地闲置浪费现象比较普遍,农民合法权益得不到有效保护,迫切要求加强法治建设,依法依规管理农村宅基地。党中央、国务院高度重视改革完善宅基地法律制度。2015年在全国33个县(市、区)启动土地征收、集体经营性建设用地入市、宅基地制度改革三项农村土地制度改革试点。在农村宅基地制度改革方面,试点地区以健全“依法公平取得、节约集约使用、自愿有偿退出的农村宅基地制度”为目标,围绕保障农民住有所居、建立宅基地有偿使用和退出机制、盘活闲置房地资源、探索宅基地“三权分置”等内容开展了探索,并取得了积极成效。在对《土地管理法》修改的立法推进中,宅基地退出是其中一项重要的内容。[①] 虽然在《土地管理法》修正案中明确肯定了宅基地自愿有偿退出的立法方向,但是对于宅基地退出的具体机制及其方式方

---

* 罗瑞芳,北京市社会科学院副研究员,法学硕士,经济学博士。

** 王丹丹,南开大学法学博士。

① 2017年国土资源部(现已撤销)关于《中华人民共和国土地管理法(修正案)》(征求意见稿)第26条中建议增加规定:“国家鼓励进城居住的农村村民依法自愿有偿退出宅基地。腾退出的宅基地可以由本集体经济组织与宅基地使用权人协商回购,主要用于满足本集体内部的宅基地再分配,或者根据国家有关规定整理利用。”2019年1月4日,全国人民代表大会常务委员会《中华人民共和国土地管理法》修正案(草案)第19条中对上述征求意见稿中该条款修改建议部分中有关宅基地退出的具体路径及再利用方面的内容予以删除,并将前一部分内容表述调整为“国家鼓励进城落户的农村村民依法自愿有偿退出宅基地”。2019年7月5日的二次审议稿第18条中,将该条款表述进一步调整为“国家允许进城落户的农村村民依法自愿有偿退出宅基地”。

法,还需要进一步探索明确,这也是需要在农村宅基地使用条例[①]中予以明确的内容。农村土地制度,具体到宅基地制度设计,应当贯彻制度的统一性和完整性。宅基地退出的制度设计与宅基地本身的权利制度构造应当是统一契合的。对于宅基地本身的权利制度构造,2018 年中央一号文件《中共中央、国务院关于实施乡村振兴战略的意见》中明确了宅基地"三权分置"的政策要求。研究在宅基地"三权分置"的制度框架下,宅基地退出的法律机制应当如何安排,以及如何设计其具体的实现路径是有意义和价值的。

一、宅基地退出的一般界定及"三权分置"下的新解读

现有文献中"宅基地退出"的表述比较常见,但严格来说,"宅基地退出"只是对事实状态的描述,并非规范的法律概念。在规范的法律层面,宅基地退出实际上是指宅基地所承载权利的退出,属于权利变动[②]的一种状态。

(一)宅基地退出的一般界定

2015 年 11 月,中共中央办公厅、国务院办公厅联合印发《深化农村改革综合性实施方案》,在国家政策层面明确提出要求"在保障农户依法取得的宅基地用益物权基础上,改革完善农村宅基地制度,探索宅基地有偿使用制度和自愿有偿退出机制"。在随后的一系列政策文件中,乃至土地管理法修正案中也都没有对宅基地退出作出明确的解释和界定。目前,尽管对宅基地使用权退出的研究日益增多,但对宅基地使用权退出的认识和界定尚未形成一致的观点。很多研究并未将宅基地退出和宅基地流转严格区分开,比如有的研究文献虽名为宅基地使用权流转,但具体内容中又涉及宅基地

---

① 2019 年中央 1 号文件明确提出,要稳慎推进农村宅基地制度改革,拓展改革试点,丰富试点内容,完善制度设计,并要求研究起草农村宅基地使用条例。

② 从基本理论分析,本文在此处所指实质上借鉴的是物权变动理论,但是因为在"三权分置"框架体系下,所涉及的权利还包括"资格权",对于将该项权利论述为一种物权,在理论上多有不妥,所以此处概括的称为"权利变动"。

被集体经济组织收回等问题;[①]还有的虽名为研究宅基地退出问题,但其中涵盖的诸多内容又涉及宅基地转让。[②]

研究的前提是对研究对象性质及所涵盖范畴的规范界定。本文将宅基地退出界定为:宅基地使用权相对消灭,权能回归于宅基地所有权的权利变动过程。宅基地退出与宅基地流转在法律性质上有严格的区别。宅基地流转仅是对转让、抵押、入股、出租、赠与等法律行为的总称。宅基地退出和宅基地流转最大的区别在于:流转过程中宅基地使用权并未消灭,流转本身并未根本改变"宅基地所有权—宅基地使用权"的基本物权结构;[③]而退出过程中则伴随着宅基地所有权权能的回归,"宅基地所有权—宅基地使用权"的基本物权结构消灭,宅基地使用权消灭。从法律关系主体、法律行为方式、法律后果三个方面具体剖析宅基地退出,可以对其分析界定如下:

1. 关于宅基地退出的法律关系主体。由于宅基地使用权退出是宅基地使用权到宅基地所有权之间的权利变动过程,按照物权法中的用益物权原理,宅基地所有权产生宅基地使用权,如果说这是一种正向变动的话,那么宅基地使用权退出则是对这种衍生权利的逆向回归,宅基地使用权退出的过程是相对而言的反向的权利消灭或权利回归的变动过程。因此,宅基地使用权退出的法律关系主体是宅基地使用权人和宅基地所有权人。

2. 关于宅基地退出的法律行为方式。法律行为表现上,宅基地使用权退出既包括宅基地使用权人与宅基地所有权人(集体经济组织代表)协商一致退出,也包括集体经济组织依法单方决定强制收回宅基地。宅基地使用权人与集体经济组织协商一致是宅基地使用权人自愿行使其用益物权的表现,需要有足够的外在动力。集体经济组织强制收回需要有明确的法律依

---

① 董新辉:《新中国70年宅基地使用权流转:制度变迁、现实困境、改革方向》,载《中国农村经济》2019年第6期。

② 魏后凯、刘同山:《农村宅基地退出的政策演变、模式比较及制度安排》,载《东岳论丛》2016年第9期。

③ 此处作为与宅基地退出的比较,仅强调"宅基地所有权—使用权"的基本物权结构并未根本改变,但实际上在"三权分置"框架下,宅基地使用权流转过程中,其内部权利结构是存在由两权变为三权的改变的。关于"三权分置"框架下,宅基地流转中的权利结构变化问题并非本文所研究的内容,不在此赘述;而有关宅基地退出中的权利结构变化问题将在后文中详细论述。

据。目前,除了违规使用宅基地等法律明确规定的强制收回情形外,《土地管理法》第65条还授权农村集体经济组织基于乡村公共事业发展的需要,可以在履行相应的程序后收回宅基地。

3. 关于宅基地退出的法律后果。宅基地使用权退出导致宅基地使用权的消灭,"消灭"的宅基地使用权因所有权的"弹力性"而回归至集体土地所有权之中。以所有权为基点,以权能分离为支撑,大陆法系国家的物权体系结构得以构建。权能分离后形成于他物权之中,随着他物权的消灭,权能亦可回归到其权源基点所有权之中。

(二)"三权分置"下对宅基地退出的新解读

传统的大陆法系的物权结构理论是我们认识宅基地退出的框架和基础。宅基地退出是相对于宅基地之上以所有权为基础的他物权及其他权利的设立而言的,宅基地他项权[①]设权路径及所包含的权能内容,直接决定和影响着宅基地退出的理解和设计。

2018年中共中央、国务院发布的《关于实施乡村振兴战略的意见》中明确提出要"探索宅基地所有权、资格权、使用权'三权'分置,落实宅基地集体所有权,保障宅基地农户资格权和农民房屋财产权,适度放活宅基地和农民房屋使用权",该政策明确了宅基地三权分置制度的改革方向。但是,政策不能替代法律,该政策所言明的制度改革要求,如何落实和转化为宅基地法律制度,是目前法学界研究和关注的重点。对于三权分置制度的法构造及法实现问题,目前有几种代表性观点:有学者认为三权分置在物权法层面仍要以既有的"集体土地所有权—用益物权"的权利架构为基础,宅基地资格权属于集体成员权的实体内容,包含在集体土地所有权权利内容之中;[②]有学者认为在"三权分置"语境下,将宅基地使用权视为资格权,相当于具有所

---

① 因"三权分置"下宅基地权利结构已不局限于传统的物权体系结构,资格权如何设权的问题尚无定论,故此处只概括性地称为他项权。

② 陈小君:《宅基地使用权的制度困局与破解之维》,载《法学研究》2019年第3期;姜楠:《宅基地"三权"分置的法构造及其实现路径》,载《南京农业大学学报》(社会科学版)2019年第3期。

有权地位，在其基础上再新设第三项权利，由此形成"所有权＋宅基地使用权＋建设用地使用权（或次级使用权、宅基地经营权等）"的权利结构，[①]此分置路径下新增设的使用权实际上就是宅基地使用权分置出资格权后剩余权利的代称；也有学者反对上述"三权分置"中的使用权是宅基地使用权上新设用益物权的观点，而是认为其属于非本集体成员享有的直接派生于集体土地所有权的不动产用益物权，此时宅基地"所有权＋资格权＋使用权"之"三权分置"的权利结构应是"所有权＋成员权＋不动产用益物权"；[②]另有学者认为宅基地资格权不应属于物权中的用益物权，而是农户凭成员身份享有的对集体经济组织的请求权，通过集体所有权主体内部的分配机制实现，其应独立成为农民专享的一个民事权利新类型，在此基础上，宅基地使用权应纯化为典型的用益物权，应赋予其完整的典型用益物权权能，允许其自由转让、出租、抵押等。[③]

笔者认为，宅基地"三权分置"政策的核心价值在于提出了"资格权"概念，对于该"资格权"究竟是否能够独立为一项权利，还是一项独立的权益；如果独立成一项权利，其表现形式如何，成权路径如何等问题，各学者的观点在特定的逻辑思路和研究语境下都有一定的道理。无论何种权利形式和路径，必须明确的是"资格权"作为一项独立的权益存在是肯定的，这是"三权分置"的核心意义所在，否则就会陷入本末倒置的逻辑游戏中。宅基地制度改革政策演进和发展一直都围绕着宅基地所负载的保障功能和其财产属性展开，不同时期的宅基地制度在两者之间的权重各有差异。[④]"三权分置"政策的基本思想就在于强化宅基地使用权的财产属性的同时，也对其作以必要的限制。[⑤]强调"资格权"的独立性即是兼顾宅基地保障功能和财产属

---

① 刘国栋：《论宅基地三权分置政策中农户资格权的法律表达》，载《法律科学》（西北政法大学学报）2019年第1期；宋志红：《宅基地"三权分置"的法律内涵和制度设计》，载《法学评论》2018年第4期。

② 高海：《宅基地"三权分置"的法实现》，载《法学家》2019年第4期。

③ 靳相木、王海燕、王永梅、欧阳亦梵：《宅基地"三权分置"的逻辑起点、政策要义及入法路径》，载《中国土地科学》2019年第5期。

④ 高圣平：《宅基地制度改革政策的演进与走向》，载《中国人民大学学报》2019年第1期。

⑤ 高圣平：《宅基地制度改革政策的演进与走向》，载《中国人民大学学报》2019年第1期。

性的表现。在"资格权"概念独立提出前,一直存在一种观点认为,宅基地使用权具有身份性,[①]而这种身份性本身承载着一定的社会保障功能,因此宅基地使用权不能向社会主体转让。还有观点认为,因为宅基地使用权取得的无偿性,故而宅基地使用权人转让宅基地使用权以获取收益是不当的。"资格权"的提出,一方面将这种身份性从宅基地使用权中释放出来,使宅基地使用权更纯化为一种用益物权,为丰富及强化其处分和收益权能奠定了基础;另一方面也从法理层面打通了宅基地使用权人将无偿取得的宅基地有偿转让以获取收益的障碍,对其正当性予以证成。资格权源于集体土地所有权中的成员权,集体经济组织成员基于其成员身份可以无偿向本集体经济组织申请并取得宅基地使用权是其资格权所承载的保障功能的体现和实现;在取得宅基地使用权后,以有偿方式将宅基地及其地上房屋向本集体经济组织成员以外的社会主体转让获取的收益,正是剥离了身份的束缚后,宅基地使用权收益、处分权能的实现。

"三权分置"下,宅基地权利结构由原来的"宅基地所有权—宅基地使用权"二权结构发展为"宅基地所有权—宅基地资格权—宅基地使用权"的三权结构。建立在传统的权利结构框架下对宅基地退出的界定,在三权结构框架下,也应有一定的丰富和发展。在前述对宅基地退出的一般界定中,已在认识基础上言明,宅基地退出是宅基地使用权的相对消灭,权能回归于宅基地所有权的权利变动过程。在"三权分置"下,除了物权体系框架下的"宅基地所有权—宅基地使用权"权利结构外,还存在一个资格权从宅基地所有权的成员权中脱离而立的环节。在集体经济组织成员取得并直接持有宅基地使用权的状态下,集体经济组织成员同时享有宅基地资格权和宅基地使用权,其基本权利结构表现为"宅基地所有权—宅基地资格权/宅基地使用权(成员)";而在集体经济组织成员将宅基地使用权转让于成员之外的社会主体时,宅基地之上的基本权利结构表现为"宅基地所有权—宅基地资格权

---

① 王卫国、朱育庆:《宅基地如何进入市场?——以画家村房屋买卖案为切入点》,载《政法论坛》2014年第3期。

(成员)—宅基地使用权(社会主体)”。从理论上说,宅基地使用权退出应当不区分成员直接持有和社会主体直接持有宅基地使用权,但是鉴于相关政策和《土地管理法》修正案中宅基地退出问题只涉及农村村民的退出,这也是目前宅基地制度改革中具有特殊性,亟须突破的问题,故本文的研究也只针对农村村民(成员)退出宅基地问题。

综上,“三权分置”下,农村村民退出宅基地包括两方面内容:一是农村村民宅基地使用权的退出;二是农村村民宅基地资格权的退出。在“宅基地所有权—宅基地资格权/宅基地使用权(成员)”权利结构下,既存在宅基地使用权退出问题,也存在宅基地资格权退出问题;而在“宅基地所有权—宅基地资格权(成员)—宅基地使用权(社会主体)”权利结构下,只存在宅基地资格权的退出问题。

二、宅基地使用权的退出

宅基地的保障功能是宅基地产权制度改革探讨不可回避的一个核心问题。宅基地三权分置中宅基地资格权的独立提出,为宅基地保障功能的法律实现铺垫了一个新的路径。故而围绕宅基地使用权本身的认识和制度设计就应该更纯粹一些,宅基地使用权的退出应作为一种典型的民事法律行为,法律制度运行更应当突出其私权属性。

(一)宅基地所有权和使用权的独立性与平等性

长期以来,我国土地制度的历史可以说是一部以“管理”为主的制度发展史。虽然对土地的民事财产性的认识不断深入,以原《物权法》为主导的民事法律规范不断发展和丰富了土地财产权利制度,特别是在城市土地市场发展的背景下,不断建立和完善了城市土地市场及土地权利制度,但是农村土地却保持了“管理”主体制度。完善农村集体土地产权制度,构建城乡一体化的土地市场是党的十八届三中全会以来中央明确提出的政策要求,完善宅基地财产权制度是其中的一项重要内容。构建宅基地使用权退出制度是完善宅基地财产权制度的一项重要内容,因此,以“财产权”为主导思路指导宅基地使用权退出是该制度完善的正途。

尊重和肯定宅基地所有权和宅基地使用权的独立性及平等性是宅基地财产权体系的核心内容。首先,虽然农民无偿分配取得宅基地,宅基地使用权自形成之日起,即与宅基地所有权分离,而形成一项独立的用益物权,不因取得资格的限定要求和取得的无偿性而影响宅基地使用权的权利属性。其次,虽然农民在宅基地所有权和宅基地使用权中具有双重身份属性,但农民的身份特征及其权利的行使和实现方式在两权中各有其独立的运行规则,两权之间是独立的,不因农民主体的双重身份而混同,更何况宅基地资格权的提出更进一步释放了宅基地使用权的身份属性。最后,因宅基地所有权和使用权的独立性,故两权同为民事财产权利具有平等性,所以在宅基地使用权退出的法律关系形成中农民在各自权利运行框架下的主体地位也是平等的,不存在宅基地所有权的"大的农民集体"权益高于宅基地使用权的"小的农户集体"权益的问题。

(二)宅基地使用权退出的自主性

与宅基地所有权和使用权的独立性与平等性密切相关的是,宅基地使用权退出应强调权利主体退出行为的自主性。自主性,是指行为主体按自己意愿行事的动机、能力或特性。这是民事法律制度的基本原则。根据法律的相关规定,民事主体从事民事活动,应当遵循自愿原则,按照自己的意思设立、变更、终止民事法律关系。与之相一致的是,中央相关政策精神以及宅基地使用权退出试点要求中也明确要探索"自愿、有偿"退出宅基地的机制。

强调宅基地使用权退出的自主性并不代表宅基地使用权退出只能由宅基地使用权主体提出其宅基地退出的要求及意愿。从实践来看,宅基地使用权退出有三种模式:一是政府主导退出,二是农村集体经济组织主导退出,三是宅基地使用权人主导退出。在此需要说明的是,应当将推动宅基地使用权退出的主体及模式与宅基地使用权退出的直接法律关系区别开来。宅基地使用权退出是城乡土地制度改革的一项内容及一个环节,其与其他经济行为及制度要求密切相关,因此从整体优化土地资源配置的角度来说,政府有引导和推动宅基地使用权退出的职责;农村集体经济组织作为农村集体土地所有权的代表主体,从合理利用农村集体土地,争取最大的土地利益的角度来说,也有整理宅基地、对农村集体建设用地整体开发的动力;宅基地使用权人作为宅基地使用权退出的直接关系主体,在认为其宅基地使用权退出对其有利时,当然有积极性和主动性退出宅基地。无论是在哪一个主体的推动力量下启动了宅基地使用权退出模式,但是从宅基地使用权退出的具体法律行为要求角度来说,都只能是宅基地所有权主体和使用权主体之间达成共识的行为。① 在双方形成“共识”的过程中,农村集体经济组织作为宅基地所有权主体不得强制宅基地使用权人退出宅基地,也不能强制其接受退出宅基地的任何条件。

(三)宅基地使用权退出的补偿性

宅基地使用权退出涉及包括地上物和宅基地两部分的补偿,这是毋庸置疑的,地上物应当按照市场价值予以补偿在法理上也是必须的,所谓争议的问题就是关于“宅基地”增值收益的补偿问题。对此,理论上存在认识分野。一种是持否定观点,理由有二:(1)宅基地使用权取得具有无偿性,故退出时不应当给予补偿;(2)《民法典》只规定了宅基地使用权的占有和使用权能,宅基地使用权本身也没有收益权能,所以退出时不应当给予补偿。另一种观点则认为以上两方面理由都不应成为宅基地使用权退出补偿的障碍。首先,权利取得方式及是否有偿不应当影响物权本身的属性。按照物权法定的原则,宅基地使用权作为一项独立的用益物权,其基本权能在物权法上已明确,权利取得的有偿或无偿从本质上不能影响宅基地使用权的权能。其次,宅基地使用权既已基于宅基地所有权权能分离而独立成权,那么则与宅基地所有权居于平等的权利地位,宅基地使用权是否退出,退出是否有偿

---

① 此处主要考虑的是宅基地使用权自愿退出的情况,没有涉及宅基地使用权因违法使用而被农村集体经济组织收回的情况。

则取决于宅基地使用权本身,以及与宅基地使用权人协商的结果,而不受其取得时是否支付宅基地使用权对价的影响;同时宅基地所有权人也不具有因无偿设立宅基地使用权而当然地享有无偿收回宅基地使用权的权利。最后,关于宅基地使用权的权能是否包括“收益”权能,也存在一定的争议,很多学者认为限制宅基地使用权的收益权能是对宅基地财产权利的不当限制,既不符合财产配置的效率要求,也造成对农民权利的不当剥夺,宅基地用益物权权能的完善也是宅基地制度发展的趋势。

笔者认为,宅基地使用权退出时是否要考虑土地本身的价值给予补偿并不具有当然性,而应取决于宅基地所有权人与宅基地使用权人协商的结果。首先,从法理层面分析,宅基地使用权虽无偿取得,但其并不当然成为否定宅基地使用权具有收益权能的理由,目前国家的主导政策也都是肯定对宅基地使用权的产权保护,“三权分置”政策也在于探索农民如何在不失地的前提下增加财产性收入。其次,从宅基地土地价值实现层面分析,存在宅基地既有沉淀使用价值和发展增值价值,对于宅基地使用权人来说,其使用过程中一直占有和实现的是宅基地既有沉淀使用价值,而宅基地退出是为了实现更好的土地资源配置,从农村集体土地使用整体效率和收益来说,宅基地使用权的退出一定是有正向积极作用的。最后,从权益实现和分配的角度来说,虽然宅基地使用权退出后,该幅土地的再利用、再流转所产生的土地增值收益都是在土地所有权层面得到实现的,但是宅基地使用权的退出可以说是该权益实现的基础和前提,因此综合考虑宅基地使用权在城乡二元结构向城乡一体化结构发展中的功能转化需求,不宜将宅基地使用权的“收益权能”予以一概肯定或一概否定,而是应当回归于宅基地所有权本身权能的全面性和所有权权能的弹力性特征,在宅基地所有权与使用权之间设计一条“收益权能”弹性归属的制度通路。即使在现有制度框架下只明确了宅基地的占有和使用权能,也不排除采取宅基地所有权追加授予的方式而赋予宅基地使用权,这也是宅基地所有权行使的应有之义。

三、宅基地资格权的退出

宅基地资格权是作为集体土地所有权主体农民集体之成员所享有的成

员权在宅基地之上的实现形式。宅基地资格权的提出主要是为了承载宅基地的居住保障功能,其退出本身的制度设计更应当遵循社会法规则。

(一)宅基地资格权退出的独立性

从宅基地权利分置的推进过程来看,先是"宅基地所有权+宅基地资格权",此时的宅基地资格权主要表现为宅基地请求权;后是"宅基地所有权+宅基地使用权/宅基地资格权",此时的宅基地资格权与宅基地使用权共同表现为对宅基地的占有、使用,只是宅基地资格权承载和强调的是宅基地使用本身所带来的居住保障,而宅基地使用权更多蕴载着宅基地的占有、使用、收益、处分等权能的实现;再后是"宅基地使用权+宅基地资格权+宅基地使用权(社会主体)",此时的宅基地资格权主要体现在宅基地使用权在一定期限和权限范围内转让给其他社会主体后,继续保有剩余的,甚至虚置的宅基地使用权。

以上三个环节中,宅基地资格权有各自独立的退出机会。享有宅基地请求权的成员,虽然未实际取得宅基地,但可以将其宅基地请求权,即获取宅基地的机会退回给农民集体。对于已经取得宅基地的成员来说,其可以在退出宅基地使用权的同时,退出宅基地资格权,也可以在退出宅基地使用权的同时,保留宅基地资格权,但因此时宅基地使用权已消灭,宅基地资格权恢复表现为宅基地请求权。在宅基地使用权已转让其他社会主体,而宅基地资格权独立存在的情况下,亦可单独退出宅基地资格权。宅基地资格权独立退出在有的地方的农村土地制度改革试点地区规范文件中已有体现。比如,《金寨县农村宅基地自愿退出奖励扶持办法(试行)》第10条规定,"建立农村宅基地退出激励机制。对自愿退出合法拥有的农村宅基地或符合宅基地申请条件自愿放弃申请,享受以下优惠政策……"《晋江市农村宅基地与村民住宅建设管理暂行规定》第5条第22项规定,"在农村集体产权制度改革过程中,对自愿无偿退出宅基地或符合宅基地申请条件但自愿放弃申请权利的农村集体经济组织成员,鼓励农村集体经济组织以适当增加股份份额的方式予以补偿";《浏阳市农村宅基地退出暂行规定》第2条第

3 项规定:“对符合宅基地申请条件且没有宅基地并承诺不再申请宅基地的农村居民,或者主动放弃已有的合法宅基地由集体经济组织无偿收回的农村居民,按所在村民小组宅基地评估均价 × 可申请使用面积(或放弃的合法面积) × 50% 予以补贴。”

(二)宅基地资格权退出的基本原则

宅基地资格权退出不同于宅基地使用权退出,宅基地使用权退出法律性质之本质为民事法律行为,而宅基地资格权本身承载着农村村民的社会保障功能,因此宅基地资格权退出的法律属性应有社会法属性,退出的基本原则也应遵循社会法之意——宅基地资格权退出的自愿性和社会约束性。

人集群而居形成了社会,建立了社会秩序。社会共同体形成过程中对每一个个人的权利有了一定的限制,与之相对的,要为每一个人提供社会最基本的帮助。社会保障的中枢力在于“社会”,即使是国家承担了社会保障的职责,其职权的正当性来源也是社会要求和社会授权。中华人民共和国成立以来也逐步建立和完善了社会保障体系。与我国城乡二元社会、经济发展体制和结构相配套的,我国社会保障体系也呈现出城镇发展优先,农村发展滞后的状况。长期以来,农村社会保障主要由农村集体经济组织承担,形成了与城镇社会保障相区别的两套运行体制。农村集体经济组织历史上在农村集体范围内一直承担着“类行政主体”的公共管理职能,社会保障也是其中一项重要的内容。居住保障是社会保障的重要组成,在农村中正是以“宅基地”的形式承担着农民的居住保障功能。甚至有观点认为:宅基地使用权不过是身披私权外衣的社会保障的替代品,充当着社会治理手段的角色。①

因此,宅基地资格权退出一方面必须是农村村民自愿退出的。对于退出的“自愿性”,各改革试点的相关规则中有充分的体现。比如,《伊宁市农村宅基地自愿有偿退出管理办法(试行)》第 5 条规定的宅基地自愿有偿退

---

① 朱庆育:《民法总论》,北京大学出版社 2013 年版,第 464 页。

出的审批程序中,宅基地使用权人申请材料中必须要求的一份材料是“《不再申请宅基地承诺书》”。《金寨县农村宅基地自愿退出奖励扶持办法(试行)》第12条关于宅基地退出程序中也明确规定“全部退出宅基地不再申请宅基地的,还应当提交不再重新申请宅基地的承诺书”。以上规定既可以印证宅基地资格权退出的独立性,即宅基地使用权退出并不能涵盖和等同于宅基地资格权退出;也说明宅基地资格权退出要求的自愿性,必须是农村村民单独确认其真实意思表示方可。

另一方面宅基地资格权退出必须是在充分确保其替代性社会保障方案已经实现的前提下,才允许的。既然宅基地资格权承载的“居住保障权益”属于社会保障的基本构成,那么对于宅基地资格权的退出,就不局限于农村村民自主自愿决定的范畴,也同样要受社会保障要求的限制。比如,《湟源县农村宅基地退出办法(试行)》第8条要求,退出方提供另有住所的合法产权证明。《泸县农村宅基地有偿退出管理暂行办法》一方面规定了农村宅基地退出的保障机制,探索建立不同类别的农村宅基地退出保障机制;另一方面又要求农村向本村民小组申请自愿退出宅基地时,需明确安置意向,且在城镇已有固定住所或愿意到城镇购房长期居住,原有宅基地全部拆除,且不再回农村建房的,需提供国有土地使用权证、房屋所有权证或不动产登记权证,以及永久放弃农村宅基地使用权承诺书,对于村民的申请,村民小组、村民委员会要逐级核实其安置意愿,镇政府在确保农民自身居住的前提下,建立农村宅基地自愿退出台账。

《土地管理法》修正案中关于宅基地退出的几次调整也显示出对此问题的回应。2017年国土资源部(现已撤销)关于《土地管理法》修正案(征求意见稿)中关于宅基地退出的表述为:“国家鼓励进城居住的农村村民依法自愿有偿退出宅基地……”2019年1月4日,全国人民代表大会常务委员会《土地管理法》修正案(草案)一审稿中对上述征求意见稿中该条款修改建议部分中有关宅基地退出的具体路径及再利用方面的内容予以删除,并对前一部分内容表述调整为:“国家鼓励进城落户的农村村民依法自愿有偿退出宅基地。”2019年7月5日的二次审议稿将该条款表述进一步调整为:“国家允许进城落户的农村村民依法自愿有偿退出宅基地。"对比三稿中的表述有两大突出变化:(1)由"国家鼓励"变为"国家允许";(2)由"进城居住的农村村民"变为"进城落户的农村村民"。这两大突出变化表明国家对宅基地退出的审慎态度,宅基地使用权退出本质上是宅基地内部产权关系问题,更多的关乎于私权利行使,国家应充分尊重;对于宅基地资格权退出来说,关乎农村村民社会保障问题,国家的态度亦从鼓励变为允许,这也是符合国家作为社会保障的最终供给者的身份和地位的。而对于退出的主体要求从"进城居住的农村村民"变为"进城落户的农村村民"更是紧扣城乡二元社会保障制度的现状,以"进城落户"作为农村村民已取得城市社会保障的基础前提。综上分析可见,《土地管理法》修正案中关于宅基地退出的规定更多的是指向于对宅基地资格权退出的规范。

四、结论:宅基地退出法律制度安排的几点具体建议

"三权分置"下宅基地退出制度构造的核心是要区分宅基地使用权退出和宅基地资格权退出,在具体的制度构建中,笔者提出以下几点建议。

第一,宅基地退出制度应区分国家层面的立法要求、地方制度规则和农村集体经济组织的自主安排,不同层面的法律制度要求有不同的侧重点。从国家层面的立法来说,应把握原则性共性的基础上,宜粗不宜细地作出制度安排。[①] 针对宅基地使用权和宅基地资格权退出应采取不同的制度态度和评价。对宅基地使用权退出来说,应该是采取鼓励或引导式的态度,而非管制性或管理性的,因为宅基地使用权层面的退出未触及宅基地的基本制度安排,仅仅是针对宅基地使用权权能中处分和收益权能的完善,涉及的权利主体更具有内部的闭合性,因此更应回归于农村集体所有权框架下内部权利制度安排,肯定农民集体与成员之间的自愿协商机制。针对宅基地资格权的退出,国家立法应当从社会保障的底线要求层面予以约束和规范。从地方制度规则的角度来说,可以在宅基地退出路径和制度安排中作出相

① 陈晓君:《宅基地使用权的制度困局与破解之维》,载《法学研究》2019年第3期。

对具体的规定。应当明确的是,地方政府在宅基地退出中的地位和作用,地方政府可以采取政策优惠、奖励等方式鼓励和引导宅基地的有偿退出,但是地方政府不能替代宅基地使用权退出中农村集体经济组织的主体地位。地方政府之所以能够直接参与和推动宅基地退出的法理基础在于地方政府对于宅基地资格权的退出具有一定的社会支持职责。因此,地方制度规则中具体的要求性规则的重点也应当是着眼于宅基地资格权退出方面的内容,而宅基地使用权层面的退出还是要把握一个引导性尺度。聚焦于宅基地使用权退出应是各农村集体结合自身的区域土地资源情况、发展需求情况、农村集体产权改革等,探索适合自身的宅基地使用权退出及补偿规则。

第二,宅基地资格权退出以明示为原则。宅基地使用权和宅基地资格权分置在目前还没有统一的制度性安排,特别是宅基地资格权的入法路径尚处于政策要求和学术研究探讨阶段,因此在规范的制度文本中更多的表述还只涉及宅基地使用权。但是,应该说“三权分置”的政策理念,在新的制度规则中也是有吸收和体现的,如前所述,无论是在地方立法探索中,还是在国家立法修正探索中,具体到制度规则设计中对宅基地使用权退出和宅基地资格权退出区分的底线性要求就是宅基地资格权的退出必须以明示为原则,否则视为宅基地退出中不包括宅基地资格权的退出;换言之,农村村民在仅退出宅基地使用权后,仍然有权向农民集体申请要求新的宅基地保障。这在地方试点立法中,已有体现,比如,《伊宁市农村宅基地自愿有偿退出管理办法(试行)》《金寨县农村宅基地自愿退出奖励扶持办法(试行)》《余江县农村宅基地有偿使用、流转和退出暂行办法》等。

第三,区分本集体经济组织成员和非本集体经济成员宅基地使用权退出,完善农村集体经济组织成员权制度,理顺农村集体经济组织成员在宅基地使用权和宅基地所有权中的权益表现和实现方式。虽然“一户一宅”的宅基地分配方式是宅基地使用权制度初始的重要构成,宅基地使用权的初始取得是以农村集体经济组织成员身份为基础的,但是鉴于宅基地使用权收回和退出制度多年处于空白,且原集体经济组织成员由于婚丧嫁娶、外出求学、户籍迁徙、死亡继承等多种原因发生变化,导致目前实际占有和使用宅基地的人包括本农村集体经济组织成员和非本农村集体经济组织成员。对于非本农村集体经济组织成员,其权益只体现在宅基地使用权上,而对于本农村集体经济组织成员来说,其权益一方面体现在宅基地使用权上,另一方面还体现在宅基地所有权上。因此,从产权明晰的角度来说,应当区分清楚本集体经济组织成员宅基地使用权退出和非本集体经济组织成员宅基地使用权的退出,对于非本集体经济组织成员宅基地使用权的退出,原则上一次性补偿收回宅基地使用权,补偿价格结合宅基地使用的具体情况来确定,而对于本集体经济组织成员宅基地使用权的退出,在肯定和理顺其成员权收益的情况下,可以在成员收益分配中予以体现,而非仅限于宅基地使用权的价值补偿。比如,《晋江市农村宅基地与村民住宅建设管理暂行规定》中就规定:"在农村集体产权制度改革过程中,对自愿无偿退出宅基地或符合宅基地申请条件但自愿放弃申请权利的农村集体经济组织成员,鼓励农村集体经济组织以适当增加股份份额的方式予以补偿。"

自治抑或管制:劳动合同期限制度的理念偏差与制度弥合

——以劳动合同续订纠纷为分析视角

李彦宏*

2008年《劳动合同法》相比《劳动法》新增了二次固定期劳动合同转化为无固定期劳动合同制度,增加了合同到期终止也需支付补偿金但续订例外情形,法律规定的本意在于通过加强劳动用工的管制,保护劳动者安全就业的预期。但是二次续订、劳动条件等概念规定抽象,加之企业与劳动者对法律规定的不了解,在适用中引发了不适与争议,各地在审判实践中掌握的尺度也不统一,造成了司法的地域化差异,无法达到对劳动者的平等保护,引发社会的诟病。

一、问题缘起:劳动合同续订纠纷的现实困境与理论分歧

(一)样本分析:劳动合同续订纠纷的现状描述

本文以北京某基层人民法院劳动争议庭2016年审理的劳动合同纠纷案件为样本,通过智慧云智能系统检索到劳动合同案由的案件共计274件,笔者将检索出的全部案件进一步排除与劳动合同期限无关的其他纠纷,发现

---

* 李彦宏,北京市东城区人民法院法官。

涉及本文所指的续订劳动合同纠纷①案件 154 件。对于该 154 件案件，笔者通过对照当事人诉求和判决结果再次进行类型分析，发现涉及第一次固定期限劳动合同期满续订劳动合同纠纷案件 59 件，其中用人单位提出续订劳动者同意续订的案件 44 件，因合同到期终止，未续订引发纠纷 15 件。涉及无固定期限劳动合同纠纷 95 件，其中因二次签订固定期限劳动合同期满终止引发纠纷 28 件，因事实劳动关系超过 1 年，视为签订无固定期限劳动合同案件 26 件。具体分布（见图 1）：

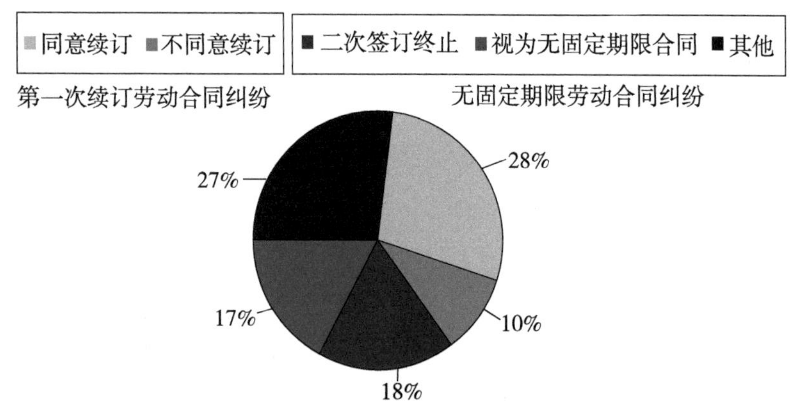

*以北京某基层人民法院劳动争议庭2016年审理的劳动合同纠纷案件为样本。

图 1　劳动合同续订纠纷案件类型分布

笔者以样本案例适用《劳动合同法》第 14 条第 2 款第 3 项和第 46 条第 5 项存在的问题为研究视角，对两类续订纠纷再进行详细分析，发现劳动合同续订纠纷存在以下类型。

1. 固定期限劳动合同续订纠纷类型

用人单位与劳动者签订的第一次劳动合同期满，用人单位提出续订劳动合同，但是对于原劳动合同约定的部分内容进行了调整，这时就涉及要判断是否属于维持原劳动合同条件的问题。实践中对于合同约定内容的变更，并非全部认定为对原劳动合同条件的变更，而是根据具体的变更情况对

① 本文所指的续订劳动合同纠纷是指因适用《劳动合同法》第 14 条第 2 款第 3 项和第 46 条第 5 项所产生的纠纷。

劳动者的影响、变更原因是否用人单位主观故意等综合判断。

表 1

劳动条件	当事人主张	法院审理结果	是否支付补偿金
出租车司机单双班变更	劳动者主张单班变双班属于降低了劳动条件	出租汽车行业单双班的变更涉及公共利益、行业管理及企业经营自主权等因素，如果不是用人单位滥用权利，不宜简单认定为降低了原劳动合同条件	不支付补偿金
劳动合同期限变更	劳动者主张续订合同期限短于原劳动合同属于降低劳动条件	劳动合同期限不属于劳动条件，合同期限变更不属于降低原劳动合同条件	不支付补偿金
调岗未降薪	用人单位主张原岗位取消，新岗位并未降薪	岗位变更属于劳动合同条件变更	要支付补偿金

2. 签订二次固定期限劳动合同期满续订纠纷类型

用人单位与劳动者连续签订二次固定期限劳动合同后，根据《劳动合同法》第 14 条第 2 款第 3 项的规定，劳动者提出续订劳动合同的，应当订立无固定期限劳动合同。实践中发生的纠纷主要集中在什么是签订二次固定期限劳动合同，劳动合同期满变更合同期限协议、双方约定到期自动续约是否属于二次签订固定期限劳动合同。续订无固定期限劳动合同是否需与用人单位协商一致。

表 2

<table>
<tr><th>二次表现形式</th><th>当事人主张</th><th>法院审理意见</th><th>签订无固定期限劳动合同是否需要协商一致</th></tr>
<tr><td>劳动合同到期前签订变更合同期限协议延长劳动合同期限的合同</td><td>用人单位主张不是签订新合同，属于劳动合同协议变更</td><td>只要是在原合同终止期限届满后协议变更劳动合同期限的均属于间接签订二次劳动合同</td><td rowspan="2">北京规定只要劳动者提出签订无固定期限劳动合同，用人单位无选择权，必须签订</td></tr>
<tr><td>劳动合同约定合同期满自动续期</td><td>劳动者主张劳动合同自动续期，但用人单位未签订书面劳动合同，属于事实劳动关系，超过一年视为无固定期限劳动合同</td><td>双方约定合同期满劳动合同以原条件自动续约，属于间接签订二次劳动合同</td></tr>
</table>

(二)实践之惑:劳动合同续订纠纷中的法律适用问题

固定期劳动合同到期后,存在原劳动合同条件续订与经济补偿金支付纠缠不清和二次签订合同后是否强制转化为无固定期劳动合同问题,具体到司法实务中存在对于劳动条件、强制转化的不同理解和不同判决。

1. 原劳动合同条件的确定标准之争

根据《劳动合同法》第46条第5项的规定,除用人单位维持或者提高劳动合同约定条件续订劳动合同,劳动者不同意续订的情形外,依法终止固定期限劳动合同要支付经济补偿金。但是对于维持或者提高劳动合同约定条件存在不同理解。实践中,比如发生了出租车司机所开车辆报废后,出租车公司提供了新车辆,但是将原来的单班制改为双班制,单双班制度的变更是否属于劳动条件的变更存在不同理解。相对于用人单位而言,单班改为双班后,劳动者承担的份钱下调,工作时间缩短,对劳动者而言属于提高了劳动合同续订条件。但是对于有些青年劳动者,正在创业之际,在身体条件允许的情况下,希望单班制,这样能获取更多的利润,因此对劳动条件提高还是降低,因人而异存在认定的难题。

2. 二次续订劳动合同的变异之争

法律明确规定"二次"签订固定期合同可转化为无固定期劳动合同,但是实践运用的变异,造成了司法被动地认定"二次签订"的扩张。比如,在劳动合同到期前,用人单位不另行签订劳动合同,而是签订一个变更协议书,延长原劳动合同期限,是否属于一种变向的签订二次劳动合同;另外,用人单位与劳动者在劳动合同中约定,劳动合同到期后,劳动者继续提供劳动,用人单位未终止劳动合同的,视为双方劳动合同到期续延,这种约定,是否属于"二次签订"。从判例来看,如果约定了续延期限,在期限届满后,可以视为“二次签订”。[①] 但是在未签订劳动合同二倍工资差额纠纷中却否认了这种约定的效力,依然认为双方未签订书面劳动合同,应支付未签订劳动合同的二倍工资差额。[②]

3. 续订合同的合意与强制之争

用人单位与劳动者签订二次固定期劳动合同后,再次签订劳动合同,对是否必须签订无固定期劳动合同存在争议。一种观点认为,用人单位与劳动者签订二次固定期劳动合同后,劳动者要求订立无固定期限劳动合同,用人单位必须签订,但是劳动者可以选择续订固定期限劳动合同;这种观点以北京法院为代表,强调通过法律的干预对劳动者保护。[③] 另一种观点认为,用人单位与劳动者签订二次固定期劳动合同后,是否续订无固定期限劳动合同用人单位有选择权,续订合同需双方当事人协商确定。这种观点以上海法院为代表,[④]强调劳动合同续订的双方合意。

(三)理论分歧:目的解释与文义解释之博弈

基于对劳动法性质的认识分歧,对续订纠纷的理论分歧在于劳动合同续订制度的合意与强制之争。

---

① 《北京市高级人民法院、北京市劳动争议仲裁委员会关于劳动争议案件法律适用问题研讨会会议纪要(二)》第33条规定:用人单位与劳动者约定劳动合同到期续延,且实际续延劳动合同的,合同约定了续延期限的,续延期限届满时,劳动者以连续订立两次固定期限劳动合同为由,提出或者同意续订、订立无固定期限劳动合同,用人单位应当与劳动者订立无固定期限劳动合同。用人单位不与劳动者订立无固定期限劳动合同的,可以依劳动者的主张确认存在无固定期限劳动合同关系。

② (案例)详见北京市东城区人民法院(2016)京0101民初19302号判决书。

③ 《北京会议纪要(二)》第34条规定,根据《劳动合同法》第14条第2款第3项规定,劳动者有权选择订立固定期限劳动合同或者终止劳动合同,用人单位无权选择订立固定期限劳动合同或者终止劳动合同。上述情形下,劳动者提出或者同意续订、订立无固定期限劳动合同,用人单位应当与劳动者订立无固定期限劳动合同。

④ 《上海市高级人民法院关于适用〈劳动合同法〉若干问题的意见》第4条第4项规定,用人单位与劳动者连续订立几次固定期限劳动合同以后,续订合同应当订立无固定期限合同。《劳动合同法》第14条第2款第3项的规定,应当是指劳动者已经与用人单位连续订立二次固定期限劳动合同后,与劳动者第三次续订合同时,劳动者提出签订无固定期限劳动合同的情形。上海实务中主张二次固定期限劳动合同期满后,签订无固定期限劳动合同需满足:(1)劳动者提出签订无固定期限劳动合同;(2)用人单位同意续订无固定期限劳动合同。

1. 目的解释体现劳动法的社会法属性

《劳动合同法》新增加续订条款,立法目的均是鼓励用人单位在合同到期时,不能随意终止合同而是尽可能延续劳动合同,稳定劳资双方的劳动关系,这也是对于《劳动法》出台之后出现的短期用工、黄金用工造成劳动者利益受损等现象的回应,如果《劳动合同法》的立法目的是倾斜保护弱势群体的合法权益,应当作出有利于劳动者的解释,也就是优先保障劳动者的就业权,鼓励用人单位续订劳动合同,故《劳动合同法》在合同到期终止时增加了用人单位续订劳动合同的义务;在二次续订劳动合同后再次续订时赋予了用人单位续订无固定期限劳动合同的义务,均暗含着用人单位在劳动者不存在任职问题时,要续订劳动合同,维持劳动关系。

2. 文义解释体现劳动合同的私法属性

对《劳动合同法》第 14 条、第 46 条的争议点均是围绕续订展开的,从文义上理解,"续订"劳动合同是指继续订立劳动合同的意思,而订立劳动合同,根据《劳动合同法》第 3 条的规定,要遵循"平等自愿、协商一致原则[①],故而不论合同到期是否终止,还是二次签订固定期劳动合同转化为无固定期限劳动合同,均须双方同意续订劳动合同,形成续订劳动合同的合意。在二次签订劳动合同转化为无固定期劳动合同的问题上,如用人单位终止劳动合同,法院判决双方当事人继续维持劳动关系也会带来执行上的困难,引发后续的履行纠纷,并不利于劳资关系的和谐稳定。因此,从合同履行角度而言,续订劳动合同也应体现双方协商和意思合意,不能通过立法干预强加给用人单位续订劳动合同的义务。

二、追根溯源:劳动合同续订纠纷法律适用冲突背后的深层次原因

(一)实践层面:劳动合同期限被劳资双方选择性适用

本文根据企业的规模、劳动者的层次对样本案例中劳动合同签订情况进行分析发现,两类劳动合同被选择性适用,使劳动合同期限制度调节用工

① 林嘉:《劳动法的原理体系与问题》,法律出版社 2016 年版,第 180 页。

秩序的功能失灵。

1. 劳动合同短期化与长期化并存

从法院审理的案件看，蓝领阶层也就是保洁、保安、销售、建筑工人等劳动者群体，派遣用工和短期用工现象突出，此类群体就业不稳定、企业靠人口红利维持，所以企业为了应对用工的不确性一般通过短期劳动合同，应对市场风险，降低人力成本。对于一些涉外企业、大中型企业，劳动用工寻求稳定，但是又不愿意承担无固定期劳动合同带来的高签约成本，通常是通过约定较长的适用期，试用合格后签订超过 3 年期的固定期限劳动合同，实践中有极端的案例是企业续订 24 年固定期限劳动合同。[①]

2. 无固定期限劳动合同福利化与高负担并存

从本文选择的样本分析，通过双方合意直接签订无固定期限劳动合同的比例较低。签订无固定期限合同主体是国有企业，作为对老职工的一种福利，保证老职工的各项福利待遇。对于一些中小企业，由于企业经营能力有限，应对社会风险的能力低，企业的经营前景不确定，因此不愿意签订无固定期劳动合同，将无固定期劳动合同视为一种用工的负担，通过将劳动者转为劳务派遣，或者转为劳务分包，规避签订无固定期劳动合同的义务，这类企业也成为劳动合同续订纠纷高发的群体。

3. 企业选择与劳动者选择矛盾并存

对于中小企业而言，尤其是初创企业、零售企业、餐饮行业希望通过灵活用工降低用工成本，因此会选择更加灵活的用工形式，如兼职用工、非全日制度用工，但是现有的用工形式单一，签订合同的成本高，法律管制多，因此企业自然会选择短期用工或者不签订劳动合同。从劳动者角度而言，高级管理人员、技术人才，企业更愿通过签订无固定期劳动合同留住人才，但是劳动者随着工作阅历的增加身价倍增，会选择跳槽到更高待遇的企业，这类劳动者更愿意签订固定期劳动合同。

---

① （案例）详见北京市东城区人民法院(2016)京 0101 民初 2660 号判决书。

(二)规范层面:劳动合同制度单一化与格式化

1. 劳动合同用工模式单一

我国劳动法律制度中的“劳动者”和“用人单位”均是一种笼统的概念。无论是《劳动法》还是《劳动合同法》在设置劳动合同类型时并未考虑劳动者的不同层次与企业的不同规模。例如,劳动合同期限的设置上,均未考虑企业的不同规模和劳动者的不同需求,设置了统一的准入和退出条件,未体现用工形式的多元化与灵活性。劳动合同期与企业用工出现错配与不适的结果就是,对于真正弱势的底层劳动者,企业选择短期用工,无法保障劳动者的安全就业需求,而对于高级管理人员,无固定期劳动合同制度反而成为他们的负担,束缚了劳动者的选择权。正如卡多佐所言,“如果社会效用的要求足够紧迫,而现行规则的运作处处面临困境,那么效用迟早要获得胜利”。[①]《劳动合同法》规定的用工模式过于单一,无法满足真实的用工现状,导致书面上的《劳动合同法》被实践所异化,造成劳动用工秩序的失范。

2. 劳动合同规则设计格式化

《劳动合同法》第 10 条规定,建立劳动关系必须签订书面劳动合同,第 17 条规定了劳动合同必备的内容,第 39 条、第 44 条规定解除和终止的法定事由。从上述规定来看,在劳动合同制度设计的理念上,无论是劳动合同内容还是变更、终止、解除均体现了一种法定性,没有给予当事人自由协商的空间。这种格式化的规定表面上是通过增加企业的社会责任,保护弱势的劳动者,但实际上适得其反,法律对劳动合同的管制会造成企业福利的减少,在社会保障未跟进的情况下,会导致弱势群体的失业率上升,非法用工现象增多,反而不利于劳动者的保护。

(三)价值层面:管制优先于自治

现有立法对于固定期限劳动合同未体现契约自由的思想,在合同终止

---

① [美]卡多佐:《司法过程的性质及法律的成长》,张维译,北京出版社 2012 年版,第 152 页。

时,契约之外强加给了用人单位单方续订劳动合同的义务,将续订劳动合同与补偿金支付绑定,混淆了补偿金的抚慰功能,无形之中有强制固定期劳动合同长期化之意,但这恰恰不符合短期用工的理念。在二次签订固定期限劳动合同强制转化上,单方赋予了用人单位续订无固定期劳动合同的义务,却给予劳动者单方选择权,劳动者选择拿赔偿不签订劳动合同,导致无固定期限劳动合同的长期雇佣理念落空,明显有悖于无固定期劳动合同的社会强制功能。北京模式与上海模式分歧背后的原因正是司法应对法律与现实不适的一种微调。北京坚持强制转化而赋予劳动者选择权,正是想通过保护劳动者的自由选择权寻回劳动合同的契约精神,上海则是通过软化两类合同的转化条件来回应固定期劳动合同管制过度的问题。

三、借鉴与吸收:劳动合同期限制度设置路径的基本原则

(一)历史梳理:我国立法与国外立法之不同演进路径

大陆法系国家经历了自由竞争资本主义到国家干预的垄断资本主义时期,劳动力市场也经历了自由竞争、自由交易到国家干预,以法律手段加强对劳动者的保护,其劳动合同立法经历了契约自由到私法公法化的社会化过程。因此,其劳动合同制度是由定期劳动合同转为不定期劳动合同。我国的劳动合同制度经历了国有经济固定工制到劳动力市场化的转变,是要打破原有计划用工过死的问题,建立劳动力自由流动的市场,给予企业用工自主权,因此我国劳动合同制度是由无固定期限的终身用工转为固定期限的自由用工,不同的历史变迁,造就了不同的立法理念和用工制度。

(二)借鉴比较:我国与国外劳动合同期限制度之差异

“他山之石可以攻玉”,在发现我国劳动合同期限存在的问题后,除了要考虑我国劳动合同立法特有的发展历史外,也应借鉴吸收国外立法的先进经验。笔者在进行制度比较时,主要选择大陆法系国家作为考察样本和借鉴的资源。

日本劳动用工制度分为正式工和非正式工,固定期限合同制劳动者属

于非正式工,日本法律对于固定期限合同签订没有限制,[①]根据《劳动基准法》第14条的规定,缔结固定期限合同原则上不能超过一年。对于签订次数无限制,但是多次签订后,为了避免固定期限合同的可续订性使其变得与无固定期限合同没有区别,最高法院通过判例确认可类推适用正式用工的解雇保护制度。[②] 德国以不定期劳动合同为基本用工形式,在有客观事由的情况才可订立固定期限劳动合同。根据《非全日制用工和固定期限劳动合同法》第14条的规定,雇主可以签订固定期限劳动合同的情况有三种,有客观事由包括有时间期限的工作任务,完成职业培训或者大学学业后实习,劳动合同期限不超过2年,而且雇员属于被新雇佣的。雇员已满52周岁,在被雇之前处于无业状态至少4个月,而且劳动合同的期限不超过5年;雇主是创业者,设立公司的时间不超过4年,而且劳动合同的期限不超过4年;对于2年期限内可分段,但是最多可延长3次,总期限不能超过2年。第15条第4款规定,固定期限劳动合同到期之后雇员继续工作的,成立无固定期限劳动关系。[③] 在法国,不定期劳动合同是法国劳动合同的基本类型,只有在《法国劳动法典》规定的三种情形下,才允许雇主与雇员之间签订定期劳动合同:一是替代休病假、产假等劳动合同暂停执行的雇员的工作;二是企业经营活动变化时,在季节性和临时增加的工作岗位上适用;三是为了解决某些人员失业问题而订立的某些特殊的劳动合同,如针对青年人和长期失业人员而订立的就业互助性、适应性和获得资格性的劳动合同。法国对于定期劳动合同的期限有上限的规定,即在任何情况下,累计最长不得超过18个月。定期劳动合同期满后劳动关系继续存续的,即转为无固定期限劳动合同关系。[④] 为了便于比较,笔者将中国与各国的立法进行比较分析如表3所示。

---

① [日]荒木尚志:《日本劳动法》(增补版),李坤刚、牛志奎译,北京大学出版社2010年版,第33页。

② [日]荒木尚志:《雇佣体系与劳动条件变更法理》,田思路译,上海人民出版社2017年版,第150页。

③ [德]沃尔夫冈·多伊普勒:《德国劳动法》(第11版),王倩译,上海人民出版社2016年版,第364~365页。

④ 转引自高凌霄:《关于构建我国劳动合同期限制度的思考——基于部分国家与地区劳动合同期限的比较研究》,载《西华大学学报》(哲学社会科学版)2016年第3期。

表3　中国与各国立法分析表

国家	劳动合同基本立法模式	固定期限劳动合同适用范围	合同期限是否限制	签订次数和续订限制	多次续订或到期后法律后果
日本	正式用工与非正式用工，正式用工采取无固定期限合同，固定期合同被列为非正式用工	对于签订固定期限劳动合同没有范围限制	不超过一年	可多次签订	不直接转为无固定期限劳动合同
德国	以无固定期限劳动合同为主，非全日制用工和固定期限劳动合同为辅	对于适用范围明确规定了三种情况	有客观事由的不超过两年，其他情形老年职工不超过5年，新企业最长不超过4年	在最长合同期限内可分段、多次续订，续订次数不超过3次	可转为无固定期限劳动合同
法国	以不定期限劳动合同为主定期劳动合同为补充	明确了三种适用情形	定期劳动合同最长不超18个月	定期劳动合同只能续订一次，合同期限最长不能超过18个月	可转为无固定期限劳动合同
中国	固定期限劳动合同为主，有条件可转化为无固定期限劳动合同	无适用范围	无限制	一般签订二次，劳动者同意可继续签订固定期劳动合同	签订二次固定期合同可转为无固定期劳动合同

通过表3的对比发现，我国的劳动合同期限制度与大陆法系国家相比，未明确区分两类劳动合同短期用工与长期雇佣之功能，对于两类合同的基本价值认识存在偏差，但是在终极目标上都是鼓励长期用工，具体规则设计上，如两类劳动合同的转化条件、次数限制等方面也有相似之处，因此国外经验对于完善我国的相关制度仍具有一定借鉴意义。

(三)构建原则:劳动合同期限制度基本理念之指引

1. 固定期限劳动合同突出灵活性和私法性

现有的劳动合同制度为人所诟病的是缺乏灵活性,无法适应经济社会的发展,作为本应该发挥量的灵活性调节功能的固定期劳动合同又被设置过多的管制,缺少劳资双方的自治。因此未来对劳动合同法的修正,不论是司法解释还是各地的会议纪要,应该设置最长的劳动合同期限,突出固定期限劳动合同的短期化用工特点,在合同终止上,免除解雇保护功能,减轻用人单位的社会责任,合同内容方面赋予合同双方更多的自治空间,增强履行过程中双方协商的作用,提高企业应对市场风险的能力。

2. 无固定期限劳动合同突出稳定性和社会法性

我国无固定期限劳合同制度被人为福利化,适用率过低,将来在质的安全性方面,要加强有关社会保障的规范意识,明确转化条件,取消适用范围限制;在量的灵活性方面,要提供更加灵活的劳动条件变更方式,使企业在签订无固定期限劳动合同后,在劳动者解雇保护的前提下,通过岗位、薪酬的合理调整,应对经济条件的外部变化,维护长期雇佣的劳动关系。

四、微观架构:建立分类规制的劳动合同期限制度

对于劳动合同续订纠纷反映出的问题,笔者从比较法角度,提出以多元主体为模型,实施分类规制的方案,从司法和立法两个层面对现有的法律规则进行改进,回归两种劳动合同的价值本相及作用机理。

(一)司法适用:基于合同续订的意思自治,统一司法解释路径

1. 回归固定期限劳动合同的契约属性,剥离合同续订与经济补偿金的绑定功能

现有固定期限劳动合同承担了过多的社会功能,劳动合同终止后的续订义务就是一种附加给用人单位的社会义务,但是在《劳动合同法》未作修改之前,司法实务应该取消劳动合同是否续订与经济补偿金之间的对应关

系,劳动合同是否续订属于当事人协商范畴,并不能成为是否支付经济补偿金的原因,应该坚持经济补偿金的抚慰功能,只要劳动合同到期终止,用人单位就须支付经济补偿金。

2. 回归无固定期限劳动合同的长期雇佣功能,建立续订合意基础之上的强制转化制度

现有二次签订劳动合同续订转化制度,根据北京法院的处理方式,单方强调用人单位续订义务,但是赋予了劳动者选择权,体现了一种保护的不平等,间接削弱了无固定期限劳动合同的制度功能。[①] 上海模式在无固定期限劳动合同的转化上强调劳动合同续订的意思表示主义,但是未提出合同期限的强制作用,也不足取。因此在两种合同的强制转化上,只要双方对于续订劳动合同达成合意,一律应签订无固定期限劳动合同;如果劳动合同期满,劳动者继续提供劳动,应视为双方建立了无固定期限劳动关系。

(二)立法完善:基于劳动合同法修改,健全劳动合同期限制度

1. 基于多元主体模型,建立灵活的劳动合同制度

在合同适用范围方面,借鉴国外立法,适当限制固定期限劳动合同的适用范围,考虑设立中的企业、中小企业与大型企业的区别,另外,考虑岗位和劳动者的特殊性,设置不同种类的固定期劳动合同。在合同期限方面,应限定固定期限劳动合同最长期限,突出固定期限劳动合同的短期用工功能。在合同内容方面包括工作时间、考勤管理等增加劳资双方自治的空间,提高固定期限劳动合同的灵活性。通过建立灵活的用工方式,引导用人单位规范用工,减少劳资纠纷。

2. 基于法定标准之上,取消劳动合同内容的管制

现有劳动合同内容因为法定条款过多,强制有余,自治不足,使形式上

---

① 《北京会议纪要(二)》第35条规定:在用人单位与劳动者连续订立二次固定期限劳动合同后,劳动者与用人单位再次订立固定期限劳动合同的,适用《劳动合同法》第14条规定。从上述规定看,劳动者可以在两次固定期限劳动合同后再次主张签订固定期限劳动合同,但是实践中,劳动者多次签订固定期限劳动合同后,并不想转化为无固定期限劳动合同,而是利用法律空白间接获取违法终止赔偿金。

的协商条款大打折扣。比如,劳动合同变更,法律规定了严格的形式要件和程序要件,调岗难问题突出,因此用人单位调岗不成,索性直接开除劳动者,反而是掉入"保护性陷阱",这并不利于劳动者的保护。因此,在劳动合同内容不违反法律强制性条款的前提下,通过赋予劳动合同履行过程中双方更多的自主权,提高劳动条件变更的灵活性,解决解除权滥用问题,实现无固定期限劳动合同的长期雇佣功能。

3. 基于合同的不同类别,建立不同的解雇保护制度

德国《解雇保护法》在适用主体上,其核心条款不适用于最小规模以下的小企业,对于短期用工、非全日制用工不适用解雇保护制度。① 从上述德国法的规定看,德国根据用工形式的不同规定了有区别的解雇保护制度。我国《劳动合同法》实行解雇法定主义,对于解雇保护也未区别企业的类型和适用主体。将来我国在解除规则的设计上,也应区分两种合同制度,对于固定期限劳动合同根据违约责任设定解除规则,对于无固定期限劳动合同设置解雇保护制度。

五、结语

"制定法的立法方式的详简与法律解释方法间会有互动关系,例如大陆法系制定法趋向简要,所以有待目的性扩张或限缩解释的协助。"②故而,对《劳动合同法》在制度规定上的不足,各地通过会议纪要的形式进行了不同程度的修正,但是因解释主体的多元化,法律条款解释内容也出现地域化和相互冲突,破坏了法律的确定性,影响了社会对法律的预期,不利于权利的平等保护。因此,需要在制度层面修正理论缺陷,由最高人民法院汲取各地的成熟经验,统一司法解释路径,解决劳动审判地域化和条块化的问题。

---

① [德]曼弗雷德·魏斯、[德]马琳·施米特:《德国劳动法与劳资关系》,倪斐译,商务印书馆2012年版,第136页。

② 王泽鉴:《英美法导论》,北京大学出版社2012年版,第124页。

民间借贷案件中职业放贷行为的风险防范与司法化解

蔡传磊[*]　熊跃宇[**]

随着我国改革开放的不断深化，社会主义市场经济的不断发展，社会资本的需求量也在不断加大。民间借贷作为民间资金融通的常见方式，在促进社会经济发展中起到了重要作用。但由于民间借贷的自由度大、随意性强，难以对其进行有效监管，因而催生了依靠民间借贷谋取高额收益的职业放贷群体，对国家金融秩序和社会发展造成了风险隐患。

一、职业放贷行为的风险表现

（一）放贷规模大：冲击正常的金融秩序

B 市 C 区法院 2014～2018 年的审判数据显示，民间借贷纠纷呈现高速增长态势，已成为民商事案件中的第一大案由。① 尤其随着《最高人民法院关于审理民间借贷案件适用法律若干问题的规定》的出台，民间借贷主体资

* 蔡传磊，北京市朝阳区人民法院审判管理办公室（研究室）法官助理，硕士研究生，研究方向：民商法、司法制度。

** 熊跃宇，北京市朝阳区人民法院亚运村人民法庭法官助理，硕士研究生，研究方向：民商法、司法制度。

① B 市 C 区法院 2014 年民间借贷收案件数为 2423 件、2015 年民间借贷收案件数为 5207 件、2016 年民间借贷收案件数为 12，401 件、2017 年民间借贷收案件数为 21，110 件、2018 年民间借贷收案件数为 19，135 件。

格的放宽,民间融资行为"两线三区"的确定,[①]为合法的民间借贷行为提供了清晰的司法指引。然而,由于市场的逐利性属性,原本受司法保护的利率规则被追求高利润的群体加以利用,成为合法的"灰色地带"。尤其近年来互联网金融行业的兴起,为职业放贷人拓展放贷业务开辟了新渠道,职业放贷的参与人员不断增加,放贷资金规模也在不断扩大。

据不完全统计,近3年,同一原告向B市C区法院提起民间借贷诉讼的案件在20件以上的超过50人(含法人),其中能够认定为职业放贷的27人,每人年均涉案超20件。职业放贷行为较为突出的有6人,每人每年以民间借贷纠纷原告身份起诉案件量超过30件,平均涉案标的额超100万元。具体的统计情况(见表1)。

表1　近3年涉案规模较大的职业放贷统计

涉案人	涉案数量	涉案金额	借款用途
夏某	564件	总涉案金额5.6亿元,其中最大涉案金额4666万元,最小涉案金额1.1万元	大标的用于企业经营周转;10万元以内小额借款多用于生活支出、个人消费等
许某	976件	总涉案金额5000万元,每起涉案金额在1万~15万元	用于小微企业经营周转、个体工商户经营需求、个人消费、生活支出等
沈某某	246件	总涉案金额1700万元,多数案件涉案金额在10万元以下,少数案件涉案金额20万元以上	企业经营周转、个体工商户经营需求、个人消费、生活支出等
王某	148件	总涉案金额880万元,每起涉案金额均在10万元以下	为个体工商户经营需求、个人消费、生活支出

① "两线",指的是年利率24%的司法保护线和年利率36%的高利贷红线。"三区",是指司法保护区,即借贷双方约定的利率未超过年利率24%,此时约定的利率合法有效,出借人有权请求借款人按照约定的利率支付利息;无效区,即借贷双方约定的利率超过年利率36%,超过部分的利息应当被认定无效,借款人有权请求出借人返还已支付的超过年利率36%部分的利息;自然债务区,即借贷双方约定的利率在年利率24%~36%,法院对出借人起诉主张该区间部分利息的,不予保护,但是当事人愿意自动履行,司法不再干预,借款人抗辩要求返还或折抵该部分已支付利息的,法院同样不予保护。

一般来说,公民、企业之间非经常性的借贷由于资金量较小,对国家正常金融秩序的影响微乎其微。此外,以自有资金放贷,其自身规模小,即使以此为业,其社会风险性也相对较小,因为一旦出现还款违约,出借人将自行承担相应风险,并不会大范围波及他人。但职业放贷在一段时期累积的资金规模较大,渗入的社会领域较广且具有不确定性,放贷规模本身不可控,放贷行为容易形成产业链,一旦出现大规模还款违约,出借人将本身无法承担的风险转移给不特定的被融资人,对金融秩序造成影响。如对近3年C法院已认定的职业放贷资金规模的不完全统计,放贷资金已累计超6亿元。民间借贷的资金流向本身就具有随意性、隐蔽性,监管较难,而职业放贷的大量民间资金在金融机构进行"体外循环",造成资金流向往往偏离国家产业政策的规划方向,影响国家货币政策和宏观调控效果。此外,由于民间借贷的约定利息往往远高于银行同类同期贷款利率,为了通过利率差谋取利润,职业放贷人员往往会以关联公司或者个人名义套取金融机构的贷款随后高利转贷,从而将金融机构资金与放贷资金捆绑。当借款人无法偿还高额借款时,容易导致金融机构贷款难以追回,形成金融机构坏账。同时,借款人甚至可能会向金融机构贷款,用以偿还民间借贷的借款,形成资金链中的最终资金来源均指向金融机构,金融风险极大。

（二）资金来源复杂:增加法律监管的难度

民间借贷中,出借人的资金应当是其合法收入的自有资金。但在职业借贷中,出借人以自有资金借贷的情况并不多见,实践中放贷规模越大的职业放贷人其资金来源就越复杂,自有资金比例也越低。非自有资金来源具有较大的不确定性,主要来源为民间理财融资资金、P2P平台网络融资资金、银行贷款、银行外其他金融机构资金等。

民间理财融资资金:这种方式风险性最高,职业放贷人通过个人名义或者成立理财公司向不特定的社会群体吸收存款。近年来理财公司非法吸收公众存款的刑事犯罪案件显著增多,这些理财款部分流向于民间借贷领域。[①]

P2P平台网络融资资金:职业放贷人将P2P平台融资的钱作为放贷资金来源。P2P平台爆雷频发,与平台吸收存款自融自用有很大关系,以“团贷网”平台为例,平台所吸收的很大一部分款项用于向社会不特定人放贷。

银行贷款:职业放贷人以其自己名义或者关联企业名义从银行申请贷款,再用这部分资金放贷给需要的人,赚取利息差价。据中国之声《新闻晚高峰》报道,原银监会主席刘明康表示,2011年我国约有3万亿元银行信贷资金流向民间借贷市场。

银行外其他金融机构资金:受到经济形势波动的影响,一些私募机构、基金的资金通过非正常渠道进入民间借贷领域。

除以自有资金出借之外,职业放贷人为隐蔽其资金来源,采取以下两种放款模式。

1.通过关联资金放贷。部分出借人以个人名义,通过由其实际控制的、与其具有一定关联关系的公司,如理财公司,向借款人发放贷款。如在许某某系列民间借贷案件中,许某某是某理财类公司的法定代表人,其通过网络方式以投资理财的名义吸收公众资金。另外,通过该理财公司在多地的加盟商寻找贷款客户,将其吸收的资金以其个人名义进行放贷,并通过该理财公司向借款人放款。此外,由于现有法规对于公司从事放贷业务,在注册资本、发起人资格等方面进行了较为严格的规定,一些不符合放贷条件的公司为了获取借贷的高额利润,以债权转让方式变相放贷。在此种情形下,公司通过受让众多与其具有一定关系的自然人借贷的债权,变相对外出借资金,成为职业放贷人。如在某商务信息咨询有限公司与覃某民间借贷案中,原出借人姜某向借款人覃某出借款项,随后姜某将此项债权转让给信达公司,信达公司通过债权受让获取对覃某的债权,变相完成对外放贷。该公司通过此种方式,受让了多达24笔债权,并相继以民间借贷为由向法院起诉。

2.通过第三方资金放贷。在一些民间借贷案件中,出借人本身仅与借

---

① (2018)京03民终11645号民事判决书。

款人签订借款协议,并不是实际支付款项的主体,而是通过委托与其没有关联关系的第三方公司向借款人付款。如在夏某系列民间借贷案件中,出借人夏某在与借款人签订借款协议后,与其曾经作为法定代理人、总经理的金信金融信息服务公司签订委托放款协议,约定由金信公司将出借款项支付给借款人。

放贷资金来源的混乱导致法律监管难度的增加。一方面,不具有放贷资质的公司绕过法律监管变相放贷。此种情况具有两种形式。一种是较为隐蔽的变相放贷。如在部分案件中,表面上看是自然人间进行的借贷行为,出借人与借款人签订借款合同,成为法律上的出借方,但出借资金是由第三方公司支付。在法院审理中,出借人始终坚持第三方公司支付的借款是其留存在第三方的自有资金,而证据也难以证明其与该公司存在关联关系。法院审理该类案件时,由于自然人与第三方公司的资金往来难以证明,导致难以将第三方公司认定为非法放贷的主体。另一种是明显的变相放贷。如在部分案件中,出借人分别向多个借款人出借款项后,随即将此债权全部转让给同一个第三方公司。该第三方公司虽不具有对外放贷资质,但通过受让债权的方式,事实上进行了大批量的对外出借资金。

另一方面,可能为非法资金合法化提供空间。出借人以民间借贷方式将可能存在的来源不清的钱款出借,然后以向法院起诉方式固定出借事实,并通过法院判决确定债权债务,从而将来源不清的资金转化成合法债权。如果大额非法资金进行上述“合法化”操作,必然需要将资金以“化整为零”的方式向多数人借出,这就为职业放贷行为的存在提供了生存土壤。在部分案件的审理中,出借人对于放贷资金难以说明来源,往往坚持为自有资金,法官如果此时不能准确细致查明资金来源,就会产生较大的法律风险。

(三)衍生隐患多:增加社会不稳定因素

职业放贷行为不仅会引发上述金融风险和法律风险,还会引发社会风险。

1.对社会治安造成风险。职业放贷容易导致暴力催收。由于本身追逐高利润,在发放贷款时较少考虑借款人的借款用途、还款能力、个人信用等,部分职业放贷人在贷款未按期收回时,会通过恐吓、暴力威胁、非法拘禁等手段催收,甚至出现故意伤害的情况。近5年来,北京法院受理因民间借贷引发的非法拘禁犯罪案件达352件。2016年,发生在山东省聊城的"于欢案"便是职业放贷行为导致的典型案件。此外,职业放贷容易引发上游经济犯罪。多数职业放贷的资金来自吸收他人的资金,如上述许某某案中,放贷资金全部来自理财公司非法吸收的公众存款。由于职业放贷的高收益率,必然会导致非法集资、套取金融机构贷款再高利转贷等上游犯罪的发生。

2. 对社会稳定造成风险。由于职业放贷普遍约定较高的利率,借款人在期限内需要偿还的借款利息通常比本金高出很多,导致借款人在借贷期限内难以清偿。在相关职业放贷案件的审理中,案件缺席审判率较高,反映出借款人难以联系的情况较为普遍。部分小微企业或者个体工商户因资金链断裂而"跑路"的现象尤其突出,直接影响到借款人家庭及关联亲属的家庭生活,借款人经营的企业因倒闭引起系列供货商无法收回贷款,倒闭企业职工失业、被拖欠工资等,引发一系列连锁反应,影响社会稳定。

二、职业放贷行为的"司法盲区"

(一)认定的"盲区":认定标准差异化现象突出

1. 认定标准的缺失。在长期以来的司法实践中,人民法院忽视对民间借贷纠纷中职业放贷行为的甄别,法官仅按照民间借贷的常规方式进行审理。随着2017年最高人民法院在审理一起民间借贷案件中,对具有反复性、经常性且向社会不特定对象提供资金,赚取高额利息的借款协议认定无效之后,司法机关对职业放贷行为的处理予以了重视。根据统计,除浙江、江苏、山东等地法院之外的全国大多数法院尚未针对职业放贷行为进行专门规制。

2. 认定标准的把握宽严不一。在对职业放贷行为进行专门规制的法院中,各地对于认定标准的把握程度不尽相同。一是概括性认定标准,仅对职业放贷行为的特征进行概括,由法官裁量是否构成职业放贷行为。如河南省高级人民法院在《关于严格依法审理民间借贷案件的通知》中规定："根据同一原告或关联原告在一段时间内所涉的民间借贷案件数量、利率、合同格式化程度、出借金额、资金来源等特征来认定民间借贷是否为职业放贷行为。"二是单一认定标准，以一定期限内同一原告起诉案件数量作为主要认定标准。如山东省日照市中级人民法院、江苏省高级人民法院均将受理案件数量作为认定职业放贷的主要标准。① 三是多层次认定标准，将具体案件数量、涉案金额以及相关情形共同作为认定职业放贷的标准。如浙江省高级人民法院以连续3年受理案件数量、同一年度受理案件数量和金额，以及借条形式、交付方式、预扣利息、原告本人到庭等情况进行综合判断。②

（二）规制的"盲区"：司法规制措施匮乏

对于职业放贷行为的司法规制措施，实践中除通过建立"职业放贷人名录"强化对民间借贷事实和证据审查之外，其他司法规制手段不够丰富且效果不佳。

1. "职业放贷人名录"的用途不明晰。针对职业放贷多发的情况，多数法院建立了"职业放贷人名录"制度，但对于名录的使用方式并不明确，部分

---

① 山东省日照市中级人民法院规定："同一原告一年之内在本院起诉民间借贷案件5件以上，或同一原告一年之内在不同法院合计起诉民间借贷案件10件以上；或近三年来在不同法院合计起诉15件以上。"江苏省高级人民法院规定："同一出借人及其实际控制的关联关系人作为原告一年内在全省各级人民法院起诉民间借贷案件5件以上。"

② 浙江省高级人民法院规定："'职业放贷人名录'一般应当符合以下条件：1. 以连续三年收结案数为标准，同一或关联原告在同一基层法院民事诉讼中涉及20件以上民间借贷案件，或者在同一中级法院及辖区各基层法院民事诉讼中涉及30件以上民间借贷案件的；2. 在同一年度内，同一或关联原告在同一基层法院民事诉讼中涉及10件以上民间借贷案件，或者在同一中级法院及辖区各基层法院民事诉讼中涉及15件以上民间借贷案件的；3. 在同一年度内，同一或关联原告在同一中级法院及辖区各基层法院涉及民间借贷案件5件以上且累计金额达100万元以上，或者涉及民间借贷案件3件以上且累计金额达1000万元以上的；4. 符合下列条件两项以上，案件数达到第1、2项规定一半以上的，也可认定为职业放贷人：(1)借条为统一格式的；(2)被告抗辩原告并非实际出借人或者原告要求将本金、利息支付给第三人的；(3)借款本金诉称以现金方式交付又无其他证据佐证的；(4)交付本金时预扣借款利息或者被告实际支付的利息明显高于约定的利息的；(5)原告本人无正当理由拒不到庭应诉或到庭应诉时对案件事实进行虚假陈述的。"

法院将职业放贷人名录通过网络向社会曝光,强化惩戒功能;部分法院加大对名录人员所涉案件的审查,发挥名录的辅助审判功能;部分法院将名录报送至上级单位、其他政法机关、金融监管部门,发挥其社会管理功能。

2. 过度重视审查过程而忽视效力评判。多数法院以“职业放贷人名录”的方式要求法官对于民间借贷债权债务关系的真实性、合法性方面加大审查力度,侧重于违法犯罪线索的发现,但对于涉职业放贷的民间借贷合同效力未进行明确规定。如江苏省泰州市海陵区人民法院出台《关于加强涉职业放贷人民间纠纷案件审理工作的指导意见》,主要举措也在于通过建立“职业放贷人名录”对职业放贷行为加大审查力度、对其中的非法放贷行为加大打击力度,并未有民事合同无效的明确意见。江苏省苏州市吴中区人民法院一审有判决个人职业放贷无效的案例,但该省在上述规定中并未对职业放贷行为的法律效力进行规定。此外,浙江相关文件也对职业放贷人签订的借款合同是否有效予以了回避。部分法院对职业放贷行为的规制文件(见表2)。

表2　部分法院对职业放贷行为的规制文件

法院	政策文件	建立制度	规制措施
山东省日照市中级人民法院	《关于建立疑似职业放贷人名录制度的实施意见》	疑似职业放贷人名录制度	(1)名录人员起诉民间借贷案件立案前,原告需签署《诚信诉讼承诺书》。(2)对名录人员起诉的案件应有针对性地加强对借贷行为合法性的审查
浙江省高级人民法院	《关于依法严厉打击与民间借贷相关的刑事犯罪强化民间借贷协同治理的会议纪要》	职业放贷人名录制度	(1)涉及职业放贷人案件审理过程中应加强对证据和事实的审查。(2)对涉及职业放贷人名录人员为申请执行人的执行案件,人民法院对被执行人应慎用拘留、罚款、布控、追究拒不执行判决、裁定刑事责任等措施。(3)对于本金与利息已经执行到位的,人民法院执行部门应当向税务部门通报,由税务部门依法征税

续表

法院	政策文件	建立制度	规制措施
江苏省高级人民法院	《关于建立疑似职业放贷人名录制度的意见(试行)》	疑似职业放贷人名录制度	对于疑似职业放贷人或其实际控制的关联关系人起诉的民间借贷案件,法院应当加强审查

(三)惩戒的"盲区":司法惩戒威慑不足

尽管多地法院在出台的政策文件中对于职业放贷的协议效力未予明确,但在司法实践中,部分法官通过发挥自由裁量权在个案中对职业放贷借款协议的效力进行了否定性评价。随之而来的问题是,对于无效借款协议的处理产生了分歧:判令借款人返还本金的同时,是否需要按照一定的标准向出借人支付资金占用期间的利息。多数法官参照最高人民法院的判例,按照中国人民银行同期同类贷款利率向出借人支付利息;部分法官参照民间借贷司法解释关于既未约定借期内的利率,也未约定逾期利率的情形,按照6%支付资金占用期间的利息。上述两种利息支付方式虽远低于一般职业放贷的约定利息,但与人民银行同期存款利率以及大多数银行理财产品收益相比,职业放贷人所获收益仍相对偏高。从成本收益的角度看,以营利性为目标的职业放贷人,即使被法院认定具有职业放贷行为,其收益依然存在有利可图的空间,造成职业放贷惩戒效果并不显著。

三、构建立体化职业放贷司法防范体系

职业放贷行为的司法防范应是全方面、立体化的,仅靠审理阶段审查的单一环节难以达到防范效果,反而使职业放贷行为越发普遍和隐蔽。需要将案件识别筛查、审查机制与法律后果评价相统一,构建立体化的防范体系(见图1)。

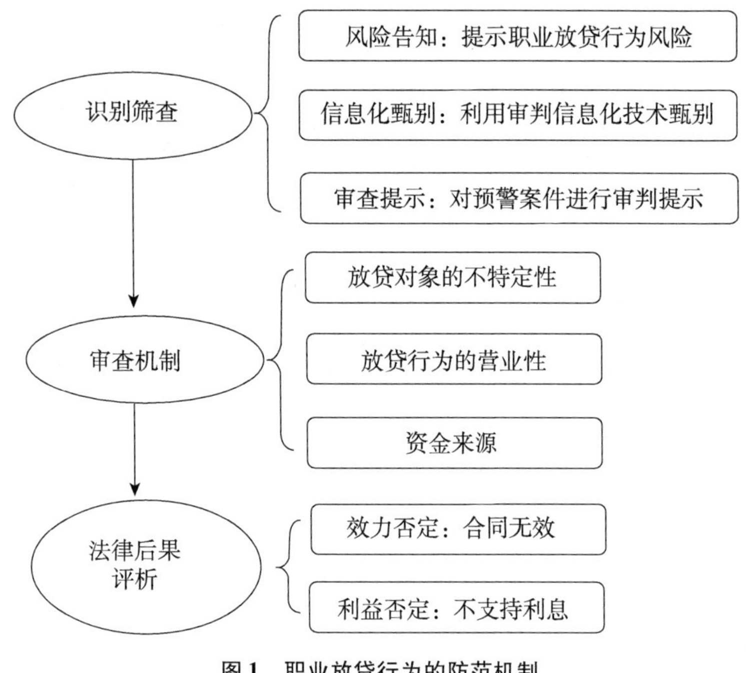

图1　职业放贷行为的防范机制

(一)识别筛查:建立关联案件预警机制

从认识论的角度看,对事物的认知总是由浅入深、由表及里的。职业放贷行为规制的逻辑起点是识别发现。然而,实践中职业放贷行为识别的困难在于案件数量难以直观地被法官发现。在随机分案机制下,绝对数量较多的职业放贷案件随机分配至不同承办法官后,单个法官办理的职业放贷案件的数量被稀释,识别难度较大。此外,职业放贷人为避免被法官识别,通常会避免在同一法院大批量起诉,而是分散至多个法院起诉,这也增加了法官识别的难度。本文认为,需要在诉讼前端通过关联案件识别出疑似职业放贷行为,建立案件预警机制,强化对民间借贷案件的初步筛查。

1. 风险告知。对于民间借贷案件,在进行登记立案时需签署《诚信诉讼承诺书》,确保提交诉讼证据材料、庭审陈述等涉诉活动的真实性。同时,立案法官应告知原告若被认定为职业放贷人,需要承担不利的诉讼后果。

2. 信息化甄别。由于传统识别方式难以及时全面掌握职业放贷案件情况,通过信息化方式对关联案件进行筛查就成为一种可行的识别方式。在立案阶段受理民间借贷案件时,通过信息化办公系统在本院,甚至在市级、省级法院范围内自动排查同一原告涉及民间借贷案件数量、涉案金额等基本信息。

3. 审判提示。对于初步筛查出的疑似职业放贷案件信息,立案法官可以在办案系统中进行标注,提示审判法官重点审查。办案系统也可以自动向审判法官推送疑似职业放贷筛查信息,提示法官审查。

(二)审查机制:形成以重点要素为抓手的审查机制

立案阶段的筛查只是对职业放贷行为的初步识别,目的是提示法官在审理阶段加大审慎审查力度。法官需要从职业放贷行为的特征要素出发进行综合认定。

1. 放贷对象是否具有不特定性

职业放贷行为与一般民间借贷的显著不同是放贷对象具有不特定性。通常说来,具有亲属、朋友等特定身份关系的人毕竟有限,资金需求亦不会很大,特定人群也不可能满足职业放贷人营利性的需求,因此寻找尽可能多的"客户"是职业放贷人从事职业放贷活动的关键。司法实践中,由于筛查原告起诉案件数的可操作性强,多数法院以一段时期以来同一原告的涉民间借贷案件数量作为放贷对象不特定的审查手段。但是,笔者认为,判断放贷对象不特定性从同一原告在同一地区民事诉讼案件数量进行判断并不全面,在进行司法审查时,应着重考虑以下几个因素:

一是出借人与借款人的关系。通常情况下的民间借贷发生在熟人之间,反映的是民事主体之间互助互惠的行为。而职业放贷行为,主要反映营业性,绝大多数发生在陌生人之间,出借人与借款人互不认识,甚至整个借贷过程双方不见面,即完成了出借和收款。尤其是通过网络中介平台进行放贷的,出借人和借款人之间互不认识的可能性更大。

二是出借对象是否具有分散性。在判定出借人与借款人互不相识的基础上,还应对借款人是否具有普遍差异性进行审查。司法实践中,存在同一原告多次向同一被告出借款项,形成长期借贷关系。在出现违约时,也可能出现多起诉讼案件的情况,的确难以认定具有不特定性。若出借人出借笔数多,且出借对象较为分散,则可以认为符合放贷对象不特定性的要求。例如,同一出借人一段时间内对外放贷 20 笔款项,出借对象达 18 人,甚至每笔出借对象均不相同。此种情况就可以表明放贷对象较为分散、不特定。

三是借款用途是否具有多样性。通常情况下的民间借贷,借款人向出借人提出借款请求时,会向出借人释明借款用途,出借人根据借款用途判断借款人还款能力等可能存在的借款风险,随后才确定是否借出款项。而职业放贷人通常并不在意借款人的借款用途,更加关注的是放贷利息标准、是否提供担保以及相应的违约责任等。从表 1 中也可以看出,借款用途既包括企业经营周转、个体工商户经营等商业需求,也包括个人消费、生活支出等个人日常需求。在司法实践中,当法官庭审询问借款用途时,多数职业放贷人无法回答或并不清楚借款人借款的实际用途。

2. 放贷行为是否具有营业性

职业放贷人的关键特征在于职业性,即以放贷为业。放贷行为是否构成职业性应当从以下三方面进行审查。

一是放贷行为是否具有牟利性。以牟利为目的是职业放贷行为的重要特征,通常是凭借借款人或者担保人向其支付的利息、服务费、违约金、逾期利息、资金占用费等各项费用获利。审查借款合同时,应重点对合同约定的费用种类以及利率标准进行审查。若约定费用种类多、利率标准高,则能够体现职业放贷人的营利性。但实践中,职业放贷人实际履行行为与借款合同约定存在不一致的情况,通常会通过多种手段预先扣除部分款项作为收益。因此,审查借款履行行为时,应重点查明借款人实际到账金额是否与合同约定金额不符;在实际到账金额与合同金额相符的情况下,短期内是否向出借人账户进行了回款操作;在有中介服务的情况下,出借人是否实际替借款人向中介服务方支付了服务费;是否存在重新签订借款协议并将前期本息计入后期本金的情况,等等。

二是放贷行为是否具有反复性。普通民间借贷是当事人间互惠互利的行为,对于个人来说具有偶发性特点。而职业放贷行为是经常、反复、持续性的行为,具有频发性。审查放贷行为是否具有反复性,就是审查职业放贷行为在一段时间内发生的频次,或者放贷行为持续的时间的长短。

三是放贷行为是否呈现模式化特征。职业放贷人因经常从事放贷,对于放贷流程、相关法律手续准备充分,如在签订格式化合同、确定担保形式、委托第三方扣划等各个环节形成了一套固定的流程模式。因此,审查放贷行为是否具有模式化特征,应重点审查是否通过个人或者小贷公司、互联网平台等渠道寻找借款人;是否采用格式合同与借款人订立借款协议;不同借款人的担保方式及内容是否类似;是否委托第三方放款,或委托第三方对借款人银行卡定期划扣;是否形成专业催收流程等。

3. 资金来源是否为自有资金

通常,民间借贷案件的司法审查重点在于借贷双方是否存在借款合意、借款是否实际给付,而借款的资金来源并非民间借贷的审查重点。但在认定是否为职业放贷人时,资金来源应当作为审查的重要方面。以自有资金对外出借的,由于对自有资金的审慎性以及资金规模的有限性,不可能大量向陌生人出借。因此,以自有资金出借的主体难以成为职业放贷人。职业放贷人的资金多数来自融资资金,甚至资金来源不清,极有可能存在吸收或者变相吸收他人资金用于放贷的情形。因此,审查出借资金来源是确定是否为职业放贷人的重点。在疑似职业放贷的情况下,需要重点对以下方面进行审查。

一方面,审查出借人的财务状况与其出借资金量是否相匹配。法官首先需要核实出借人的基本情况,包括工作单位、家庭情况等,以便确定其合法收入来源以及自身财务状况。随后还应仔细核实一段时期内出借资金总量。若出借资金明显高于其合法收入,其自身也难以说明收入来源合法合理性的,可以认为是非自有资金。

另一方面,审查出借人与指示付款方是否存在特定关联。部分职业放贷人采取指示其他公司或个人代为支付借款的方式,存在出借人与实际付款人分离的情况。法官应审查二者之间是否存在特定身份关系,如是否为家庭成员,出借人是否为付款公司的法定代表人、董事或者股东或者存在雇佣关系等。此外,还应查明二者之间是否存在实际的债权债务关系、有无资金往来等。

(三)法律后果评价:对职业放贷行为在司法裁判上予以否定评价

1. 否定性评价的基础:涉职业放贷的借款协议无效

上述司法审查的目的在于将职业放贷行为从普通的民间借贷案件中筛选出来,以便进行具有针对性的防范措施。从目前的司法实践来看,能够认定职业放贷行为的法院不在少数,但认定涉职业放贷的民间借贷协议无效的却寥寥无几。关于职业放贷行为的效力,相关法律规范已经予以了明确。《银行业监督管理法》第 19 条规定:"未经国务院银行业监督管理机构批准,任何单位或者个人不得设立银行业金融机构或者从事银行业金融机构的业务活动。"《国务院非法金融机构和非法金融业务活动取缔办法》第 4 条规定,未经中国人民银行批准,擅自非法发放贷款属于非法金融业务活动。《最高人民法院关于审理民间借贷案件适用法律若干问题的规定》明确,"违反法律、行政法规效力性强制性规定的",民间借贷协议无效。最高人民法院对职业放贷人所签订的民间借贷合同,也通过司法判例的形式,认定为无效。可以说,对于职业放贷行为涉及的借款协议法院是不予保护的。

2. 否定性评价的深化:不支持资金占用期间的利息

职业放贷行为屡禁不止的根本原因在于通过能够通过职业放贷约定的利息赚取高额利润。目前,关于借款合同无效后资金占用期间利息的司法认定的主流观点认为,借款人应当按照人民银行同类同期贷款利率或者以年利率 6% 的标准向出借人支付利息。此种认定虽合理合法,但仍未彻底阻断职业放贷行为的收益。职业放贷人可以通过增加放贷数量来弥补利润损失,反而激发了职业放贷人的放贷积极性,也从侧面印证了职业放贷高发的因素。从有效打击和防范职业放贷的角度考虑,法院在对借款协议认定无效后,可仅支持出借人返还本金的请求,不支持资金占用期间的利息,以彻底打消职业放贷人的牟利空间,使职业放贷人无利可图,从根本上规制职业放贷行为。[①]

---

① 事实上,目前已经出现了不支持资金占用期间利息的司法判例。如(2018)鲁 0104 民初 5410 号、(2018)苏 0812 民初 9418 号、(2019)粤 1202 民初 647 号、(2019)浙 0703 民初 69 号等。

饲养犬互相追咬致人损害案件法律适用研究

——以张某2与张某1、单某饲养动物损害责任纠纷抗诉案为例

杨秀莉[*]　许冬莹[**]　李　敏[***]

多只饲养犬在相互追咬过程中致人损害的案件,在实践中多有发生,各地法院对上述案件的裁判并不一致,对该类案件的裁判未形成统一的认识或标准。本文通过讨论一起检察机关提出抗诉后,法院再审改判的案件,对饲养犬相互追咬过程中致人损害案件的侵权责任类型、责任承担形式进行研究。

【基本案情】

2015 年 6 月 8 日 5 时 22 分左右,在北京市某区人行道上,张某 1 由北往南行走,张某 2、单某之犬在追逐打闹过程中从身后将张某 1 撞倒。张某 2、单某所养之犬均为金毛,体型较大。经北京市公安局某区分局委托,北京中正司法鉴定所就张某 1 被狗撞伤所致伤情进行鉴定,2015 年 7 月 24 日,该鉴定所出具鉴定意见书,张某 1 损伤程度为轻伤二级。

2015 年 10 月 9 日,张某 1 起诉至北京市某区人民法院,诉讼请求为:(1)请求法院判决张某 2、单某赔偿住院费 19,219.19 元,住院伙食费 280 元,营养费 3000 元,交通费 339 元,陪护费 10,000 元以及残疾赔偿金;(2)判

---

* 杨秀莉,北京市石景山区人民检察院党组成员、副检察长、员额检察官。

** 许冬莹,北京市石景山区人民检察院第四检察部负责人、员额检察官。

*** 李敏,北京市石景山区人民检察院第四检察部检察官助理。

决张某2、单某向张某1作出书面道歉,赔偿精神损失费20,000元;(3)判决张某2、单某承担本案的诉讼费用。

一审法院认为:依据录像、病历、鉴定意见书等足以证明张某1因被张某2饲养的犬撞倒,导致左膝关节等受伤并构成十级伤残的事实。依据相关规定,携犬出户时,应当对犬束牵引带,由成年人牵领,并应当避让行人。事发时,张某2并未对犬加以管理造成损害的发生,对此应承担赔偿责任。综上,判决张某2赔偿张某1医疗费、护理费、交通费、住院伙食补助费、营养费、伤残赔偿金、精神损害抚慰金共计89,469.82元;驳回张某1的其他诉讼请求。

双方均未上诉。

【再审情形】

张某2不服上述判决,向北京市某区人民法院申请再审。北京市某区人民法院裁定驳回张某2的再审申请。

【监督意见】

张某2不服驳回再审裁定,向检察机关申请监督。

北京市某区人民检察院经审查认为,北京市某区人民法院民事判决认定案件事实有误、适用法律错误、程序违法,决定依法提请上一级检察院抗诉,具体理由如下。

1. 张某2之犬与单某之犬在相互打闹过程中将张某1撞倒,张某1所受伤害应为两犬共同所致,一审判决仅认定张某1所受伤害为张某2之犬所致,认定事实错误。

2. 一审判决适用法律错误。

一审判决适用原《侵权责任法》第6条过错责任归责原则和第34条关于用人单位工作人员以及劳务派遣中的工作人员因执行工作任务造成他人损害承担责任主体的规定,属适用法律错误。

3. 本案在审理过程中,简易程序转为普通程序时,未以书面方式将合议庭组成人员及相关事项通知双方当事人,属程序违法。

【监督结果】

2017年12月22日,北京市人民检察院某分院以张某2、单某的行为构成共同危险行为为由，就该案向北京市某中级人民法院提出抗诉。2018年1月16日，北京市某中级人民法院指令北京市某区人民法院再审。2018年9月29日，北京市某区人民法院依法作出再审判决，撤销原判决，改判张某2与单某赔偿张某1各项损失共计102,717.71元，二人分别按照80%、20%的比例承担侵权责任。

本案的争议焦点有二。一是侵权行为类型的确定，即该类案件应认定为单独侵权还是数人侵权；如为数人侵权，具体类型的确定。二是行为人的责任承担方式。

一、法院对饲养犬互相追逐致人损害案件的审判现状

经对各地判决进行分析发现，法院引用的法律依据不尽相同，反映出各地法院对此类侵权案件类型的认识不一致。

（一）本案改判情况

本案一审法院认为：依据录像等证据足以证明张某1因被张某2饲养的犬撞倒致残的事实。张某2并未对犬加以管理造成损害的发生，对此应承担赔偿责任。法院未判决被告单某承担赔偿责任。

检察机关抗诉后，再审法院认为，造成张某1受伤的损害后果系张某2之犬直接撞倒所致，故张某2应承担相应责任。而单某在两犬打闹的过程中，未能管控好自己的犬，将绳索松开，放任两犬打闹，故单某对张某1受伤存在一定过错，应对其过错承担赔偿责任。考虑到张某2、单某对张某1损害的责任大小，认定张某2承担80%的责任，单某承担20%的责任。从一审及再审判决中，损害赔偿责任承担的变化可知，再审时法院修正了一审作出的本案为单独侵权案件的认定，认为本案为数人侵权。

（二）各地法院对该类案件的判决情况

司法实践中，分属不同主人的饲养犬在互相追逐、打闹过程中与他人发生碰撞，致人损伤的案件，多被认定为数人侵权，相互追逐的饲养犬主人

均需对受害人承担赔偿责任,似无较大争议,但适用的法律条文却不尽相同。

在(2019)云0112民初8343号案中,云南省昆明市西山区人民法院认为:"本案二被告饲养的狗一起跑出去后将原告撞倒,属于共同实施的侵权行为,二被告应当对原告承担连带责任。"法院以原《侵权责任法》第8条,即共同侵权的规定作出判决。

在(2016)沪02民终8166号案中,上海市第二中级人民法院虽未将原《侵权责任法》第10条作为判决依据,但认为,两被告"应当按照共同危险行为承担本案的侵权责任"。[①]

在(2014)宜民初字第1279号案中,宜州市人民法院认为,两被告饲养的狗在城区巷道打闹的过程中将受害人撞倒致残,两被告应承担连带赔偿责任。法院以原《侵权责任法》第11条("累积因果关系型分别侵权")为判决依据。两被告上诉后,广西壮族自治区河池市中级人民法院在(2015)河市民一终字第25号判决中认定,因两被告"对侵权结果的发生没有共同的故意,故判决两人承担连带责任没有法律依据。鉴于本案造成损害后果的原因力不明,可由两被告各自承担50%的赔偿责任"。二审法院以原《侵权责任法》第12条("部分因果关系型分别侵权")为依据进行改判。

在(2019)鲁1602民初1068号案中,虽然山东省滨州市滨城区人民法院在判决依据中引用了原《侵权责任法》第11条,但是同时也引用第8条、第10条作为依据,判决两被告承担连带责任。

在(2018)渝0240民初4400号案中,重庆市石柱县人民法院依照原《侵权责任法》第12条规定,且考虑到"本案造成损害的原因力不明",故判决由案涉两条狗的主人各自承担50%的赔偿责任。上述判决在二审程序中得到重庆市第四中级人民法院的支持。[②] 分属不同主人的饲养犬致人损害案件

① 法院最终根据原《侵权责任法》第6条第1款、第13条等规定,判决两被告人连带赔偿被害人损失。原《侵权责任法》第6条第1款规定:"行为人因过错侵害他人民事权益,应当承担侵权责任。"第13条规定:"法律规定承担连带责任的,被侵权人有权请求部分或者全部连带责任人承担责任。"

② 二审判决书文号:重庆市第四中级人民法院(2019)渝04民终596号。

属于部分因果关系型分别侵权。

各地法院的不同判决,反映了司法实践对该类型案件的侵权行为类型的认定并未形成统一认识,该类案件的处理存在一定的困扰。

二、饲养犬互相追逐致人损害案件宜定性为数人侵权

原《侵权责任法》第78条规定:“饲养的动物造成他人损害的,动物饲养人或者管理人应当承担侵权责任……”饲养动物,尤其是饲养的犬类进入公共场所后,容易发生因互相追逐等致人损伤,其饲养者、管理者应采用绳索牵引等有效措施,约束饲养犬行为,以减少饲养犬的行为引发他人损害的风险。饲养者、管理者解除对饲养犬的约束措施,其在公共场所肆意追逐奔跑,冲撞人群,使受害人因直接冲撞、躲避或受惊而摔倒等导致损害后果的,饲养人、管理者应承担赔偿责任。即使与受害人发生碰撞的饲养犬仅有一只,无论哪一只与受害人接触或是碰撞,均是因饲养犬互相追逐引发的,未对饲养犬行为采取有效约束措施的饲养人在主观方面均存在过错,均应依法承担侵权责任。该类案件认定为数人侵权,较为合理。

三、饲养犬互相追逐致人损害案件宜认定为部分因果关系型分别侵权

(一)原《侵权责任法》确定的数人侵权基本框架

原《侵权责任法》第8条、第10条、第11条、第12条的规定搭建起了我国数人侵权类型划分的基本框架。

原《侵权责任法》第8条规定:“二人以上共同实施侵权行为,造成他人损害的,应当承担连带责任。”此为对共同侵权行为的规定。

第10条规定:“二人以上实施危及他人人身、财产安全的行为,其中一人或者数人的行为造成他人损害,能够确定具体侵权人的,由侵权人承担责任;不能确定具体侵权人的,行为人承担连带责任。”此为对共同危险行为的规定。

第11条、第12条为对数人分别侵权的规定。[①] 第11条:“二人以上分别实施侵权行为造成同一损害,每个人的侵权行为都足以造成全部损害的,行为人承担连带责任。”此为对数人分别实施侵权行为,但都能造成全部损害时承担连带责任的规定,该类数人侵权又可称为“累积因果关系型分别侵权”。[②] 第12条规定:“二人以上分别实施侵权行为造成同一损害,能够确定责任大小的,各自承担相应的责任;难以确定责任大小的,平均承担赔偿责任。”此为数人分别实施侵权行为承担按份责任的规定。该类数人侵权又称“部分因果关系型分别侵权”。

(二)饲养犬互相追逐致人损害宜认定为部分因果关系型分别侵权

1. 该类案件不宜认定为共同侵权行为

“主观意思的共同性”是共同侵权行为最本质的特征。但对“共同”的界定,理论上又有不同的观点。主观说认为,共同侵权以侵权人共同的意思联络即共同故意为必要。偶然的数人行为竞合时,不能认为共同侵权行为。客观说认为,加害人间无须有意思联络,只要客观上发生同一结果,即成立共同侵权。折中说认为,构成共同侵权,主观上需各加害人均有内容上相同或相似的过错,即故意或过失,但不要求共同的意思联络;客观方面,数个加害人的行为应当结合为一个不可分割的统一整体,并构成损害发生的共同原因。[③]

《最高人民法院关于审理人身损害赔偿案件适用法律若干问题的解释》(以下简称《人身损害赔偿解释》)第3条规定:“二人以上共同故意或者共同过失致人损害,或者虽无共同故意、共同过失,但其侵害行为直接结合发生

---

① “数人分别侵权”,是指数个行为人分别实施侵权行为,既没有共同故意,也没有共同过失,只是由于各自行为在客观上的联系,造成同一个损害结果的多数人侵权行为。杨立新主编:《多数人侵权行为与责任》,法律出版社2017年版,第111页。

② 曹险峰、陈海彪:《论数人分别侵权连带责任的内部追偿》,载《社会科学战线》2018年第6期。

③ 陈现杰主编:《〈中华人民共和国侵权责任法〉条文精义与案例解析》,中国法制出版社2010年版,第28页。

同一损害后果的，构成共同侵权，应当依照民法通则第一百三十条规定承担连带责任。”该解释兼采取主观说与客观说，将无意思联络但加害行为直接结合导致损害后果的情形也纳入共同侵权的范围。原《侵权责任法》第 11 条、第 12 条明确规定，数人分别侵权行为造成同一损害的，原则上按过错大小承担按份责任，例外情况下承担连带责任。原《侵权责任法》未采取《人身损害赔偿解释》中对“共同侵权”进行扩张解释的做法，而将意思联络作为共同侵权行为的必要条件。

共同侵权中的“意思联络”包括“共同故意”和“共同过失”两类。需要注意的是，这里的“共同过失”主要是指数个行为人共同从事某种行为，基于共同的疏忽大意，造成他人损害。[①] 即数行为人对损害发生的可能性有共同的认识，但均有回避损害的自信，这种“共同的认识”有别于行为人个别而言主观上的过失。[②]

饲养犬互相追逐致人损害的案件中，饲养犬主人虽均具有主观过错，但这种过错并非基于意思联络后的“共同认识”，而是行为人个体主观上的过失。笔者认为，该类案件不符合“共同侵权”的主观要件，不宜认定为“共同侵权”。

2. 该类案件不宜认定为共同危险行为

共同危险行为，是指二人以上实施危及他人人身、财产安全的行为，其中一人或者数人的行为造成他人损害，但不能确定具体侵权人。共同危险行为制度设计的初衷是防止因无法指认具体侵权人而使受害人的请求权落空。与共同侵权不同，共同危险的行为人间没有意思联络，其“共同”主要是指数个行为人的行为必须是在同一时间、同一场所的行为，即“时空上的共

---

① 王胜明主编，全国人大法工委民法室：《〈中华人民共和国侵权责任法〉条文解释与立法背景》，人民法院出版社 2010 年版，第 46 页。

② 陈现杰主编：《〈中华人民共和国侵权责任法〉条文精义与案例解析》，第 29 页有一例：甲、乙共抬重物登高，甲担心重物坠落伤人，而向乙流露担心；乙自信不致坠落，而与甲交流自信；甲乙均因交流而增强自信，结果捆绑重物的绳索因磨损断裂，导致重物坠落伤人。双方都预见到了可能发生的损害，但又因交流获得自信，均认为不致发生损害，存在共同认识上的过失。

同性”。[①] 共同危险中的危险行为是性质或者种类相同,但相互独立,在同一辐射范围内偶然并列发生的作为行为。共同危险行为中,每个行为人都积极实施了危及他人人身、财产安全的行为,“积极的作为”是危险行为的主要形式。如数人在顶楼上玩扔石头,不知谁投掷的石头砸中了行人,就是典型的共同危险行为。

饲养犬互相追逐致人损害案件中,行为人并未积极实施可能对他人权益造成损害的危险行为,其承担赔偿责任的原因在于违反管理规定,未对动物采取安全措施造成他人损害。行为人未尽管理义务与共同危险行为中的“危险行为”并不相同。此外,依原《侵权责任法》第 10 条之规定,共同危险行为“能够确定具体侵权人的,由侵权人承担责任”。但饲养犬互相追逐致人损害案件中,即使与受害人发生碰撞的饲养犬仅有一只,未对饲养犬行为采取有效约束措施的饲养人在主观方面均存在过错,均应依法承担侵权责任。从这一角度来看,该类案件认定为共同危险行为也有失公允。

3. 该类案件不宜认定为累积因果关系型分别侵权

数人分别侵权包括“累积因果关系型分别侵权”与“部分因果关系型分别侵权”。累积因果关系型分别侵权的主要特征在于每个人的侵权行为都足以造成全部损害,即便没有其他侵权行为的共同作用,独立的单个侵权行为也有可能造成全部损害。例如,消费者甲购买乙厂生产的电淋浴器,为防止漏电发生事故,又同时购买了丙厂生产的漏电保护器。使用中因电淋浴器的设计缺陷发生漏电;漏电保护器亦发生故障失去屏蔽保护功能,致消费者甲触电死亡。本案中乙、丙两产品任一发挥正常安全功能,损害结果都足以避免,每个侵权行为都足以造成全部损害,为累积因果关系型分别侵权。[②]

饲养犬互相追逐致人损害案件中,数个饲养犬的相互追逐、打闹行为具有共同性和不可分性。数个行为人均对饲养犬疏于管理的行为共同作用,

① 王胜明主编,全国人大法工委民法室:《〈中华人民共和国侵权责任法〉条文解释与立法背景》,人民法院出版社 2010 年版,第 53 页。

② 案例转引自陈现杰主编:《〈中华人民共和国侵权责任法〉条文精义与案例解析》,中国法制出版社 2010 年版,第 40 页。

导致了损害后果。这种"共同性"和"不可分性"使该类案件与累积因果关系型分别侵权中,数个侵权行为间的独立性有所区别,故不宜认定为累积因果关系型分别侵权。

4. 该类案件应当认定为部分因果关系型分别侵权

部分因果关系型分别侵权与累积因果关系型分别侵权的最大区别在于,虽然数人分别实施的侵权行为都给被害人造成了同一损害,但是并非每个加害人的行为都足以造成全部损害。也就是说,部分因果关系型分别侵权中的"因果关系"是"共同"因果关系,受害人的损害是两个以上加害人的行为共同造成的,其中任何一个行为都不足以造成该种损害。数个行为的共同作用,导致损害发生,因此任何一个不当行为都是损害的必要条件。①

以《北京市养犬管理规定》为例,其第 17 条规定:"养犬人应当遵守下列规定:"携犬出户时,应当对犬束犬链,由成年人牵领,携犬人应当携带养犬登记证,并应当避让老年人、残疾人、孕妇和儿童;对烈性犬、大型犬实行拴养或者圈养,不得出户遛犬。"各地为加强养犬管理,保障公民健康和人身安全,维护市容环境和社会公共秩序,也都作出了类似的规定。饲养犬互相追逐致人损害案件中,饲养犬主人均违反了养犬管理规定,其过失行为相结合,导致了损害的最终发生,行为人违反养犬管理规定的行为是损害的必要条件。该类案件符合"部分因果关系型分别侵权"的特征。

四、饲养犬互相追逐致人损害案件责任分担方式

原《侵权责任法》第 12 条规定:"二人以上分别实施侵权行为造成同一损害,能够确定责任大小的,各自承担相应的责任;难以确定责任大小的,平均承担赔偿责任。"虽然数个侵权行为相互结合造成了同一损害,但是大部分案件中,可以根据各个侵权行为对造成损害后果的可能性(盖然性)来确定责任份额。法官可以综合各个行为人的过错程度、侵权行为与损害后果因果关系的紧密程度、公平责任原则及政策考量等因素作出裁判。有学者

---

① 王利明等主编:《侵权责任法新制度理解与适用》,人民法院出版社 2010 年版,第 66 页。

将这种可能性称为“原因力”,指在构成损害结果的共同原因中,每一个原因对于损害结果的发生或者扩大所发挥的作用力。①

难以确定责任大小,也即损害原因、损害结果虽然明确,但当事人的主观过错大小及原因力比例无法查明的,由当事人平均承担责任。

饲养犬互相追逐致人损害案件,行为人应承担按份责任。具体承担责任的比例,需综合行为人的过错程度、公平责任原则及政策考量等因素综合作出裁判。从司法实践来看,各行为人平均分担责任的判决占多数。

需要说明的是,因本文所引案例及判决均发生在《民法典》出台前,故引用了原《侵权责任法》相关法条。

五、《民法典》关于侵权责任的规定及适用

《民法典》第 1168 条规定:“二人以上共同实施侵权行为,造成他人损害的,应当承担连带责任。”第 1170 条规定:“二人以上实施危及他人人身、财产安全的行为,其中一人或者数人的行为造成他人损害,能够确定具体侵权人的,由侵权人承担责任;不能确定具体侵权人的,行为人承担连带责任。”第 1171 条规定:“二人以上分别实施侵权行为造成同一损害,每个人的侵权行为都足以造成全部损害的,行为人承担连带责任。”第 1172 条规定:“二人以上分别实施侵权行为造成同一损害,能够确定责任大小的,各自承担相应的责任;难以确定责任大小的,平均承担赔偿责任。”第 1245 条规定:“饲养的动物造成他人损害的,动物饲养人或者管理人应当承担侵权责任。”第 1246 条规定:“违反管理规定,未对动物采取安全措施造成他人损害的,动物饲养人或者管理人应当承担侵权责任。” 从《民法典》相关条文内容来看,沿用了本文引用的《侵权责任法》的相关规定。《民法典》的出台,并不影响本文的实践意义。

---

① 王胜明主编,全国人大法工委民法室:《〈中华人民共和国侵权责任法〉条文解释与立法背景》,人民法院出版社 2010 年版,第 58 页。

浅谈规制仲裁中的程序滥用

付翔宇 *

商事仲裁之于诉讼程序,具有当事人的高度意思自治性、仲裁裁决的一裁终局性以及专家断案的专业性等优势。这些特点使商事仲裁越来越得到当事人的青睐。但在最近的国际及国内商事仲裁实践中,越来越多案件的程序不如预想的高效。发生这一现象的重要原因在于仲裁程序的滥用。这一做法加重了当事人争议解决的成本。滥用仲裁程序这一问题的发生,也在一定程度上损害了我国商事仲裁的公信力。本文将通过讨论仲裁程序滥用的具体表现形式、规制滥用仲裁程序的意义以及国际实践做法,发掘我国可以借鉴的规制方法,以期解决此类问题并丰富我国的实践。

鉴于国际商事仲裁的保密性,笔者所讨论内容的判例较难获取,仅两例国际商会仲裁院(ICCCourt,以下简称 ICC)驳回申请人基于被申请人恶意诉讼而主张滥用程序的损害赔偿的案例①具有参考价值;此外,有价值的参考文献多为评论等。国际投资仲裁与国际商事仲裁仲裁条款的签约主体(国际投资仲裁旨在处理主体国家和个人之间的仲裁争议)不同,造成二者在很

---

* 付翔宇,北京仲裁委员会/北京国际仲裁中心仲裁秘书,同济大学法学学士、香港中文大学国际经济法法学硕士。

① (1)Party to License Agreement (Sweden), (2) Joint Venture (Sweden) and (3) Holding Company of Joint Venture (Sweden) v. (1) Party to License Agreement (Netherlands) and (2) Affiliated Company (Germany), Final Award, ICC Case No. 17176, 2012, in Albert Jan Van den Berg (ed), Yearbook Commercial Arbitration 2016 – Volume XLI, Yearbook Commercial Arbitration, Volume 4 及 Company v. Symbion Power LLC (Final Award), ICC Case No. 19335/AGF/ZF, 11 July 2016.

多方面有所区别,关于投资仲裁的理论与实践虽不能直接适用于商事仲裁,但具有非常重要的借鉴意义,可以启发思路。

一、禁止程序权利滥用概述

提及程序滥用,学者们往往会想到"滥诉""滥用诉中权利"抑或"Violate of Due Process Clause",本文所讨论的仲裁中的程序权利滥用和上述概念有所不同。总体上看,申请人一方希望通过简化仲裁程序或通过对其最有利的仲裁程序来争取高效取得裁决,而被申请人一方的策略则往往是试图寻找实体及程序的各种漏洞,或试图拖延甚至阻止仲裁程序的进行。该等行为虽不违反仲裁规则及法律的硬性规定,但往往会给仲裁程序造成极大的拖延甚至可能影响实体公正。

(一)对仲裁程序滥用的界定

无论是大陆法系还是英美法系,均没有对仲裁程序滥用作统一的概念界定。英文 Abuse of Process 应是引申自英美法概念里的滥用诉讼程序。元照英美法词典对于这个单词的定义是:"恶意地不正当地使用常规的诉讼程序,以期从对方当事人处获得某种利益。比如原告通过欺诈诱使被告进入法院辖区,以便可以向其送达令状,则法院可以滥用诉讼程序为依据撤销送达。"①在布莱克法律词典中,也通过"使用不合适及侵害人的合法诉讼程序"(improper and tortious use of a legitimately issued process)以及"为了达到不合法或超越程序范围的结果"(to obtain a result that either unlawful or beyond the process's scope)来形容程序滥用。笔者据此总结出程序滥用的初步特征:首先,其是一方当事人所采用的一种诉讼策略;其次,这种策略是在法律允许范围内的行为;最后,这种行为很可能造成程序的拖延甚至结果的不公正。正如学者所言:"程序滥用,是指仲裁程序的参与人,为了实现自己的目的,超越合理范围地行使法律、当事人协议或仲裁规则所赋予的程序权利,

---

① 薛波主编:《元照英美法词典》(精装重排版),北京大学出版社 2013 年版。

阻碍仲裁案件审理的顺利推进，产生仲裁程序过度拖延，引起仲裁费用的额外增加，导致仲裁程序其他参与人权利受到损害的行为。”①在这个基础上，笔者认为，滥用仲裁程序的范围应该更大一些，因为滥用仲裁程序可以始于仲裁条款的签订。并且在一般概念里，程序滥用的一方往往是被申请人，因为他们需要利用这些行为去阻碍仲裁程序的进行与裁决的作出。其实也不尽然，实践中仲裁程序的滥用并不专属于一方，有些申请人也可能滥用权利。这两点是往往容易被忽视的。

（二）仲裁程序滥用的形式

滥用商事仲裁程序这一现象很早就受到了关注，C. Harris 教授在 1992 年发表的《滥用仲裁程序——拖延技巧及干扰：被申请人的手册》，其中提到了“Bremer Vulcan”案。这个案子因被申请人的恶意，拖延了 12 年。② C. Harris教授在文中列举了很多当时的拖延技巧，其中很多令人啼笑皆非，比如当事人委托律师代理后不付律师费，律师以此为由拒绝出庭；或是因仲裁员签字时人在法国，而以仲裁作出地为由申请不予执行等。E. Gaillard 教授将仲裁程序的滥用在国际投资仲裁领域的具体表现大致归纳为三类：(1)当事人为了使仲裁庭获得管辖权或是进行挑选条约(treaty shopping)而制造联结点；(2)制造平行争议解决程序或平行执行程序来获得胜诉的最大可能性；(3)当事人滥用仲裁行为，但其目的不为解决争议。③

参考前述理论，并结合《北京市第四中级人民法院仲裁司法审查案件大数据研究报告》(以下简称四中院研究报告)，笔者将国内仲裁程序滥用的表现形式作如下分类：

---

① 董箫：《商事仲裁中的程序滥用与规制》，中国仲裁法学研究会 2014 年年会暨第七届中国仲裁与司法论坛论文集，2014 年。

② Cedric Harris, “Abuse of the Arbitration Process – Delaying Tactics and Disruptions: A Respondent's Guide”, *Journal of International Arbitration*, (ⓒ Kluwer Law International; Kluwer Law International 1992, Volume 9 Issue 2), p. 87 – 96.

③ Emmanuel Gaillard, “Abuse of Process in International Arbitration”, *ICSID Review*, (2017), p. 1 – 21.

第一类,滥用仲裁条款造成管辖权问题。

在国际投资仲裁中,有大量的制造管辖权及进行条约挑选的行为,这类行为不论适用国际投资争端解决中心(以下简称ICSID)规则、联合国国际贸易法委员会(以下简称贸法会)规则,还是在许多判例中,均构成滥用仲裁程序。① 在国内商事仲裁中,通过管辖权制造仲裁程序滥用,除了恶意提出管辖权异议外,还有关联合同约定不同的管辖条款等。比较常见的是主债合同与担保权合同分别约定法院和仲裁委员会管辖或两个仲裁委员会管辖,以及承包合同的总包合同与分包合同约定不同的管辖机构。被申请人不仅会就此提出管辖权异议,还往往会在后续程序中,以本案需以另一案的审理结果为由提出中止程序的申请。还有一种情况是,同一性质、基于同一缘由的债权债务分成两份合同签署,而两份合同作出不同的管辖约定。这不仅会给申请人主张权利造成负担,也容易给被申请人留下抗辩或申请中止程序的机会。有些当事人还会通过向人民法院申请确认仲裁协议效力的方式拖延程序,这极大地增加了当事人的诉累。

第二类,滥用仲裁规则中规定的程序以期达到不正当目的。

国际仲裁中当事人往往会把Jurisdiction(管辖),Admissibility(可诉性),Competence(机构管辖权)的异议都提出并用上所有关于ratione temporis(属时管辖)、ratione materiae(属物管辖)、ratione personae(属人管辖)等异议理由,②而国内的滥用仲裁程序也渐渐形成了"套路"。例如,无正当理由提出管辖权异议或申请仲裁员回避,或者过分延迟变更仲裁请求或提出仲裁反请求。此外,当事人过于迟延地提交答辩意见、申请延期提交答辩意见或采取"证据突袭"的情况也屡见不鲜。上述行为不仅会导致程序的拖延,亦有可能激怒对方,导致双方的争议越来越大,不利于争议的解决。

---

① 例如,Chevron Corporation v. Republic of Ecuador (Partial Award), 30 March 2010', Arbitrator Intelligence Materials(UNCITRAL case)以及Philip Morris Asia Limited v Australia, Award, PCA Case No 2012 - 12, 17th December 2015 以及 Renée Rose Levy de Levi v. Republic of Peru, ICSID Case No. ARB/10/17, Award, February 26, 2014。

② Veijo Heiskanen, "Menage a trois? Jurisdiction, Admissibility and Competence in Investment Treaty Arbitration", *ICSID Review*, Vol. 9, No. 1(2014), p. 231 - 246.

第三类,以非诚信行为达到滥用程序的目的。

这类情形主要表现为:当事人提供虚假送达地址、拒不接受材料、故意不提供送达地址。材料送达是仲裁程序的重要一环,按照法律规定和仲裁规则,仲裁机构或仲裁庭需要将相关通知送达当事人,进而保障当事人知情权与表达意见的权利。实践中常出现的问题是,当事人在接到答辩通知后就已知悉案情与规则,出于逃避责任或拖延程序的考虑,对后续仲裁材料进行拒收。少部分案件中还有申请人故意不提供被申请人送达地址的情况,以期利用《最高人民法院关于适用〈中华人民共和国仲裁法〉若干问题的解释》中"依照仲裁法第二十条第二款的规定,当事人在仲裁庭首次开庭前没有对仲裁协议的效力提出异议,而后向人民法院申请确认仲裁协议无效的,人民法院不予受理"等类似默认或是放弃异议权条款[如北京仲裁委员会(以下简称北仲)规则第三条与中国国际经济贸易仲裁委员会(以下简称贸仲)规则第十条],来减损被申请人合法权益或是拖延程序以期获得更高的利息收入。在2020年的这次疫情中,亦出现了当事人称因隔离原因没办法进行开庭而事后却被发现撒谎的情况。假意达成合解诱使对方撤案后拒不履行、故意更换代理人拖延程序以及滥用仲裁保全的情况①则比较罕见。

第四类,无正当理由滥用撤销裁决的权利拖延裁决的履行。

国际上的仲裁裁决,大多数是由仲裁机构作出,对其裁决的撤销应向有管辖权的法院提出(ICSID是个例外),而其执行也是依据《纽约公约》向有管辖权的法院申请执行的。例如,尤科斯系列案的裁决,当事人就已分别向海牙和斯德哥尔摩当地法院申请撤销,其在海牙常设仲裁法院(以下简称PCA)的裁决在上诉程序中被撤销,而在斯德哥尔摩商会仲裁院(以下简称SCC)的裁决在上诉程序中得到了支持。这导致迄今为止俄罗斯政府还未向尤科斯支付裁决项下的约500亿美元款项。在我国,申请撤销、不予执行仲裁裁决是《仲裁法》赋予当事人的权利,也是当事人仲裁救济的手段之一。

---

① 董箫:《商事仲裁中的程序滥用与规制》,中国仲裁法学研究会2014年年会暨第七届中国仲裁与司法论坛论文集,2014年。

笔者认为,这个程序的本意是给予仲裁当事人一个救济方式,这种做法不仅符合"无救济则无权利"这一法理,也与贸法会示范法将撤销裁决和执行裁决分开的习惯相统一。但申请撤销仲裁裁决的权利在国内也成了被滥用的对象。我国《仲裁法》第 58 条规定仲裁裁决可以被撤销的事由包括:"(一)没有仲裁协议的;(二)裁决的事项不属于仲裁协议的范围或者仲裁委员会无权仲裁的;(三)仲裁庭的组成或者仲裁的程序违反法定程序的;(四)裁决所根据的证据是伪造的;(五)对方当事人隐瞒了足以影响公正裁决的证据的;(六)仲裁员在仲裁该案时有索贿受贿,徇私舞弊,枉法裁决行为的。人民法院经组成合议庭审查核实裁决有前款规定情形之一的,应当裁定撤销。人民法院认定该裁决违背社会公共利益的,应当裁定撤销。"

四中院研究报告显示,北京地区申请撤销仲裁裁决的案件总共有 592 件,但其中只有 3 件被撤销裁决,2 件发回重新裁决。当事人在申请撤销仲裁裁决时往往会提出多个理由,并且其中更有 42.05% 的案件所提出的理由无办法归入《仲裁法》规定的撤裁原因中。提出多个理由将增加司法审查的时间和成本,从而影响仲裁裁决的执行。

二、规制仲裁程序滥用的依据

仲裁程序滥用是民事权利滥用的一个分支。禁止权利滥用原则是指民事主体不得以不正当的方式行使权利,加损于他人。禁止滥用民事权利成文法的开端是《德国民法典》第 226 条的规定:"如权利的行使专以加害于他人为目的,则不得行使权利。"①

我国亦有对谨慎使用权利的相关规定,《宪法》第 51 条规定:"中华人民共和国公民在行使自由和权利的时候,不得损害国家的、社会的、集体的利益和其他公民的合法的自由和权利。"《民法典》第 132 条②规定:"民事主体不得滥用民事权利损害国家利益、社会公共利益或者他人合法权益。"《仲裁

① 《德国民法典》(第 4 版),陈卫佐译注,法律出版社 2015 年版,第 78 页。

② 《民法典》于 2021 年 1 月 1 日起施行,《民法总则》同时废止,该条为《民法典》第 132 条的内容。

法》也要求仲裁参与人有义务诚信参与仲裁程序。北仲规则第 2 条第 4 款和贸仲规则第 9 条亦依据《仲裁法》的规定将诚信原则写入了仲裁规则。据此,不论是立法机关、仲裁机构、仲裁庭还是法院对仲裁程序的滥用进行规制都有法可依。

三、规制仲裁程序滥用的意义

规制仲裁程序的滥用,对我国仲裁事业的发展具有极大的益处。有学者认为:仲裁是当事人合意的产物,仲裁的发生形式和范围取决于当事人的意愿和合意,这只是仲裁的一部分内涵;尽管仲裁协议与任何其他合同一样,是经双方协商一致达成的、在其有限的范围内生效的,但也在某种程度上是来源于特定的管辖权,因此也可以将仲裁看作国家权力对民间机构的一种授权,这是仲裁的另一层内涵。该被授予权力的对象所秉持的目的应与其授权者所追求的目的一致。为了证明这种授权是合理的,仲裁需要以足够高的程度与力量促进并实现公共利益。① 我国仲裁事业追求的这个公共利益,应是在秉持公平公正的基础上,有效率地解决争议、化解矛盾,并且完善自身制度。规制仲裁程序滥用将对完善仲裁制度,提高仲裁公信力,促进我国仲裁与国际接轨有极大裨益。

(一)规制仲裁程序的滥用有利于维护仲裁的终局性与公正性,增强仲裁的公信力

对于仲裁终局性和公正性之间平衡的讨论自仲裁产生之日起就未停息过。终局性这一原则既强调商事仲裁裁决的既判力,又强调一裁终局的特点。商事仲裁的价值导向从一开始就是为了快速有效地解决纠纷,其被要求成为"在脚上泥未干前就要解决问题的制度",也被要求最大限度缩短争议解决的时间从而减少维权成本。这就要求仲裁机构和仲裁庭在进行程序

① Kenneth S. Calrton, Theory of the Arbitration Process, Law and Contemporary Problems, Vol. 17, No. 4(1952).

管理和审理的时候应注重效率。规制仲裁程序的滥用对提升效率有着最直接的影响。依据四中院研究报告,北仲和贸仲的实际审理期限平均都少于其仲裁规则规定的期限,可见,现阶段北京地区的仲裁机构在效率方面的实践都值得肯定。也正因如此,越来越多北京当地的商事主体都愿意选择以仲裁的形式解决其争议。可见,若能规制仲裁程序的滥用并继续提升效率将会为提升仲裁的影响力提供极大助力。此外,规制仲裁程序的滥用,可确保正常有序的程序,让双方均有机会充分表达对于案件的观点,从而有助于仲裁庭公正解决争议。

维护终局性和公正性的做法也与国际接轨,国外许多仲裁机构在规则设计上均涵盖对仲裁裁决效力和裁决补充、补正的规定,由此体现了对这两者的追求。有学者称赞这种设计不仅高效而且能够平衡这两个目标,既可以一次性解决纠纷,又在程序中设计了救济程序,以消除可能出现的不公平和任意性。[①] 笔者认为,商事仲裁的终局性与公正性是商事仲裁中同等重要的原则,我们的目标应该是追求这两者的共同发展。规制仲裁程序的滥用有利于维护仲裁的终局性与公正性,进而提升仲裁的公信力。

(二)仲裁机构和法院共同努力规制仲裁程序的滥用有利于我国仲裁制度的完善

在国际仲裁中,各个国外仲裁机构对待各国国内法院审查其裁决存在不同的态度。

SCC 仲裁规则并没有太过明显的倾向性,第 46 条规定:“裁决是终局的,一经作出即对当事人具有约束力。同意根据本规则进行仲裁,当事人即承诺毫不迟延地履行裁决。”这并未涉及太多对于各国国内法院的态度。ICC 仲裁规则则表达了排除各国国内法院对其裁决影响的态度,其仲裁规则第 35 条第 6 款表述如下:每个裁决对双方均有约束力。通过根据仲裁规则

---

① Juan Fernández - Armesto,“Different - Systems - for - the - Annulment - of - Investment - Awards”,https://www.researchgate.net/publication/273027314_Different_Systems_for_the_Annulment_of_Investment_Awards,access 1st May,2020.

将争议提交仲裁,双方承诺毫不迟延地执行任何裁决,并应被视为放弃任何形式的救济权,只要这种放弃是有效的。在一份贸法会示范法的解释性文件中,同样明确了其排除各国内法院影响的态度:“最近对仲裁规则的修正显示出一种倾向,即有利于限制和明确界定法院参与国际商业仲裁。这是有道理的,因为仲裁协议的当事各方作出了排除法院管辖权的有意识的决定,并倾向于仲裁程序的终局性和快速性。”[①]而 ICSID 公约则彻底排除了各国国内法院对于其裁决的影响。其裁决只能向其秘书处申请废除(annul),而被废除后只有依据公约第 52 条在 ICSID 重新组成仲裁庭后才可以重新作出。这就完全排除了国内法院的影响。

除了 ICSID 之外,这种仲裁机构和各国国内法院的对立与各国国内法院和仲裁庭之间的冲突常常给仲裁裁决带来不确定性,因为仲裁庭的裁决依据《纽约公约》有很大可能会面临国内法院的审查,有时即使申请人的仲裁请求被支持,但是由于各国国内审查过程过长,导致申请人实际上还是遭受了损失,这一过程将极大损害仲裁的公信力。可见,法院和仲裁机构的冲突不利于仲裁裁决的生效与执行。有些极端的观点认为,仲裁庭都应该向 ICSID 学习,并努力排除法庭对裁决结果的影响从而维护仲裁庭的高效性。但是,笔者认为,这种方式并不应适用于我国。

首先,《仲裁法》不允许,法律对此有明确的规定。其次,我国的法院和仲裁机构都是争议解决机构,其分工有所不同但是所追求的目的相同,均是为了化解矛盾。且我国的仲裁事业正处在发展阶段,而且呈现出发展不平衡的情况,有些地区经验丰富,而有些地区则处于刚起步的阶段。因此,如果隔离法院对仲裁裁决的审查,即使在制度上允许了,现实中也会有很多问题。因此,以取消法院对裁决的审查来节约时间提升效率是行不通的。各国实践中对于他国裁决也没有放弃国内司法审查的先例。

现阶段我国仲裁事业的发展仍然需要人民法院一定的支持。仲裁机构

---

① UNCITRAL, Explanatory Note by the UNCITRAL secretariat on the 1985 Model Law on International Commercial Arbitration as amended in 2006.

及仲裁庭可在裁决作出前尽力规制仲裁程序的滥用,而人民法院可以在裁决作出后进行相应规制。统一确认仲裁协议效力的标准、撤销仲裁裁决的标准以及裁决执行标准就是有效规制仲裁程序滥用的方式。在这一点上,北京地区人民法院的实践值得肯定。北京市第四中级人民法院自2018年2月7日成为北京地区唯一对仲裁裁决进行司法审查的机关,统一管辖北京地区的撤销仲裁裁决等事项,这具有提高仲裁程序效率的作用。在国际仲裁中,各国法院与仲裁机构的冲突主要集中于三个"不统一",即法律解释的不统一、适用法律的不统一和管辖权的不统一。① 统一的司法审查机关建立的统一的司法审查标准有助于解决仲裁庭与法院的冲突。这些制度有助于规制滥用申请撤销、不予执行仲裁裁决的程序。

(三)我国仲裁的发展需要仲裁程序参与人的共同助力

规制仲裁程序的滥用有助于改变仲裁参与者的观念,发挥法律的指引作用。仲裁本质上还是基于当事人的意思自治。亦有学者认为随着仲裁日益转变成服务行业,所有相关人员,如仲裁员以及律师都希望促进它的自治,这是其利益所在,也是其不可缺少的属性。② 促进仲裁参与人的程序正义意识、诚信意识、规则意识是非常有必要的。随着"一带一路"倡议的推进,我国公民和企业会有越来越多的对外贸易的机会,树立诚信参与仲裁的意识并且指导他们用正确的方式行使自己的权利,将有利于其参与国内外的仲裁程序。

四、规制仲裁程序滥用的方式

规制仲裁程序的滥用,需要程序管理者、程序参与者与程序监督者的共同努力。因此,规制仲裁程序的滥用应是仲裁机构、仲裁员、法院与当事人

---

① Chiara Giorgetti, "Horizontal and Vertical Relationships of International Courts and Tribunals – How Do We Address Their Competing Jurisdiction?".

② Amr A. Shalakany, "Arbitration and the Third World: A Plea for Reassessing Bias Under the Specter of Neoliberalism", *Harvard International Law Journal*, Vol. 41, p. 443.

共同努力的方向。国际上有不少成熟的方式可供借鉴。

（一）仲裁机构及仲裁庭

贸法会在其2010年年度报告中提到，仲裁程序的滥用所能限定的范围太过狭窄，仲裁员应在关键阶段以及程序进行时拥有自由裁量权，以确保仲裁程序以最有效、公平和最具经济的方式进行。① 亦有美国学者在其对美国仲裁协会（AAA）的建议里提及相似内容：事实情况有力地支持了这一论点，仲裁庭，而不是法院，应提供正当程序或类似正当程序在仲裁中的保护。现行的仲裁制度是仲裁庭和仲裁员反复努力的结果，应使同意仲裁的各方避免程序的延迟和不必要的费用。② 因此，仲裁机构及仲裁庭需要发挥其直接的程序管理的优势来规制仲裁程序的滥用。北仲及贸仲均在其仲裁规则里进行了此类尝试，如北仲规则第36条及贸仲规则第35条均规定仲裁庭可以使用程序令、问题单、审理范围书等方式作为审理措施。这也给予了仲裁庭规制仲裁程序的滥用以规则依据。其能够采用的方式有以下几种。

1. 第一指令等时间表类措施

第一指令就是为了交换详尽状书而作的程序安排。③ 这是一种多用于英国仲裁程序及香港仲裁程序的方式，其起源于英国最高法院为法院审理案件的各个中间阶段制定的时间表。④ 这种时间表有利于仲裁庭尽早了解案件的真实情况并归纳争议焦点，可以避免当事人进行证据突袭。

---

① Matthew Skinner; Sam Luttrell; Tom Levi, The UNCITRAL Arbitration Rules 2010.

② Keating v. Superior Court, 645 P. 2d 1192, 1215 – 16 (Cal. 1982), rev'd in part, 465 U. S. 1 (1984) (Richardson, J., concurring in part and dissenting in part) (finding that continued judicialmonitoring of class arbitration increases the length, formality, and inefficiency of arbitration); Sternlight & Jensen, supra note 425, at 100; C. Evan Stewart, Are Class Actions Appropriate in Arbitrations?, N. Y. L. J., June 13, 1991, at 5 (arguing that continuing judicial intervention is likely to result in confusion and inefficiency); Elizabeth P. Allor, Note, Keating v. Superior Court: Oppressive Arbitration Clauses in Adhesion Contracts, 71 CAL. L. REV. 1239, 1253 (1983).

③ 芮安牟：《浅谈香港仲裁法》，陈星楠译，法律出版社2014年版，第41页。

④ Cedric Harris, "Abuse of the Arbitration Process – Delaying Tactics and Disruptions: A Respondent's Guide", Journal of International Arbitration, (ⓒ Kluwer Law International; Kluwer Law International 1992, Volume 9 Issue 2) p. 87 – 96.

2. 庭前准备会议及庭前会议

国际仲裁程序中,开庭往往是整个仲裁程序的最后一个步骤。在开庭前,仲裁庭与争议双方均会作大量的准备。仲裁庭往往会组织庭前准备会议,在这次会议上,仲裁庭会制作时间表并向双方发出要求交换书状的要求,此时仲裁庭往往会组织两轮以上的书面材料交换。而后仲裁庭会考虑是否安排庭前会议并组织双方先进行证据的核对或是总结争议焦点,为正式的开庭作准备。其可以采取的形式多种多样。但是,我国的仲裁程序却很少能做到这一点,为秉持公正,仲裁员开庭前都会避免和争议各方接触。现阶段对于复杂的案件,我国仲裁实践中多采取由仲裁庭授权仲裁秘书进行上述程序的做法,这样有助于对案件整体效率的提升。

3. 中间裁决、部分裁决

对于管辖及程序问题进行中间裁决,是许多仲裁机构的惯例。在当事人没有向法院提出管辖权异议的情况下,仲裁庭一般可以以中间裁决的方式决定其是否有管辖权,从而推进后续的程序。例如,(PCA) Chevron Corporation v. Republic of Ecuador 案就是以 partial award of merit 的形式作出了关于是否存在程序滥用的裁决。在 ICSID 实践中,常以对于管辖或可诉性的决定的形式先行进行回应。这样能以最快的速度回应当事人的管辖权异议,从而避免当事人在后续程序中再以管辖权异议为由阻碍程序的进行。这一制度的实行则需依规则而定,如中间裁决这一制度,北仲规则第 50 条规定,程序性事项只能作出中间裁决而不能像贸法会规则那样以 partial award 作出。贸仲规则第 50 条只是允许仲裁庭针对实体问题先行以部分裁决方式进行回应。

4. 程序令等措施

对于使用仲裁规则规定对程序滥用进行规制,可以借鉴一号程序令或是 ICC 的审理范围书。

在实践中,使用审理范围书将大幅提高庭审效率。审理范围书(Terms Of Reference,TOR)是 ICC 首创的一项审理措施。其初衷是满足当时法国等国家仅认可争议实际发生后达成的仲裁合意的要求。[①] 审理范围书不仅有助于双方当事人提前固定请求,也可以避免变更请求或临时提起反请求导致的程序拖延,还有助于双方当事人尽早发现争议焦点。一号程序令,则是类似于审理范围书的一种程序指令,其是为了规制当事人过晚地变更仲裁程序。不仅如此,在国际仲裁实践中,程序令往往会提早确定待决事项,从而尽量避免临时变更的仲裁请求对于程序的拖延,亦会在程序令中一次性地对送达地址及方式、管辖权、仲裁庭的组成人员及方式征求双方意见,以期一次性地解决这些问题并杜绝当事人事后再提出同类的问题。为了避免证据突袭及便于总结争议焦点,仲裁庭还可以采用国际仲裁比较常用的雷德芬证据开示表。

(二)法院及仲裁参与者

1. 人民法院作为司法审查、司法监督机关,应采用统一的尺度要求所有的仲裁机构。仲裁机构则应严格要求自己,使其裁决更不容易被撤销,以增加仲裁的公信力。

2. 仲裁参与者,尤其是代理人,应在进行仲裁前熟悉仲裁规则,这样有助于其进行工作准备,避免因己方原因(如变更仲裁请求)导致程序的迟缓。代理人熟悉规则也有助于促进其与仲裁庭的良性配合,从而高效解决争议。

五、结语

综上所述,为了维护及保障商事仲裁的高效性与一裁终局性等特点,同时也为响应党的十八届四中全会关于“完善仲裁制度,提高仲裁公信力”的改革目标,符合中国特色社会主义仲裁事业发展的新征程的要求,全国的仲裁机构应努力从仲裁规则层面规制滥用仲裁程序。还应加强对仲裁员及仲裁秘书在相关理论及实践方面的培训,由仲裁机构在组成仲裁庭前、由仲裁

---

① 安迪:《审理范围书在我国仲裁中的借鉴与探索》,载 https://www.bjac.org.cn/news/view?id=3663,2020年2月20日最后访问。

员在组成仲裁庭后的每个阶段中共同努力,从实体及程序上尽力避免及规制对仲裁程序的滥用。此外,为了增强中国仲裁机构在国际上的影响力,提升国际服务能力,我们还应借鉴国际实践中较为有效的方法,将国际上行之有效的经验与我国的实践相结合。

刑事法治

非法吸收公众存款罪的司法适用困境与立法调整建议

刘　亮[*]　焦　焜[**]　薄　亮[***]

一、非法吸收公众存款罪的司法依据

非法吸收公众存款罪可以说是我国罪名体系里的一个“新兵”，它并未出现在1979年《刑法》中。该罪名的诞生还要等到大约20年后，1995年6月第八届全国人民代表大会常务委员会审议通过《关于惩治破坏金融秩序犯罪的决定》（以下简称1995年《决定》），该决定第7条将非法吸收公众存款或者变相吸收公众存款、扰乱金融秩序的行为规定为非法吸收公众存款罪，未经批准面向社会公众的集资行为首次纳入刑事规制当中。① 1997年《刑法》吸收了1995年《决定》的规定，把非法吸收公众存款罪编入《刑法》第三章第四节破坏金融管理秩序罪中，并且沿用了两个刑罚档次的设置及单位犯罪的规定。1998年国务院发布的《非法金融机构和非法金融业务活动取缔办法》，将非法吸收公众存款的行为定义为非法金融活动，搭建起行

---

* 刘亮，北京市丰台区人民检察院第二检察部主任。

** 焦焜，北京市丰台区人民检察院第二检察部干警。

*** 薄亮，北京市丰台区人民检察院第二检察部干警。

① 1995年《决定》第7条规定：“非法吸收公众存款或者变相吸收公众存款，扰乱金融秩序的，处三年以下有期徒刑或者拘役，并处或者单处二万元以上二十万元以下罚金；数额巨大或者有其他严重情节的，处三年以上十年以下有期徒刑，并处五万元以上五十万元以下罚金。单位犯前款罪的，对单位判处罚金，并对直接负责的主管人员和其他直接责任人员，依照前款的规定处罚。”

政处罚与刑事司法间的衔接通道,将构成犯罪的非法吸收公众存款行为纳入刑事打击的范围内,织密了对非法吸收公众存款行为的行政执法和刑事司法规制网络。

2001 年 1 月最高人民法院印发的《全国法院审理金融犯罪案件工作座谈会纪要》(以下简称 2001 年《金融犯罪纪要》),首次明确了非法吸收公众存款罪的定罪量刑标准,要求从非法吸收公众存款的数额、参与人员规模以及造成损失等方面判定行为的社会危险性,并区分个人犯罪和单位犯罪在上述三个方面作出具体量化规定。其中,个人非法或者变相吸收公众存款 20 万元以上,或 30 户以上,或造成损失 10 万元以上;单位非法或者变相吸收公众存款 100 万元以上,或 150 户以上,或造成损失 50 万元以上的被规定为入罪标准。对于个人非法或者变相吸收公众存款 100 万元以上,单位非法或者变相吸收公众存款 500 万元以上的,则规定为"数额巨大"的刑罚升档标准。同年 4 月,最高人民检察院、公安部发布的《关于经济犯罪案件追诉标准的规定》,对于追诉标准作出了与 2001 年《金融犯罪纪要》一致的规定,仅将"造成损失"的表述修改为"造成直接经济损失"。在 2010 年 5 月最高人民检察院、公安部发布的《关于公安机关管辖的刑事案件立案追诉标准的规定(二)》中,本罪的立案追诉标准也基本沿用以上的入罪标准,仅仅新增了"造成恶劣社会影响"和"其他扰乱金融秩序情节严重的情形"的入罪兜底条款。

随着我国经济社会的不断发展,近年来非法集资活动高发频发趋势明显,资金规模、参与人员均大幅度增长,社会危害不断加大。2010 年 12 月最高人民法院出台《关于审理非法集资刑事案件具体应用法律若干问题的解释》(以下简称 2010 年《解释》),抽象概括了成立非法吸收公众存款罪应当同时具备的非法性、公开性、利诱性、社会性特征,并列举表述该罪的具体行为方式,进一步明确了该罪的定罪量刑标准。首先,对于入罪标准,2010 年《解释》与 2001 年《金融犯罪纪要》的规定基本一致,仅是将非法吸收对象的"户"修改为"人",把"造成损失"限缩为"造成直接经济损失"。其次,在刑罚升档标准方面,2010 年《解释》在吸收沿用 2001 年《金融犯罪纪要》中个人非法吸收公众存款100万元以上，单位非法吸收公众存款500万元以上为“数额巨大”标准的基础上，新增了个人非法吸收公众存款对象100人以上、或造成直接经济损失50万元以上；单位非法吸收公众存款对象500人以上、或造成直接经济损失250万元以上的标准，该定罪量刑标准则一直沿用至今。2014年3月最高人民法院、最高人民检察院、公安部印发《关于办理非法集资刑事案件适用法律若干问题的意见》（以下简称2014年《意见》），对非法集资的行政认定、“向社会公开宣传”及“社会公众”的认定、共同犯罪的处理等方面的问题作出了更为细化的规定。

2015年以来，互联网金融发展势头迅猛，在炙热的市场行情下，打着“金融创新”幌子、公司化、集团化运作的非法集资违法犯罪活动愈演愈烈。为适应非法集资犯罪刑事司法的需要，2017年6月最高人民检察院公诉厅印发《关于办理涉互联网金融犯罪案件有关问题座谈会纪要》，对网络借贷领域的非法吸收公众存款行为认定、行为人主观故意认定、犯罪数额认定等方面作出了细化规定。2019年1月最高人民法院、最高人民检察院、公安部又再次联合印发《关于办理非法集资刑事案件若干问题的意见》，再次对非法集资的“非法性”、行为人主观故意认定、犯罪数额认定、单位犯罪认定等方面问题作出更为详尽的规定，但并未在定罪量刑标准上有所突破。

二、非法吸收公众存款罪的司法实践困境

2015年以来我国非法集资犯罪案件持续高发，2015~2018年，全国各级人民法院受理非法集资刑事案件分别为5843件、7990件、8480件、9183件，同比分别上升108.23%、36.7%、6.13%、8.29%。2018年，全国公安机关共立案非法集资案件1万余起，同比上升22%，涉案金额约3000亿元，同比上升115%，平均案值达2000余万元，同比上升76%。①

当前，非法集资案件持续高发，资金规模不断攀升，尤其是，当非法集资犯罪披上“互联网+”的外衣后，犯罪形式更加隐蔽、犯罪手段更加狡猾，使

① 李勇：《互联网金融乱象刑事优先治理政策之反思》，载《西南政法大学学报》2019年第6期。

得打击非法集资犯罪更加困难。此外,因非法吸收公众存款罪刑罚不均衡导致的非法集资犯罪刑事司法困境更加凸显。

第一,相较于非法吸收公众存款罪,非法集资犯罪刑事司法中,认定集资诈骗罪较为困难。全国检察机关 2016 年以非法吸收公众存款罪提起公诉 14,745 人,以集资诈骗罪提起公诉 1661 人;2017 年以非法吸收公众存款罪提起公诉 15,282 人,以集资诈骗罪提起公诉 1862 人;2018 年以非法吸收公众存款罪提起公诉 15,302 人,以集资诈骗罪提起公诉 1962 人。具体情况见图 1。2016 ~ 2018 年,非法吸收公众存款罪在提起公诉的非法集资案件中所占比例分别为 89.88%、89.14%、88.64%。①

具体到北京地区,2018 年在北京市各级人民法院生效判决中,仅有 22 份集资诈骗罪判决书,涉及 25 名被告,而同期则有 210 份非法吸收公众存款罪判决书,涉及 516 名被告(含 2 名单位被告),法院判决的非法集资案件中,认定非法吸收公众存款罪的被告数量占比高达 95.38%。② 以上数据足以说明集资诈骗罪认定的困难程度。

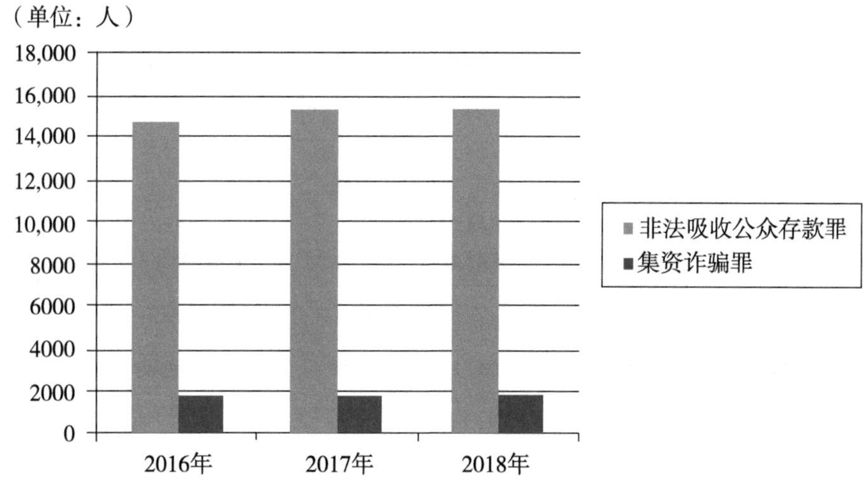

图 1　全国检察机关提起公诉案件

① 李勇:《互联网金融乱象刑事优先治理政策之反思》,载《西南政法大学学报》2019 年第 6 期。

② 本文引用的判决书均源自中国裁判文书网与北京法院审判信息网。

第二，非法集资犯罪刑事司法中，非法吸收公众存款罪刑期较低。细化梳理2018年北京市各级法院作出的非法集资犯罪判决书，我们发现，犯非法吸收公众存款罪的514名被告人中，被判处3年以下有期徒刑（包含3年）的有330人，被判处3年以上有期徒刑（不含3年）的有110人，被判处5年以上有期徒刑的有74人。而犯集资诈骗罪的25名被告人中，被判处3年以下有期徒刑（不含3年）的仅1人，被判处3年以上10年以下有期徒刑（不含10年）的有2人，被判处10年有期徒刑（含10年）的有16人，被判处无期徒刑的有6人。可见，非法吸收公众存款罪的刑罚显著轻缓于集资诈骗罪。

集资诈骗案件中，被害人必将蒙受财产损失，但办案经验显示，当前绝大多数非法吸收公众存款案件中，集资钱款返还比例较低，很少有集资参与人可以获得出资钱款的返还，枉论获得全额退款。同样是给他人带来血本无归的悲惨遭遇，犯集资诈骗罪的被告人因主观上对被害人的钱款有非法占有目的，其将要面对的刑罚远远重于无法证实具有非法占有集资参与人钱款目的的非法吸收公众存款被告人，由此产生悬殊的刑罚量恐怕难以让被告人认罪服法，程序正义与实质正义的背离将不可避免。

第三，非法吸收公众存款罪的定罪处刑呈现纵向时间轴上的不均衡趋向。2015年以来，非法集资犯罪案件发案率呈现跳跃式上升同时，涉案金额和人员规模在短时间内出现几何级增长，突破亿元大关的非法集资案件已司空见惯。不同年份里，非法吸收公众存款金额相差悬殊的被告人面临接近甚至相同的刑罚，单位金额所对应的刑期呈现不均衡趋向。有案件判决显示，2016年和2017年，涉案金额8000余万元的非法吸收公众存款案，被告人被判处有期徒刑6年，并处罚金10万元。时间轴转到2018年，在犯罪手段、案件情节基本相似，涉案金额高达14亿余元的非法吸收公众存款案中，被告人仅被判处有期徒刑7年，并处罚金人民币20万元。

第四，非法吸收公众存款罪的定罪处刑同样显现地域间不均衡态势。各地区经济社会发展水平和金融市场活跃程度的差异，使区域间非法集资案件数量和资金规模差异较大。以北京市为例，非法集资犯罪案件主要集中在经济发达的朝阳区，且资金规模大、涉案人员多，经济相对较为滞后的郊区,此类案件发案数量较少,且资金规模相对较小。经济发达程度和发案数量的差距,在一定程度上会造成非法吸收公众存款案件定罪处刑在不同区域产生较大差异,刑罚不均衡态势逐渐显现。如北京市石景山区人民法院审理的一起非法吸收公众存款案中,被告人向 406 人非法吸收存款 3530 万余元,案发后无法返还金额高达 2478 万余元,第一被告人公司法定代表人、董事长被判处有期徒刑 8 年,剥夺政治权利 1 年,并处罚金人民币 40 万元,第二被告人公司财务总监、第三被告人公司总经理均被判处有期徒刑 5 年,并处罚金人民币 20 万元;而同年北京市朝阳区人民法院审理的一起非法吸收公众存款案中,涉案资金规模 1 亿余元,第一被告人公司实际控制人被判处有期徒刑 6 年,罚金人民币 30 万元,第二被告人公司执行副总裁被判处有期徒刑 5 年,罚金人民币 25 万元。

第五,非法吸收公众存款罪定罪处刑时不易拉开刑罚档次。非法吸收公众存款罪的法定刑具有两个刑罚档次,相关定罪量刑标准制定时间较早,相对于当前非法集资案件数量、资金规模激增的态势,入罪标准和刑罚升档标准相对较低,在刑事司法适用过程中,不易拉开各被告间的刑罚档次。非法吸收公众存款罪的定罪处刑在时间维度和地域维度的不均衡趋向,也可以说由来于此。根据司法解释的规定,个人非法吸收公众存款 100 万元以上,在无其他情节的情况下,其会被判处有期徒刑 3 年以上,当前非法集资案件资金规模动辄破亿,甚至上百亿、千万级的非法吸收公众存款罪被告人,在无其他情节的情况下,可能并不会面临太重的刑罚。因而相同时间、相同地域的非法吸收公众存款案件中,即便涉案金额相差悬殊,不同被告人的刑法档次不会存在明显差距。如在北京市朝阳区的一起案件中,被告人非法吸收 580 余万元,案发后无法返还 560 余万元,法院审理期间被告人仅退赔 8 万元,被告人仅被判处 3 年有期徒刑,并处罚金人民币 15 万元。[①] 另一起案件中,非法吸收 9000 余万元,作案过程中仅返还 500 余万元的被告人,被告人在法院审判期间退赔 305 万元,其最终被判处有期徒刑 3 年,并处罚金

① (2018)京 0105 刑初 462 号。

15 万元。[1] 两起案件中，非法资金金额悬殊的被告人，所获刑罚却并未存在显著差异。

第六，不均衡的刑罚，很可能会加大非法吸收公众存款犯罪案件追赃挽损的难度，容易引发集资参与人群访、闹访。当前非法吸收公众存款罪与集资诈骗罪的个案集资规模和造成直接经济损失的金额巨大，集资诈骗犯罪行为和非法吸收公众存款犯罪行为之间的社会危害性不断接近，但在刑事司法中，集资诈骗罪证据标准较严格，"以非法占有目的"的认定难度大，定罪门槛较高。在犯罪数额以千万元甚至以亿元为计量单位的非法集资案件中，若无法证明集资人对钱款有非法占有目的，对被告人则只能以非法吸收公众存款罪定罪处罚。受限于法定刑的规定，非法吸收公众存款罪的刑罚威慑力与巨额资金的诱惑力相比明显力度不足。在犯罪数额巨大的非法吸收公众存款案中，集资人如果拒不认罪、拒绝退赃退赔，至多获刑 10 年，如能部分退赃退赔、当庭态度良好，可能不会被顶格判刑。这种情况下，坚持"留得青山在"的非法集资人在刑满出狱后，凭借犯罪所获的巨额"财富"继续"逍遥自在"，而集资参与人则不得不面对家财散尽的悲惨境遇。

这或许可以解释，司法实践中，缘何集资参与人一旦回本无望，便寄希望于群体访、闹访、缠访，要求司法机关以集资诈骗罪或者其他重罪严惩被告人，究其原因，不外乎期望通过重刑威慑被告人积极退赔，以挽回损失。

三、非法吸收公众存款罪司法实践困境的成因分析

我们认为，非法吸收公众存款罪的立法规定导致了该罪司法适用的困境。

非法吸收公众存款罪最早由 1995 年《决定》设置，1997 年《刑法》将其完全吸收后，该罪的罪状表述、刑罚设置、单位犯罪等法律规定并未有过实质性的修改，罪名设置非常稳定。20 世纪 90 年代中期，非法吸收公众存款罪创设伊始，受制于经济发展水平和人民群众较低的收入水平，社会上非法

---

① (2017)京 0105 刑初 1541 号。

集资犯罪资金规模较小、涉及人员较少、社会波及面窄。但近年来,随着我国经济社会的不断发展,金融市场规模和活跃程度早已今非昔比,非法集资犯罪活动“井喷”态势明显,非法集资资金体量巨大、涉案人员众多,严重扰乱了金融管理秩序。为适应司法打击的需要,非法吸收公众存款罪相关司法解释、规范性文件频繁发布,多次在构成要件、主观故意、犯罪数额等方面进行细化规定,以弥补立法的滞后性,织密刑事法网。

但遗憾的是,非法吸收公众存款罪的定罪量刑标准最早在 2001 年《金融犯罪纪要》中明确后,至今未再进行过实质性的修改。具体来说,入罪标准方面,2001 年《金融犯罪纪要》从犯罪数额、吸存对象数、损失数额方面作出明确规定,以后出台的法律、法规仅是对其部分文字和表述进行了修改,未见实质内容的修改。刑罚升档标准方面,2001 年《金融犯罪纪要》仅从犯罪数额角度规定了“数额巨大”的刑罚升档标准。2010 年《解释》进一步明确了对象人数、损失数额的刑罚升档标准,对定罪量刑标准予以完善。但是,不断出台的司法解释、座谈会纪要只是短期内提供了司法实践依据,局限在立法框架内的司法解释无法从根本上化解非法吸收公众存款罪的司法适用困境。

四、非法吸收公众存款罪的立法完善路径

从以上分析中我们不难发现,当前司法实践中,非法吸收公众存款案件中,因对被告人定罪处刑不均衡、刑罚惩治不严厉等问题,引出的司法困境、诱发的社会问题不容忽视。审视整个刑事法律体系,我们还会发现非法吸收公众存款罪与其他破坏社会主义市场经济秩序罪之间的刑罚量亦存在差距,罪责刑不相匹配的情形愈演愈烈,法律修改的窗口期已经到来。

按照现行刑法的规定,非法吸收公众存款罪入罪刑档为 3 年以下有期徒刑或者拘役,升格刑档为 3 年以上 10 年以下有期徒刑。受限于法定刑的上线,犯罪数额动辄上亿甚至数十亿元的非法吸收公众存款罪,可能被判处的刑罚量将显著低于其他社会主义市场经济领域的犯罪。同为非法集资犯罪,集资诈骗罪在法定刑方面有三档刑期,其最高刑是无期徒刑,而在发案

数量数十倍于集资诈骗案件的非法吸收公众存款案中,非法吸收公众存款罪仅有两档刑期,且最高法定刑仅为10年有期徒刑,集资诈骗罪的被告人所面临的刑罚远重于非法吸收公众存款罪的被告人。

此外,同为破坏社会主义市场经济秩序的犯罪,如今非法吸收公众存款犯罪呈现出资金规模大、社会影响面广、参与人数多等特点,其社会危害性毫不逊于经济领域的其他犯罪,但被告人可能面临的主刑一定程度上轻缓于其他罪名,而且附加刑的数额也远少于其他罪名。在涉案金额不断刷新纪录的今日,轻缓的法定最高刑和金额较少的附加刑恐怕难以对频繁爆雷的非法集资犯罪形成有力震慑。如涉案金额3亿余元的组织、领导传销活动案中,主犯被判处11年6个月有期徒刑,并处罚金300万元。然而,在犯罪数额80亿余元的非法吸收公众存款案中,主犯一审才被判处5年有期徒刑,并处罚金20万元。悬殊的刑罚告诉我们,与其他罪名的被告人相比,犯非法吸收公众存款罪的被告人无论是在主刑方面,还是在附加刑方面均被轻缓处之。

非法吸收公众存款罪创设至今已逾30岁高龄,其刑罚设置无法满足当前司法实践的需要,不利于惩治金融犯罪,有碍防范化解重大金融风险,在无法形成更加有力可行的惩治体系的情况下,修法已势在必行,我们建议,可以从以下三个方面对非法吸收公众存款罪的立法作出调整:

首先,提高非法吸收公众存款罪的法定最高刑,将本罪的法定最高刑提升至15年有期徒刑,通过升高法定最高刑的方式提升非法吸收公众存款罪的震慑力,迫使非法集资人在重刑压力面前放弃不退少退的念头,促其退赔退赃。

其次,比照集资诈骗罪,增设非法吸收公众存款罪的第三档刑期——10年以上有期徒刑,以加强分层打击的力度。当前越来越多的非法吸收公众存款犯罪开始呈现出集团化、公司化的作案趋势,若以非法吸收公众存款罪的两档刑期予以处罚,越来越大的犯罪数额压缩了第一档刑期的适用空间,而第二档刑期中7年的刑期差距,在人数众多的非法吸收公众存款犯罪案件中,难以拉开各犯罪行为人之间的刑期差距,不利于进行分层打击的刑事处罚,难以保证个案的示范效果。而增设第三档10年以上有期徒刑,有利于将涉案金额特别巨大、对犯罪起主要作用的主犯从众多犯罪行为人中区分出来,便于分层打击,保证案件的法律效果和社会效果。

最后,加重非法集资犯罪附加刑的法定刑。现行《刑法》规定,非法吸收公众存款罪与集资诈骗罪,入罪刑档的罚金数额均为2万元至20万元,非法吸收公众存款罪中,数额巨大或者有其他严重情节的,判处5万元至50万元的罚金,集资诈骗罪数额特别巨大或者有其他特别严重情节的,判处5万元至50万元的罚金或者没收财产。相比于动辄数十亿元、上百亿元的犯罪数额以及上千万元的获利金额,几万元至几十万元的罚金刑难以对集资人形成震慑,刑法的惩戒效果大打折扣。对此,有必要提高非法吸收公众存款罪与集资诈骗罪附加刑的罚金数额,对贪图钱财的集资人以自由刑处罚的同时施以财产刑,有助于实现矫正正义,增强刑罚的处罚效果。

暴力伤医现象本因性探究

张建成*

近年来频发的暴力伤医事件给社会发展造成了严重的危害后果。针对暴力伤医，诸多医疗领域专家依托行业优势展开深入调研，并提出了一系列行之有效的防控措施。伤医行为的实施者是具有生物特性及社会属性的人。人的生物本能性才是伤害行为发生的原始基础，亦即研究暴力伤医行为的逻辑起点。有人存在的地方就有利益纷争，有纷争就可能发生伤害行为。以人的生物本能为基础形成的人格特质作为行为动力源，经诸多外部环境因素诱导形成动机，是暴力伤医行为发生的本质性原因，这种暴力伤医行为模式正是有效排除伤医隐患而采取"重点人士评估、专项措施预防"策略的理论依据。

一、暴力伤医的背景及内涵

根据《执业医师法》，医师是指依法取得执业医师资格或者执业助理医师资格，经注册在医疗、预防、保健机构中执业的专业医务人员。医师应当具备良好的职业道德和医疗执业水平，发扬人道主义精神，履行防病治病、救死扶伤、保护人民健康的神圣职责。医生职业神圣崇高素有"救死扶伤、悬壶济世"的盛誉。然而，随着社会的发展，近些年暴力伤医现象却愈演愈烈，事件数量不断增加，性质越发恶劣，后果越趋严重，直至发生严重刑事

* 张建成，北京市华泰律师事务所专职律师。

案件。

《中国医师协会》发布的2017年《中国医师执业状况白皮书》表明:在伤医问题上,66%的医师经历过不同程度的医患冲突,但绝大多数为偶尔的语言暴力(51%),超三成医生有被患者暴力对待的经历。医生工作不仅压力大,而且工作环境如此恶劣确也超出想象。

有业内人士搜集的近10年来中国媒体报道的295起伤医事件中(不包括港澳台地区),共有362名医护人员受伤,99名医护人员被患者持刀具袭击,至少有50位医务工作者因为暴力伤医事件而失去生命。据最高人民法院2020年5月11日发布的消息,自2019年至2020年4月,人民法院共计一审审结杀医、伤医、严重扰乱医疗机构秩序等涉医犯罪案件159件,判决生效189人。特别是2019年年底和2020年年初分别发生在北京民航总医院和朝阳医院的伤医事件,其暴力程度在全社会引起广泛关注。即便在举国抗击新冠肺炎疫情的特殊时期,仍然发生了多起暴力伤医事件,如2020年1月29日柯金山寻衅滋事案和3月20日内蒙古鄂尔多斯捅伤主治医生案。数据和事实反映出伤医事件的严重暴力程度确实触目惊心,令人震惊。

暴力伤医事件在伤害医务工作者身体的同时,对社会群体心理也造成冲击和伤害,严重影响医疗体系完善的深层次综合发展,危害后果不可估量。当医生最基本的安全得不到保障时,保护性医疗措施就在所难免,医生的光环不再,最终伤害的是每一个可能成为病人的普通人的健康利益。[①]

世界卫生组织将医院暴力界定为:卫生人员在其工作场所受到辱骂、威胁和攻击,从而造成对其安全、幸福和健康的明确或含蓄的挑战。暴力伤医行为在我国尚没有统一明确的概念界定,但基于汉语言文字的丰富内涵及特定环境,在实践中对暴力伤医现象予以准确把握应该不存在理解层面的障碍。

针对暴力伤医,准确把握其行为特征,深化犯罪层面专业理解,对预防和处置暴力伤医行为,具有必要的实践意义。总括来讲,暴力伤医行为一般

---

① 李玫:《暴力伤医案件的思考》,载《江苏卫生事业管理》2015年第6期。

具有以下几方面特征:(1)基于医疗诊治互动为前提,医方与患方是对向关系;(2)伤医主观为故意,是能动的积极追求,过失没有存在空间;(3)鲜明的肢体物理行为表现,包括言语和动作等;(4)给医方造成精神或身体上的明显伤害,行为恶性超出正常人可以接受的合理范畴;(5)以存在伤医事实为标准,不考虑医方过错原因;(6)行为具有可责罚性。全面了解上述伤医行为的内涵特征,对预防处置暴力伤医行为有着实践层面的积极意义。

二、暴力伤医的原因分析

暴力伤医现象的存在及演变的构成模式的形成,包括社会矛盾、医疗体制、人格特质和伦理道德等诸多方面的原因。有人认为责任在政府及患方,政府应为医疗伤医承担主要责任,医患关系紧张的深层次原因在于医疗体制,患方对医疗技术期望过高,期望值与医学局限性、医疗保障有限性的矛盾依然突出;[①]有人认为问题出在医患信任危机,患者对诊疗效果不满意,医患沟通障碍,存在医患信任危机;[②]也有人认为根本原因在社会矛盾,我国正处在由传统社会向现代化社会过渡的转型阶段,各种社会主要矛盾突出,社会各层面的暴力伤害行为是社会矛盾的突出表现;[③]还有人认为利益冲突是暴力伤医事件发生的根本原因之一,[④]医方伦理缺陷是导致暴力伤医的重要深层原因之一;[⑤]当然,有人考虑到了人的生物性层面,认为人格异质表现导致伤医行为的发生,行凶者中近三成有精神病史,近四成性格内向、孤僻、偏执;[⑥]在缺乏合理诉求途径或诉求得不到满足的情况下,人类生物本能促使

---

① 周杰华、黄秀芹、孔旭辉、高熹:《医院暴力伤医风险管理流程的构建》,载《医学与社会》2019年第5期。

② 邹新春等:《暴力伤医潮的反思》,载《医学与哲学》2016年第5A期。

③ 王茹、王兆良:《对我国暴力伤医现象的思考》,载《南京医科大学学报》(社会科学版)2015年第1期。

④ 梁韵、赵敏:《基于利益相关者理论的暴力伤医问题研究》,载《医学与法学》2016年第6期。

⑤ 王树华:《医方伦理缺陷与暴力伤医关系研究》,载《中国卫生事业管理》2015年第12期。

⑥ 王玲玲等:《医院场所暴力伤医趋势、不良影响分析与思考》,载《中国医院》2014年第3期。

暴力发生,[①]等等。

任何原因都不可以成为实施暴力伤害的借口。社会矛盾是社会运行的固有规律,是社会大背景下的重要环境因素,必然影响社会化进程,但不是决定个人具体行为如何选择的根本原因。

医院本身具有公益属性,却被推向市场化运作轨道,这直接加深了医疗领域多方的利益冲突,以致形成医患双方信任缺失的局面。现行医疗卫生体制存在的弊端,并不是伤医行为发生的原因。一是因为体制改革本来就是一个循序渐进的过程;二是尽善尽美的社会医疗卫生保障体制,均不是必然地能够相应提升医疗科技水平。现行医疗体制存在明显弊端是社会发展过程中的必然,追求完善的同时也需要痛苦的付出,体制弊端作用于所有可能成为病人的人,弊端存在的事实不能成为伤医行为的根本原因。

患方的医疗期待与局限的医疗科学技术存在现实落差,既是客观规律也是事实,"白衣天使"只能是身份的赞誉而不能成为能力的要求。对于常人而言,其应当具备适应社会文明程度及善于理性思考的能力,物质问题虽重要,但不是决定个人行为选择的根本原因,外在经济原因与人的品格特质及理性思考能力并没有实质的必然联系。

对于暴力伤医现象,将完善配套法律法规及加大刑事惩处力度作为主要防范思路并不是科学的应对策略。依靠强化惩处力度有违刑事科学的内在规律。人因为惧怕刑罚而不去犯罪,刑罚可以控制犯罪,因此,刑罚只能控制那些惧怕刑罚的人,没有一个罪犯会认为自己必然受罚而去犯罪[②]。因为敬畏,法律才有意义,如果没有了敬畏,不存在思想的顾虑,就会轻易僭越法律,任意实施各类伤害行为。

总结伤医原因,包括医疗体制弊端的显现、社会矛盾的爆发、医患纠纷的升级、沟通渠道的不畅和因病致穷的现实等,最终都可归结为患方对医疗期待落空的反应,因为失望产生的挫折感致使伤医行为人对危害后果无所

---

① 付恩砚:《"生物—心理—社会"医学模式视域下的暴力伤医现象探析》,载《开封教育学院学报》2016 年第 8 期。

② 皮艺军:《犯罪学研究论要》,中国政法大学出版社 2001 年版,第 23 页。

顾忌地积极追求，最终导致暴力伤医行为的发生，因此，暴力伤医行为本因性核心因素是作为医患社会关系一方主体的行为人的人格异质，所有的外在环境因素只是促成动机形成的诱导因素。否则，无法解释为什么同样的环境因素下行为人的选择方式会截然不同，无法解释行为人明知伤害医务人员会付出巨大代价却仍然不停止伤医行为的现实问题。毕竟所有不利因素影响的是所有接受诊疗行为的参与人，而不只是伤医的患者。

三、暴力伤医行为本因性因素的确定

行为是基于人的意识支配而产生的物理性肢体动作。行为是人与人之间形成社会关系的中介因素，没有行为的存在，也就没有对应的社会关系，更不可能讨论对利益的侵害和保护问题。个体适应社会的行为方式因为能力的参差不齐导致选择的不同，相同的社会环境下，不同的人作出不同的选择，而不是所有人作出了同样的选择。因此，寻找某类行为发生的本因性因素，就要着眼于行为主体——具有生物性本能的人。

作为具有生物属性的人，攻击性是其主要本能之一，社会化文明程度的高低直接决定了个人攻击性外在表现的程度。理性是与人的社会性和文明性相联系的，非理性是与人的生物性和野蛮相联系的。[①] 每个人适应社会文明程度的不同，决定了理性思维及本身攻击性控制力的不同。

社会文明程度的低级方面可以直接反映在人格结构中，表现为偏执、性格刚脆且报复心强、侥幸心重、极度个人为中心、过于自信、理性思维能力弱、易激惹、情绪易失控等方面，把握主体人格结构内容与各类外在环境性因素的互动性，才是行为发生的根本性原因。特定人格遇到适配的犯因性环境因素，诱发动机，发生侵害。人格特质对外在环境的不同适应性，决定了侵害行为发生的可能性及严重性。

站在生物本能性及人格架构的角度分析暴力伤医现象发生的原因，还可衍生出另外两个与生物性本能相关的重要原因，一是行为选择的功利性，

---

① 皮艺军：《犯罪学研究论要》，中国政法大学出版社2001年版，第44页。

二是人人相轻的必然性。行为人根据行为付出与代价收益的比例关系,基于功利主义思想,会选择利于自己的行为方式,包括为或不为及如何为。人与人之间的轻视表现是客观存在的,因为轻视而具有了心理上的优越感。从社会角色的安排来讲,医生的社会地位与其履行的社会职能不匹配,明显偏低,市场化行为致使医患双方被过于定位为服务于被服务的关系。对内心被轻视的一方实施攻击,实际上是行为人在内心已为自己找到了正当合理化理由。有一部分人把看病当成市场交易,认为花了钱就应当买到最完美的服务,包括态度和医疗技术。白衣天使在他们眼里,"白衣"是地位,"天使"是要求。在患者眼里,医护人员的地位是卑微的,只是一个"掌握高级技能的雇工"。① 上面这两个衍生因素,也是基于人性而存在的本源性原因,是人生物本能性的分支表现。

四、暴力伤医的犯罪学定位

暴力伤医并不是孤立独特的危害现象,它是诸多社会现象之一,研究暴力伤医不能以社会角色作为标准进行定位,而应以共同特征的"行为"为研究对象。把人作为暴力伤医现象发生的逻辑起点,将人的行为作为暴力伤医现象的载体表征,以此为切入点探讨暴力伤医行为的根本原因,至于社会角色仅可作为"行为情景"的内容予以分析评判。

作为社会现象客观存在的暴力行为不能杜绝,只能有效控制。暴力伤医行为不能仅仅局限于医疗卫生视角,而应置放于社会行为的大背景中去研究,才可发现暴力伤医行为的本质性原因。

暴力伤医行为并不必然构成刑事犯罪,但鉴于本文的研究视角在于暴力伤医的危害性和行为的侵犯性,所以,本文对暴力伤医行为的研究采用犯罪学的方法、理论及思维,关注的是危害行为发生的原因,不牵涉刑事规范的符合问题。这也与下文中的基于人格危害层次设定行为危害层级的表述相呼应,终极目的在于讨论暴力伤医行为的根源。

---

① 参见安阳市第三人民医院心胸外科主任医师刘海燕访谈记录。

具体到脱离社会角色层面，运用犯罪学理论视野研究暴力伤医行为应确定准确的逻辑起点。社会侵害行为虽然由处于不同社会角色中的主体实施，但其处于特定思维之中的逻辑起点却是相同的，这就是犯罪观的问题。皮艺军教授根据国际犯罪学研究的成果中所呈现的大趋势，把以下三点归纳为犯罪学发展的逻辑起点：(1)犯罪现象论的"犯罪不可避免性"；(2)犯罪原因论的"个体与环境互动性"；(3)犯罪控制论的"潜在犯罪人论"。[①] 基于此理解，暴力伤医现象不可能被消灭，特定人在特定环境下实施的侵害行为并不能被主观避免，本性的差异决定了对环境选择适应会出现不同结果。

五、暴力伤医行为层次类型及典型罪案分析

为方便对行为人人格结构的区分辨识，笔者依据行为人的主观恶性及行为的危害程度，将暴力伤医行为分成四种类型：一是严重攻击；二是一般攻击；三是滋事行为；四是其他行为。这四个层次的行为类型代表了不同的人格结构层次，直接决定了防控措施的不同。2020 年 5 月 11 日，最高人民法院公布了 2019 年以来审结的 8 件涉医犯罪典型案例，结合这些典型罪案的分析、归类，可以更好地论证暴力伤医行为层次类型存在的可行性。笔者分析这些典型罪案时，采取了线索性分析论证方法而非基于案件全部的事实分析论证，在此特别说明。

1. "严重攻击"，是指有意识、有预谋地积极主动追求对医生造成伤害或剥夺生命为目的的行为。这类暴力伤医行为人表现出严重的反社会性，基本都具有相当的人格障碍或偏执表现。这类伤医行为具有后果严重、社会危害性巨大、主观恶性极深、突发性强且较难预防的特点，是需要重点防范的对象。

[案例 1]员某军故意杀人案

被告人员某军，男，汉族，1976 年 5 月 20 日出生，务工人员。

2017 年 2 月 9 日，被告人员某军到甘肃省兰州市五洲皮肤病医院治疗

---

① 皮艺军：《犯罪学研究论要》，中国政法大学出版社 2001 年版，第 3 页。

其鼻根两侧暗褐色沉着斑,该院皮肤科主任张某(被害人,女,殁年35岁)对其进行了色素分离、表浅电解术等治疗。一个疗程结束后,员明军自认为疗效不好并对其造成了烧烫伤,要求医院赔偿并扬言报复。后由医疗纠纷人民调解委员会等进行调解,因员某军无端索要高额赔偿而未果。

同年12月,员某军决意报复张某,并购买了作案工具尖刀、菜刀。2018年1月22日14时20许,员某军携带刀具闯入五洲皮肤病医院张某的办公室,将门反锁,持尖刀朝张某胸背部等处连刺十余刀,在张某倒地后又持菜刀连续砍击张某颈部等处,致张某内外动脉、颈内静脉断裂及左肺静脉、双肺破裂大失血死亡。员某军作案后明知有人报警而在现场等候公安人员。

法院裁判认为,员某军不能正确认识治疗效果,在索要高额赔偿未得到满足后蓄意报复,到医生办公室持尖刀、菜刀连续捅刺、砍伤医生致死,犯罪情节恶劣,手段特别残忍,罪行极其严重,应依法惩处。员某军虽有自首情节,但综合其犯罪的事实、情节和社会危害程度,不足以对其从轻处罚。据此,依法对被告人员某军判处并核准死刑,剥夺政治权利终身。罪犯员某军于2020年5月9日被依法执行死刑。

员某军故意伤人案有几个情节我们单列出来分析,以说明本案值得深思之处。(1)甘肃省兰州市五洲皮肤病医院是2011年12月28日成立的合伙企业,属私立民营医院;(2)员某军仅仅是治疗其鼻根两侧暗褐色沉着斑,应属一般皮肤疾病;(3)医患双方调解未果是因员某军无端索要高额赔偿;(4)员某军在2017年12月购买了尖刀、菜刀;(5)2018年1月22日,员某军闯入医生张某办公室,持尖刀连刺被害人背部十余刀,又持菜刀连续砍击被害人颈部等处,手段极其残忍;(6)员某军作案后明知有人报警而在现场等候公安人员;(7)甘肃省兰州市五洲皮肤病医院自成立以来,医患矛盾应该不是只有员某军这一起,但对医生实施如此严重伤害的,应该也就员某军这一起。

员某军不属于激情杀人,其本人具有典型的犯罪人格。2017年2月9日员某军到五洲皮肤病医院就诊,2018年1月22日暴力攻击被害人张某并致其死亡,在将近一年的时间跨度里,员某军"挫折—动机(报复)—行为"链索模式完整呈现,这其中有哪些情景因素发挥了必要作用?这一案件在风险防范方面最大的问题又是什么?

员某军到五洲皮肤病医院治疗其鼻根两侧暗褐色沉着斑,该院皮肤科主任即被害人张某对其进行色素分离、表浅电解术等治疗,一个疗程结束后,员某军自认为疗效不好并对其造成了严重烫伤,遂要求医院赔偿并扬言报复。员某军的病仅为一般皮肤疾病,治疗后果也非特别严重,但能够使员某军产生如此大的挫折感,并表现出明显的报复倾向,这其中最起码包含了三个方面的因素:一是员某军具有异质人格结构,过于偏执、不容错,且本能攻击性强;二是五洲皮肤病医院作为民营医院在疗效宣传、治疗措施及费用等方面存在问题;三是员某军对治疗效果确实不满意,医疗期待落差较大。

员某军与医院的纠纷在经过医疗纠纷人民调解委员会等进行调解后,因员某军无端索要高额赔偿未果。在员某军的暴力伤医行为模式中,基于其偏执人格形成的报复动机已经完成。员某军不相信法律只相信自己,所以他没有通过法律的途径去维护自己的权利。员某军内心深处无敬畏法律之感,他只想通过极端手段满足自己过激的报复意愿,而无论后果如何,员某军在作案后明知有人报警而在现场等候公安人员就是明证。

就医疗行业规律而言,五洲皮肤病医院发生的一般医患纠纷应该不会少,但极端的员某军却只出现一个。正是员某军独特偏激的异质人格结构,使一个普通的医患纠纷升级为严重的暴力伤害事件,这其中存在的最大问题就是忽视了异质人格爆发的严重后果。在将近一年的时间里,员某军偏激的言行应该有所表现,但未能引起足够的重视。如果针对员某军的异常言行开展专项评估并有目的地采取预防措施,相信悲剧是可以避免的,这不能不视为一种教训。

[案例2]孙某斌故意杀人案

被告人孙某斌,男,汉族,1964年12月23日出生,无业。

2019年11月12日,被告人孙某斌之母(95岁)因患哮喘、心脏病、脑梗死后遗症等疾病到北京市第一中西医结合医院住院治疗,同月22日出院。其间,医院曾下达病危病重通知书。同年12月4日,因孙母在家中不能正常进食,孙某斌联系999急救车将孙母送至北京市民航总医院。孙母经急诊诊治未见好转,被留院观察。孙某斌认为孙母的病情未好转与首诊医生杨某(被害人,女,殁年51岁)的诊治有关,遂对杨某怀恨在心。

同月8日,孙某斌返回其暂住地取了一把尖刀随身携带,扬言要报复杨某,并多次拒绝医院对孙母做进一步检查和治疗。同月24日6时许,杨某在急诊科抢救室护士站向孙某斌介绍孙母病情时,孙某斌突然从腰间拔出尖刀,当众持刀反复切割杨某颈部致杨某倒地,后又不顾他人阻拦,再次持刀捅刺杨某颈部,致杨某颈髓横断合并创伤失血性休克死亡。孙某斌作案后用手机拨打110报警投案。

法院裁判认为,孙某斌因母亲就医期间病情未见好转,归咎并迁怒于首诊医生杨某,事先准备尖刀,预谋报复杀人,并在医院急诊科当众持刀行凶,致杨某死亡,犯罪动机卑劣,手段特别残忍,性质极其恶劣,社会危害性极大,罪行极其严重,应依法惩处。孙某斌虽具有自首情节,但不足以对其从轻处罚。据此,依法对被告人孙某斌判处并核准死刑,剥夺政治权利终身。罪犯孙某斌已于2020年4月3日被依法执行死刑。

孙某斌故意杀人案有几个情节我们单列出来分析,以说明本案值得深思之处。(1)2019年孙某斌95岁的母亲曾因哮喘、心脏病和脑梗死后遗症等疾病在北京市第一中西医结合医院住院治疗,其间,医院曾下病危病重通知书;(2)孙母因在家中不能正常进食,被999急救车送至北京市民航总医院,经诊治未见好转被留院观察,住在急诊科;(3)孙某斌认为母亲病情未见好转与首诊医生杨某有关,遂怀恨在心;(4)12月8日孙某斌返回暂住地取一把尖刀随身携带,扬言报复,并多次拒绝医院对孙母做进一步检查和治疗;(5)12月24日6时许,孙某斌在护士站用尖刀对医生反复割颈并捅刺颈部,致杨某颈髓横断合并创伤失血性休克死亡;(6)孙某斌作案后用手机拨打110报警投案。

孙某斌具有典型的犯罪人格,不属于激情杀人。孙某斌母亲从12月4日住进北京市民航总医院至12月24日案发有20天的时间。孙某斌的"挫折—动机(报复)—行为"链索模式完整呈现,这其中有哪些情景因素起了必要作用？这一案件在风险防范方面最大的问题又是什么？

孙母已95岁且患有多种疾病，医院还下过病危病重通知书，仅从孙母患病病症角度而言，即便病情有所变化，也完全在正常人所能理解接受的范围，应该不会因为治疗上的一些不满意而造成如此大的心理落差，形成如此强烈的挫折感。但现实却是，孙某斌内心已经激起了仇恨，原因是什么？从案件的两个情节可以看出，这涉及了现行医疗体制存在的深层问题：一是各类诊疗检查的必要性及费用，这一点或许可以解释孙母家属拒绝进一步治疗和检查的问题；二是孙母住在医院急诊科而非病房留院观察，且拒绝转院，这牵涉医保与医院年终考核等体制因素。

这些本不是个人原因，但这些现行医疗体制固有的弊端却成了刺激孙某斌及家人的重要缘由。孙某斌个人生活不顺，长期压抑形成了其偏执的异质人格，极端情绪化、不容错，固执己见难沟通。原本想以最小代价实现最佳治疗效果，但现实却给其泼了冷水，医患无法沟通，吵闹不断升级。孙某斌的报复动机形成，积极为攻击行为做准备。早上6时，本应该是更冷静的时刻，孙某斌却选择在这个时间残忍地杀害了杨某，可见其异质人格的固化，孙某斌作案后拨打110报警投案，充分说明了其对法律后果的无所顾忌。

因为固有医疗体制存在弊端造成的医患纠纷不在少数，但像孙某斌这样具有异质人格的家属却是个例，引发如此严重的攻击行为，表明医院对偏激人格爆发危害的应对不足。在孙母这20天的治疗时间里，在孙某斌的言行中已经表现出了异于常人的人格特质，而院方未能专项评估也没有采取针对性的防范措施，以致悲剧发生，这确实是一种遗憾。

比较分析员某军和孙某斌两个涉医故意杀人案件，发现二者有相当多的情节类似。(1)员某军和孙某斌都有偏执型异质人格，情绪极端化，不容错，固执己见，无视法律及后果；(2)自身调节能力差，对攻击发生的刺激源敏感性弱；(3)两人都不属于激情犯罪，完全是有目的、有计划地按步骤行事；(4)基于偏执人格的行为已表现在日常言行中，但被人所忽视；(5)无敬畏法律之心，无人性同情之德，无视法律更无视后果，不计较代价，作案后直接投案自首即为明证。通过对其他严重暴力伤医案件的分析研究发现，以上类似情节在各案之间具有可通性,这也为防控涉医严重攻击行为采取“重点评估、专项预防”提供了事实依据。

2. “一般攻击”,是指有意识、有预谋地对医务人员发起攻击,但顾忌行为后果的代价,对行为力度有所把控,仅以造成医务人员一般伤害为目的。这类型行为人表现为反社会性具有一定的偏执人格,但理性尚存。这种类型的伤医行为具有后果严重、社会危害性大、主观恶性深且具有一定预防难度的特点,是预防控制的重点。

[案例3]李某伟寻衅滋事案

被告人李某伟,男,汉族,1981年6月30日出生,无业。2002年10月28日因犯盗窃罪被判处有期徒刑6个月,并处罚金人民币1000元。

2019年6月29日,被告人李某伟在黑龙江省哈尔滨市松果口腔门诊就医,经检查后未同意医生马某提出的治疗方案。李某伟离开后认为马某为其检查时将其牙齿钩坏,遂返回该口腔门诊进行理论,并扬言要报复马某。

后李某伟回家取了一把尖刀后再次返回该口腔门诊,寻找马某欲进行报复未果,此时看到医务人员于某,为泄愤用刀把砸于某头部数下,致于某轻微伤。于某挣脱后,李某伟在诊疗室看到医务人员栾某,又持刀背捅刺栾某手臂数下,致栾某轻伤二级。李某伟继续持刀追逐他人,并将医务人员范某背部划伤,后离开现场。当日,李某伟被公安人员抓获。

法院裁判认为,被告人李某伟为泄愤,在医疗机构持刀随意殴打、捅刺医务人员,致1人轻伤、1人轻微伤,并造成医疗机构秩序混乱,情节恶劣,其行为已构成寻衅滋事罪。李某伟曾因犯罪被判刑,刑满释放后又犯罪,应依法惩处。李某伟虽认罪认罚,但综合其犯罪的事实、性质、情节和社会危害程度,不足以从轻处罚。据此,依法对被告人李某伟判处有期徒刑3年。判决已于2020年5月8日发生法律效力。

李某伟寻衅滋事案有几个情节我们单列出来重点分析,以证明本案值得深思之处。(1)李某伟有犯罪前科;(2)李某伟对治疗不满回家取尖刀欲报复诊治医生马某;(3)李某伟寻马某未果,随机侵害与其治疗无关的医务人员于某、栾某和范某;(4)李某伟伤害行为包括用刀把砸于某头部数下、捅刺栾某手臂数下、划伤范某背部;(5)李某伟行凶后离开了犯罪现场。

通过对以上情节因素的综合分析,我们可以明确此类一般攻击类型行为的特征。这类行为人的人格结构相对均衡,但越轨意识倾向较为明显,比较而言,其文明教化程度稍弱,背离社会主流文化,但理性控制能力尚可。李某伟在滋事过程中,真正目的是情绪化的泄愤,这是人格具有一定偏执倾向的表现。李某伟对于攻击程度有着恰当的把握,内心深处没有实施严重攻击行为的意思,显示了对恶劣后果的主动规避。这样的攻击类型,行为突发性较强,但行为特征非常明显,比较容易把握。防范这类突发性的一般攻击行为,主要在于院方防控硬件设施的完善、医务人员个人防护意识和能力的加强,尤其重要的一点就是行为人实施越轨行为巨大的法律成本的兑现,这种震慑力的效果还是非常明显的。

[案例4]曹某勇寻衅滋事案

被告人曹某勇,男,汉族,1983年6月15日出生,农民。2002年1月31日因犯故意伤害罪被判处有期徒刑3年;2009年5月14日因犯非法拘禁罪被判处拘役4个月;2014年11月4日又因犯非法拘禁受刑罚处罚,2015年2月17日刑满释放。

2019年2月6日20时许,被告人曹某勇酒后送朋友到陕西省太白县县医院就诊。其间,曹某勇持挂号单到医院二楼找医生,无端与值班医生高某发生言语冲突,遂拿起听诊器扔向高某。高某躲开后,曹某勇又用拳头、手机击打高某的头面部,致高某鼻骨粉碎性骨折及其他多处损伤,构成轻伤二级。在场的值班护士韩某上前阻拦,曹某勇脚踢韩某。后其他医务人员将曹某勇拉开,曹某勇仍在楼道谩骂,引起住院病人及家属围观,直至公安人员赶到将曹某勇制服带走。

法院裁判认为,被告人曹某勇酒后陪同朋友就医,随意殴打医生致轻伤,并脚踢上前阻拦的护士,谩骂医生,情节恶劣,其行为已构成寻衅滋事罪。曹某勇曾因犯罪被判处有期徒刑以上刑罚,在刑罚执行完毕后5年内又犯应判处有期徒刑以上刑罚之罪,系累犯,应依法从重处罚。曹某勇认罪认罚,并取得被害人谅解,可从轻处罚。据此,依法对被告人曹某勇判处有期徒刑2年。

李某伟和曹某勇两个寻衅滋事案,作为同属“一般攻击”类型的涉医典型案件,在当事人的人格结构、前科经历、攻击行为尺度及对法律的敬畏程度等方面,高度类似这也是同种攻击类型大概率共有的关键特征。认真分析对比这两个典型涉医寻衅滋事案例,对于有效把握同种攻击类型的行为特征、有效开展防控工作有着积极的意义。

3.“滋事行为”,是指有意识、有预谋地对医务人员实施肢体攻击但不造成伤害或者具有侮辱、辱骂等言语行为。这类型的行为人一般属于正常人格,只是人格内容结构存在差异,理性控制能力相对较弱,具有一定的主观恶性和社会危害性,属于依法应当惩处的范围。

[案例5]李某军等聚众扰乱社会秩序案

被告人李某军、李某团、黄某青和李某司四人。

2018年2月20日中午,被告人李某军之子李某因饮酒过量被送至江苏省灌云县东王集镇卫生院救治,后经抢救无效死亡。当日下午,李某军和被告人李某团等人欲给卫生院施加压力,将李某尸体停放在该院观察室内。被告人李某司纠集庄邻、亲友等50余人至卫生院,滞留在观察室、输液室、大厅等处。当晚,李某司煽动庄邻等阻止公安人员执行公务。

同月21日上午,被告人李某司、黄某青煽动他人推搡维持秩序的公安人员。被告人李某军、李某团、李某司等人为给卫生院和政府施加更大压力,纠集更多人至卫生院,伙同黄某青指使李某的同学用输液座椅堵住走道、拍摄视频在网络上发布。为造出更大声势和影响,李某团经与李某军商议,携带煤气罐、汽油等危险品至卫生院门诊楼。当晚,李某军再次让李某司纠集更多庄邻至卫生院,后公安人员要求李某军等人将煤气罐、汽油等危险品运走,李某司、黄某青煽动庄邻继续在卫生院闹事,拒不运走煤气罐、汽油等危险品。

同月22日,被告人李某军、李某团、黄某青、李某司等人采取封堵卫生院门诊楼大门、输液室、观察室、过道,辱骂、冲撞、投掷汽油瓶、向自己身上浇汽油欲自焚等方式,阻碍公安人员正常执行公务。当日14时许,李某军、李某团、黄某青等人被公安人员强制带离现场，李某司乘机逃离，后主动投案。因本案致上述卫生院门诊楼部分门窗、玻璃、输液座椅、监控设备等物品被损坏，维修费用共计18,770元，重新购置输液座椅25张（价值共计24,830元）。

法院裁判认为，李某军等四人聚众扰乱卫生院医疗秩序，情节严重，致使该院医疗工作无法正常进行，造成严重损失，其行为均已构成聚众扰乱社会秩序罪。被告人李某军、李某团分别被判处有期徒刑3年；被告人黄某青被判处有期徒刑1年6个月，缓刑2年；被告人李某司被判处有期徒刑1年3个月，缓刑1年6个月。

本案中，被告人依托乡族实力扰乱医疗和社会秩序，施压卫生院和政府，以求实现自身诉求，这种滋事行为特征以之前的医闹最为典型。近年来，随着国家对医闹行为打击力度的加大，这种针对医院的闹事行为逐渐减少，但类似于本案的情况却时有发生。这类“滋事行为”的发生，从根本来讲，还是与法律成本的兑现程度有关。作为正常人都会有理性的思考，行为付出与成本代价的比例决定了人的行为的选择，也就是说，即将兑现的法律成本能否起到对行为人意志的必要抑制，就取决于法律成本的兑现效率和程度了。人之所以会无所顾忌，就是因为经过衡量后对即将出现的法律成本的不屑。2月20日下午，李某军等人就已开始纠集庄邻、亲友聚集闹事，但直至2月22日14时许，李某军等人才被公安人员强制带离现场，在这段时间里，李某军等人纠集他人的闹事程度逐渐升级，长达两天聚众闹事，法律成本的兑现效率堪忧，造成这种现象原因很多，但首要考虑的应当是事件处置人的思维问题。对于涉医“滋事行为”，无论是聚众的群体性事件还是个体事件，基于人格理性思考选择行为的基础，提升法律成本兑现效率和力度，加大法律震慑力，这是一项重要的防控思路。

4.“其他行为”，是鉴于社会现象过于丰富而无法概括总结的其他可能对医务人员造成一定侵害的行为，这种类型的行为可归属于道德品质范畴。虽不会产生明显的危害后果，但却足以使医务人员产生相当的不愉悦感或紧张感，甚至恐惧感。这类型行为的预防处置在一定程度上更依赖于医务人员的个人能力素质。

以犯罪学视角研究暴力伤医行为的根源性原因,势必将以特定人格作为研究目标。尽可能把握危险行为群体的人格特征,对重点行为人开展评估并确定危险性,采取具有针对性的防范措施,这样的行为逻辑才可以发挥应有的社会防范效能。对于暴力伤医现象中的四类伤医行为,第一、二类行为特征已经明显地表现出人格特征的异质存在,反社会性明显,也造成严重的危害后果,此类伤医行为事件数量毕竟较少,因此必须重点防控。

至于第三、四类型的伤医行为,行为人人格结构基本正常,理性思维能力较强,此二类伤医行为基本可以人类社会中的个体交往规范予以调整规制,基本可达到尽可能控制的目的。

暴力伤医行为人在作出行为决策之前,心里都会有一个对相关因素综合评估的过程。在这个过程中,行为人基于功利主义思想对行为的得失利弊进行权衡,收益与风险代价的比例是否满足自己,尤其是惩罚的必然性和严厉性是暴力伤医行为人重点考虑的。一旦代价远大于收益,行为人应该可以理性地约束自己不去做或者减轻程度地去做。如果因为本能的不可控性仍然实施了伤医行为,那么,行为人所受到的惩处既可以约束其今后的行为,对他人也是一种警示。

因此,对于第三、四类型的伤医行为而言,从功利主义本能角度讲,充分发挥经济学思维中的价值理论,精准控制行为人获益与代价的比例,使行为人不敢为、不愿为,再加上外围环境因素防控措施的完善使其不能为,多管齐下,相信会取得很好的防控效果。

六、暴力伤医行为机制的探明

暴力伤医行为既可以是个体行为,也可以是多人共同实施的侵害行为。个体行为仍然是伤医行为最基本、最典型的表现形式。要科学研究暴力伤医现象及其规律,还是应以个体侵害行为作为主要研究对象,这也必然需要引进暴力伤医行为机制的理论研究。

犯罪行为机制是一个从不同侧面或者角度全面阐释犯罪行为产生情况

的术语。[1] 暴力伤医行为机制的构建包含个人生理、心理和环境等诸多因素内容，目标指向解决“人为什么会实施暴力伤医行为”的深层问题；表现为本能需要的内在驱动力受到必要的外部刺激后形成动机，从而支配人们的行为，这是人的主观能动性的充分表现，也是暴力伤医行为发生的本源性原因。

暴力伤医行为运作模式可以表达为“挫折—动机—行为”模式，这也是由医疗行业的社会功能决定的。美国特鲁多医生闻名于世的墓志铭：有时治愈，常常帮助，总是安慰。“治愈”是有时的而不是无限的，医学不能治愈一切疾病，患者不要盲目相信医学的“本事”，对医学产生不切实际的幻想。但现实中往往是个人主观臆断代替了理性思考。医患双方的外在冲突表现，基本集中在患方对医疗行为的高期望值而现实中医疗科技水平的局限性方面。正是因为医疗期待值过高形成落差，给患方造成了巨大挫折感。因为高期望值形成的挫折感，激发行为人本就偏颇的人格结构，基于人性本能报复或补偿的需要，形成强烈的行为动机，在特定的情景因素影响下，攻击行为发生，危害结果出现。

（一）暴力伤医行为的人格基础

犯罪是人的原始本能冲动未得到社会教化所产生的结果。[2] 行为人的“文明异化”必然会体现在人格特征方面。文明感化不充分的人格特征，就会出现非主流的变异特质。这种变异特质，与非理性思维相联系且互为表征。

人格是个人在各种交互作用过程中形成的内在动力组织和相应行为模式的统一体。[3] 人格在内容结构上主要包含个人性格、体质、价值观、能力和兴趣等综合内容，是个人在社会化过程中独特的身心组织，表现出认知、情绪、动机、道德和信仰等方面的特征，具有独特稳定且延续的特点。人格研

① 王牧主编：《新犯罪学》（第3版），高等教育出版社2020年版，第83页。

② 皮艺军：《犯罪学研究论要》，中国政法大学出版社2001年版，第176页。

③ 郭永玉等：《人格研究》（第2版），华东师范大学出版社2020年版，第3页。

究的目的，在于描述、理解和预测，更在于合理把控及运用，理论只有真正实践应用化，才能体现出其真正的价值。

人格特征表现具有多样性，但有一个内部根本主线。人格依赖于生物属性存在，依靠遗传因素延续并受外界环境因素干预影响，它具有内在自我的控制、动机形成及行为支配特征，它独立存在于人的精神维度里，虽通过感官无法直接感知，但通过行为特征的表现可以总结判断。基于人的生物属性及社会属性，人格特征既有必要的共性，也有独特的个性，彼此之间既交集也别离。

人格在塑形之后，稳定性、延续性很强。外界干预的影响力变得相对较小，一些形式上的变化正如人格原始本意，只是适应角色需要的面具变更而已，但是根植于内心的真实自我却是基本不变的。透彻人格内容，论证环境因素，把握动机促成，分析行为特征，应当是有效了解人及把握行为的重要思路。

人格障碍又称病态人格或变态人格，是指由于人格明显偏离正常而使个人形成的反映其生活风格和人际关系的异常行为模式。[①] 偏执型人格障碍是人格障碍中一种重要类型。长期的研究发现，人格障碍与攻击伤害行为关系密切。

偏执的基本含义是指过分地偏重于一边的执着。偏执型人格又称妄想型人格。全世界通用的第 10 次修订本《疾病和有关健康问题的国际统计分类》中确定的偏执型人格障碍的特征有：(1)对挫折和拒绝过分敏感；(2)猜疑，以及将体验歪曲的一种普遍倾向，即把他人无意的或友好的行为误解为故意或轻蔑；(3)与现实环境不相称的好斗及顽固地维护个人的权利等。以上相关联的三项可归结为“好斗、猜疑、挫折和敏感”四个核心词汇，这也正是分析暴力伤医现象根本原因的重要人格内容依据。

(二)暴力伤医行为的动机结构

在暴力伤医行为的机制模式中，动机直接促成行为的发生，行为是动机

---

① 王牧主编：《新犯罪学》(第 3 版)，高等教育出版社 2020 年版，第 94 页。

发挥指导作用的结果。作为一种内驱力,正是在动机的推动下,个人才确定行为目的、选择行为方式,实施侵害行为,追求危害结果的发生。行为动机具有激发和调节的功能。行为表现于人的外在动作,动机根源于人的内心,是人的生物性本能需要和欲望的直接反映。这种本能性的需要和欲望是潜在的无意识且自私的,是客观存在而不为人所左右的,对这类本能的有效控制,受到个人社会化文明程度的影响,亦即行为人人格结构的平衡合理的影响。

犯罪学就是一门人学。[①] 只有尽可能认识人的本性,才可能上升到分析行为的层面。个人自主适应社会化文明程度的能力参差不齐,进而形成了表现万千的人格结构,这种人格结构的文明与野蛮、先进与落后均有着明显的差别。这种差异正是判断一个人是否理性的基础。暴力伤医群体是既特定又限制,是我们重点研究、评估发现的对象群体。

在暴力伤医行为机制模式中,动机支配行为促成结果,而动机的形成又以行为人特定的人格结构为基础。在暴力伤医现象中,医患是特定的社会角色,双方的接洽具有随机性、时段性特点,也就是说,医患的交流基于就医过程,发生于特定时间段,而不是一个长久的持续性过程。伤医行为人的人格结构在接受诊疗行为前就已经处于稳定的状态,结构内容先前已经形成,而非就医后才形成。就医后的各项环境因素正是在这种成熟稳定的人格结构基础上,通过外在的刺激,促成了伤医动机的产生。暴力伤医行为人在思维模式上有过分自我中心及偏颇的合理化特征,且其个人的理性思考能力和吸收他人教训能力偏弱及对行为后果冷漠。这些正是重点评估危险行为人采取针对性预防措施的理论依据。

环境是可以改变的,环境因素在不同条件下有不同的表现形式。而人格内容却隐藏在行为人内心深处,无法直接感知,只能通过行为表现进行逻辑分析。评估行为人人格的可能表现,这个不仅有难度,对评估人的业务水平也有较高的要求。

---

① 皮艺军:《犯罪学研究论要》,中国政法大学出版社2001年版,第41页。

七、重点人格评估,实施专项预防

“需要追问的是,在患者持刀行凶之前,涉事医院对患者的不满,是否有过察觉? 面对这样的医疗纠纷,院方事前有无相关的处置工作和提前干预?”①院方始终坚定地反对暴力伤医行为的发生,但在实际中并没有采取措施有效地预防和制止暴力伤医行为。如果把每一个患者都作为重点防范对象,不加区分地采取防范措施,这既不现实,效果也难以期待。

让每一位患者满意只是一种美好的愿望,解决所有存在的问题也只能是理想的追求,脱离实际的想法和做法注定令人失望。医患纠纷的存在,不可能从根本上解决,有些外在的原因因素,只能是改善而不是改变。所以,要想有效地减少暴力伤医行为的发生,还要着眼于行为人本身,以发生的医疗行为圈定人,再以圈定的重点人为科学评估对象,预测其存在危险的可能性,或者确定可能发生的侵害行为类型,然后设计制定有针对性的应对措施,这样操作会有比较明显的效果。贯彻落实“重点评估、专项预防”,需要培训专业评估人员,设置专门机构或部门,特别是设计制定出一套完善的运作流程。

从暴力伤医行为的本因性角度考虑,防范伤医行为的发生,还有几个方面需要认真考虑,可以起到根本性的改善作用。一是有效提升医生的社会地位,努力改变医患之间市场经济思维下的服务与被服务的理念,这可以从根本上改变职业相轻的观念,从内心提升行为人的行为抑制度;二是强化媒体对于医患关系报道的正面引导,这可以改善社会大众对医方行为的理念定位,为医患双方的和谐沟通提供基础;三是加大惩处力度,提高和加强法律成本的兑现效率和力度,并广为宣传,固化社会大众对法律的敬畏之心;四是作为医务人员自身,应加强个人必要的防范意识,加强对预期危险行为的基本判断能力。

真正有效减少暴力伤医现象,绝非短时之功,需要一个渐进的长期过

① 任然:《又见暴力伤医,除了谴责我们还能做什么》,载光明日报客户端,2020年1月21日。

程,因为理解把握事物的规律本身就是一个艰难的科学过程,这需要付出相当的努力。我们必须尽可能为医护人员正常履职提供充分保障。拒绝伤害、彰显文明是我们共同努力的目标,只要为之努力,相信可以取得很好的社会效果。

法益解释论视域下非法利用信息网络罪的司法适用*

陈　兵** 　姜金良***

网络的普及使我们的全部生活与信息网络紧紧联系在一起，但同时也使由互联网衍生出来的违法犯罪活动日益高发。根据对网络犯罪“打早打小”的策略要求，立法机关认为应当有针对性地对尚处于预备阶段的网络犯罪行为单独入罪处罚。① 据此，《刑法修正案（九）》中新增设了第287条之一的非法利用信息网络罪。

为全面反映非法利用信息网络罪生效以来的司法实践情况，本文通过中国裁判文书网、无讼案例检索平台，以“利用网络信息”为检索条件进行全文检索，以《刑法修正案（九）》生效以来（2015年11月1日）全国法院刑事裁判文书95篇为样本进行分析，与非法利用信息网络罪有关的有74件。其中一审案件52件，二审案件13件，再审2件，其他7件。在对审判司法实践总结的基础上，分析适用现状，对提炼的司法适用的共性问题予以理论的回应，以求厘清裁判思路，统一法律及裁判尺度。

---

* 本文系2018年国家社科基金青年项目《我国统一法律解释制度构建研究》（18CFX005）阶段性成果。

** 陈兵，北京市密云区人民检察院检察官。

*** 姜金良，江苏省扬州市中级人民法院法官，南京大学法学院博士研究生。

① 喻海松：《刑法的扩张——〈刑法修正案（九）〉及新近刑法立法解释司法适用解读》，人民法院出版社2015年版，第242页。

一、实证分析:非法利用信息网络罪认定的分歧

全国法院非法利用信息网络罪的裁判案件虽然数量不多,但经梳理后发现该罪在司法实践中认定差异较大,反映出裁判标准尚不统一。

(一)多罪名的纠缠

通过对52份一审裁判文书进行梳理,发现该类犯罪在实践中对定性争议较大。在非法利用信息网络罪相关的司法裁判中,公诉机关、辩护人与法院完全认定一致的罪名有23个,公诉人起诉的罪名、辩护人意见和法院最终认定的罪名不一致的有29个,占比55.8%;其中涉及诈骗罪、非法获取公民个人信息罪等不同罪名计20个。

司法认定中多罪名的纠缠反映出控、辩、审三方对行为定性存在着普遍性的差异,而法院对于同种性质的行为,基于相同行为特征,出现类似情节和后果,裁判的罪名也不尽统一。首先,最典型和最具争议的是关于利用伪基站发送诈骗信息的行为认定。此类案件16件中,与诈骗罪争议的14件次,与扰乱无线电通信管理秩序罪争议的3件次,与破坏公用电信设施罪争议的3件次。因罪名认定不同,导致量刑存在较大差异,存在同案不同判之嫌。其次,对于在犯罪过程中先行利用网络实行犯罪行为,后续又实施伪造国家机关证件或者非法获取公民个人信息、实施盗窃行为的,有的认定为数罪并罚,有的认定为非法利用信息网络罪,有的认定应从一重处罚。①

(二)兜底条款内容泛化

从收集到的案例分析来看,涉及非法利用信息网络罪的行为方式相对集中,在此以一审案件为基础性案例,梳理一审案件认定的犯罪行为方式,主要集中于以下几类:(1)通过设立伪基站发布短信信息,用于实施诈骗活

---

① 认定为数罪并罚的案件,(2017)川0116刑初581号;(2017)苏0691刑初131号,(2017)闽0802刑初422号;认定为一罪的,(2016)苏0507刑初687号;(2016)皖1322刑初186号。

动共 16 件,占比 30.8%;(2)通过网站或设立钓鱼网站发布诈骗信息 15 件,占比 28.8%;(3)通信群组以 QQ 和微信群为主;枪支、淫秽物品等违禁物品、管制物品或者发布销售管制物品的信息 9 件,占比 17.3%;(4)设立网站销售违禁物品、管制物品等违法犯罪活动共 3 件,占比 5.8%;(5)其他类型主要侵犯公民个人信息等形式,合计 9 件,具体见图 1。

因该罪在危害行为类型的表述上存在兜底性的表述,第二项中"其他违法犯罪信息的",第一、三项中"等违法犯罪"。司法实践中对于未明确规定的其他四种行为类型也纳入本罪规制范围,共有 9 件,其中利用网络信息销售购买的公民个人信息的 4 件,在微信、QQ 群对外销售假身份证、假毕业证信息的 3 件,利用网络信息载体销售国家秘密级别的考试试卷、答案的 1 件,发布赌博信息的 1 件。进一步扩大了本罪的适用范围,具有口袋化的趋势。

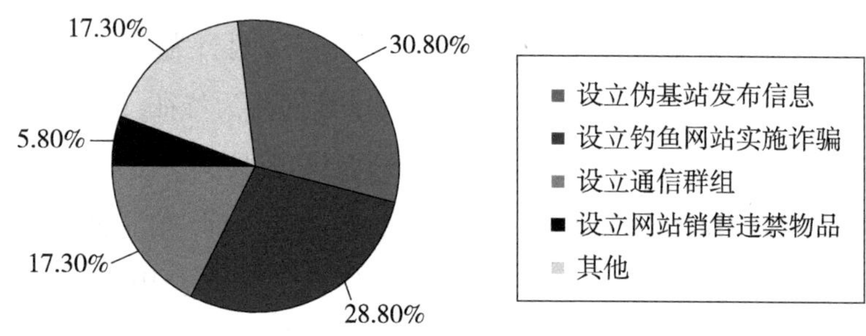

图 1　行为类型梳理

(三)罪量要素认定的含混

在我国刑法中罪量表现为数额、数量因素和情节恶劣、情节严重等情节因素两类,本罪中明确规定"情节严重"为入罪条件,作为罪量要素,也是认定非法利用信息网络行为罪与非罪的关键,但通过案例梳理也反映出司法实践对于确定罪与非罪的罪量要素说理不明。裁判文书中直接认定为"情节严重",进行笼统模糊的说明,未作裁判充分说理的,共有 56 份文书,占比 75.6%。

(四)罪名竞合说理的阙如

本罪被认为是预备行为的正犯化,非法利用信息网络作为后一犯罪行为的准备阶段,非法利用信息网络的行为人与后续非同一主体,但有共同的犯罪故意,形成共同犯罪。行为人在实施非法利用信息网络罪列举的行为时,主观上必然具有实施此项犯罪预备行为的故意,甚至还存在后续实施其他犯罪的主观故意。[①] 因此,本罪名与后续行为之间出现罪名的纠缠也是正常的,根据"同时构成其他犯罪的,依照处罚较重的规定定罪处罚",对于涉及多罪名案件,应论述最终适用判决罪名的合理性,但当前司法实践中,对此尚有欠缺。判决文书中涉及罪名竞合的有 18 件,其中没有对择一重罪处罚原则进行说理的 15 件,占比 83.3%。对于共同犯罪中行为人对后续行为没有参与的,是否认定为共同犯罪说理上也不明确,非法利用信息网络行为中涉及共同犯罪的共 37 件 55 人,占比 67.3%。此外,在罪名竞合情况下的共犯,即当预备行为继续进行,由非法利用信息网络最终认定为其他罪名形成共同犯罪的 15 件,此时就出现了共同犯罪各行为人判决罪名不一致的现象。

二、抽丝剥茧:非法利用信息网络罪的认定困境成因

(一)法益不明晰导致说理不清

法益概念在我国刑法解释学中发挥着指导性作用。根据法益侵害说,"犯罪的本质是对刑法所保护的法益的侵害,法益保护是刑法将某种严重危害社会的行为规定为犯罪和科处刑罚的基本根据"。[②] 因此,界定非法利用信息网络罪的法益对于该罪的解释至关重要。

法益与我国犯罪构成中犯罪客体是相互对应的。在传统刑法理论中对于犯罪侵害的客体往往表述为:社会、国家机关的正常活动或者社会秩序。按照犯罪客体的传统定义,普遍的观点认为本罪的法益是网络空间的社会秩序,但这种含糊的法益概念界定难以适应刑法解释学的需要。首先,法益

---

① 丁瑶:《论非法利用信息网络罪的预备行为实行化》,载《武汉交通职业学院学报》2016 年第 3 期。

② 夏勇、李正新:《犯罪竞合罪名判定新原则:法益保护完整性——基于对"从一重处断"的反思》,载《人民检察》2013 年第 11 期。

必须是具体的,“只有确定了具体犯罪的具体的、含有实际内容的法益,才能充分发挥法益的机能。如果只是抽象地确定具体犯罪的法益,则不具有现实意义”。[①] 因此,简单地表述为网络空间的社会秩序对刑法解释没有实际作用。其次,秩序说容易滑向集体法益的旋涡,失去了法益批评性作用。“现代刑法扩张保护的往往是集体法益(如公共安全、健康),法益的内容一般具有抽象性和模糊性。”[②]在集体法益的导向下,对于非法利用信息网络的行为类型则不仅局限于犯罪行为的预备化情形,对于利用网络信息发布的吸毒、招嫖、赌博等行政违法行为的,也可以认定为犯罪,形成了司法应用不断扩张的状态,因此集体法益必须是可以还原为个人法益的集合。最后,法益不明晰对兜底性规定扩张适用形成了带动作用。“兜底性规定,也称为堵截条款,是立法无法穷尽法条需描述之情形时所采用的概括性规定。”[③]“其他”等兜底性词语使非法利用信息网络罪成为“口袋化”条款,将能够认定为此罪的范围不断扩大。简单地将法益定位为网络管理秩序,在法益内容不明晰的情形下,不仅失去了法益解释的立法批判机能、合理指导解释机能的作用,还容易出现兜底性条件解释不统一的情形,导致裁判者的随意解释或无所适从。

(二)罪名体系定位不同决定了罪质评价分歧

《刑法修正案(九)》新设“非法利用信息网络罪”,认为网络犯罪较之传统社会中犯罪预备行为的犯罪社会危害性更大、行为相对独立、在整个犯罪流程中发挥着关键作用等。因此将网络犯罪预备行为独立规定,这种立法方式被称为预备行为正犯化、预备行为既遂化、拟制的正犯。[④] 这也对传统的罪名体系带来了冲击和全新的问题。

在罪名体系的协调上,该罪在立法上属于预备行为的正犯化,应该定位

---

① 张明楷:《刑法学》(第5版),法律出版社2016年版,第66页。

② 王永茜:《论集体法益的刑法保护》,载《环球法律评论》2013年第4期。

③ 张艳丹、马渊杰:《“经济刑法”中的兜底规定初探》,载《法学杂志》2010年第9期。

④ 周光权:《刑法各论》(第3版),中国人民大学出版社2016年版,第355页。

为独立的量刑规则罪名还是独立的罪名体系导致解释的方向不同。如果将本罪定位为量刑规则罪名，由于本罪是对发生在网络空间的预备犯罪进行处罚的规定，因此不再适用刑法总则关于预备犯的处罚规定。即使不设立本罪也可以认定犯罪预备行为，只是本罪规定了单独的量刑规则，有独立的法定刑。而独立罪名说认为，本罪是将预备行为抽象独立出来，作为单独的犯罪处理。两种观点决定了非法利用信息网络罪的罪质在解释导向上的不同：(1)在入罪标准上，量刑规则说认为预备犯罪入罪标准还是适用预备犯罪的处罚依据，以现行的法律规定为限度；而独立罪名说在认定中具有独立的标准，所保护的具体法益是一般性的信息网络安全管理秩序，将其定位为一般性、基础性的纯正网络轻罪罪名，作为网络犯罪中“兜底罪名。”[①](2)在法律适用和罪名的认定上不同，尤其是涉及罪名竞合处理上，量刑规则说认为，非法利用信息网络罪属于独立的量刑规则，即使构成其他犯罪的预备犯，也直接依照本罪认定处罚；按照独立罪名说，如果行为人构成其他犯罪预备犯的，应按照刑法总则适用预备犯罪的确定量刑后，按照想象竞合应从一重处罚。这种理解的分歧，也导致了司法实践中对法律适用、罪名竞合的混乱。(3)在非法利用信息网络行为与后续行为的处理上理解不一致。将非法利用信息网络罪作为独立的犯罪，就可能存在一个行为随着犯罪进程的不同出现了两种犯罪既遂的情形，应按照两个罪名数罪并罚。“如设置钓鱼网站窃取他人网银账户和密码后，又实际骗取他人钱财，数额较大的，则构成非法利用信息网络罪和诈骗罪，应当予以数罪并罚。”[②]按照量刑规则说，后续行为付诸实施的，应按照完整行为的评价从一重罪处罚。

(三)网络空间使罪量因素认定失灵

我国刑法在界定犯罪的概念上，与国外单纯的定性分析模式不同，我国对犯罪进行界定时，采取定性加定量的方式，既对行为性质进行考察，又对

---

① 孙道萃：《非法利用信息网络罪的适用疑难与教义学表述》，载《浙江工商大学学报》2018年第1期。

② 梁根林：《传统犯罪网络化：归责障碍、刑法应对与教义限缩》，载《法学》2017年第2期。

行为中包含的数量进行评价。[①] 非法利用信息网络罪的立法也体现了定性与定量的结合,以情节严重作为入罪条件。

在定量因素上,传统的犯罪定量因素体现为犯罪数额(销售、经营、损失数额等)、数量(犯罪对象数量)、人数、次数等,这些罪量因素的认定已具有相对成熟的理论和丰富的司法经验。网络信息犯罪中定量因素发生了新的变化,导致网络空间下传统的认定方式失灵。这种变化表现为两个方面:(1)网络犯罪空间的运行机理决定了罪量因素的大体量或者超大体量,网络犯罪空间的开放性决定了可以多次或者同时多人次访问,在信息的流转或者下载中"多对一""多对多"技术的发展,使扩散、流转速度加快。因此,网络空间中罪量因素可以呈几何倍数增长,例如,网络中公民个人信息数、广告投放数量等的点击次数动辄百万条计算。(2)网络空间下犯罪产生了新的定量因素。例如,在损失的定量因素上可能表现为导致电信通道、网络中断或者堵塞,影响了网络、信息的传输效率或其他严重障碍,并未直接表现为货币数额的损失,这使传统的司法解释和定量因素认定难以适用;网络犯罪中还表现出新的数量类型,网络空间的虚拟化特征决定了网络空间中的数量计算方式不再是传统的重量、体积等物理计算方式,而是可以生成网络独立性的数量因素,如注册或者认证用户数、浏览量、转发量、点击数等新的计算方式。由此,网络空间中罪量因素应如何认定,发挥界定罪与非罪之界限的作用,是生成新的网络数量认定规则还是转化为传统的认定方式尚未形成统一认识,这也导致了司法裁判中说理的含混。

司法解释的多头规定也造成了实务中定量的非统一性,非法利用信息网络罪自被法律规定以来,仅在2016年4月11日《最高人民法院关于审理毒品犯罪案件适用法律若干问题的解释》第14条有所规定。在《刑法修正案(九)》之前,关于利用信息网络犯罪的行为散见在一些司法解释中,非法利用信息网络罪规定后,难免形成衔接不一的情形。例如,根据"两高"《关于办理诈骗刑事案件具体应用法律若干问题的解释》第5条第2款的规定,

---

① 储槐植:《刑事一体化》,法律出版社2004年版,第412页。

发送诈骗信息5000条以上的，应认定为《刑法》第266条规定的“其他严重情节”，以诈骗罪（未遂）定罪处罚。此项规定与非法利用信息网络罪中的“情节严重”是否应保持一致，意味着法院是否认同本罪与诈骗罪适用相同的追诉标准。有观点认为，在此种情形下，此种行为原则上应按照诈骗罪未遂处罚。[①] 按照上述理解，则非法利用信息网络罪第3款失去了独立立法的意义，与立法初衷相悖。司法解释将此种行为认定为诈骗罪未遂的解决思路也仅是应急之策，可操作性较弱，如果采取这一方式解决问题，则意味着对于群发贩卖毒品、贩卖枪支等各种违法犯罪活动信息的行为，都需要出台相关的司法解释明确定罪量刑标准，不具有可行性。[②] 因此，立法才需要对该罪单独规定。2010年2月2日“两高”《关于办理利用互联网、移动通讯终端、声讯台制作、复制、出版、贩卖、传播淫秽电子信息刑事案件具体应用法律若干问题的解释（二）》第3条规定，不以牟利为目的，利用互联网建立主要用于传播淫秽电子信息群组的，以传播淫秽物品罪定罪处罚。非法利用信息网络罪有了单独规定后，有观点认为，该条解释自动失效，不能再以传播淫秽物品罪论处，而应以非法利用信息网络罪来论处。[③]

三、法益解释的路径构建

（一）解释路径的建构：以法益作为解释指导

1. 非法利用信息网络罪的罪名体系决定了保护法益

我们认为，从罪名体系的协调上，非法利用信息网络罪应该属于预备犯罪中实质的预备犯，本质上属于预备犯量刑规则的单独立法。

首先，从非法利用信息网络罪立法的初衷和目的上符合实质预备犯的要求。形式的预备犯是刑法总则中对犯罪预备进行的规定，实质的预备犯

---

① 喻海松：《网络犯罪二十讲》，法律出版社2018年版，第99页。

② 沈德咏：《〈刑法修正案（九）〉条文及配套司法解释理解与适用》，人民法院出版社2015年版，第264页。

③ 欧阳本祺、王倩：《〈刑法修正案（九）〉新增网络犯罪的法律适用》，载《江苏行政学院学报》2016年第4期。

是刑法分则中对预备行为规定为单独的犯罪并设定了法定刑。[①] 我国刑法分则中已经对预备犯罪单独处罚作出了规定,已经将众多犯罪预备行为拟制为具有独立构成要件的实质预备犯。[②]《刑法修正案(九)》中增设关于恐怖主义、极端主义犯罪的规定也是实质预备犯的规定。非法利用信息网络罪立法是以网络犯罪"打早打小"的刑事政策为指导原则的,在网络犯罪链条化、产业化的状态下,往往难以查清全部犯罪链条。如果中间的一个环节没有查明,则难以认定为共同犯罪。因刑法设置该罪是为了将刑法处罚范围前移,立法初衷也是为了处罚犯罪的预备行为。"两高"2013 年 9 月 6 日公布的《关于办理利用信息网络实施诽谤等刑事案件适用法律若干问题的解释》中单独规定了信息网络犯罪的"情节严重"情形:同一诽谤信息实际被点击、浏览次数达到 5000 次以上,或者被转发次数达到 500 次以上。因此基于上述考虑,将利用信息网络预备犯罪的情形进行单独规定,利用信息网络预备行为具有特殊性,"网络犯罪预备行为不仅可能威胁重大、众多法益,而且其法益侵害危险较之传统犯罪预备具有倍增性、现实性和不可控性,刑法对其进行提前干预的必要性凸显"。[③]

其次,从处罚的根据上来讲,非法利用信息网络罪并没有脱逸于预备犯处罚根据的约束。形式的预备犯和实质的预备犯可在立法体例上进行区分,但在处罚的界限上还应遵循相同的解释规则。针对我国《刑法》第 22 条预备犯罪普遍处罚的规定,我国司法实践中一般采取限缩处罚的方式,司法实践中案件总体比例偏小,处罚范围适用限于抢劫、毒品、绑架等特定的少数的罪名上。[④] 在刑法理论上对预备犯解释也一直采取限制解释的方式,主张通过刑事政策实现预备行为与正常社会行为的分离;运用《刑法》第 13 条

① 林钰雄:《新刑法总则》,中国人民大学出版社 2009 年版,第 278 页。也有人称为从属的预备罪与独立的预备罪。参见[日]大谷实:《刑法讲义总论》(新版第 2 版),梁宏译,中国人民大学出版社 2008 年版,第 328 页。

② 梁根林:《预备犯普遍处罚原则的困境与突围——〈刑法〉第 22 条的解读与重构》,载《中国法学》2011 年第 2 期。

③ 梁根林:《传统犯罪网络化:归责障碍、刑法应对与教义限缩》,载《法学》2017 年第 2 期。

④ 实践中适用实证分析参见蔡仙:《论我国预备犯处罚范围之限制——以犯罪类型的限制为落脚点》,载《刑事法评论》2014 年第 1 期。

"但书"确定影响预备行为可罚性的要素,采取目的论限缩解释以及刑事证明、罪疑从无等路径,基本实现了预备犯例外处罚的实践理性。[①] 对于实质预备犯的规定,有一种担忧认为,"拟制实行行为的提出,使得预备犯的处罚范围与处罚根据都具有了实在性突破。"[②]这种观点认为实质预备犯立法属于刑法中一种拟制,将预备行为作为实行行为升格处理,因此处罚根据在于符合特定的构成要件规定,"之所以处罚犯罪行为,是因为行为本身已经符合刑法规定的犯罪构成要件,实质预备犯的可罚性体现在犯罪预备行为本身已经符合一个独立的犯罪构成要件的要求。"[③]

这种理解是从形式上解决了构成要件定型化的问题,发挥构成要件类型化的机能。从实质构成要件上理解,预备犯处罚的根据仍然是预备行为对法益具有现实侵害的危险。非法利用信息网络罪的认定应遵守预备犯的处罚原理。从刑法实质预备犯处罚的根据上来看,非法利用信息网络罪处罚的根据是制造了刑法不允许的危险。非法利用网络信息犯罪的法益应该是利用信息网络造成的现实侵害的危险。按照法益的界定,"只有当某种预备行为的发展,必然或者极有可能造成重大法益或者大量法益的侵害时,才有必要处罚犯罪预备"。[④]

最后,非法利用信息网络罪作为实质预备犯,在法律适用上属于对预备犯设置了单独的法定刑。我国刑法中对于犯罪预备的处罚原则采取的是"得减主义",虽然这有利于法官根据案件具体情况进行灵活适用,有利于罪刑均衡的个案调节,但是也存在弊端,"不利于在预备犯与未遂犯的处罚上彻底贯彻区别对待的精神。在特殊的情况下,对预备犯、未遂犯的处罚便均可与对既遂犯的处罚相等同,这实际上就相当于抹杀了犯罪预备与犯罪既

① 以上论述参见梁根林:《预备犯普遍处罚原则的困境与突围——〈刑法〉第22条的解读与重构》,载《中国法学》2011年第2期;郑延谱:《预备犯处罚界限论》,载《中国法学》2014年第4期。

② 李凤梅:《预备犯可罚性的反思与重构:以刑法拟制的视角》,载《北京师范大学学报》(社会科学版)2015年第3期。

③ 许健:《犯罪预备行为处罚限度研究》,中国人民公安大学出版社2015年版,第162页。

④ 张明楷:《刑法学》(第5版),法律出版社2016年版,第336页。

遂、犯罪未遂在处罚程度上区别”。[①] 因此,非法利用信息网络罪作为实质预备犯,实际上是对此类犯罪预备行为处罚设定了单独的量刑规则。

2. 法益解释的逻辑路径

法益是刑法的核心概念之一。在法教义(解释)学上,法益作为指导解释的原理,刑法之目的是保护法益,“因此犯罪构成要件的解释结论,必须以法条的保护法益为指导,而不能仅停留在法条的字面含义上,必须明确该犯罪的保护法益,然后在刑法用语可能具有的含义内确定构成要件的具体内容,使符合该构成要件的行为确实侵犯了刑法规定该犯罪所要保护的法益,从而使刑法规定该犯罪、设立该条文的目的得以实现。[②] 法益在指导非法利用信息网络罪解释的指导性作用上体现为三个方面:对于行为方式认定发挥限制性作用,对于罪量要素的解释发挥指导作用,对于罪名竞合的适用发挥指引作用。

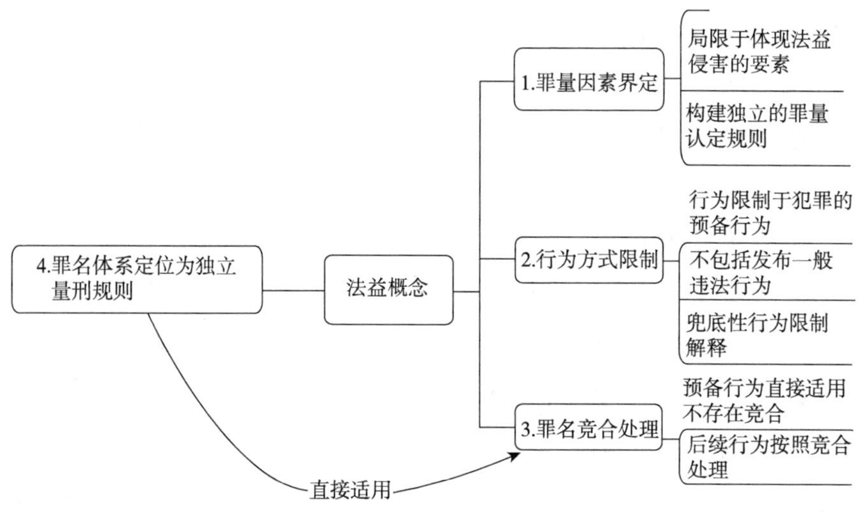

图 2　法益指导解释的思维导图

---

① 王志祥:《刑法问题探索》,中国法制出版社 2016 年版,第 80 页。

② 张明楷:《刑法学》(第 5 版),法律出版社 2016 年版,第 65 页。

(二)法益解释对行为方式认定的限制性作用

按照预备犯罪的制裁体系设置,我国刑法应采取分则规定与总则规定相结合的方式,逐步以实质预备犯取代形式预备犯,赋予可罚的预备行为以实行行为应有的类型性、限定性,符合行为刑法原理对刑法客观主义、法益保护主义与罪刑法定原则的要求。[①] 实质预备犯直接规定了实行行为,形式预备犯没有实行行为,需要综合犯罪情节确定可罚性。但非法利用信息网络罪中对于行为对象在列举基础上,又规定了"其他""等"这些兜底条款。

法益对兜底性规定解释起限制性作用。当前对兜底性规定的理解:一种是采取限定列举的方式,如列举了"包括传播宣扬恐怖主义、极端主义信息、侵犯知识产权、传销、侵犯公民个人信息、组织考试作弊等犯罪"。[②] 另一种是对发布的信息内容是否违法进行实质判断,"这里的违法犯罪信息主要是制作、销售毒品、枪支、淫秽物品等违禁物品、管制物品的信息,但不限于这些信息,即还包括其他违法犯罪信息,实践中比较常见的其他违法犯罪信息有发布招嫖、销售假证、假发票、赌博、传销的信息等,本项规定的发布违法犯罪信息,其发布途径更为广泛,即不仅包括在网络、通讯群组中发布违法犯罪信息,还包括通过广播、电视等其他信息网络发布信息"。[③]

列举的方式难以穷尽各种行为类型,对于兜底性条款的解释应从行为类型的实质化进行判断。按照我国刑法理论通说,对兜底性条款的适用采取限制性解释的立场。在具体的认定方式上应采取同质认定的方式,同质认定是在具体行为的构成要件符合性判断上,形式上与之前刑法明文规定的行为方式属于相同的行为类型,实质上在该罪法益保护的规范目的之内。在罪名体系定位上,非法利用信息网络罪属于预备行为的正犯化,从体系解释的角度,本罪是犯罪预备行为的正犯化,因此,本罪处罚的实质是将网络

---

① 于志刚:《网络空间中犯罪预备行为的制裁思路与体系完善——截至〈刑法修正案(九)〉的网络预备行为规制体系的反思》,载《法学家》2017 年第 6 期。

② 喻海松:《网络犯罪的立法扩张与司法适用》,载《法律适用》2016 年第 9 期。

③ 郎胜主编:《中华人民共和国刑法释义》(第 6 版),法律出版社 2015 年版,第 504 页。

犯罪行为的预备行为实行行为化,处罚的行为类型应该局限于网络上的犯罪预备行为。

这决定了对其行为方式具有双重限制,防止兜底性条款适用过宽:一是非网络犯罪预备行为不在该罪规制范围之内,因此即使行为人客观上实施了违法犯罪的活动,但非网络行为不构成该罪的构成要件;①二是对于非犯罪预备行为不应纳入该罪的规制范围,"对于不属于犯罪规制范围内的卖淫女发布的招嫖信息、邀请他人赌博行为等一般违法行为的,不应纳入本罪的处罚范围,不应当以犯罪论处"。② 案例梳理中利用网络信息收集公民个人信息、销售伪造的国家机关证件等司法判决均符合该罪实行行为的要求,这也体现出非法利用信息网络罪作为网络犯罪基础性罪名的特征。

(三)法益解释对罪量要素的解释的指导作用

法益解释对于合理界定罪量元素也发挥着指导作用。我国刑法分则中"情节严重"与"情节恶劣"是指所涉行为可罚的违法性程度的要件,属于整体的评价性要素,情节严重与情节恶劣作为整体的评价性要素是表明法益侵害严重程度的客观的违法性要素。③ 因此,根据个人法益的类型即生命、健康、财产、自由、名誉等,在罪量要素的认定上,利用信息网络可能对个人法益造成危害的,反映行为社会危害性程度、侵害法益可能性的要素才可以被纳入罪量考虑的范围。当前司法案例中反映罪量因素的主要有:获利数额(主要表现为销售金额或者销赃数额或者通过劳务费等形式取得的报酬)、数量因素(主要表现为犯罪对象的数量)。非法利用网络信息犯罪是危险犯,在进行罪量要素考量时,要着重考虑违法犯罪信息发布的范围,如网站浏览量、点击量较大、群众通信中的对象较多,发布违法信息数量较大。④

---

① 喻海松:《网络犯罪二十讲》,法律出版社2018年版,第54页。

② 张明楷:《刑法学》(第5版),法律出版社2016年版,第1050~1051页。

③ 张明楷:《犯罪构成体系与构成要件要素》,北京大学出版社2010年版,第329~342页。

④ 张军主编:《刑法(分则)及配套规定新释新解》(第9版),人民法院出版社2016年版,第1354页。

表1 罪量因素分布数量

种类	内容	案件数
数额	获利数额	5
数量因素	利用伪基站或者微信/QQ空间发送的信息数	13
	制作伪造的网站	3
	发布的淫秽图片	5
	提供或发送公民个人信息	5

鉴于司法实践中对“情节严重”认定差异较大，且尚未出台相关司法解释，对于非法利用信息网络罪情节严重概括性的定罪量刑情节，应综合考量上述因素，并根据司法实践的情况从犯罪的客体、客观方面、主体、主观方面等多个角度加以考察，具体应综合考虑非法利用信息网络的类型、次数、数量、访问量、犯罪手段和牟利数额、造成的损害后果、被他人利用后造成的危害结果和社会影响程度等因素。信息时代的定量标准可以采用信息符号数/网络平台数量×时数/次数。其中，信息时代的前者是网络中系统台数、数量、网站数量等，综合考虑资源自身的数量级被利用过的或者被侵害的时间长度、次数，反映社会危害性。[①] 因此，可以考虑以相关网站、域名的数量认定“情节严重”。对于多个近似的域名指向相同的网站，应当累计计算。网站被点击数、注册账号数可以反映网站的传播面，群组的个数和成员账号数也可以作为认定“情节严重”的标准。因此，关于有关信息侵害法益程度的判断，首先，应考虑发布信息的条数、实际点击数以及用户、账号的数量。其次，还应根据网络信息的传播面认定，传播面具体包括设立网站、发布信息数量和访问次数。违法所得主要是发布信息可能获取的广告费、会员注册费或者其他违法所得，因并不直接反映利用信息网络造成法益侵害的危险程度，故不宜单独作为入罪情节。

① 于志刚、郭旨龙：《信息时代犯罪定量标准的体系化构建》，中国法制出版社2013年版，第231页。

(四)法益解释对罪名竞合的指引作用

因非法利用信息网络罪在行为方式限定上可以包含所有的犯罪行为类型,在司法实践中也出现了与多个罪名的纠缠,因此,需要回归到该罪名的体系定位,对罪名竞合情形分别认定。

1. 非法利用信息网络罪不构成与其他犯罪预备犯的竞合。立法规定实质预备犯,通常是预想到其可能连结的犯罪,既然将其独立规定,而且往往规定了较之预备犯更重的法定刑,在上述情形下意味着不再认定构成该特定犯罪的预备犯,而直接按照该实质预备犯加以认定即可。[①] 因此,在罪名体系定位上,非法利用信息网络罪属于实质预备犯罪,作为网络犯罪的量刑规则,对于任何犯罪在网络中构成预备犯罪行为,不再适用刑法总则关于预备犯处罚的规定,直接根据非法利用信息网络罪处罚。因此,可以按照法条竞合的原理,直接适用特殊法即非法利用信息网络罪的规定,不构成想象竞合关系。

2. 择一重罪处罚原则适用于侵害多种法益的情形。我国《刑法》第 287 条之一第 3 款规定:同时构成其他犯罪的,依照处罚较重的规定定罪处罚。可能适用的是非法利用信息网络罪与其他犯罪构成想象竞合犯或者是牵连犯的情形。(1)构成想象竞合犯情形,如行为人非法利用"伪基站"发送诈骗信息的行为,既可能构成非法利用信息网络罪,也可能构成扰乱无线电通信管理秩序罪,同时侵犯两个以上法益的情形,应按照想象竞合犯从一重处罚。(2)实施非法利用信息网络罪后又实施后续犯罪行为的应按照牵连犯从一重处罚。在罪名体系上,本罪属于危险犯,因此在"情节严重"界定上,不要求有实际的危害后果,应当是对行为本身的数量、规模、潜在的危害要求,不包括行为的结果在内。[②] 造成危害结果的应该按照实际侵害的法益认定构成特定的犯罪;非法利用信息网络可能构成其他犯罪的手段行为,行为

---

① 陈兴良主编:《刑法总论精释》(第 3 版),人民法院出版社 2016 年版,第 432 页。

② 黎宏:《刑法学各论》(第 2 版),法律出版社 2016 年版,第 369 页。

人制作虚假网站后供他人诈骗使用，诈骗数额较大的，行为人非法利用信息网络的行为又构成诈骗罪的帮助行为，实质预备犯中“所预想的特定犯罪已经实行的场合，实质的预备行为就为后者所吸引或者构成实质的预备犯和后者的未遂或既遂的牵连犯，采取相应的原则处理”[①]，此时应按照牵连犯从一重处罚。[②]

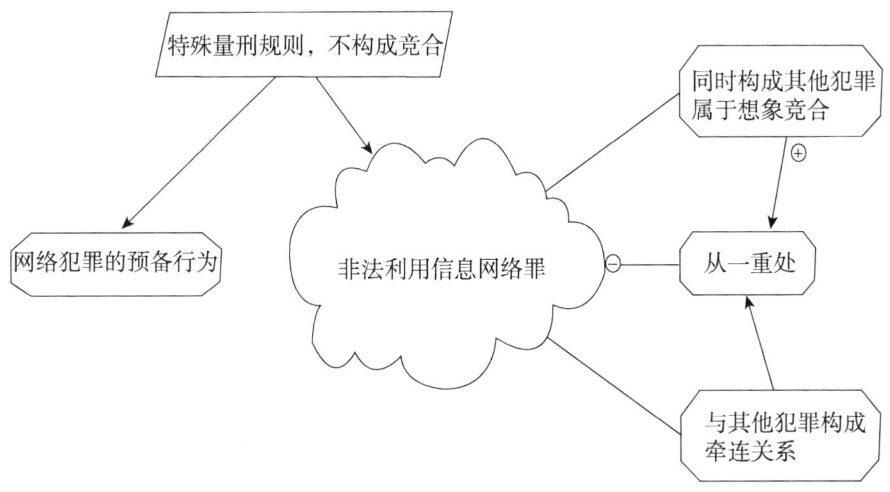

图 3　罪名竞合类型及法律适用

（五）法益解释司法适用的技术保障路径

“非法利用信息网络罪”属于新罪名，上文已分析该罪在实践中暴露出的问题和司法实践中的困境。目前针对非法利用信息网络罪行为，应坚持刑事立法和刑事司法双轨并行的模式。在立法已经明确纳入刑法规制后，

---

① 陈兴良主编：《刑法总论精释》（第 3 版），人民法院出版社 2016 年版，第 432 页。

② 在国外刑法中，这种情形在定罪上，存在争议，韩国刑法中分为自我预备与他人预备。根据预备犯根据下一步实施的计划，自我预备是预备者自己或与他人共同以实行之目的实施的准备行为，他人预备是为他人实行之目的所实施的准备行为，关于他人预备能够成立预备罪的正犯。其中自我预备中后续行为构成犯罪的，应构成共同犯罪。对于他人预备的，应单独认定为预备犯还是认定为共同犯罪的帮助犯存在争议，这是预备犯正犯的适格问题。在对我国的案例梳理中未发现此类问题争议。参见［韩］金日秀、［韩］徐辅鹤：《韩国刑法总论》（第 11 版），郑军男译，武汉大学出版社 2008 年版，第 528 页。

应完善司法应用的技术保障。立法的意图如果没有转化为司法解释或规范文件的细化规定,实际上很难在司法判断中得以实现,至少无法获得统一且高效的适用效果。[①]因此为应对新型网络犯罪,针对网络犯罪应尽快总结司法审判实践中遇到的困境,在现有的刑法体系下,针对非法利用信息网络罪的特征,对本罪条文进行合理解释,出台具备可行性的司法解释或指导案例。

当前对于非法利用信息网络罪出台司法解释主要解决以下几方面问题:(1)统一入罪条件。因为对情节的认定过程本身就是主观判断的过程,由于个体认知差异和对案件具体把握存在较大的差异,这种主观评断导致客观认定差异较大,不利于司法裁判实践标准的统一,造成司法判决说理不清,解释不明的状态,出现司法实践中认定模糊、认定标准较为随意、情节严重和后果严重相混淆等相对混乱的现状。(2)对法律竞合的情形进行明确,尤其是针对争议较大、认定分歧较大的高发类犯罪进行重点解释,以统一裁判尺度。如最典型和最具争议的是关于利用伪基站发送诈骗信息的行为,关系到诈骗、非法利用信息网络罪、扰乱无线电管理秩序罪、破坏公用电信设备罪等多个罪名的交织。(3)明确与当前已出台的司法解释的衔接关系。因非法利用信息网络罪规定的初衷是基于“打早打小”的策略,因此入罪的门槛应该有所降低,而现行的一些司法解释中设置定量标准过高。例如,在认定非法利用信息网络罪第1款第3项“为实施诈骗等违法犯罪活动发布信息的”,由于没有相关的司法解释明确入罪标准,因此往往参照最高人民法院、最高人民检察院《关于办理诈骗刑事案件具体应用法律若干问题的解释》第5条的规定,[②]而按照该司法解释规定又将非法利用信息网络行为作为诈骗罪处理。据此,在入罪标准上如果引用其他司法解释作为参照,则会

---

① 黄京平:《新型网络犯罪认定中的规则判断》,载《中国刑事法杂志》2017年第6期。

② 最高人民法院、最高人民检察院《关于办理诈骗刑事案件具体应用法律若干问题的解释》第5条规定:“诈骗未遂,以数额巨大的财物为诈骗目标的,或者具有其他严重情节的,应当定罪处罚。利用发送短信、拨打电话、互联网等电信技术手段对不特定多数人实施诈骗,诈骗数额难以查证,但具有下列情形之一的,应当认定为刑法第二百六十六条规定的‘其他严重情节’,以诈骗罪(未遂)定罪处罚:(一)发送诈骗信息五千条以上的;(二)拨打诈骗电话五百人次以上的;(三)诈骗手段恶劣、危害严重的。”第7条规定:“明知他人实施诈骗犯罪,为其提供信用卡、手机卡、通讯工具、通讯传输通道、网络技术支持、费用结算等帮助的,以共同犯罪论处。”

导致非法利用信息网络罪在司法适用中被悬空和搁置,被关联性罪名所代替。因此,在新罪名设立后,还需要通过对司法解释进行清理,做好衔接工作,以此发挥非法利用信息网络罪在网络犯罪中基础性、兜底性罪名的作用。

四、结语

随着我国对纯正计算机网络犯罪立法的逐步完善,已经形成了网络刑法与传统刑法入罪、量刑的二元刑事立法规制方式,因此,非法利用信息网络罪虽然是刑法分则中一个独立的罪名,但实际上其作为兜底性罪名已成为网络犯罪预备犯的一般性处罚的量刑规则,具有网络刑法总则性意义。作为纯正网络犯罪的一种,非法利用信息网络罪在司法适用和解释中,应立足于网络犯罪的特殊性和独立性,逐步推动刑事立法和司法裁判对网络发展的及时回应。

假药犯罪“生产、销售金额”的实证分析

——基于北京市百件案例

丰台区人民检察院假药犯罪研究课题组*

一、生产、销售假药犯罪的处置差异

药品安全涉及每个人的切身利益，直接关系人民群众的生命健康安全和国民经济的繁荣发展，特别是近年来接连发生多起生产、销售假药、劣药的大案，严重危害了药品行业整体有序的发展及人民群众的身心健康。以“生产、销售假药罪”为关键词，在法信网中可以搜索到北京市 2016 ~ 2018 年近百份以生产、销售假药罪定罪的一审判决书，统计该部分判决案进行分析。

朝阳区共有 115 例以生产、销售假药罪定罪的案例，在所有地区中排名第一，其中判处 3 年以上有期徒刑的案件有 1 例，占该区案件总数 0.87 %，在该判例中，①司法机关扣押大量“按假药处理”的药品，根据已查清的销售价格计算扣押药品的市场价格共计人民币 271, 765 元，构成《刑法》第 141 条生产、销售假药罪规定的“其他严重情节”，判决被告人杨某有期徒刑 3 年，并处罚金人民币 50 万元；在该罪判处 3 年以下有期徒刑的刑事案件中，朝阳区 90% 以上的案例是销售 “按假药论处”的药品，如销售“Botulax 肉毒

---

* 丰台区人民检察院假药犯罪研究课题组成员：刘亮，丰台区人民检察院第二检察部主任，员额检察官；李梦哲、王国梁，丰台区人民检察院第二检察部，助理检察官。

① (2016)京 0105 刑初 173 号刑事判决书。

素”等,其中大多数案件被判处拘役或缓刑,在该刑档的案件中司法机关都扣押了涉案的假药,但是未委托第三方鉴定机构进行价格鉴定,也未计算扣押假药的市场价格,直接判处3年以下有期徒刑(相关图示见图1)。

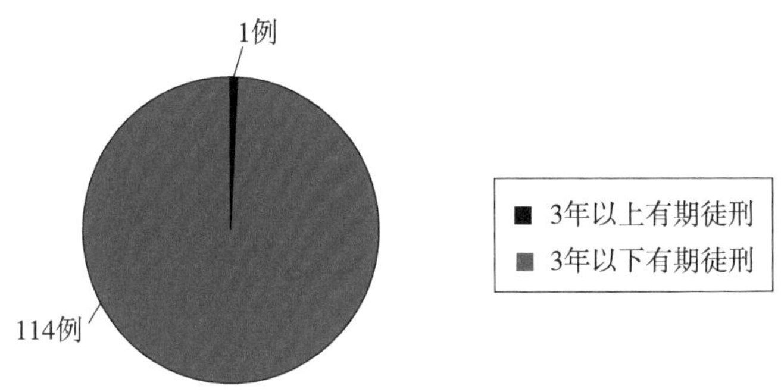

图1　朝阳区生产、销售假药判例刑期统计

丰台区共有39例生产、销售假药罪的案例,案件数量在各地区中排名第二,其中判处刑罚在3年以上有期徒刑的有19例,占该区案件总数48.72%。在这19例案件中有16例是将扣押的假药委托第三方价格鉴定机构进行价格鉴定,鉴定的价格达到《刑法》第141条规定的“其他严重情节”,从而对被告人进行定罪量刑。其余3例判处3年以上有期徒刑的案件均为生产、销售未经国家批准的国外药品,该三个案例均以具体销售数额进行定罪量刑;丰台区以该罪判处有期徒刑3年以下刑罚的有20例,其中有14例将扣押的假药委托第三方价格鉴定机构进行价格鉴定,并将鉴定的数额综合案件其他情形进行量刑,其余6例为销售未经国家批准的国外药品,该6例均未委托第三方鉴定机构进行价格鉴定(相关图示见图2)。

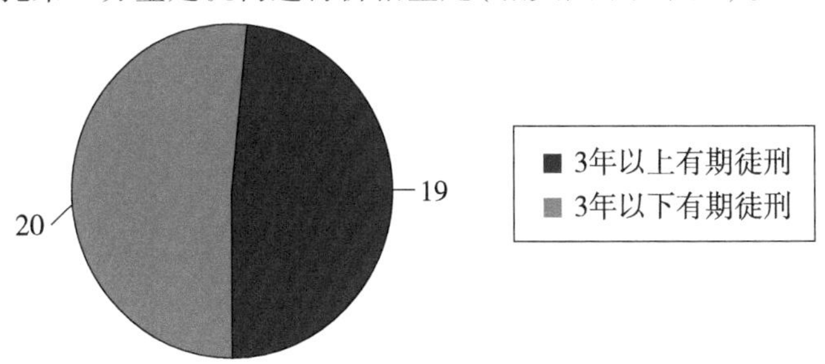

图2　丰台区生产、销售假药判例刑期统计

房山区共有18例生产、销售假药罪的案例,其中判处刑罚在有期徒刑3年以上的有2例,占该区案件总数11.11%,该2例案件都将扣押的大量假药委托第三方鉴定机构进行价格鉴定,其中有1例案件因鉴定数额达到“其他严重情节”而被判处3年以上有期徒刑;房山区该罪名判决有期徒刑3年以下的案例有16例,该16例案件均未委托价格鉴定机构进行价格鉴定,其中现场起获了假药数量超过300盒(瓶)的有10例,该10例案件判处刑罚多在有期徒刑一年以下(相关图示见图3)。

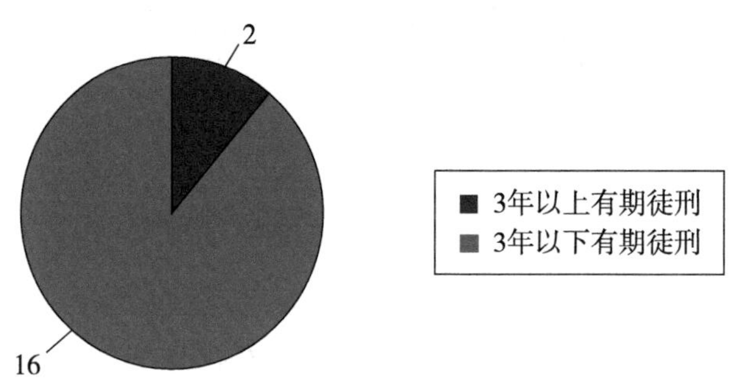

图3 房山区生产、销售假药判例刑期统计

大兴区共有17例生产、销售假药罪的案例,判处3年以上有期徒刑的有3例,占该区案件总数17.65%,其中有2例案件将扣押的大量假药委托第三方鉴定机构进行价格鉴定,将鉴定的数额结合已销售的数额综合作出量刑,另外1例则直接依照已销售的数额予以量刑;大兴区判决3年以下有期徒刑的案例有14例,该14例案件中均起获药品,但是数量并不多;均未将扣押的假药委托第三方价格鉴定机构进行价格鉴定,且判处刑罚都以拘役、缓刑为主(相关图示见图4)。其余各地区在近3年内以生产、销售假药的判处的案例的判决书中未发现对扣押假药进行价格鉴定的表述(相关图示见图5)。

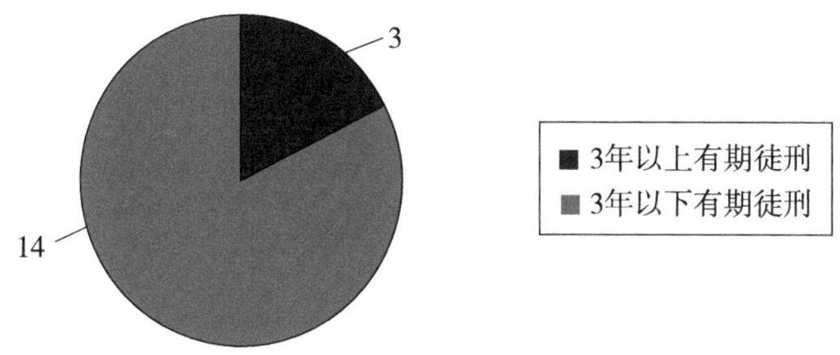

图4　大兴区生产、销售假药判例刑期统计

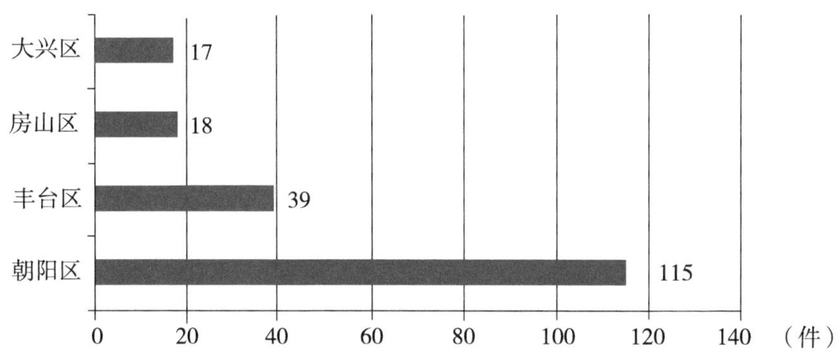

图5　2016～2018年生产、销售假药罪判例累计超过10例的各区对比情况

从数据对比的分析可以进一步发现，北京各个地区对生产、销售假药罪处理方式存在的差异直接影响对该罪的量刑。丰台区案件总数上远少于朝阳区，但丰台区一般对所扣押的假药进行价格鉴定，根据价格鉴定的数额进行有区别的定罪量刑，其中以生产、销售假药罪判处3年以上有期徒刑的案例占该区案件总数的48.72%，在各地区中排名第一，且该比例和数量远超其他各地区。其他地区法院仅在扣押假药数量特别大的情况下才会委托第三方鉴定机构进行价格鉴定，大多数情况下仅对所扣押药品的真伪进行鉴定，一旦鉴定为假药，就不再进行价格鉴定，在处罚时直接按照3年以下刑期处罚，其中房山区判决3年以上有期徒刑的案件占比为11.11%，大兴区为17.65%，朝阳区仅为0.87%，该三个区判处3年以上有期徒刑的案件比例远远低于丰台区48.72%。

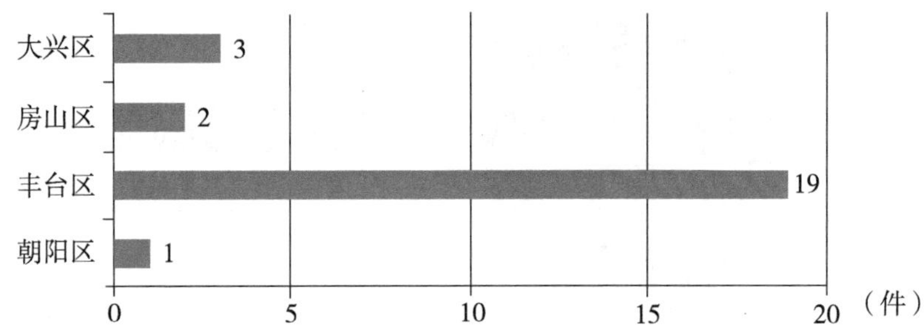

图 6　超过 10 例的地区中判处 3 年以上有期徒刑案例数量对比

通过对比发现,在处理生产、销售假药犯罪时,是否计算扣押假药的金额将会导致同案不同判、司法口径不一致的情况。例如,销售同样价值假药的被告人,若犯罪地点在丰台区,通过价格鉴定后可能构成"其他特别严重情节",判处 10 年以上有期徒刑;但是如果犯罪地在其他地区,同样的假药金额,由于其他地区不计算扣押假药的价格,直接按照有期徒刑 3 年以下判处刑罚。可见,同样的行为,所判处的刑罚差异巨大,对于司法的严肃性及公正性提出了挑战。

二、影响假药价格鉴定的原因分析

通过对北京市近 3 年生产、销售假药的判决分析,发现在绝大多数案件中公安机关在嫌疑人处起获尚未销售或正在销售的假药,对于该部分假药在很多判决书中仅作了真假鉴定,在量刑过程中也没有将扣押假药的价格纳入量刑范围。结合判决书的内容,笔者认为,阻碍假药进行价格鉴定可能存在以下几方面因素:

(一)多数案例中起获药品的数量少,对价格鉴定的必要性存疑

关于假药的犯罪数额的规定,《最高人民法院、最高人民检察院关于办理危害药品安全刑事案件适用法律若干问题的解释》(以下简称《药品解释》)第 3 条规定:"生产、销售假药,具有下列情形之一的,应当认定为刑法第一百四十一条规定的'其他严重情节':(一)造成较大突发公共卫生事件的;(二)生产、销售金额二十万元以上不满五十万元的;(三)生产、销售金额

十万元以上不满二十万元，并具有本解释第一条规定情形之一的；(四)根据生产、销售的时间、数量、假药种类等，应当认定为情节严重的。”可见生产、销售假药罪中要达到“其他严重的情节”，其生产、销售数额至少要在 20 万元以上或者 10 万元以上具有解释第 1 条情形的才能满足条件。通过对案例分析，在司法实践中大多数案件扣押假药的数量和价格都达不到 20 万元的标准，以朝阳区为例，朝阳区大多数案件为销售“按假药处理”的药品，扣押药品数量不足 10 件，承办人员根据生活经验及犯罪嫌疑人的供述，可判断出起获的药品价格不足 20 万元。此外，为了提高司法效率，节约司法资源，案件承办机关加大了认罪认罚适用的力度，对主观上可直接判断生产、销售数额不足 10 万元的，办案机关便直接适用认罪认罚从宽的制度，免去了价格鉴定的环节，加速了司法程序的进程，这在一定程度上影响了对扣押的假药做价格鉴定的必要性。

(二)无明确相关司法解释要求对假药做价格鉴定

关于生产、销售假药的数额，《药品解释》第 15 条规定，本解释所称“生产、销售金额”，是指生产、销售假药、劣药所得和可得的全部违法收入。但对于“可得收入”未明确规定包含起获的尚未销售的假药的价格。对于扣押药品的真假鉴定，该解释第 14 条规定，“司法机关可以根据地市级以上药品监督管理部门出具的认定意见等相关材料进行认定。必要时，可以委托省级以上药品监督管理部门设置或者确定的药品检验机构进行检验”，但对涉案假药的价格鉴定机构却未明确作出规定，也未明确规定可以将所起获的假药委托给第三方价格鉴定机构做价格鉴定。

(三)部分假药无法进行价格鉴定

2016~2018 年北京市生产、销售假药罪的案例中有超过 80% 以上的案件是销售“按假药论处”的药品，该部分药品主要为 2019 年修订之前的《药品管理法》第 48 条规定的“必须批准而未经批准进口即销售的药品”，如国外的“Botulax 肉毒素”等，该部分药品由于在国外销售，国内的第三方价格鉴定机构无法进行价格鉴定，又查不清实际销售价格，所以不进行价格鉴定。此外,司法实践中,部分被告人帮其他患者在国外代购药品,并按原价销售给这些患者,如果对该部分药品进行价格鉴定,将扣押假药部分数额计入犯罪数额中,会出现打击过严,罪责不相适应的情况。以上都是影响扣押假药进行价格鉴定的原因。

三、假药进行价格鉴定的必要性

药品具有治病救人,延长甚至挽救生命的重要使命,假药的出现不仅从根本上解决不了病源问题,反而延误了病情,具有天然的恶害。近几年,公众对于药品安全的诉求越发强烈,国家也不断加强对民生的保障。为了更好地打击此类犯罪,我们认为,对假药进行价格鉴定,进而给予精准刑罚是有必要的,否则易导致刑罚失衡。如果不考虑公平公正,只是为了操作的便利,放弃对假药进行价格鉴定,那么法律权威就会受到侵害。刑事法律的价值取向是公正而不是效率,刑罚量刑的精准化能够更科学地解决生产、销售假药罪的归责处罚问题。对假药进行价格鉴定有利于科学评判犯罪行为,如果在司法认定中不考虑涉案假药的价格,不仅有轻纵犯罪之嫌,违背了罪责刑相适应原则,而且背离立法机关加强民生保障的立法原意。在一定的历史时期,对生产、销售假药罪的严厉打击,关乎国家的法治建设和社会安定,对假药价格是否进行鉴定关乎行为人的罪过程度。因此,对假药进行价格鉴定,能够更好地统一刑罚的尺度,有助于反映体系化、差异化的刑罚,以实现类案公平和打击犯罪的双重目的。

(一)符合加强对民生保障的立法倾向

由于药品具有特殊性,因此上市的药品必须是确证安全的,这是刑法法益保护原则在假药犯罪领域的根本要求。假药的生产、销售者在巨额利益的驱使下制售假药,以假充真,掩人耳目,非但不能治病,反而会贻误病情,甚至致人伤残、死亡。面对环境污染、食品与药品安全事故等新型风险在生活世界的泛化,公众对公共安全的不安感日益突出,公众对安全的诉求越发强烈,最终在政治层面形成了国家积极干预发展的强烈舆论。[①]《刑法修正案(八)》正是在加强民生保障的背景下出台的,删除了原生产、销售假药罪中需要"足以严重危害人体健康"的构成要件,降低了入罪门槛;删除了"单处罚金"的规定,增加了可以适用较重刑罚的条件等,立法意图十分明显,即旨在加大对假药犯罪的打击力度。在司法实务中,办理生产、销售假药犯罪时,对起获的假药进行价格鉴定,并作为量刑的情节予以考虑,有利于加大对制销假药犯罪的精准打击,也是对目前加强民生保障立法倾向的积极回应。

(二)有助于科学量刑,实现罪责刑相适应原则

我们认为,不对假药进行价格鉴定,难以区分刑罚幅度,不能体现刑法确立的罪责刑相适应原则,难以实现刑罚的目的。明确的价格鉴定,对司法量刑以及全面客观评价违法行为都有积极的作用。刑罚是正义和秩序的外在化,但是这种价值却因不当的量刑活动而被损害了。[②] 刑罚在预防犯罪方面的功能能否有效发挥,很大程度上取决于量刑是否公正,畸轻畸重的量刑都极易使刑罚执行的积极作用大打折扣。[③] 司法实务中有些地区对假药进行价格鉴定并作为量刑的参考,有些地区则没有对假药进行价格鉴定,这就导致在同一时空下,同一法律适用情况下,相似假药案件的刑罚存在显著差异。这种司法适用的量刑失衡破坏了法治社会的建设和社会秩序的稳定。当人们对刑罚的公正性和保护机能丧失信心时,人们对刑罚的支持就会削弱。[④] 为了避免量刑失衡的加剧,在司法实践中应当统一对假药进行价格鉴定。笔者认为,当生产、销售假药的金额达到一定的标准之后,区分不同的法定刑是对罪责刑相适应原则的当然解释。刑事审判中的两项最基本的内容就是定罪和量刑,定罪是量刑的基础和前提,量刑是定罪的延续和结果。

---

① 劳东燕:《风险社会与功能主义的刑法立法观》,载《法学评论》2017 年第 6 期。

② 王杨:《生产、销售假药罪刑罚失衡的量刑防范》,载《东北师大学报》(哲学社会科学版)2015 年第 2 期。

③ 邓文莉:《刑罚配置论纲》,中国人民公安大学出版社 2009 年版,第 1 页。

④ 梁根林:《刑罚结构论》,北京大学出版社 1998 年版,第 16 页。

量刑对于犯罪行为人而言,是对其实体权利具有实际影响的活动,我们不能泛泛地认为,只要达到犯罪起刑点就不再评价该罪的升格部分。因此,我们应当秉持科学区分、精准量刑的态度,统一对起获的假药进行价格鉴定。

(三)避免虚置司法解释中的量刑规范

对于生产、销售假药罪,行为人的行为满足刑罚构成要件之后,司法解释中对法定刑升格有具体规定。《药品解释》中根据生产、销售金额设定"其他严重情节""其他特别严重情节"等认定标准。第3条规定,若行为人生产、销售假药金额20万元以上不满50万元,属于"其他严重情节",在3年以上10年以下有期徒刑之间进行法律评价;第4条规定,若行为人生产、销售假药金额50万元以上,则属于"其他特别严重情节",在10年以上有期徒刑、无期徒刑或者死刑之间进行法律评价。《药品解释》这样设定的原因在于,生产、销售金额达到一定数额以上的,表明生产、销售的假药数量大、时间长、范围广,具有更大的社会危害性,应当加重处罚。[①]

另外,《药品解释》第15条规定的"生产、销售金额",是指生产、销售假药、劣药所得和可得的全部违法收入。具体包括生产、销售后已实际得到的金额、已生产或购进但尚未销售的金额、已出售但尚未收到的金额。因为在实践中,一方面,制售假药者生产、销售的记录通常并不规范,很难找到切实证据证实其已实际销售的金额;另一方面,通常现场起获的假药达到一定规模后,也能体现一定的社会危险性,若仅依据销售金额定罪量刑则难免轻纵犯罪,故可以对"销售金额"作广义理解,包括货值金额。

在办理生产、销售假药案件中,将起获的假药进行价格鉴定,并将鉴定后的数额计入"生产、销售金额",对制售假药行为人的社会危害性进行评价符合《药品解释》规定的立法初衷。实务中存在大量的无法查清已经实际销

---

① 周加海、周海洋:《〈关于办理危害药品安全刑事案件适用法律若干问题的解释〉的理解与适用》,载最高人民法院刑事审判一、二、三、四、五庭:《中国刑事审判指导案例03》(增订第3版),法律出版社2017年版,第724页。

售金额的案件，若不对起获的涉案假药进行价格鉴定，则行为人的生产、销售金额无法确定，《药品解释》关于法定刑升格的规定将没有适用的空间。因此，从《药品解释》的规定来看，有必要对假药进行价格鉴定。

（四）实现对新法背景下假药犯罪的严厉打击

2019 年 8 月 26 日，全国人大常委会第十二次会议表决通过新修订的《药品管理法》，新法对假劣药的范围进行重新界定，故生产、销售假药罪的适用范围和打击半径发生变化。此前的药品管理法列出了假药和以假药论处的 8 种情形，除了两种典型的假药外，还有 6 种是“以假药论”，属于法律拟制。本次修改舍弃了“以假药论”的概念，将未经批准进口的药品从假药中剔除，直接规定了 4 种情形属于假药。这意味着生产、销售假药罪中的打击范围已经不包括进口真药，主要打击谋财害命的假药。在新法实施的情形下，生产、销售假药罪中将不再出现民众关心的“药神”类案件，不会出现伦理和法治之间的不平衡，对扣押假药进行价格鉴定可以从严惩治生产、销售假药犯罪行为，做到罪责相当，能够在适应涉药品管理法律法规调整的同时，提高司法的有效性、严密性，更好地回应国家对药品犯罪从严打击的态度。

四、“生产、销售金额”认定中存在的问题

根据《药品解释》第 3 条和第 4 条的规定，根据生产、销售金额的大小确定制销假药者刑事责任的轻重，分别适用第二档和第三档的量刑。根据生产、销售金额区分法定刑，符合生产、销售假药犯罪的贪利性质，同时揭示了社会危害性的大小与刑法轻重的关联。明确“生产、销售金额”的计算方式，有利于在生产、销售假药罪中实现罪责刑相适应原则。

（一）销售假药者尚未完成销售时“销售金额”的认定

生产、销售金额对制销假药行为的量刑起着关键性作用，根据《药品解释》第 15 条的规定，该金额是指“生产、销售假药、劣药所得和可得的全部违

法收入"。前者通常是制销假药者在售出假药后,已经实际获得的货款,后者是由于某些原因暂时没有收到对应的货款,但是根据双方的约定,买受假药一方应当支付给卖出假药一方的对应价款,属于可期待收益。但是,如果销售假药者尚未实施销售行为,如何认定其"销售金额"确实是司法实务中的难题。

涉及"销售金额"认定的罪名除了生产、销售假药犯罪外,还有生产、销售伪劣产品罪、销售假冒注册商标的商品罪等。相关司法解释中对"销售金额"的认定进行了明确规定。如《关于办理生产、销售伪劣商品刑事案件具体应用法律若干问题的解释》(以下简称《伪劣商品解释》)第 2 条第 2 款规定:"伪劣产品尚未销售,货值金额达到刑法第一百四十条规定的销售金额三倍以上的,以生产、销售伪劣产品罪(未遂)定罪处罚。"再如,《关于办理侵犯知识产权刑事案件具体应用法律若干问题的解释》(以下简称《知识产权解释》)第 8 条关于销售假冒注册商标的商品犯罪案件中尚未销售或者部分销售情形的定罪量刑问题也有明确的规定:假冒注册商标的商品尚未销售,货值金额在 15 万元以上的以及假冒注册商标的商品部分销售,已销售金额不满 5 元,但与尚未销售的假冒注册商标的商品的货值金额合计在 15 万元以上的,依照《刑法》第 214 条的规定,以销售假冒注册商标的商品罪(未遂)定罪处罚。上述两个司法解释均是考虑到了相关的产品尚未销售,社会危害性小于已经销售出去的实际情况,从而对尚未销售行为的认定,不仅从犯罪形态的质上作出了明确的规定,而且从销售金额的量上进行了规范,为司法实践中解决类似问题提供了明确的标准和依据。

我们可以发现上述三个罪名之间存在一定的相似性。生产、销售假药罪与销售假冒注册商标的商品罪相比较,一方面,两罪均属于《刑法》第三章的犯罪,保护的法益均为市场经济秩序;另一方面,两罪均以"金额"作为犯罪升格的标准。生产、销售假药犯罪与生产、销售伪劣产品罪相比较,两罪属于《刑法》同一章且同一节,同时根据《刑法》第149条的规定,[①],生产、销售假药犯罪与生产、销售伪劣产品罪形成了特别法条与普通法条之关系。假药比一般伪劣产品的社会危害性更大,刑事司法对生产、销售假药行为的评价应当更为严苛。根据《伪劣商品解释》的规定,当尚未销售伪劣产品的货值金额达到一定数额的,以生产、销售伪劣产品罪(未遂)定罪处罚。举轻以明重,对于由于各种原因,尚未销售假药的行为人,更不能轻纵其行为,而应当以生产、销售假药罪(未遂)处罚。需要注意的是,生产、销售伪劣产品罪的入罪门槛是销售金额5万元以上,但是生产、销售假药罪是抽象危险犯,没有门槛的限制,因此在认定尚未销售药品的行为构成生产、销售假药罪(未遂)时,也不存在销售金额的门槛。

综上所述,在办理销售假药犯罪中,对于尚未销售的假药行为,在犯罪形态的质上应当认定为犯罪未遂。

(二)货值金额的计算标准

生产、销售假药犯罪,在《药品解释》中没有明确指出假药的计价标准,那么涉案假药的货值金额究竟采用何种标准进行计价,司法实践中存在不同的认识。通过前文对销售假冒注册商标的商品罪、生产、销售假冒伪劣产品罪与生产、销售假药罪的比较,笔者认为,生产、销售金额的计价标准也应当参照前面两罪的相关规定。

《伪劣商品解释》第2条第3款规定:"货值金额以违法生产、销售的伪劣产品的标价计算;没有标价的,按照同类合格产品的市场中间价格计算。货值金额难以确定的,按照国家计划委员会、最高人民法院、最高人民检察院、公安部1997年4月22日联合发布的《扣押、追缴、没收物品估价管理办法》的规定,委托指定的估价机构确定。"根据该解释的规定,伪劣产品的价格认定标准为:第一,只要能查明行为人出售伪劣产品的实际销售价格的,

① 《刑法》第149条规定:生产、销售本节第141条至第148条所列产品,不构成各该条规定的犯罪,但是销售金额在5万元以上的,依照本节第140条的规定定罪处罚。

按照实际销售价格计算；第二，无法查明实际销售价格，但是有标价的，按照标价计算；第三，既不能查明行为人的实际销售价格，又没有标价的，按照同类合格产品的市场中间价格计算；第四，既不能查明行为人的实际销售价格，又没有标价的和同类合格产品的市场价格的，委托指定的估价机构确定其价格。应当注意的是，上述四种计算方法之间存在递进关系，只有存在无法适用上一种计算方法时，才可以适用下一种计算方法。[①]

最高人民法院和最高人民检察院 2004 年出台的相关司法解释，针对销售假冒注册商标的商品罪中侵权商品的计价标准进行规定，该规定与《伪劣商品解释》第 2 条第 3 款的思路一致。《知识产权解释》第 12 条规定，"侵权产品没有标价或者无法查清其实际销售价格的，按照被侵权产品的市场中间价格计算"。

根据体系解释及举轻以明重的原则，生产、销售假药犯罪中涉案假药的货值金额也应当以该方法进行计算，在既无法查清实际销售价格，也没有标价时，应当按照对应正品药品的市场中间价格计算。

因此，生产、销售假药犯罪中对于起获的假药，其计价标准也应当依照顺次，采用实际销售价格、标签及同类药品的市场中间价三种形式。对已经销售的假药价值，按照实际销售的价格计算；制造、储存、运输和未销售的假药的价值，按照标价或者已经查清的假药的实际销售平均价格计算；在既无法查清实际销售价格也没有标价时，应当按照同类药品的市场中间价格计算。

总而言之，生产、销售假药犯罪中，行为人在实施生产、销售假药行为过程中，起获行为人有尚未完成生产、销售的假药，应当认定其构成生产、销售假药罪（未遂）。对涉案假药进行价格鉴定时，在假药没有标价或者无法查清其实际销售价格的，按照其对应药品的市场中间价格计算。

---

① 朱平、郭彦东：《陈建明等销售伪劣产品案——销售假冒他人注册商标的产品行为如何定性》，载最高人民法院刑事审判一、二、三、四、五庭：《中国刑事审判参考指导案例 03》（增订第 3 版），法律出版社 2017 年版，第 8 页。

五、结语

在打击药品犯罪中，若不统一对假药进行价格鉴定，必定导致类案不同判的结果，不辨罪轻与罪重，进而造成宽严失据、宽严失度，从根本上背离了法治精神。药品是关系人类生存和民生福祉的特殊商品，出于公众安全的考虑，贯彻“四个最严”精神，在办理生产、销售假药案中应当对涉案假药进行价格鉴定。

检察机关维护良好营商环境的实践观察与思考

王延文[*]　徐金海[**]

在营造法治化营商环境过程中，检察机关通过坚持宽严相济刑事政策，积极推行产权平等保护，强化检察监督职能等举措取得了一定成效，但也存在“宽严”判断标准不明确导致法律效果难“相济”；平等保护不全面；办案职能与监督发展不平衡等问题。需要从厘清“宽严”政策标准，准确适用法律；落实全面平等保护；实现办案职能与监督职能双轮驱动等方面促使检察机关在营造法治化营商环境中发挥更积极、更精准、更有效的作用。

一、检察机关维护营商环境的实践观察

（一）检察机关维护营商环境的主要做法

[案例1]王某虚开增值税专用发票案①

王飞（化名）系衢州市A纺织制品有限公司（以下简称A公司）的负责人。2016年8月，因公司需要增值税专用发票用于抵扣税款，王飞遂联系与其有生意往来的罗翔（化名）要求开增值税专用发票。A公司根据罗翔的要求，将加了2%开票费的458, 780元汇给无实际商品交易的B公司，后由罗

* 王延文，北京市大兴区人民检察院副检察长。

** 徐金海，北京市大兴区人民检察院第六检察部检察官。

① 该案系衢州市检察机关维护营商环境典型案件。

翔将448,820元汇回给A公司,由B公司代为虚开4张增值税专用发票。A公司使用上述增值税专用发票抵扣税款6万余元。案发后,A公司补交了上述全部税款。

经查证:A公司系对外贸易的非公有制企业,该公司为企业所在地周边村解决了农村剩余劳动力,实现家门口就业。该企业共接纳了12名残疾人工作、疗养,解决了部分社会上精神、智力残疾人员的生活出路问题。

柯城检察院受理该案后,根据案件的实际情况,在依法办案的前提下,快审快结,力求最大限度减少司法办案对企业的影响。承办检察官两次走访企业,了解企业规模、经营状况,并与当地镇政府核实情况,准确把握法律政策界限,严格执行严宽相济刑事政策,优先考虑企业生存发展问题,鉴于王飞系初犯、偶犯,涉案数额不大,案发后及时补交了税款,认罪态度好,柯城检察院对其作相对不起诉处理。

[案例2]孟某等三人非法制造注册商标标识案①

2017年6月初至7月,被告人孟某在未经"hp"(惠普－美国品牌)注册商标权利人授权许可的情况下,提供电子模板,委托被告单位河北省廊坊市丰彩印刷有限公司印刷带有注册商标"hp"商标标识的包装盒面纸及不干胶防伪标,该公司经营厂长、业务负责人、被告人潘某安排公司车间进行制版并印刷。尔后,被告人孟某先后通过物流公司将部分伪造的商标标识发往广州等地。同年6月,被告单位廊坊市海赫荣达印刷有限公司受被告人孟某委托,由该公司业务员被告人李某安排,将上述印刷带有"hp"商标标识的包装盒面纸制作成包装盒。经审查,被告人孟某非法制造注册商标标识共计111万余件;被告单位廊坊市丰彩印刷有限公司、被告人潘某非法制造注册商标标识103万余件;被告单位廊坊市海赫荣达印刷有限公司、被告人李某非法制造注册商标标识3万余件。

河北省廊坊市公安局安次分局于2017年6月22日对孟某等人立案侦查,后孟某等人被采取逮捕、取保候审等强制措施。2018年4月9日,河北

---

① 该案系2018年度检察机关保护知识产权典型案例。

省廊坊市安次区检察院以被告单位廊坊市海赫荣达印刷有限公司、廊坊市丰彩印刷有限公司、被告人孟某、李某、潘某涉嫌非法制造注册商标标识罪提起公诉。同年9月19日,安次区法院以犯非法制造注册商标标识罪对被告人孟某、廊坊市丰彩印刷有限公司作出有罪判决。判决已生效。在本案中,检察机关严格审查每一起犯罪事实,全力查清侵权产品的全部去向,最大限度地挽回了惠普公司的损失。

[案例3]卡门实业有限公司销售假冒注册商标的商品监督撤案①

广东省广州市卡门实业有限公司(以下简称卡门公司)自2013年3月开始在服装上使用"KM"商标,并于2014年10月30日向国家商标局申请注册该商标在服装、帽子等范围内使用,被驳回后,于2016年6月14日再次申请使用"KM"商标,2017年2月14日仅被核准在睡眠用眼罩类别使用。卡门公司继续在服装、帽子等产品上使用"KM"商标,并逐渐发展为行业内较有名气的企业。

北京锦衣堂企业文化发展有限公司(以下简称锦衣堂公司)在2015年11月20日向国家商标局申请注册"KM"商标,使用在服装等类别范围,被驳回后于2016年11月22日再次申请在服装等范围内使用"KM"商标,2018年1月7日被核准,后锦衣堂公司授权北京京津联行房地产经纪有限公司(以下简称京津联行公司)使用该商标。2018年5月,京津联行公司向全国多地工商部门举报卡门公司在服装上使用"KM"商标,并以卡门公司涉嫌假冒注册商标罪向广东省佛山市公安局南海分局报案,南海分局于同年5月31日立案。经侦查发现卡门公司在佛山市南海区里水镇卡门物流仓库存放约9万件涉嫌假冒"KM"商标的服装。

卡门公司于同年6月8日向佛山市南海区检察院提出不服公安机关立案决定,申请检察机关监督撤案。南海区检察院于同年6月11日立案。经审查,认为卡门公司对商标具有在先使用权,本案属于经济纠纷,不构成犯罪。同年8月3日,南海区检察院要求公安机关撤销案件,并将扣押的货物

① 该案系2018年度检察机关保护知识产权典型案例。

发还卡门公司。2018 年 8 月 10 日,佛山市公安局南海分局撤销立案,并将扣押的货物发还卡门公司(货值过千万元)。

[案例 4]何某与赣州金大彩印包装有限公司建筑施工合同纠纷虚假诉讼监督案①

2011 年 3 ~7 月何某向李某转账 250 万元,用于投资李某注册的赣州金大彩印包装有限公司(以下简称金大彩印公司)建设。2012 年 3 月,双方协商将何某 250 万元投资及利息转投鑫森科技公司厂房建设。后因鑫森科技公司反悔,何某向法院起诉鑫森科技公司要求偿还债权,但因鑫森科技公司涉及多宗诉讼,何某担心自己败诉或无法实现其全部债权,遂于 2013 年 4 月初找李某商议,要求李某用金大彩印公司资产做担保另行向其出具一张 300 万元的欠条(250 万元的投资款本金 +50 万元利息),并将欠条落款时间提前为 2011 年 6 月 17 日,同时加盖金大彩印公司印章。后双方约定由何某拿该欠条到赣州经开区法院起诉李某,并通过法院调解把该笔 300 万元的欠款确定下来。2013 年 4 月 3 日,何某使用该欠条到经开区法院起诉金大彩印公司,同年 5 月 3 日法院制作民事调解书,约定由被告金大彩印公司在 2013 年 6 月 3 日前一次性向何某支付欠款 300 万元。

2013 年 10 月 10 日,李某因涉嫌倒卖土地被判刑,于 2016 年 10 月 10 日刑满释放。2017 年 12 月,何某与金大彩印公司建筑施工合同纠纷案的第三人杜某、刘某等人认为上述法院作出的金大彩印公司欠何某 300 万元的民事调解书存在虚假诉讼情形,向经开区检察院申请监督。

经开区检察院成立了以检察长为主的办案组,对全案进行审查。2018 年 6 月 5 日向赣州经开区法院发出再审检察建议。经开区法院于同年 11 月 7 日作出再审民事裁定,并中止该案件的执行。

结合上述典型案例及近年来检察机关围绕维护营商环境开展的工作情况分析,当前,检察机关维护营商环境的做法主要体现在以下三个方面。

---

① 该案系赣州检察机关保障和服务民营经济典型案例。

1. 坚持宽严相济刑事政策,优化涉企案件办理

转变司法理念,注重人权保护,依法维护企业家的人身财产安全,为其经营发展保驾护航,使其安心创业、踏实经营;在强制措施的适用中用足用好少捕慎诉、认罪认罚从宽制度等刑事司法政策,优先保障企业生存发展,避免机械办案导致"办理一个案件,搞垮一个企业"。

2. 平等保护产权,服务经济发展

落实习近平总书记在民营企业座谈会上的重要讲话精神,各级检察机关在执法办案中对国企民企、内资外资、大中小微企业落实好"平等"二字,确保对各类企业诉讼地位、诉讼权利、法律保护、法律责任一视同仁,依法打击侵犯知识产权、侵占、挪用企业资金等涉产权犯罪,保障投资经营者的资产安全;开展检察开放日活动,听取企业家意见建议,增强产权司法保护的针对性和实效性。

3. 强化法律监督,保障企业合法经营

在执法办案过程中,对企业合法权益未得到及时有效保护的通过发挥立案监督、刑事、民事审判监督等监督职能,采取监督立案、抗诉、检察建议等形式督促相关主体依法及时有效维护企业合法权益,对涉企业的合法财产在案件办结后及时处理,避免企业发生损失的或损失的进一步扩大。

(二)维护营商环境的实际成效

1. 创新创业环境得到改善

从总体环境上看,我国营商环境排名已有大幅度上升,从 2012/2013 世界第 96 名上升至 2018/2019 世界第 31 名。

具体而言,以"中国网店第一村"青岩刘村为例,义乌检察机关以全国首例反向刷单案件的办理向社会传递了恶意刷单破坏他人正常生产经营,构成破坏生产经营罪的价值引导,不仅保护了商家的合法权益,更对侵害电商

的行为起到了震慑作用。①

2. 企业家信心得到提升

实践中,检察机关通过宽严相济的刑事政策与产权平等保护等方式依法维护企业家的人身财产安全,为其经营发展保驾护航,使其安心创业、踏实经营。以吉林省为例,吉林省三级检察机关自2017年开始开展了千名检察长走进千户重点民营企业,联系千项重点建设项目的"双千服务"工作。让检察职能直接落实到企业,帮助企业解决实际困难,该项工作深受企业家欢迎,增强了企业家的信心,起到了良好效果,得到了省委书记的点赞。

3. 对外开放水平得到提升

当前,检察机关通过提供安定社会秩序、产权平等保护等方式更好地保障外商投资的合法利益,保护进出口贸易,为扩大开放助力。比如,在每年都有50万外商从事贸易的浙江义乌,检察机关多年来一直致力于为外商投资营造诚信有序、公平公正的法治环境,始终把保护知识产权、打击假冒伪劣、护航"一带一路"作为深化法律监督、服务市场发展的切入点,建立起全方位、立体化的知识产权司法保护机制,得到了外商的肯定。②

二、对检察机关维护营商环境工作的反思

(一)"宽严"判断标准不明确导致法律效果难"相济"

落实宽严相济的要求普遍存在于服务和保障非公有制经济发展、平等保护产权的文件当中。从这一政策的背景来看,当前,中国经济社会的发展处于新常态时期,也是加速转型期,在该时期,中国的经济发展将攀登新的台阶,经济结构和社会结构的变化将进一步加剧。③ 社会失范与无序化情形在一定范围内存在而支持规范建立与运作的社会资源条件有所不足。在短

① 范跃红、赖栩栩:《义乌:营造法治化营商环境服务市场发展》,载《检察日报》2019年7月2日,第1版。

② 范跃红、赖栩栩:《义乌:营造法治化营商环境服务市场发展》,载《检察日报》2019年7月2日,第1版。

③ 毛玲玲:《经济犯罪与刑法发展研究》,法律出版社2017年版,第83~85页。

时期内对一些领域普遍存在的越规违法情形,进行普遍性的严格执法,由于成本高昂而无法落实,执法者必须在有限的执法资源限制之下进行政策性选择,因此根据宽严相济的刑事政策实现执法资源的有效分配,符合当前的现实情况。

对于营商环境的维护,这一政策主要体现在经营者罪与非罪、罪轻罪重以及强制措施的判断和适用中。因为刑罚具有非常强的严厉性,它对于任何企业和个人都是影响巨大的,在很多涉及民营企业负责人的案件中,基本意味着"抓一个人,搞垮一个企业",[①]造成新的损害和不稳定因素,因此审慎认定犯罪和适用强制措施成为维护营商环境的价值导向。中央也一直强调以发展眼光客观看待和依法妥善处理改革开放以来各类企业,特别是民营企业经营发展过程中存在的一些不规范问题,严把产权案件罪与非罪的"四个界限",坚持"主客观相一致,避免客观归罪"。但具体到检察办案过程中,由于成文法的天然局限性,加之办案人员的个人因素及社会认知方面的千差万别,如何做到发挥司法的能动性,正确把握和运用"宽严"实现"相济"并不容易。有时候会与社会公众的期待认同存在差异,会背离司法化解社会矛盾的初衷,甚至衍生出新的矛盾与冲突。以集资诈骗、非法吸收公众存款的办理为例,随着互联网金融的兴起,投资人涉及全国范围的P2P业态大量出现,每个案件的从业人员在地域分布上较广,人数上也较多,案发后,对于嫌疑人一般是分层处理,将主管层次的人员认定为犯罪,但是对一些普通从业者是否处理存在不同的意见。有的地方根据宽严相济的政策,往往就不处理第一层级以外的人员,但实际上这些人除劳动工资外,也有依靠拉人头吸收存款获取的非法利益,从恢复性司法的角度分析,这部分钱款应当退回用于追赃挽损才更有利于案件办理效果的实现,同时也有利于对从事类似职业者起到震慑和引导作用,维护市场环境。

(二)对不同市场主体侧重适用法律平等,但轻视检察服务平等

实践中,从全国范围看,无论是检察机关内部的政策文件还是对于民营

---

① 吴平:《立足检察职能护航企业发展》,载《中国检察官》2018年第5期。

企业与国有企业的具体法律适用，都较好地实现了平等保护，但是在检察服务领域存在不对等的问题。比如，在贯彻落实《最高人民检察院关于充分发挥检察职能依法保障和促进非公有制经济健康发展的意见》的过程中，一些地方检察机关召开了由人大代表、政协委员、非公经济企业人士参与的座谈会，[①]人员虽然体现了多元，但相较于非公企业在我国市场主体中的占比，非公企业，尤其是中小企业、创业企业、个体工商户等主体数量很少，他们恰恰更需要检察机关的帮助。又如，普法宣传工作，作为检察机关提供法律服务的一个渠道，应当充分利用，但实际上也是大企业或者有名的企业享受了较好的服务。以检察机关开展的普法工作为例，各地开展该项工作的企业较多，但是对象多为国企或者是百度、京东这种规模较大的市场主体，这种企业都配备了较为完整的法律团队或者有能力获得专业法律服务，而那些真正需要检察机关服务的非公经济主体，却很难获得检察机关的帮助。

（三）检察办案职能与检察监督职能发展不平衡

长期以来，检察办案职能，尤其是刑事办案工作是检察机关的主要工作，检察机关一切其他工作也立足于办案工作，而同样重要的监督工作在检察机关并不是“核心”。对于营商环境的维护，办案职能是一个重要方面，可以最直接且有效地维护市场秩序，打击犯罪。但民事、行政诉讼监督和公益诉讼职能的重要性也不可忽视，尤其是民事诉讼监督与公益诉讼，民事诉讼监督最接近营商氛围，可以在相关工作中有所建树。公益诉讼作为新时代国家改革的重大项目，从一开始就承担着以法治思维与法治方法解决社会矛盾，维护公益，助力依法行政的历史使命，在有利于改善营商环境的生态环境保护与提高行政机关法治化工作水平中扮演不可替代的角色。但整体上检察监督职能在维护营商环境的工作中偏向弱势，从其在最高人民检察院和各地关于营商环境典型案件数中的占比可见一斑。

---

① 张羽、田园：《民营企业主缘何点赞检察院》，载《方圆》2016年第13期。

三、检察机关维护营商环境的进路分析

(一)厘清“宽严”标准,准确适用法律

1. 坚持以法律规范的内容为依据

在司法实践中何种属于宽,何种属于严,其实是一种价值判断,受办案人员主观因素的较大影响,因此在宽和严的标准上容易存在分歧,从而影响了执法。为了避免这种分歧,影响裁判结果需要设定规范的标准提供判断依据,避免由于办案人员主观因素的差异,导致执法标准不统一。我们要在法律的约束之内实现刑事政策所追求的价值效果,因此无论是严还是宽都应依法进行。可以从以下几个方面进行探寻。首先,刑法和司法解释的约束。宽和严都必须依法进行,宽和严都必须在法律幅度内体现。关于定罪,立法除了罪状的描述外,刑法的但书规定,关于特殊减轻处罚的规定,以及法定减轻情节,都提供了依据,因此要根据案件的实际情况充分运用这些条款保护被告的权利。其次,关于量刑的约束。考虑到某些经济犯罪的特殊性,对于主动退赃、外逃后自首等有助于减轻司法成本,提高司法效率的犯罪行为事实可以适用法律情节,通过自由裁量在量刑中予以考虑,充分肯定其落实宽的意义,在量刑上予以体现。再次,程序规则的约束。程序规则约束有利于保障经济犯罪中的审判自由裁量的规范运用。何为宽何为严,在一定程度上依赖于办案人员在办理案件时的自由裁量权,这种裁量要遵循相应的规范规则的约束和程序法的限制。运用自由裁量权时必须克服良性违法的冲动和做法。最后,司法能动性的妥善行事。由于法律规范的抽象性,办案人员必须运用法律解释的方法。办案人员在进行刑法解释时,个案审理对宽的判断要结合案件的具体情况综合分析。①

2. 坚持以案件事实为依据,区别适用类案政策与个案政策

办案人员的主观价值判断,对于案件裁判结论具有较大的实际影响。虽然我们要求办案人员对于案件的判断要注重法律思维方法与逻辑,谨慎

---

① 毛玲玲:《经济犯罪与刑法发展研究》,法律出版社2017年版,第99页。

对待情感感情等因素,但由于人们所处的角色立场、专业素养、教育背景、个人境遇等情况的差异,人们的价值判断标准总是无法一致。司法实践中对于一个案件的处理究竟是宽还是严,在许多情况下不同的办案人意见不同,或者说很难达成共识,因此宽严必须要有一个合理的依据,否则就会出现执法不统一,影响人们对于司法公正的信任度,不利于营商环境的法治化。案件事实是宽和严判断的基础依据,必须实事求是地对案件进行综合分析,除此之外,要区分适用不同时期和不同类型的具体刑事政策,避免"一刀切"。要在正确判断特定时期经济犯罪特点和经济发展态势。例如,对于食品安全犯罪的惩治和对于涉众型集资诈骗的惩治都成为特定时期要求严惩的犯罪类型。①

3. 坚持"发展的眼光"与主流的公平正义观相吻合

虽然刑法轻刑化是世界刑法的潮流,对于涉营商环境经济犯罪也多数强调其可轻缓之特性,但是办案要警惕过度追求轻刑化的思想,防止折损刑罚后果的威慑力,无罪认定和过轻的刑罚制裁或使前期的刑事侦查和指控徒劳无功。经济犯罪法律意义上的手段和客观表现犯罪的主观恶性、犯罪原因和防治措施等方面均具有自身的特点,因此刑事审判对于量刑情节的适用要考虑个案的特殊性。此外,轻刑化目前是国际刑法改革的总体方向,在我国刑事办案中量刑活动也体现出了轻刑化的方向发展。在这种形势下,要防止对其存在教条主义理解,如果单纯强调对于犯罪行为的宽容,在法定幅度内过度地从轻并机械地适用,容易使本应收监的罪犯仍在社会中游荡,诱发新的不稳定因素,动摇了司法的公正形象,因此我们要在宽与严之间保持适度的平衡。强调宽并不是否定依法严惩犯罪分子,宽和严要得到相济,就应尽力避免对某一犯罪危害的片面认识而导致处理上的过度轻刑化。②

---

① 毛玲玲:《经济犯罪与刑法发展研究》,法律出版社 2017 年版,第 100 页。

② 毛玲玲:《经济犯罪与刑法发展研究》,法律出版社 2017 年版,第 101 页。

(二)落实全面平等保护原则

1. 强化法律适用平等

法律适用平等是“法律面前人人平等”的内涵要求,倡导在维护营商环境中对市场主体的平等保护是法治治理模式的体现,符合市场经济与新时期改革开放战略的需要。检察机关应牢固树立平等保护的司法理念,依法保护国有企业与民营企业、大型企业与中小企业、传统企业与创新企业、内资企业与外资企业等不同类型企业的产权和自主经营权,在罪与非罪的法律政策界限、捕与不捕、诉与不诉的证据标准,在认定上一视同仁,确保各类市场主体享有平等的法律地位和诉讼权利,接受平等的法律保护,着力构建权利平等、机会均等、规则公正的市场环境。树立谦抑审慎的司法理念,对通过民事、行政法律手段就能妥善处理的案件纠纷,慎用刑事手段,努力以较小成本取得较好效果。

2. 补齐法律服务供给不平等的短板

发挥检察职能,为社会提供法律服务也是检察机关的一项重要工作,针对当前法律服务职能供给平等弱化的问题,应当在法律适用、法律保护的同时,强化法律服务的平等,以国企民企“三同”——同等对待、同等保护、同等服务——①为原则,为不同市场主体提供均等的法律服务。比如,对于法律监督申请、信访控告申诉,应一同办理,做到国企民企毫无差别,依法保障各类市场主体公平参与市场竞争;又如,在普法宣传工作中,应积极作为,做到大中小微企业都能很好地享受服务,帮助企业提高规范经营、抵御风险能力,保障企业专心创业、放心投资、安心经营。

① 闵凌欣、张仁平:《创良好营商环境　福建检察为民营企业发展注入法治力量》,载《福建日报》2018年11月21日,第1版。

（三）办案职能与监督职能实现双轮驱动

1. 提升刑事司法检察工作质效，维护市场经济秩序

依法严惩不法市场主体的非法经营、合同诈骗、偷税逃税、商业贿赂、故意损害商业信誉等犯罪，以及官商勾结垄断经营、串通投标、非法控制特定市场、特定商品等犯罪，促进企业依法公平参与市场竞争。依法严惩破坏干扰成长型企业发展的各类犯罪，为新兴产业市场主体营造平等参与竞争的良好环境。

2. 完善法律监督，推进营商环境治理体系建设

一是树立监督与办案并重的司法理念，坚持在办案中监督、监督中办案。比如，加强对扰乱市场经济秩序案件的法律监督力度，重点监督纠正有案不立、立而不侦、久侦不决等行为，加强对罪与非罪认定错误、量刑畸轻畸重刑事犯罪案件的审判监督。强化办理涉企案件的法律监督和风险管控，加大对相关民事、行政案件审判、执行活动的监督力度，探索在消费者权益保护、数据信息安全等领域开展公益诉讼工作，依法保障各类市场主体公平地参与市场竞争，维护消费者合法权益。

二是发挥“四大检察”职能，综合运用打击、监督、预防、教育、保护等手段，构建营商环境治理体系。切实加强对企业产权、市场秩序、科技创新、生态环境保障，为企业和投资经营者提供丰富优质的法治产品、检察产品，着力营造诚信透明的市场环境、平安稳定的社会环境、廉洁高效的政务环境、改革创新的制度环境、公平公正的法治环境、宜居宜业的生态环境。

合同诈骗罪与民事欺诈的界限

左袖阳*

从理论上讲,合同诈骗罪与民事欺诈是两类性质完全不同的行为。前者以非法占有为目的,在签订、履行合同过程中骗取他人财物,后者是在民事活动中(主要是合同行为),虚构事实或者隐瞒真相,达到当事人所欲达到的目的。然而,理论抽象中的泾渭分明,并不意味着实践中也是如此。恰恰相反,在一些案件中,合同诈骗罪与民事欺诈的界限并不清晰,一些当事人在民事救济效果不明显的情况下,会转而寻求动用刑事的手段来逼迫对方当事人偿付债务。在合同诈骗案件中,多数被告人辩护的理由是案件属于民事纠纷,不构成犯罪。鉴于司法、执法中可能存在的偏差问题,中共中央、国务院 2016 年发布《关于完善产权保护制度依法保护产权的意见》中就表示要防范刑事执法介入经济纠纷,防止选择性司法,防止把经济纠纷当作犯罪处理,对民营企业的经济行为,除为法律、行政法规明确禁止外,不以违法犯罪对待。紧接着《最高人民法院关于充分发挥审判职能作用切实加强产权司法保护的意见》《关于依法妥善处理历史形成的产权案件工作实施意见》,《最高人民检察院、公安部关于公安机关办理经济犯罪案件的若干规定》都对这一精神进行了司法政策层面、操作规范层面的落实。张文中再审改判无罪案则被推为落实上述司法精神的典型案例。合同诈骗罪与民事欺诈,都发生在合同签订、履行过程中,厘清二者之间的界限,是十分必要和重要的。

* 左袖阳,北京市社会科学院法学所副研究员,法学博士。

一、合同诈骗罪与民事欺诈的区分标准之争

关于合同诈骗罪与民事欺诈之间的区分，理论界和实务界都进行了一定的讨论。如陈兴良教授认为，二者之间的区分应当从欺骗内容、欺骗程度和非法占有目的三个方面进行综合分析。[①] 实务界则有观点认为，非法占有目的作为区分标准具有局限性，容易导致犯罪认定的泛滥化，应当从有无救济、身份是否公开等对诈骗罪的认定进行限缩。[②] 也有观点认为，应该从履约能力、履约行为、标的物流向、未履约的原因和态度、对价的扩张程度综合分析是构成刑事诈骗还是民事纠纷。[③]

可见，理论界与实务界一致认为仅以非法占有为目的作为依据，不足以准确区分合同诈骗罪与民事欺诈。在非法占有目的之外，还需要增加其他标准来判断行为的性质。但就列举的综合判断的其他依据，同样存在如何综合判断，综合到何种程度可以区分合同诈骗与民事纠纷的问题。例如，欺骗内容和欺骗程度，在行为人"一物二卖"的情况下，是合同诈骗还是民事纠纷：在行为人制作虚假的产权证，与其他买受人签订买卖合同，骗取了合同钱款的情形中，显然行为人对全部事实进行了虚构，且欺骗的程度也达到了买受人陷入错误认识交付货款的水平，如果行为人将骗取得来的钱款用于偿付生产经营的欠款，是合同诈骗罪还是民事欺诈？再如，行为人实施了虚构事实的行为获取了买受人的钱款，后买受人要求返还购物款而行为人予以拒绝，行为人也未隐匿潜逃，买受人向法院提起诉讼救济，是否意味着因为存在着救济，所以一般也不作为合同诈骗处理？

那么，单纯地以非法占有为目的作为依据，是否不足以区分合同诈骗与民事欺诈吗？对该问题的回答，需要回到合同诈骗罪与民事欺诈的本质区别的分析上。

---

① 陈兴良：《民事欺诈和刑事欺诈的界分》，载《法治现代化研究》2019 年第 5 期。

② 熊秋红：《区分诈骗犯罪与民事欺诈界限的基本原则》，载《人民检察》2018 年第 14 期。

③ 陈曦：《民事欺诈与刑事诈骗的法理辨析与实务认定》，载《人民检察》2017 年第 10 期。

二、合同诈骗罪与民事欺诈的本质区别

(一)区分合同诈骗罪与民事欺诈客观标准的局限性

对于合同诈骗罪,刑法除了规定需有非法占有的目的外,还采取了四种具体情形+兜底条款的形式列举了合同诈骗罪的罪状。由于主观的非法占有目的必须见诸于客观构成要件,因此刑法对合同诈骗罪罪状的表述成为司法机关认定合同诈骗罪构成的主要依据。如以虚构的单位或者冒用他人名义签订合同,就成为"张文中案"原审判决认定构成诈骗罪的依据之一,"张文中案"中物美集团系以诚通公司下属企业的名义进行申报,且获取的国债技改贴息资金并未按照用途使用,而是用于偿还公司的其他贷款。再审判决中,关于该罪的认定,判决理由认为,物美集团以诚通公司下属企业名义申报,当时的政策并未排斥民营企业作为申报主体的资格,并未使负责审批的主管部门产生错误认识,虽然物美集团改变了补贴资金的用途,但其账目中始终记载为"应付人民政府款项",且随时有归还资金的能力,不具有非法占有的目的,因此认定不构成诈骗罪。对此,陈兴良教授点评为:"再审判决试图从当时国家有关部门关于申报国债技改项目的文件中寻找并未将民营企业排除在申报主体之外,则不无牵强。"①

至于诸如前述所列举的行为人是否逃匿、是否有履约能力、是否有民事救济可能等观点,在司法实践中也并没有确定的判断标准,都存在各自的局限之处。

例如,以伪造、变造、作废的票据或者其他虚假的产权证明作担保的,也有不作为合同诈骗罪论处的案例:

[案例1]被告人甲为了方便从乙处借款200万元,制作了假房产证交给乙作为担保,并与乙、中间人丙三人约定,如果甲无法还款,该处房产归乙所有。签订合同后,乙向甲支付了相应款项,并代甲向甲的债权人还款。之后甲失去联系。法院审理认为甲乙之间有过多笔借贷往来,在高额借贷的情

---

① 陈兴良:《民事欺诈和刑事欺诈的界分》,载《法治现代化研究》2019年第5期。

况下,乙未实地查验房屋状态即支付借款,有违常理,而且甲的房屋价值500万元,甲乙约定如不还款,乙获取房产的对价仅为200万元,远低于房屋实际价格,与常理不符。因此认定指控被告人甲犯合同诈骗罪事实不清、证据不足,甲不构成合同诈骗罪。[①]

又如,行为人部分履行合同,仍被认定为构成合同诈骗罪的案例:

[**案例2**]甲乙对丙宣称可以开发微信小程序,帮助商家推销产品。丙委托甲乙开发两款微信小程序,并支付了小程序制作费用3万元。后甲将其中一款小程序委托给丁开发,另一款未进行开发。丁开发好后,甲将小程序交付给丙,丙认为小程序交付迟于合同约定,且不符合合同约定的要求。后丙找甲乙要求退款时,甲乙已不在原址办公,且甲更换了手机号,但甲丙互加了微信号。丙最终找到了甲乙,但甲乙互相推诿。一审判决认为甲乙收取费用后仅开发了一个微信小程序,在丙扫码无效的情况下不是进行后续履行,而是采取变更手机号码,转移办公地址方式进行隐匿,丙找到甲乙要求退款时,甲乙互相推诿,主观上具有非法占有的目的,客观上实施了非法占有他人财物的行为,构成合同诈骗罪。[②]

再如,行为人没有履约能力,也有不认为构成合同诈骗的观点:

[**案例3**]姚某某系某公司负责人,该公司有伞用手电筒等三项专利,因没找到合作伙伴,该公司案发前两年内未发生交易业务。姚某某以资金周转为由向李某某借款5万元,约定月息3000元,李某某要求提供产权担保,姚某某提供了伪造的产权证明。姚某某从李某某处取得借款后,部分用于归还欠款,部分用于炒黄金,不仅借款全部亏损,还欠下外债20多万元,无力偿还。检察机关认为,二者之间是熟人关系,且李某某借款过于草率,仅出于高息诱惑,就出借相关款项,李某某也存在一定的过错,李某某可以通过民事诉讼维护权利。姚某某将借款部分偿还钱款,部分炒黄金,说明其希望以偶然暴利偿还债务,没有不予偿还的意思。因此姚某某的行为不认定为

---

① 河南省鹿邑县人民法院(2019)豫1628刑初303号刑事判决书。

② 湖南省衡阳市蒸湘区人民法院(2019)湘0408刑初300号刑事判决书。

构成犯罪。①

从案例1的裁判说理部分来看,认为不构成犯罪的理由在于,虽然行为人客观上实施了欺诈行为(假冒其他主体、提供虚假担保),但行为人主观上没有非法占有的目的,因此不构成犯罪。从案例2的裁判说理部分来看,虽然行为人有部分履行行为,但由于行为人拒绝继续履行或者退款,而且有变换手机号、办公地址等具有逃匿情节的行为,因此认定行为人主观上具有非法占有的目的,构成合同诈骗罪。从案例3的论证来看,行为人虽然实施了欺诈行为,也的确没有能力履行合同,但因为行为人不是挥霍而是进行了投机活动,主观上有偿还的意愿,检察机关认定行为人主观上没有非法占有的目的,不构成刑事欺诈。

以合同诈骗罪的客观行为方式判断是否构成该罪,之所以出现了时而有效、时而无效的情形,原因在于一方面是在具体案件中,作为合同诈骗罪的主观要件,非法占有的目的存在主观见之客观的过程,合同诈骗罪客观行为方式的规定,在认定是否构成合同诈骗罪时,需要和非法占有目的结合起来进行主客观统一判断,而不是单方面以行为符合客观要件规定,就可以认定构成犯罪;另一方面是合同诈骗罪的客观行为与民事欺诈的行为在方式方法和程度上不存在绝对的界限。就何为民事欺诈,《最高人民法院关于贯彻执行〈中华人民共和国民法通则〉若干问题的意见(试行)》第68条规定:"一方当事人故意告知对方虚假情况,或者故意隐瞒真实情况,诱使对方当事人作出错误 意思表示的,可以认定为欺诈行为。"在实践中,大多表现为故意陈述虚假事实或者故意隐瞒真实情况使他人陷入错误。② 对民事欺诈的描述与诈骗罪的客观特征——虚构事实、隐瞒真相——并无二致。

陈兴良教授认为,合同诈骗与民事欺诈可以从如下客观方面加以区分:第一,民事欺诈是个别事实或局部事实的欺骗,而诈骗罪是整体事实或者全

---

① 熊秋红:《从一则借款欺诈案看诈骗罪与民事欺诈的界限把握》,载《中国检察官》2018年第6期。

② 王利明、杨立新、王轶、程啸:《民法学》(第5版),法律出版社2017年版,第186页。

部事实的欺骗;第二,民事欺诈没有达到使他人无对价交付财物的程度,[①]但是与此相对应,首先,民事欺诈也可能是整体事实或者全部事实的欺骗,如前述比较常见的一物二卖纠纷,在行为人对其对标的物有处分权进行虚假陈述时就属于全部事实的欺骗,但实践中一物二卖的行为多数按照民事纠纷处理,整体事实或者全部事实的欺骗并非刑事诈骗的"专利";其次,即使是有对价的履行,也未必不构成合同诈骗罪,例如:

[**案例4**]行为人甲纠集乙、丙二人冒充电视购物售后服务人员,甲提供客户信息,乙丙负责拨打电话推销手机。甲安排乙丙对外名义上推销的是A品牌手机,市场价格1300元左右,并以"买一赠一""购新手机退旧手机款"等作虚假承诺,实际发货的是甲从批发市场以600元低价购买的B品牌手机,委托快递公司以代收货款形式发货,先后骗取三人的购物款。[②]

在案例4中,行为人对外宣称销售的手机与实际交付的手机不一致,行为人实际履行了交付手机的义务,构成有对价的履行。但行为人的行为仍应构成诈骗罪行为,因为行为人对外宣称销售的手机和实际交付的手机不一致,且价格差异悬殊,行为人对此事实明确知晓,行为人故意交付与宣称出售不一致的产品,且实际价值与标榜价格存在悬殊差异,与通常意义上的瑕疵履行有着明显的区别,其通过出售"货不对板"的产品从而骗取之间的差价的意图十分明显。即使行为人有承诺退款甚至实际退款的行为,其针对多个购买者进行推销的行为,亦表明其具有能坑一个是一个的主观积极追求心理,因此行为人的行为构成合同诈骗罪。

(二)区分合同诈骗罪与民事欺诈的主观标准

由于区分合同诈骗罪与民事欺诈的客观标准的上述不足,对二者的区分还是要回归到主观标准上来,即行为人实施虚构事实、隐瞒真相行为时主观上是否出于非法占有的目的。客观标准的失灵,与真正的区分标准是主

---

① 陈兴良:《民事欺诈和刑事欺诈的界分》,载《法治现代化研究》2019年第5期。

② 丘陵、丁志鹏:《论诈骗罪与民事欺诈的区分——兼论计算诈骗数额时是否扣除犯罪成本》,载《中国检察官》2015年第10期。

观标准存在直接关系:判断行为人是否具有非法占有的目的,只能从客观方面进行推定式的判断,而既然是推定式的,就意味着这种判断要达到排除合理怀疑的程度,必然是结合多方客观表现进行的综合判断,以某一个客观方面去推断主观意思的内容从证明的角度往往是不可靠的。同时也意味着,在合同诈骗罪与民事欺诈的区分实践中,证明标准的把握,是区分罪与非罪的关键,对于推断行为人主观上具有非法占有目的的结论不能排除合理怀疑的,应当从有利于行为人的角度,不认定构成犯罪。

另外,由于我国的违法体系是二元违法体系,因此,主观标准也存在适用上的局限。例如,行为人虽然出于非法占有的目的,实施了合同诈骗的行为,但是由于骗取的钱财数额没有达到入罪的标准,也只能按照民事欺诈来处理。

合同诈骗罪的成立要求主观上出于非法占有的目的,意味着民事欺诈主观上是合法占有的目的。因此,主观标准的问题转化为如何确定非法占有与合法占有的逻辑关系问题,或者换句话说,合法占有的目的的边界如何确定。

第一,占有的目的是中性的,根据上述的分析,合同诈骗罪与民事欺诈在客观方面都是实施虚构事实、隐瞒真相的行为,因此,行为人主观上知晓实施的是虚构事实、隐瞒真相的行为并不意味着行为人即有非法占有的目的。合同诈骗罪规定的非法占有的目的是注意规定,虽然合同诈骗罪规定在《刑法》破坏社会主义市场经济秩序罪一章中,但作为侵犯财产权的犯罪,其非法占有的目的是内生的,与合同诈骗罪的犯罪故意是一体两面的关系。由此,界定非法占有目的的"非法"需要从犯罪故意之外的因素考察。

第二,在犯罪故意之外,能够更加全面把握行为人主观恶性的要素,即是行为人实施诈骗行为的动机,在民事欺诈与合同诈骗罪交叉的场合,决定合法占有和非法占有的标准便是占有的动机。在民事欺诈中,行为人的动机仍然是合同的履行,只是为了有利于合同履行,行为人采取了欺诈的手段,行为人主观上虽然有取得相对人钱财的意思,但其依据的是合同交易的思维;而在合同诈骗罪中,行为人的动机不是合同的履行,合同只是行为的一个“幌子”,合同是否履行、履行到何种程度不是行为人所关心的,行为人追求的只是相对人陷入认识错误后的财物交付行为,是否提供了合理的对价,不在行为人考虑的范围之内。由于占有的动机已经超出了合同诈骗罪的主观构成要件要素的范围,属于主观超过要素的范畴,因此,区分合同诈骗罪与民事欺诈时,必然也就需要对主观超过要素对应的客观方面予以查证。

上述结论可以从前述认定是否构成合同诈骗罪的案例中,司法机关关注的客观方面已经超出了与行为直接相关的事实上得到印证。在案例1中,办案机关关注的是举报人取得的财物担保物价值与举报人实际支付的款项之间价值悬殊的情节;在案例2中,尽管行为人有部分交付的行为,但办案机关关注的重点是行为人是否有隐匿身份、联系方式的行为;①在案例3中司法机关关注的是是否有偿付能力以及案发后对于偿还态度的情节。

由于占有的动机属于主观的超过要素,这就导致了在民事欺诈和合同诈骗罪的认定上极容易出现认定上的“黑洞”,即行为人的动机在客观上根本找不到可以对应的客观案件事实,而行为人的供述和辩解由于缺乏相应客观证据的印证,在实务中极有可能不被司法机关所采纳。

例如,在案例2中,行为人在收受当事人开发小程序的款项后,实施了委托他人开发的行为,属于履行合同的行为。该案件的疑问在于:(1)行为人自己不会开发小程序与行为人有无履行合同的能力不能等同;(2)行为人甲的店铺属于其个人,乙的店铺不属于其个人,甲乙后续的变换手机号,迁走店铺的行为并不能绝对地理解为逃匿行为,乙所在的店铺迁址不受乙的控制,而甲辩解称其虽然更换了手机号,但当事人丙与其互加了微信,即使更换手机号,丙也可以联系到自己;(3)甲乙双方互相推诿的行为并不代表其不愿意承担退款义务,只是在谁应承担该义务问题上甲乙内部存在不同的

---

① 该情节并不等同于刑法所规定的合同诈骗罪的“没有实际履行能力,以先履行小额合同或者部分履行合同的方法,诱骗对方当事人继续签订和履行合同的”行为类型,该情节是指行为人在履行合同过程中的其他情节,而刑法规定的行为类型显然指的是“以小博大”的情形,即行为人以前期履行的方式,诱骗被害人履行更大金额的合同,从而非法占有后续履行的财物。

主张,不能由此直接推定甲乙具有非法占有的目的。但司法机关根据这三点认为构成了证据链的闭环,认定甲乙具有非法占有的目的,不得不说这一结论的得出尚有值得推敲的地方。

人格权保护视野下冒用他人身份行为的犯罪化方案

刘　嘉[①]

一、问题的提出

（一）问题的产生

1977 年 10 月 12 日，国务院正式宣布当年恢复高考，中断了 10 年的高考制度终于得以重新确立。1977 年冬与 1978 年夏两次高考报名人数多达 1160 多万。高考一向被视为庄严神圣的国之大事，其公平性可以使寒门子弟通过自身的奋斗到达更高的发展平台，从而获得过上更美好生活的机会。然而，近来渐次曝出的被他人冒名顶替上大学的事件，对高考制度、政府公信力甚至整个社会的诚信造成了极大的亵渎与伤害。社会各界呼吁严惩冒名顶替者的声浪不断升高。

在此背景下，值得思考的问题是：高考冒名顶替行为在现有法律框架下是否具备违法性；是否侵害了相应的法益，其法益侵害程度如何；现有规范是否足以对此类行为进行规制；是否应当将该行为予以犯罪化处理，具体的犯罪化路径又将如何设计。本文将以上述问题为导向，以法益理论为基础，对高考冒名顶替行为入刑的相关理论问题逐一进行探讨。

---

① 刘嘉，北京师范大学法学院刑法学博士。

(二)高考冒名顶替行为的特征分析

从几个典型案例来看,高考冒名顶替行为有一些共同的特征:

1. 被顶替者考取目标院校的要求分数,获得入学资格;

2. 顶替者及共同行为人通过冒领通知书、伪造相关证明文件的方式使被害人误认为自身落榜;

3. 顶替者通过伪造、篡改户籍、学籍、身份证件等方式伪装成被害人,最终以被害人身份冒名进入高校接受教育。

值得注意的是,处于高考阶段的顶替者往往是未成年人或者刚刚成年,其心智成熟程度、社会阅历及社会资源基本上无法独立完成上述操作。因此,顶替者本人在作案过程中往往处于配合、服从的地位。

造意及实施者一般为成年人,既包括顶替者的家长、老师、学校领导、学籍管理人员,也包括教育主管部门领导或直接经办人,还包括公安部门户籍、身份证件经办人员等。此外,还存在专门提供冒名顶替服务的中介人员或组织。此类型为单个人无法完成,因而是必要共同犯罪,甚至是有组织的犯罪行为,整个行为过程涉及一个完整的地下黑灰产业链条。①

(三)高考冒名顶替行为的违法性判断

由于高考冒名顶替涉及多个环节和部门的协调、配合,因此每一桩高考冒名顶替事件在实施过程中基本上都会触犯到多个甚至多种法律规范。

在宪法方面:

《宪法》第46条规定,中华人民共和国公民有受教育的权利和义务。国家培养青年、少年、儿童在品德、智力、体质等方面全面发展。

在民事法方面:

1.《民法典》第990条规定,人格权是民事主体享有的生命权、身体权、

---

① 卢建平:《有组织犯罪视野中的冒名顶替行为》,载 https://mp.weixin.qq.com/s/8zqQLJht1MfOfgp6IHxiag,2020年7月11日最后访问。

健康权、姓名权、名称权、肖像权、名誉权、荣誉权、隐私权等权利。除前款规定的人格权外,自然人享有基于人身自由、人格尊严产生的其他人格权益。

2.《民法典》第991条规定,民事主体的人格权受法律保护,任何组织或者个人不得侵害。

此外,《民法典》还分别对人格权中的姓名权、隐私权进行了专门的解释与保护性规定。

3.《教育法》第83条规定,违反本法规定,侵犯教师、受教育者、学校或者其他教育机构的合法权益,造成损失、损害的,应当依法承担民事责任。

在行政法方面:

1.《普通高等学校招生违规行为处理暂行办法》(以下简称《暂行办法》)第6条第4款规定,违规办理学籍档案、违背考生意愿为考生填报志愿或者有偿推荐、组织生源的,由主管教育行政部门责令限期改正,给予警告或者通报批评。对直接负责的主管人员和其他直接责任人员,视情节轻重依法给予相应处分;涉嫌犯罪的,依法移送司法机关处理。

2.《暂行办法》第8条第6款规定,招生考试机构对高校录取工作监督不力、造成严重不良后果的,由主管教育行政部门责令限期改正,给予警告或者通报批评。对直接负责的主管人员和其他直接责任人员,视情节轻重依法给予相应处分;涉嫌犯罪的,依法移送司法机关处理。

3.《暂行办法》第9条第4款规定,省级教育行政部门对高校和招生考试机构招生工作监管不力、造成严重不良后果的"由主管教育行政部门责令限期改正,给予警告或者通报批评。对直接负责的主管人员和其他直接责任人员,视情节轻重依法给予相应处分;涉嫌犯罪的,依法移送司法机关处理。

4.《暂行办法》第10条规定,招生工作人员违规更改考生报名、志愿、资格、分数、录取等信息的;为考生获得相关招生资格弄虚作假、徇私舞弊的;其所在单位应当立即责令暂停其负责的招生工作,由有关部门视情节轻重依法给予相应处分或者其他处理;涉嫌犯罪的,依法移送司法机关处理。

5.《暂行办法》第14条规定,高校招生工作以外的其他人员违规插手、干预招生工作,影响公平公正、造成严重影响和后果的,相关案件线索移送纪检监察机关或者司法机关查处。

6. 上述条款的规制对象均为高考冒名顶替行为人之外的人员,唯一针对高考冒名顶替者本人设立的条款为《暂行办法》第 11 条第 3 款:冒名顶替入学,由他人替考入学或者取得优惠资格的,在报名阶段发现的,取消报考资格;在入学前发现的,取消入学资格;入学后发现的,取消录取资格或者学籍;毕业后发现的,由教育行政部门宣布学历、学位证书无效,责令收回或者予以没收;涉嫌犯罪的,依法移送司法机关处理。

在刑法方面:

对高考冒名顶替行为本身,至今没有专条加以规制,但其附随行为(主要为手段行为或帮助行为)可能会触犯的罪名有:伪造变造买卖身份证件罪(《刑法》第 280 条第 3 款),使用虚假身份证件、盗用身份证件罪(《刑法》第 280 条之一),伪造国家机关公文印章罪(《刑法》第 280 条第 1 款)、个别的破坏计算机信息系统罪(《刑法》第 286 条),以及国家机关工作人员招收学生徇私舞弊罪(《刑法》第 418 条)、玩忽职守罪、滥用职权罪、徇私舞弊罪、行贿罪、受贿罪、诈骗罪、组织考试作弊罪、非法出售提供试题答案罪、代替考试罪,还有包庇罪、伪证罪等罪名。

通过上述梳理可以得知,我国当前法律对于高考冒名顶替行为规制的特点是注重对于高考冒名顶替附带及伴随行为的惩处,而对于高考冒名顶替行为本身的行政处罚畸轻而刑事处罚更是处于空白状态。

从实在法的角度来看,冒名顶替上学者的行为无疑是构成民事侵权与行政违法的。此外,其行为还侵犯了宪法所规定的公民所享有的受教育权。然而,对于高考冒名顶替者本人而言,其对高考冒名顶替行为仅需承担相应的民事责任或较轻的行政责任。针对这一现状,在《刑法修正案(十一)》草案向社会征集意见之际,很多人大代表、学者及普通民众表达出将高考冒名顶替行为规定为犯罪的强烈诉求。

刑法学作为一门社会科学,一方面必须关注与回应社会的现实需求;另一方面也必须坚持自身科学性的要求,须对此类行为入刑的正当性与可行性进行细致分析方能得出合理结论。具体而言,犯罪化立法过程不是恣意的,刑法将一种行为规定为犯罪的唯一理由是该行为的社会危害性,即其具备足够严重的法益侵害性,因而分析冒名顶替行为的侵害法益是立法入罪的必要前提。

二、法益与犯罪化立法

(一)法益概念之重述

法益即刑法应当保护的利益。法语中也存在相对应的概念,即 Intérêt protégé,意为法律所保护的利益。值得注意的是,法语中保护法益的"法律"不一定限于刑法,其范围更加广泛,包括宪法、民法、行政法等。

法益对于公民个人及国家、社会的存续、发展有着较为重大的意义,其概念的产生应追溯至费尔巴哈。费尔巴哈认为,每个公民都具有要求他人不侵犯自己基本自由的权利,这种权利是一种绝对权,而正当的刑法规范的保护客体正是这种绝对权。在此基础上,他将犯罪分为侵犯个体绝对权的犯罪和针对服务于保卫个体绝对权的国家机关的犯罪。①

然而,这种保卫自由权的理论具有一定的局限性。一方面,保护权利的思维使刑法的保护具有间接性,即通过保护权利间接地保护相关利益;另一方面,保护权利只能保障抽象的形式意义上的自由;此外,保护个体绝对权的思维使得刑法对于环境犯罪等领域的立法缺少法理上的正当性。

因此,后人对费尔巴哈的理论进行了修正。首先,刑法保护的对象不再是权利,而是权利所保护的利益,也就是法益。例如,故意杀人罪所保护的对象并不是生命权,而是生命本身,非法拘禁罪保护的对象不再是人自由活动的权利,而是被害人依自己意志自由活动的可能性。其次,刑法不仅要保障利益获得与存续的抽象可能性,也有义务使个体从根本上具备获取利益的能力以实现自由的发展。最后,从权利向法益的转向,使环境立法、科技立法等着眼于未来及后代整体安全和利益的犯罪化立法在理论上获得了坚

---

① 张明楷:《新刑法与法益侵害说》,载《法学研究》2000 年第 1 期。

实的依据。①

(二)法益与犯罪化

刑法及作为其主要法律反映方式的刑罚因其对于公民权利的干预性及其严厉性,因而面临着巨大的正当性压力。因此,刑法上的举止规范应当服务于法益的保护。② 法益理论一般借助实质的犯罪概念来探究刑法立法前的法律秩序以及立法者将某种行为犯罪化的实质标准。③

法益理论与我国的刑事立法具有内在的符合性。《刑法》第 1 条规定:"为了惩罚犯罪,保护人民,根据宪法,结合我国同犯罪作斗争的具体经验及实际情况,制定本法。"该条明确指出了《刑法》的立法目的为"保护人民",此处的保护人民必须要通过保护人民的人身、财产及其他方面重要的利益也即法益来实现。因此,我国全部的刑事立法必须以法益保护为宗旨和目标。本条关于法益保护目的的规定一方面具有积极的指导效果,另一方面也起到了消极的限制作用,即昭示了一切不以法益保护为目的而进行的犯罪化立法应视为是违背刑法目的的,因而是不正当的。

《刑法》第 13 条关于犯罪概念的规定,从形式和实质两个方面对犯罪本质进行了规定。犯罪行为从实质上看应当是具有"社会危害性"的行为。结合《刑法》第 1 条的规定,这种社会危害性乃是对于法益的侵害性。因而,犯罪本质上是一种违反法律的法益侵害行为。

由此可知,法益天生具备一种批判性底色,它为刑法禁止规范的制定划定了范围,从而防止不正当犯罪化的产生。在对某种行为类型——如高考冒名顶替行为进行犯罪化立法探讨时,必须首先考虑其法益侵害性及程度,并在整个立法过程当中发挥法益概念的引导性与批判性作用。

---

① [德]乌尔斯·金德霍伊泽尔:《刑法总论教科书》(第 6 版),蔡桂生译,北京大学出版社 2015 年版,第 23 页。

② [德]乌尔斯·金德霍伊泽尔:《刑法总论教科书》(第 6 版),蔡桂生译,北京大学出版社 2015 年版,第 23 页。

③ 赵书鸿:《犯罪化的正当性:法益保护?》,载《中国刑事法杂志》2019 年第 3 期。

三、高考冒名顶替行为的侵害法益

从上述认识出发,立法者至少应当认真思考下列几个问题。第一,高考冒名顶替行为是否侵害了法益,其具体侵害了哪种或哪几种法益;第二,此种行为的法益侵害程度是否达到了足以入刑的程度;第三,假设此类行为侵犯了多种法益,那么何者为主要法益,何者为次要法益,各个法益之间是否存在内在的联系。

(一)侵害法益之具体类型

从上文关于冒名顶替行为的特征分析可知,行为人及共同行为人采取的冒领通知书、制造被害人落榜的虚假事实、伪造户籍学籍档案、伪造身份证件、顶替被害人入学接受高等教育等行为侵犯了诸多值得法律保护的利益。

首先,侵犯被害人的人格权,具体而言,包括姓名权、隐私权,并因此侵害了公民合法利用自身姓名、身份、档案资料享有特定资格获得特定机会的可能性。姓名是公民人格的集中体现与独特标签。法律将姓名权单独规定为一种权利,绝非单纯保护一个称谓或符号,而是旨在保护称谓背后所蕴含的身份、机会、荣誉、名誉等一系列财产性与非财产性权益。在当下的户籍、学籍管理制度下,行为人盗用、冒用被害人的姓名及与之相关的档案、学籍、证件,等于整个窃取了与被害人身份密切相连的多种权益。这种侵害行为符合《刑法》第13条规定的"侵犯公民的人身权利、民主权利和其他权利"的行为,具有法益侵害性。

其次,侵犯了公民的受教育权,从而侵害了公民通过高等教育获取知识、改变自身生活水平及个人命运的可能性。《宪法》第46条明文规定了公民有受教育的权利和义务。行为人及相关人员通过欺骗隐瞒手段使被害人失去了本该属于自己的接受高等教育的机会,无疑侵犯甚至剥夺了公民的受教育权进而侵害到受教育权背后所保护的法益,即获得高等教育、获得自身发展的可能性。

受教育权在宪法基本权利体系中被归为发展权的一种,这种归类无疑是符合社会现实的。在当下以及未来可见的中国,接受高等教育是公民为数不多且切实有效的获得自身发展从而跻身更高社会层次的途径。对于寒门子弟而言,甚至可以说是他们改变自身命运唯数不多的途径。冒名顶替行为使寒窗苦读10余年并且凭借自身奋斗得来的发展权利横遭剥夺,无疑带有强烈的社会危害性或曰法益侵害性。

值得注意的是,人格权与受教育权虽然分别由《宪法》和《民法典》加以规定,但在该类型案件中二者之间的联系非常紧密。因为在高考招录过程中,公民受教育权的实现与其自身身份、姓名有着密切对应关系。从报名到参加考试再到填报志愿直到最终的录取和入学,公民的受教育权都是密切附着在自身身份权之上的。公民必须依靠本人完成上述全部流程,并且最终的录取资格也带有绝对的身份性质,不可转让。因此,虽然在进行侵害法益分析时予以分别论述,但最终应当将其整合为一种法益。具体表述为:公民合法利用自身姓名、身份接受高等教育、实现自身发展的可能性。这种法益是受人格权和受教育权共同保护的。

最后,侵犯了国家高考制度的公平性。高考制度自1977年恢复以来,成为国家最主要、最公平的人才选拔机制。在此制度下,财富、身份、地位等因素被隐去,考生最终通过体现为分数的自身实力来决定未来所处的教育平台。公民因此获得了依靠自身奋斗实现自我发展的途径和机会,而国家和社会也凭借着高考制度源源不断地获取优秀人才。高考制度的核心优势在于其公平性,因此一切破坏其公平性的行为均应受到严厉惩处。然而,高考制度及其公平性长期欠缺刑法保护,考试作弊、冒名顶替等行为因为违法成本过低而屡禁不止。2015年《刑法修正案(九)》增设了“组织考试作弊罪”、“非法出售、提供试题、答案罪”和“代替考试罪”三个罪名,以求保护包括高考在内的国家考试的公平性。冒名顶替入学与上述罪名的不同之处仅在于行为实施的时间节点有所不同,但共同之处在于它们均侵害了国家考试的公平性,在法益侵害上具有重合之处。

（二）法益侵害程度

行为具备法益侵害性仅证明了其“罪质”的存在，而将行为入罪必须同时考虑“罪量”因素。刑法作为保障法和最后法，天生具备一种内敛的特性，即所谓的“谦抑性”。同时，定性+定量的出入罪模式在我国有着明确的立法依据。《刑法》第13条但书规定：“情节显著轻微危害不大的，不认为是犯罪。”因而在证成高考冒名顶替行为具有法益侵害性的基础上，应当分析其侵害程度，从而得出有无入刑必要的最终结论。

从当然解释的角度看，入罪则举轻以明重。前文提到高考冒名顶替行为与《刑法修正案（九）》新增的三个考试犯罪均侵害了国家考试的公平性，在性质上具有重合性。在危害程度方面，高考冒名顶替行为显然更为严重。一方面，其触犯的法律范围更广，对于社会正常规范的腐蚀性更强。作弊或替考仅仅发生在考生身份核验或考试环节，而冒名顶替入学却需要学籍管理部门、教育主管部门、公安户籍管理部门、高校招生部门多方面的联络与配合，其中伴随发生的渎职、贪腐犯罪也更加普遍。另一方面，作弊与替考行为没有特定的被害人，而高考冒名顶替行为有着明确的被害人，而且该行为对被害人的前途、命运产生巨大的伤害。由此可见，高考冒名顶替行为的罪量因素远在相关既有犯罪之上，进行入罪化处理既必要也合理。

（三）受侵害法益之间的关系

毋庸置疑，高考冒名顶替行为侵犯了多种法益，包括公民合法利用自身姓名、身份接受高等教育、实现自身发展的可能性，还包括高考制度的公平性。其中既包含个人法益，也包含集体法益。

在出现一行为侵害多种法益的情况下，有必要分析何者为主要法益，何者为次要法益。因为主要法益不仅决定了某一行为的社会危害性性质，同时也决定了对该行为进行犯罪化立法时该罪名在分则中的体系归属。[①]

① 赵秉志主编：《刑法总论》（第3版），中国人民大学出版社2016年版，第206页。

在区分主次的过程中,一方面应考虑法益受侵害的严重程度与紧迫程度,以确定法律保护的重点;另一方面也要考虑法典内部的协调性,力求法秩序的统一。从上述两点认识出发,笔者倾向于将个人法益,即公民合法利用自身姓名、身份接受高等教育、实现自身发展的机会作为法律重点保护的主要法益,而将高考制度的公平性作为附带保护的次要法益。

从侵害程度看,高考冒名顶替行为对于被害人的打击和影响十分巨大,甚至是终身性的同时也是不可逆的。诸多案例表明,除少数被害人事后通过复读重新获得了受教育的机会并改善了自身生活状况外,大多数被害人的人生轨迹就此发生转折,生活陷入困顿,而冒名顶替者却通过窃取他人的机遇与平台获得了良好的发展。这种侵害是对一个人前途、命运的偷换,即使多年以后真相得以昭雪,被害人的青春时光也不可能倒流。这种行为的存在不仅损害了被害人本身的权益,同时也会对普通民众的正义感与安全感产生严重威胁。高考制度的公平性固然也十分重要,但一方面制度公平性仅为一种抽象的概念,而没有具体的被害人;另一方面这种公平性的损害可以通过惩处相关行为人、填平既有损害和完善制度进行弥补,因而与前者相比较为次要。

从法典内部的统一性而言,高考冒名顶替行为仅为社会上冒名顶替行为的一种,如果将高考公平性作为主要法益归至分则第六章,之后出现其他领域的冒名顶替行为则需要再次单独立法。这种分散立法的方式使本来极为重要的公民人格权、发展权的保护分散在刑法的各个章节,因而缺乏统一性。

综上所述,出于公民人格权发展权更需要刑法重点保护的现状,以及维持法律内部统一性、协调性的立法要求,应当将个人法益作为主要法益,将高考制度公平性作为次要法益进行保护。

(四)阶段性结论

根据前文的分析,高考冒名顶替行为不仅侵犯了公民凭借自身能力,以自身身份获取高等教育从而获得自身发展的机会,而且对高考制度的公平性造成了极大的损害，对个人与集体法益造成了极为严重的损害。当前的刑事立法专注于打击高考冒名顶替的伴随行为，对于该行为本身的刑事规制处于缺位状态。因此，笔者建议通过刑事立法将高考冒名顶替行为纳入犯罪圈。

四、冒名顶替行为的入刑路经

（一）"冒名顶替罪"之提倡

在得出应当将高考冒名顶替行为入罪的阶段性结论之后，仍然需要进一步讨论该行为入罪的具体方案。

当前最高立法机关代表对于高考入罪行为的入罪路径有所分歧。朱明春委员主张设立"妨碍高等教育考试录取公正罪"或者单项设立"冒名顶替入学罪"；张业遂委员主张设立"冒名顶替上学作弊罪"；于志刚委员的方案是设立"盗用、冒用他人身份罪"；徐显明委员则要求设立"侵害公民受教育权罪"。[①]

不同的罪名设计背后体现出的是人们对于冒名顶替行为所侵害法益的不同认识。上述全国人大常委会委员的观点可以分为两类：一类认为，单独为高考冒名顶替行为设立罪名。此类观点的依据在于认为高考冒名顶替行为所侵害的主要法益是高考录取的公平性。在学术界同样存在此种观点，认为"从刑法分则对社会利益的分类来看，冒名顶替考试与冒名顶替上大学都是对我国已经设立的考试制度、招生制度和考生利益的侵害"，因此建议"在《刑法》第284条之一代替考试罪中再加上冒名顶替上学的行为，即可完成对这一类行为的规制和惩罚"。[②]

另一类则认为，冒名顶替上大学只是诸多冒名顶替行为中的一种，除此之外，还有"冒用他人脸部图像制作一些淫秽视频，冒用政治人物发表一些

---

① 《立法机关回应"前途的安全"：建议将"冒名顶替上学"入刑》，载中国新闻网，http://www.chinanews.com/gn/2020/06-30/9225271.shtml，2020年7月9日最后访问。

② 杨兴培：《冒名顶替上大学的刑罚规制与完善》，载《上海法治报》2020年7月8日，第B06版。

涉及社会安全稳定的消息,以及冒用金融界人发布有关金融期货市场消息等”。因此主张设立“盗用、冒用他人身份罪”。[①]

笔者倾向于赞同后一类观点。因为主张单独为高考冒名顶替行为设立罪名的观点存在以下明显缺陷:

首先,混淆了高考冒名顶替行为所侵犯的主要和次要法益。依照上文的分析,高考冒名顶替行为侵害的主要法益是人格权与发展权所保护的公民合法利用自身身份获得高等教育机会从而实现个人发展的可能性,而非高考制度的公平性。如果没有意识到这一点,而是将高考制度的公平性这一集体法益(公法益)作为主要法益来看待,势必得出应当在《刑法》第284条之一中增加一款,规定冒名顶替上学的行为,即可完成对此类行为的刑法规制的结论。

然而,高考冒名顶替行为与既有的代替考试罪虽然从表面上看十分接近,但实际上二者之间存在巨大的区别:

1. 整体性与局部性的区别。即高考冒名顶替行为所侵害的法益广、范围大,而代替考试罪侵害法益单一,仅为考试制度或秩序。

2. 必要共同犯罪与单个人犯罪的区别。即高考冒名顶替行为必须是共同犯罪甚至是有组织犯罪,而代替考试罪则不一定是共同犯罪,在很多情况下可以由单个行为人独自完成。

3. 有被害人与无被害人的区别。这一区别直接导致了二者所应受到的道德非难程度差异巨大。高考冒名顶替行为牺牲了他人而成全自己,本质是直接偷取或劫掠他人的人生。代替考试则是相对于国家考试制度的背信与欺骗行为,是蒙骗国家以谋取发展机会,虽然同样具有可谴责性,但较前者而言显著较轻。

由此可见,高考冒名顶替行为侵害的主要是公民的个人法益而非集体法益。在此次立法中,公民的人格权与发展权应当处于刑法保护的核心地

---

① 杨兴培:《冒名顶替上大学的刑罚规制与完善》,载《上海法治报》2020年7月8日,第B06版。

带。高考制度的公平性固然重要,但其也有抽象性、可逆性,因此应当由刑法附带保护。由于冒名顶替罪侵犯的主要法益为公民的人格权,因此在刑法分则中应归属于第四章“侵犯公民人身权利、民主权利罪”。

其次,从法秩序统一原则的视野中看,将高考冒名顶替行为单列出来进行刑法立法规制有回应性、填补性立法之嫌。造成的后果是可能会使值得刑法重点保护的公民人格权利变得分散化、碎片化。从整体性立法和适度超前立法的理念来看,不能因为近年来高考冒名顶替事件多发即用单独立法的方式进行机械回应而忽略了对于其他冒名顶替行为类型的关注。事实上,在实践中冒用他人身份担任公职、参军入伍甚至从事诈骗、洗钱等违法犯罪活动的现象十分普遍。其共同特征都是对公民人格权的侵犯。公民的人格权由《宪法》《民法典》等法律加以规定,其不仅关涉公民人格、身份本身,而且同与人格身份密切联系的发展权等新兴权利密不可分,是刑法应当予以重点保护但却一直疏于保护的权利内容。因此本文主张设立“冒名顶替罪”,将高考冒名顶替作为其中的一款加以规定。

具体而言,笔者建议,在《刑法》第253条之一之后增加一条,作为第253条之二,名为“冒名顶替罪”。

(二)冒名顶替罪的罪状设置

在罪状设置方面,笔者主张采取分款+兜底的罪状设置模式,规定“冒用他人身份、姓名从事以下活动,情节严重的”承担刑事责任。以下可以设置若干款,包括但不限于接受高等教育、担任公职、参军入伍等。最后设置“其他严重侵犯被冒名者权利的行为”作为兜底条款,使法条具有一定的开放性与适应性。

之所以在罪状中加入“情节严重”的表述,使该罪成为情节犯,是基于宽严相济刑事政策和刑行交叉立法格局的考虑。冒名顶替行为虽然具备法益侵害性,但在不同案件中所体现出的社会危害性程度也各不相同,如果不分情节轻重一律入刑,容易造成刑法过于严苛的负面效果。与此同时,如果仅考虑罪质因素而忽略罪量因素,将行为完成作为犯罪成立的条件要求,容易使相关行政法律法规虚置,破坏法秩序的统一性,同时挤占了未来相关刑法前置规范的设立空间。

鉴于冒名顶替行为常常给被害人造成终身性的、难以弥补的损失,因此笔者建议在基本犯之下专门设置一款,规定结果加重犯的内容。如果造成被害人自杀、精神失常等严重后果,应当依法加重对行为人的处罚。

(三)冒名顶替罪的法定刑设置

在法定刑设置方面,应当综合运用自由刑、财产刑和资格刑等刑罚种类。由于各种冒名顶替行为的具体侵害法益、法益侵害程度以及造成的后果有所不同,因此在立法阶段应当从轻到重设置跨度较大的法定刑刑度,同时配合结果加重犯的立法内容,为司法和执行过程中准确、适当地量刑和行刑提供合理的选择空间,实现罪刑之间的平衡。

值得强调的是,在冒名顶替罪的刑罚设置中,应当尤其注重资格刑的运用。因为此种犯罪与公民的人格权利密切相关,冒名者通常希望假借他人身份与资格为自己获取财产刑及非财产性利益,如学历、职位、荣誉等,因此资格刑的设置可以起到一般预防的效果。

知识产权

2019年北京市知识产权法治工作和保护状况

北京市知识产权局课题组

2019年是地方政府机构改革后知识产权工作的开局之年，也是北京市知识产权法治工作和知识产权保护不断取得新进展的一年。北京市知识产权办公会议各成员单位坚持以习近平新时代中国特色社会主义思想为指导，认真贯彻落实党的十九大、十九届二中、三中、四中全会精神和习近平总书记关于知识产权工作的重要指示批示精神，按照市委市政府的决策部署，紧紧围绕“四个中心”建设需求，坚持严保护、大保护、快保护、同保护，履职尽责，扎实工作，在优化知识产权政策法规体系、完善工作体制机制建设、强化知识产权保护效能、弘扬普及创新文化及国际交流合作等方面取得了显著成效，为优化首都营商环境、推动首都高质量发展作出了新的贡献。

2019年北京市在国家营商环境评价“知识产权创造、保护和运用”指标考核中名列全国第一。《中国知识产权指数报告2019》显示，北京知识产权综合实力已经连续十年位居全国第一。专利申请量226,113件，同比增长7.1%，其中发明专利申请量129,930件，同比增长10.4%；专利授权量131,716件，同比增长6.7%，其中发明专利授权量53,127件，同比增长13.1%。PCT申请受理量0.72万件。截至2019年年底，全市每万人发明专利拥有量达到132件，居全国首位，是全国平均水平的近10倍。全市商标申请量546,590件，商标注册量474,645件；截至2019年年底，商标有效注册量达1,921,978件。全市著作权登记量1,003,091件，同比增加8.5万件，继续保持全国首位；软件著作权登记量为202,743件。农业植物新品种申请量为726件,植物新品种授权量为266件。共有平谷大桃、大兴西瓜等地理标志产品13件,核准使用地理标志保护产品专用标志的企业总数达53家。

一、加强政策布局,完善知识产权保护政策体系

强化知识产权行政保护。市人大常委会审议通过《北京市促进科技成果转化条例》,增加了有关建立知识产权公共服务体系、加强知识产权保护的内容。市知识产权局联动市人大、市司法局以及办公会议相关成员单位开展北京市知识产权综合立法研究。市知识产权局在市财政局、市科委、中关村管委会等单位的大力支持下,制定印发《北京市知识产权资助金管理办法(试行)》。发布《北京市中小微企业外观设计专利侵权纠纷快速处理办法》,压缩专利侵权纠纷案件审理时限,加大对中小微企业知识产权保护力度;发布《电子商务领域专利侵权纠纷快速处理规程》,缩短电商专利侵权纠纷的处理期限。市版权局出台《关于加强版权保护的意见》,提高版权执法工作水平和效能。市科委联合市商务局、市财政局、市税务局、市发改委修订《北京市技术先进型服务企业认定管理办法》,扩大技术先进型服务企业业务认定范围。北京海关制定《北京海关知识产权保护工作办法》,加强海关知识产权保护。市中医管理局开展《北京市中医药条例》立法筹备工作,与市知识产权局共同推进在中医药传统知识产权保护方面先行先试。市农业农村局制定《2019年北京市地理标志农产品保护工程(启动)项目实施方案》,组织开展农业植物新品种规范使用示范活动,提升地理标志农产品综合生产能力、推进品牌建设、强化知识产权保护。市版权局上线北京地区著作权登记管理平台,实现版权登记手续的网上办理。

强化知识产权司法保护。市高院发布商标授权确权行政案件审理指南,统一商标授权确权案件司法审查标准;深入开展关于标准必要专利司法保护问题、实用新型专利侵权判定标准、侵害知识产权案件中损害赔偿问题等研究,起草《关于加强知识产权审判领域改革创新的实施意见》《关于层报知识产权案件的相关规定(试行)》,为全市法院知识产权审判体系建设提供工作指引,有利于统一裁判标准,提高司法公信力。北京知识产权法院建立

商标授权确权行政案件快审机制，探索符合知识产权案件特点的诉讼程序和证据规则，合理运用举证转移、举证妨害推定等证据规则，降低权利人维权举证难度；创新技术调查官工作机制，完善技术调查官的选任、培养、参诉、监督等工作流程；探索以实现知识产权市场价值为指引，以补偿为主、惩罚为辅的侵权损害司法认定机制，推动赔偿数额认定的精细化和科学化，积极探索适用惩罚性赔偿，依法合理增加侵权赔偿数额；践行"互联网＋"审判理念，北京知识产权法院专设网络著作权二审案件合议庭，积极尝试并有序开展互联网法院二审案件线上审理模式。最高人民检察院第七检察厅在北京市人民检察院第四分院建立全国检察机关首个知识产权行政检察研究和实践基地，加强专业化建设，提升保护水平。最高人民检察院第四检察厅在北京市检察机关推行《开展侵犯知识产权刑事案件权利人诉讼权利义务告知工作试点方案》。市检察院建立不起诉案件移送行政处罚制度，提高侵权违法成本。

二、加强统筹规划，凝聚知识产权保护工作合力

有效发挥知识产权办公会议平台作用。市知识产权办公会议办公室主动回应政府机构改革新变化和首都高质量发展新需求，调整办公会议成员单位，完善《关于加快知识产权首善之区建设的实施意见》任务分工方案。修订《北京市知识产权办公会议制度》，确定了定期会商机制、专项工作机制、调查研究机制、通报反馈机制、信息共享机制和督查督办机制。务实召开3次办公会议工作会，审议通过《关于推进北京市知识产权公共服务体系建设的意见》《北京市促进知识产权服务贸易工作方案》等系列重要文件，议定落实22件全市重要知识产权事项。市知识产权局牵头负责国家营商环境评价"知识产权创造、保护和运用"指标，市市场监管局、市版权局、市文化执法总队、市司法局、市科委、市统计局、市高院等单位配合参与，圆满完成相关任务。市知识产权局会同各成员单位认真落实中办、国办《关于强化知识产权保护的意见》，研究起草北京市实施意见和分工方案。强化执法联动，完成2019北京世界园艺博览会、"一带一路"国际合作高峰论坛、亚洲文明

对话会和中华人民共和国成立 70 周年等重大活动知识产权保护的服务保障工作;首次在京交会主会场和分会场分别设立知识产权保护办公室,完成京交会"一主多辅"知识产权保护工作任务;开展为期 162 天的世园会知识产权保护,实现了从"零容忍"到"零投诉"的工作目标和准则。市知识产权局成立了由市场监管局、市版权局、市司法局、市高院、北京知识产权法院共同参与的工作组,共同研究制定了"十全"改革方案中的"全方位"知识产权保护改革方案。市商务局建立北京老字号传承发展联席会议机制,会同市知识产权局、市市场监管局开展品牌保护专项行动,会同市人才工作局、市人力资源和社会保障局、市文化和旅游局指导开展"北京老字号工匠"认定工作。市城管执法局加强与知识产权保护工作相关部门的协调与配合,进一步完善与市文化执法总队、市公安局治安总队等单位的工作联络机制。市知识产权局、市市场监管局、市版权局、市公安局、市检察院、市高院等 18 家具有知识产权管理和保护职能的成员单位深度协作,共同形成《2019 年北京地区知识产权保护数据统计分析报告》,全面反映首都知识产权保护情况。

聚焦京津冀知识产权协同发展。市知识产权局联合天津市、河北省知识产权局共同制定《京津冀维权中心知识产权保护联动服务推进计划》;与河北省知识产权局共同建立了为服务北京 2022 年冬奥会和冬残奥会冰雪产业发展的"京冀(张家口)知识产权保护服务工作站";组织召开"京津冀知识产权工作协调会",谋划推动"冬奥会知识产权保护"等工作;举办"京津冀知识产权服务品牌机构合作协议签约仪式",发挥知识产权服务业集群优势;市市场监管局制定《关于建设京津冀知识产权保护体系和快速维权机制的工作方案》,不断完善京津冀执法协作平台,加强京津冀三地市场监管部门知识产权违法案件的情报交流、信息共享和执法协作,有力打击跨省知识产权违法行为。

三、严厉打击侵权违法行为,着力优化营商环境

开展知识产权执法专项行动。市版权局部署"剑网 2019"专项行动,开展图片行业版权规范整顿工作,加强对媒体融合发展版权、院线电影网络版

权、流媒体软硬件版权等方面的监管。市广播电视局在全国首创采用备案制管理方式加强知识产权保护，将无证视听网站纳入管理范围，实现阵地管理全覆盖和对企服务全方位；会同市委网信办、市市场监管局、市文化执法总队等部门完成对网络电商销售卫星地面接收设施、发布相关广告行为的专项清查，取得良好成效。市文化执法总队落实“剑网”专项行动要求，对网络文学、音乐、视频等重点领域实施全网动态监控，对20家网站重点监控，查办了利用手机APP传播侵权VR视频作品案、利用加密锁侵犯软件著作权案、网络互动教育领域非法传播出版物案等多起全国“第一案”。市市场监管局开展2019年知识产权执法“铁拳”行动、打击商标侵权“秋风行动”、农村假冒伪劣食品专项整治行动等系列专项行动，围绕“两节”“两会”保障开展商标执法整治行动，以打击商标侵权为重点，对侵权假冒商品的生产、流通、销售形成全链条打击，维护公平竞争的市场秩序。北京海关制定《北京海关2019年知识产权保护专项行动方案》，采取“应扣尽扣”“应罚尽罚”“应公开尽公开”工作方式，加大处罚力度。市公安局以“昆仑”“云端”两个专项行动部署为依托，紧密围绕决战决胜中华人民共和国成立70周年安保维稳工作目标，组织全市公安机关开展严厉打击侵犯知识产权和制售伪劣商品犯罪。市检察院成功办理北京“12·6”侵权盗版出版物案、起诉田某某侵犯商业秘密等4件刑事案件，有效保护企业自主研发成果。北京知识产权法院在搜狗诉百度系列侵权案等复杂知识产权案件中，尝试“先行判决”方式，针对涉案侵权行为是否成立先行进行审理并判决停止侵权，待生效后另行审理赔偿数额问题，防止拖延诉讼，帮助权利人尽快赢回市场。市司法局开拓新型公证服务方式，依托“公证云”解决知识产权保护中电子数据取证难题。市农业农村局开展2019年北京市农业系统农资打假专项治理行动，依法查处假劣农资案件，推进“放心农资下乡进村宣传周”活动，完善农资打假与监管服务新机制，推进京、津、冀三地检查协同与监管联动，强化网络监管，打击新型渠道假劣农资。

高质量完成中国(北京)知识产权保护中心建设。实现与国家知识产权局专利局北京代办处的集中办公，打造知识产权专业服务大厅。2019年，审核通过975家企事业单位专利预审备案,累计受理专利申请预审案件416件,预审合格进入国家知识产权局快速审查通道的专利申请144件;高效对接行政、司法、调解、仲裁、检验鉴定等知识产权保护渠道和环节,推进"一站式"纠纷解决机制建设。

完善诉调对接机制,探索多元调解新机制。市知识产权局、市司法局、市高院密切沟通,鼓励和支持在矛盾纠纷易发多发的产业领域建立行业性、专业性知识产权纠纷人民调解组织,实现对十大"高精尖"产业的全覆盖。2019年知识产权纠纷人民调解组织共接收案件6961件,调成率为65.6%。指导行业性、专业性知识产权纠纷人民调解组织进驻北京知识产权法院、北京互联网法院,我市首次探索开展行业专业人民调解组织编入法院立案庭速裁团队开展调解工作。北京互联网法院打造具有互联网法院特色的网络"e调解平台",做到案件数据全部线上流转。市司法局推动新浪、百度、今日头条、搜狗、京东、一点资讯、千龙网、58同城、快手、360公司共10个互联网人民调解组织先后与北京互联网法院建立了衔接联动机制。市版权局在网络图片分发应用领域推广首都产业联盟360维权机制,上线"京版版权认证""北京版权矛盾纠纷多元化解""共建可信数字版权生态"等版权服务平台,为权利人和企业提供专业、便捷的维权服务;2019年受理各类著作权民事及行政调解案件460起,为百度、腾讯、优图佳视、北大方正等企业提供长期版权认证、确权、监测取证、纠纷调解服务。

四、拓展知识产权国际交流,加强知识产权文化建设

深化知识产权国际交流合作。推动北京市政府与世界知识产权组织签订《关于加强知识产权合作的谅解备忘录的补充协议》,开展新一轮合作。建立"一带一路"知识产权发展联盟,编写《"一带一路"海湾国家(GCC)知识产权工作指引》。积极落实《北京市促进知识产权服务业发展行动计划(2018年—2020年)》,高标准推动建设北京(中关村)国际知识产权服务大厅并启动运行,共有53家国内外知识产权服务机构进驻,提供专业化国际化服务。市科委会同市知识产权局编制《科技领域开放改革三年行动计划》,

支持国内企业在海外设立研发机构，参与国际标准的研究和制定。完成国内地方知识产权局第一个海外知识产权诉讼信息库，目前汇集了近70个国家的知识产权制度、6万件海外知识产权案件、100家海外知识产权纠纷高发地的服务机构以及50位擅长处理海外纠纷的律师信息。持续开展海外知识产权预警和维权援助专项工作，帮助企业建立风险管理长效机制，为企业应对海外纠纷提供智力支撑。市商务局积极指导企业开展知识产权海外维权，其中1家本市民营企业在应对美国337调查中采取合理应对策略，迫使对方撤诉，保住了相应的海外市场份额；会同京津冀贸促会成功举办"2019年贸易壁垒应对培训会"，协调解决企业遇到的困难。中关村管委会与中国贸促会就推动国际知识产权仲裁机构在中关村落户初步达成共识。出版《文化科技融合产业知识产权保护指南》，涉及文化科技融合产业知识产权保护前沿问题和典型案例，倡导知识产权文化。举办老字号企业知识产权保护系列培训，助力老字号、非遗的传承与创新，提高企业知识产权保护意识。

营造知识产权保护良好氛围。"4·26"期间，知识产权办公会议办公室以"严格知识产权保护 营造一流营商环境"为主题，协调组织各单位开展各类宣传活动70余项，覆盖人数超过200万，有效提升了首都知识产权工作影响力。市知识产权局与中关村管委会、海淀区政府联合举办以"严格知识产权保护 服务科创中心建设"为主题的宣传周主场活动，结合世园会开展知识产权展会执法与宣传，举办针对企业和知识产权服务机构的系列培训；在北京经济技术开发区开展知识产权进企业、进社区、进校园、进展会、进商圈等活动。市版权局围绕《视听表演北京条约》举办了"4·26"宣传活动，与世界知识产权组织中国办事处、北京国际电影节组委会联合主办了"电影和版权：机遇与挑战并存"论坛，主办了以"创新引领发展，版权筑造核心"为主题的版权创新发展论坛，围绕版权与创新进行了为期一个月的公益广告宣传；在全市不同区域投放1700个人民日报数字屏、200余个地铁、公交候车厅和楼宇电梯媒体。市文化执法总队定期集中整治出版市场，推动"绿书签"宣传活动进校园、进社区，不断加大实体出版物版权保护力度。市广播电视局开展公益广告创意知识产权活动,以"知识产权为公益广告助力,公益明星为公益广告发声"为主题,通过"演讲+"与"谈+答疑"的方式,宣传知识产权保护。

五、2019 年知识产权行政执法和司法保护主要情况

市知识产权局共受理专利侵权案件 310 件,其中专利侵权纠纷调处案件共 84 件,展会专利侵权案件共 24 件,电商专利侵权案件共 202 件。

全市市场监管系统打击侵犯知识产权和假冒伪劣共计立案 2072 件,结案 2065 件,罚没款 1.3 亿元,捣毁窝点 35 个,移送司法机关 20 件。

市文化执法总队巡查网站 3000 家(次),关闭侵权盗版网站 2 个,删除侵权盗版链接 1.4 万条,影视作品 65 部,收缴侵权盗版制品 21,936 件,立案 49 起,罚没款 78.17 万元,销毁各类侵权盗版图书 150 余万册。

市版权局鉴定中心为司法、行政执法部门出具侵权盗版鉴定 2883 份,7×24小时服务机制帮助司法、行政等执法部门准确、及时追缴非法出版物,打击侵权盗版,保护企业合法利益。

市广播电视局加强广播电视网络视听内容安全防护和审核,及时清理下线内容存在严重问题的境外动画片 215 部,违规网络电影 19 部、网络剧 55 部,下线禁播内容违规的网络电影 28 部;联合执法总队查处"神马影院""小道口"等 9 家、提请关停"悠久影院"等 4 家无证违规视听网站。

市农业农村局围绕种子、农药、肥料、兽药、饲料和饲料添加剂以及水产苗种等重点产品,狠抓市场监管,加大执法力度,全市共出动执法人员 2.8 万余人次,检查企业 1.5 万余个次,查办案件 187 起,罚没款 69 万余元。

市园林绿化局在世园会期间对使用和展出的植物新品种进行摸底和重点关注,并开展日常巡查。针对林木种子生产经营单位和造林地,开展种苗质量和植物新品种权保护抽查,累计出动执法人员 2000 余人次,未发现新品种侵权行为。

市公安局共侦破侵犯知识产权刑事案件和生产、销售伪劣商品犯罪 593 起,抓获犯罪嫌疑人 1081 人,涉案金额 7.7 亿余元。

北京海关共立知识产权案件 72 起，同比上涨 260%，查获侵权商品 2211 批次，17.6 万件，同比上涨 430%，案值 386 万余元。

市检察机关共受理审查逮捕涉嫌侵犯知识产权犯罪案件 206 件，批准逮捕侵犯知识产权犯罪案件 138 件，共受理审查起诉案件 156 件，提起公诉案件 143 件。

全市各级法院共受理各类知识产权民事、行政案件 80，165 件，同比增长 35.6%；审结案件 79，769 件，同比增长 42.6%。其中，北京知识产权法院受理案件 22，580 件，同比增长 23%；审结案件 23，682 件，同比增长 57%。北京互联网法院受理知识产权类案件 32，046 件，占比 76.1%；审结知识产权类案件 30，832 件，占比 76.9%。

全市共接收知识产权举报投诉 3271 件，其中涉及商标权 2826 件、著作权 336 件、专利权 95 件、商业秘密 14 件。

2020 年是"十三五"规划的收官之年，也是贯彻落实《关于强化知识产权保护的意见》的开局之年。首都知识产权工作将认真贯彻落实市委市政府决策部署，紧紧围绕"四个中心"城市功能定位，以贯彻落实"两办"《意见》为主线，全面提升知识产权治理能力和治理水平，加快知识产权首善之区建设步伐。2020 年将重点做好以下几项工作：一是充分发挥知识产权办公会议统筹协调作用，进一步形成知识产权保护新的合力；开展知识产权综合立法和"十四五"规划研究、编制工作。二是深入贯彻落实"两办"《意见》，制定北京市实施意见和分工方案；强化部门联动、市区联动，做好京交会、冬奥会等重大活动知识产权保障工作；加强新兴领域和业态知识产权保护，大力推进区块链、大数据、云服务等新技术在知识产权保护中的应用。三是聚焦"三城一区"、中关村"一区十六园"，发布《"三城一区"知识产权行动方案》，推动"三城一区"建立协调、协作的知识产权保护一体化机制；落实京津冀协同发展战略，积极促进三地知识产权协同发展，支持雄安新区搭建知识产权服务体系。四是构建知识产权金融创新服务体系，开展知识产权保险试点工作，探索知识产权证券化工作。落实《北京市促进知识产权服务业发展行动计划（2018 年—2020 年）》，积极引进知名国际知识产权服务机构落户北京。五是加大知识产权人才培养力度,支持有条件、有基础的高校建设知识产权学院、设立知识产权专业;推动完善知识产权职称制度;创新知识产权文化传播方式,全面提高社会公众知识产权保护意识;加强知识产权国际交流合作,扩大首都知识产权的国际影响力。

大保护格局下的知识产权保护中心

王 辉[*] 隋 璐[**]

随着国家知识产权战略的扎实推进，企业保护知识产权的意识逐渐增强，加强知识产权保护的需求和重视程度前所未有。2019 年 11 月，中办、国办印发《关于强化知识产权保护的意见》，确立知识产权“严保护”的政策导向，健全“大保护”的工作体系，打通“快保护”的工作链条，构建“同保护”的国际格局。知识产权保护中心作为有效实现知识产权“严大快同”保护的新生事物，如何在大保护的格局中发挥积极作用，成为亟待研究的热点问题。

一、保护中心的成立

（一）保护中心成立的国际经验借鉴

近年来，随着孵化器等项目的推进，技术创新在空间上日益显示出聚集的特点，集群式创新在各地的地域协调发展中的作用越来越重要，经济发达地区或城市的专利活动更加活跃。研究表明，各国及全球范围内的创新也是通常集中在几个特殊区域。例如，美国的技术创新活跃区域由传统的硅谷模式向更具城市特点的创新城区模式发展，创新资源向成熟城市化区域及基础设施便捷的中心城区聚集；2016 年 4 月，日本科学技术政策研究所的一项分析报告指出，日本 95% 以上的城市进行了专利申请和发明活动，但活

* 王辉，国家知识产权局副处长，工学博士，中国政法大学在读硕士。

** 隋璐，国家知识产权局副处长，法学硕士。

跃地区只集中在以东京、神奈川县、大阪府、爱知县等为代表的部分区域。[①]我国的创新空间集聚现象也较为突出，为了切实解决知识产权维权举证难、周期长、成本高等问题，为社会公众提供更加便捷、高效、低成本的服务，营造良好的创新创业和营商环境，国家知识产权局完善知识产权快速协同保护机制，支持地方建设知识产权保护中心，面向省、市的优势产业，为辖区内企事业单位提供集快速审查、快速确权、快速维权为一体的知识产权"一站式"综合服务。

2010 年，世界知识产权组织(World Intellectual Property Organization, WIPO)在新加坡成立了 WIPO 仲裁和调解中心新加坡办事处，作为亚洲首个知识产权保护中心，以及 WIPO 首次在欧洲之外成立的仲裁机构，该中心同时还提供诸如仲裁及调解等有关程序方面的培训与咨询服务。新加坡的经验做法对于我国具有很好的借鉴与启示作用，在推动知识产权保护中心的建设过程中，可以考虑积极争取知识产权仲裁与调解在保护中心的落地，为保护中心维权援助、仲裁调解、司法衔接的产业知识产权协同保护机制提供有效支撑平台。

(二)知识产权保护中心的运行情况

2016 年，国家知识产权局首次提出了在全国知识产权工作基础好、知识产权保护需求高的城市建设一批知识产权保护中心，以实现知识产权"严保护、大保护、快保护、同保护"的工作机制。为了深入贯彻党中央、国务院关于加强知识产权保护的工作部署，支撑国家创新驱动发展，助推产业转型升级，有序推进知识产权保护中心建设，到 2020 年 4 月 23 日，全国已建设 31 家知识产权保护中心，分布在 17 个省(区、市)，其中 7 家"省级"保护中心，24 家"市级"保护中心，覆盖新一代信息技术、高端装备制造、生物医药、新材料等 20 多个产业，基本覆盖重点地区的特色优势产业，形成以"保护中心"为核心，"快速维权中心"为补充、"维权援助中心"为基础的统筹推进、多级

---

① 黎金:《建设知识产权保护中心的必要性研究》，载《科技促进发展》2017 年第 4 期。

联动、分类服务的工作机制。

以北京地区知识产权保护中心建设为例，为了支撑当地产业发展，国家知识产权局在北京地区批复设立了两个知识产权保护中心，中国（北京）知识产权保护中心和中国（中关村）知识产权保护中心。中国（北京）知识产权保护中心围绕新一代信息技术和高端装备制造产业，涵盖北京市未来重点发展的十个高精尖产业中的七大高新技术领域，包括：新一代信息技术、集成电路、智能装备产业、节能环保、新能源智能汽车、人工智能、软件和信息服务。中关村知识产权保护中心服务的产业领域涉及北京市未来重点发展的十个高精尖产业中的两个，包括医药健康和新材料。两个保护中心服务的产业领域，涵盖了北京市十个高精尖产业中的九个，两个保护中心构成了北京市比较完整的服务产业拼图。中国（北京）知识产权保护中心于2019年4月正式运行，针对新一代信息技术和高端装备制造领域开展专利预审、快速维权、协同保护和专利导航工作。截至2020年4月15日，运行一年来，已备案企业1102家，覆盖全市16个区，已预审840件申请，目前157件申请获得国家知识产权局授权。

二、大保护格局下的知识产权保护中心

保护中心成立伊始，是以快保护作为主要工作目标。快保护，就是实现快速审查、快速确权、快速维权的协调联动，例如，向备案企业提供快速预审服务，缩短审查周期；设立复审、无效快速受理窗口，提供快速确权服务；制定高效的知识产权侵权、假冒案件办理流程，提高维权效率等，发挥行政执法便捷、有效、低成本的优势来实现快速保护。部分知识产权保护中心的前身是快速维权中心，快速维权中心主要是面向外观设计专利的快速维权，知识产权保护中心相对于快速维权中心业务对象从外观设计拓展到发明、实用新型、外观设计三种类型的专利，进而到专利、商标、地理标志的多门类拓展，业务类型从快速审查到快速无效、快速复审、快速确权和快速维权的全链条拓展，业务范围从针对单类产品、单个行业到面向整个产业领域的全领域拓展，这就是建设知识产权保护中心要做好的“三拓展”。

此外,为更好地适应新时代事业发展需要,建设知识产权保护中心还要做好"三结合"和"两对接"。"三结合"就是与当地优势、特色产业相结合,与地方知识产权执法工作、保护体系建设相结合,与知识产权审查业务相结合;"两对接"分别是与自贸区建设、扩大对外开放等国家重大战略对接,以及与知识产权重点项目、重点工程对接。

各地保护中心在工作中也是坚持与地方知识产权执法工作、保护体系建设相结合,贯通专利授权、确权、维权全链条,提供更加高效、便捷、低成本的知识产权"一站式"服务平台。除了常规的专利快速审查、快速确权、快速维权、导航运营等业务外,各保护中心还积极拓展与司法保护、仲裁调解、维权援助等方面对接的工作。中国(深圳)知识产权保护中心将深圳市中级人民法院的智能受理引入大厅,青岛市中级人民法院在中国(潍坊)知识产权保护中心设立青岛市中级人民法院巡回法庭,中国(烟台)知识产权保护中心设立知识产权纠纷人民调解委员会、知识产权仲裁中心,形成多途径保护知识产权的合力,协同化解各类知识产权纠纷。

三、保护中心建设助力创新主体

(一)保护中心致力高价值专利培育

虽然知识产权保护中心成立伊始的工作特色是"快",但是"快"只是表象,在加强知识产权保护的格局下,我们更应当关注和思考的是"快"背后的深层次含义,也就是能够走快速通道的案件,之所以能够走快速通道,究其原因是该专利申请所具备的价值。

1. 高价值专利的含义

对于高价值专利的界定,业界有不同的声音,大多数观点认为,专利的价值与其技术价值、法律价值和经济价值等因素相关,但如何从三个维度上评价一项专利的价值,目前仍没有形成普遍认识和认定标准。

(1)技术价值

专利的技术价值是指从技术的维度来评价一项专利的价值,不仅体现在该专利所要保护的技术方案在该领域中所能显示出来的创新性、先进性,还体现在专利布局的合理性。

技术的创新性主要表现在技术本身相对于现有技术的区别程度。技术的先进性主要表现在该项技术的性能优于现有技术的指标,如从成本、效率、安全性等方面考虑,也就是通常所说的技术效果。此外,专利技术价值除了对单个专利的技术价值的考量外,还要综合考虑专利布局的合理性。一项技术申请核心专利以及其衍生专利的集合,在不同国家的申请专利的合理布局,一方面体现了创新主体对该市场区域和专利的重视程度,另一方面也是影响其专利技术价值的重要因素。

(2)法律价值

专利的法律价值是指从法律的维度来评价一项专利的价值,主要体现在该专利权的稳定性、侵权可能性,以及相关领域技术发展对该专利的依赖性。

专利的稳定性主要体现在两个方面:一方面是专利权的有效性,也就是专利权人在获得授权后定期缴纳年费维持专利权有效;另一方面是该专利权能够经受住无效宣告请求的考验。专利无效宣告请求程序的启动大多归结于两种原因:一是针对专利权人行使权利提起的侵权纠纷,被控侵权人提出无效请求对侵权诉讼釜底抽薪;二是当事人为避免日后发生侵权风险,为新产品上市进入某一市场前扫清专利障碍,或作为谈判筹码,在许可谈判或者其他知识产权商业纠纷中作为有效的施压手段之一。

专利权的侵权可能性主要体现在专利权的不可规避性。众所周知,专利的授权、无效程序,均是技术特征越多、权利要求保护范围越小,越容易获得授权或经受住无效程序的考验,而专利权的不可规避性则要求权利要求的特征越少,权利要求的保护范围越大,越难以规避。对于高价值专利来讲,如何在二者之间把握一个度的平衡,是至关重要的。

对于依赖性的表现,通常的途径是将其转化为标准必要专利。有观点认为,标准必要专利"在本质上属于公共资源",如西电捷通案的二审法官就认为,当专利纳入技术标准且该标准被广泛使用后使该专利具有了"锁定效应”,并具备一定的公共利益属性。[①] 笔者认为,专利权其本质是私权,即使一项专利成为标准的要素,也不意味着该专利权具有公共属性,当然,其在许可时具有特定的要求,即专利权人参与了标准的制定或者经其同意,将专利纳入国家、行业或者地方标准的,构成默示许可,但是默示许可并不意味着公众可以免费使用,标准的实施者仍需支付合理的使用费。而且,由于标准必要专利的存在,实施者别无选择,也就是说,标准必要专利的价值不仅包含专利的价值,同时包含标准的价值。

(3)经济价值

专利权是一种财产权,其价值更突出地体现在其经济价值上。专利的经济价值是从经济效益的角度来评价一项专利的价值,只有技术价值和法律价值都高的专利,才有可能存在较高的经济价值。

专利权的经济价值,可以分为直接经济价值和间接经济价值。[②] 直接经济价值通常体现在专利技术的实施、转让、许可、质押、侵权赔偿等方面,通常与专利权人的经济利益直接相关,也是专利权人追求的主要价值实现方式。通常要考虑市场应用情况、核心专利的占有率、外围专利的占有率。间接经济价值,通常体现在专利的战略价值以及与政策的匹配度,专利权人通过专利权能够实现的战略目标以及与政策的匹配度,提高专利权人在市场上的竞争优势。间接经济价值更多的是考虑企业的长远规划,通过提高企业在市场上的竞争优势,如显示自身实力、吸引外来投资,博得用户好感、提高销售数量等,最终获取经济利益。

2. 高价值专利的培育

高价值专利就像质优味美的红酒,技术价值高的知识产权成果本身的制作就像酿造红酒,葡萄品种、年份很大程度上决定了红酒的风味、香气等,创新主体通过技术研发得到了新的技术成果就相当于准备好了制作红酒的原材料。法律价值高的专利要求高质量的撰写和布局,即对原材料的进一

---

① 李逸竹:《标准必要专利侵权判定标准之实践分歧与法理探析——从西电捷通诉索尼案谈起》,载《法律适用》2020年第2期。

② 万小丽:《专利价值的分类与评估思路》,载《知识产权》2015年第6期。

步加工和塑造,类似于红酒的酿造过程,酿酒工程师为弥补葡萄品种的缺陷,在新品葡萄开发之初就对葡萄品种作了精心的研究,采收时选择成熟度好的果穗,或者将不同品种的葡萄进行合理搭配,以期达到口味品质更佳;专利代理师和企业知识产权从业人员通力合作,从技术研发之初就做好现有技术的分析工作,充分调研市场需求,了解技术的发展现状及历史脉络,梳理其所在技术领域中亟须解决的技术问题或需要克服的技术障碍,使科研成果的立项符合国民生产、市场需求,而对专利申请文件的撰写和提炼类似于采收时选择成熟度好的果穗,剔除病穗、烂穗,进行酿造。合理的专利布局类似将不同品种的葡萄进行合理搭配,达到更优的质量。高价值专利的保护类似红酒的储藏、灌装工艺,保证了高品质红酒的最终获得。

对于创新主体而言,创新主体是高价值专利诞生的源头,源自创新主体的技术方案直接关系到专利价值中的技术价值和市场价值,而创新主体或者服务机构的专利撰写水平直接关系到专利的法律价值。① 随着创新主体知识产权保护意识的提升,其对专利的重视程度也与日俱增。对于在保护中心备案的创新主体,通常有较强的专利保护意识,对于好的项目,保护中心可以从立项之初就参与引导,通过专利分析预警导航,引导创新主体的研发方向能够适应市场的需求,保证研发成果自身的创新性和先进性。对于创新主体,保护中心可以提供从立项、申请、授权、确权、运用、保护的全链条服务。

一项技术成果可以由多种知识产权类型进行保护,针对不同的技术成果采用不同类型的保护形式可以得到最优价值。保护中心作为备案企业的申请窗口,可以引导创新主体对智力成果进行分类别保护,什么类型的智力成果适合采用技术秘密保护,什么类型的智力成果采用知识产权保护,即采用何种知识产权保护能获得更大的价值,专利保护只是其中一种。对于适于专利保护的技术成果,从技术和法律层面进行剖析、整理、拆分和筛选,从而确定用以申请专利的技术创新点和技术方案,这是从创新成果中提炼出具有专利申请和保护价值的技术创新点和方案的过程。

---

① 杨鑫超等:《高价值专利培育体系现状与思考》,载《科技创新与应用》2019 年第 24 期。

除此之外,保护中心还可以针对不同类型的企业,引导其对专利申请进行合理的专利布局。例如,对于技术领先型企业可以在阻击申请策略中采用路障式布局,将实现某一技术目标必须的一种或几种技术解决方案申请专利;将围绕某一技术主题有多种不同解决方案且各个方案效果相似的情况,采用城墙式布局;在某一技术领域内拥有较强的研发实力,各种研发方向都有研发成果产生,且期望快速与技术领先企业相抗衡的企业在专利网策略中采用地毯式布局;对于采用"跟随型"研发策略的企业可以采用围栏式布局;对于拥有核心专利的企业,可以采取核心专利和外围专利同时申请的策略,即糖衣式布局。通过不同的申请策略,对不同的特征都进行保护,从而形成专利保护群,在控制企业投入成本的前提下获得更加全面有效的专利保护。

对于知识产权服务机构而言,服务机构的专利撰写水平直接关系到专利的法律价值,企业将技术含量高、市场价值高、希望早日获得专利授权的专利申请提交到保护中心,真正发挥出"快"的价值。这在客观上对于代理机构和代理人提出了更高的要求,要求代理机构和代理人的专业水平高,服务态度好,能够在很短的时间内完成高质量的撰写和高质量的答复,并推动专利代理人、企业研发工程师、知识产权管理人、营销团队等组建专利申请团队,这对于促进代理市场服务质量的提升大有裨益。服务机构的专利运营水平关系也直接到专利的市场价值。

山东理工大学研发团队研发的无氯氟聚氨酯新型化学发泡剂的专利布局是近年来的典型成功案例。无氯氟聚氨酯新型化学发泡剂的成功,首要是基于其自身的技术价值。日常生活中随处可见的应用于床垫、沙发等的软质泡沫和应用于建筑外墙隔热保温、板材、管道保温的硬质泡沫,都是聚氨酯泡沫材料,而生产聚氨酯泡沫材料的发泡剂的核心技术被欧美国家掌握,但是都含有氟氯,会破坏臭氧层,那么,不含氯氟的发泡剂技术本身就是开创性的发明,其技术价值毋庸置疑。研发人员在申请专利前有较强的保密意识,专利申请经过专业人员的布局和撰写,后经过专业的知识产权服务机构的联合评价,该专利许可费用确定为 5 亿元,并被山东一家新材料技术公司买断20年独占许可使用权。在我国科研成果转化率10%左右的情况下[①]，这就显得尤为珍贵。通过保护中心的撬动，为高价值专利提供高品质的代理和运营服务，能够有效提升和整合高端知识产权服务资源，促进行业健康发展。

保护中心基于地域和领域的考虑，不仅针对创新主体推动其知识产权全链条有序运转，从研发方向、研发成果的保护模式到专利申请、培育、运营等，还可以与其所在地的科研机构合作，对于应用型研究这种适合市场转化的研究成果，做好其与相关备案企业的桥梁纽带工作，打通实验室和市场之间的最后"一公里"，提高科研成果转化率，促进产学研结合，让科研成果真正地产生商业价值。

（二）保护中心致力于专利维权

对于专利保护，不仅要重视事后保护，还要加强事前保护和事中保护。知识产权保护中心，其与生俱来与行政机关具有千丝万缕的联系，保护中心快速维权职能大多是受专利行政机关的委托开展，或是与知识产权维权援助中心联合开展。建立专利纠纷行政调处前置机制、专利纠纷诉中委托调解机制、专利纠纷行政调解协议司法确认机制，提高调解协议的法律执行力。[②]

1. 针对创新主体

随着国家对知识产权重视程度的不断提高，知识产权纠纷数量也大幅攀升。审理专利侵权的先决条件是确认专利权的有效性，因此，专利侵权与专利无效往往相伴而生。2017年全国法院新收一审专利民事案件16,010件，2018年21,699件，增幅达35.5%，2019年达到22,223件。2014年专利侵权民事案件中，提出无效宣告请求的专利侵权案件占全部案件的比例为

① 募格学术公众号2019年12月1日由"人间静好"发布的《院领导：你的论文对社会有啥贡献|小议科研成果转化率》。

② 邓波等：《浅谈知识产权保护在新旧动能转换中的作用——充分发挥中国（烟台）知识产权保护中心职能》，载《中国发明与专利》2018年第4期。

11.5%,[①]2016—2018 年作出的专利侵权一审民事案件中占比 20.7% 的涉案专利存在无效争议,其中,发明和实用新型案件存在无效争议的案件比例为 32.3%。[②] 知识产权纠纷权利主体和权利类型多样化,权利人维权目的不同,单纯依靠行政和司法这两条途径无法满足权利人需求,保护中心则是构建多元化的纠纷解决机制的一种重要形式,通过构建行政和司法两条途径优势互补、有机衔接的保护模式,有助于快速维权。

2019 年度专利复审无效十大案件之一的"餐馆服务系统"案,涉及北京某网红"失重餐厅",即是国家知识产权局专利无效案件与行政机关相关侵权案件在中国(北京)知识产权保护中心进行的联合审理,联合审理模式缩短了专利维权的周期。在确权过程中,创造性判断具有很强的专业性,了解现有技术的发展脉络和现状,并在创造性判断过程中加以考虑,既是对本领域技术人员这一判断主体的内在要求,也是准确把握发明构思,正确适用判断方法,保证创造性判断客观性的基础。[③] 保护中心作为衔接机构,确权审理机关与侵权审理机关联合审理案件,不仅有利于侵权审理机关准确把握专利权的保护范围,同时有助于确权审理机关了解案件的实际情况,抑或尝试进行联合现场勘验、取证、调解,可以大大缩短专利维权周期,也是维护专利权的应有之义。

2. 针对科创板企业

证监会制定发布的《科创属性评价指引》中,对科创属性评价体系采用的 3 项常规指标"形成主营业务收入的发明专利 5 项以上"和 5 项例外条款"形成核心技术和主营业务收入的发明专利(含国防专利)合计 50 项以上"均将发明专利作为创新要素进行评价。科创板上市的多为技术密集型企业,知识产权纠纷更为密集,随着知识经济的高速发展以及法律知识的广泛

① 陈晓华:《专利侵权案件"周期长"原因的实证分析》,载《中国知识产权报》2019 年 5 月 17 日。

② 周翔:《重新审视并优化我国专利无效诉讼制度》,载《中国知识产权杂志》微信公众号,2019 年 6 月 23 日。

③ 刘丽伟:《饭店自动上菜系统能否被授予发明专利权?》,载《中国知识产权报》2020 年 1 月 7 日。

普及，利用知识产权规则，在一些关键时期起诉对手侵权，以此来打击竞争对手、削弱其竞争力，达到市场竞争的目的日益成为某些企业的选择。例如，对于拟上市公司来说，竞争对手为阻止公司上市，选择IPO的时机发起诉讼，导致IPO延缓或终止。

中国(北京)知识产权保护中心首个专利无效案件“电源插座安全保护装置案”(“公牛插座案”)，国内诉讼标的额最高的专利侵权诉讼即是这种情况。公牛集团正准备之际，江苏通领诉公牛集团擅自使用属于通领与插座安全有关的两项专利，公牛集团对该专利提起无效宣告请求，国家知识产权局最终宣告涉案两件专利全部无效，江苏通领公司起诉被驳回。江苏通领公司向最高人民法院提起上诉，最高人民法院作出了终审裁定，驳回江苏通领公司的上诉，维持原裁定。虽然这起诉讼案最终并未阻碍公牛集团成功上市，但也是公牛集团IPO进程中的“绊脚石”，公牛集团控股股东承诺，如法院因该诉讼判决公牛集团承担损失，控股股东将对上述损失给予全额补偿。而“科创板第一案”中的安翰科技则没有那么幸运，虽然重庆金山的涉案专利8项中的6项被宣告全部无效，但是这起知识产权纠纷最终阻碍了安翰科技的上市进程。备受ETC界关注的聚利科技也是因专利侵权纠纷于2019年8月发布终止挂牌的公告。

对于知识产权保护中心来说，针对备案企业，尤其是针对拟上市的备案企业，在其进行重要经营活动之前，引导其防范包括专利侵权风险在内的知识产权风险，围绕自身的核心产品和关键技术，进行专利侵权风险分析，排除侵权风险，必要时考虑启动专利无效程序，避免对企业的重要经营活动产生重大不良影响，加强对科创板上市公司知识产权保护力度。

四、小结

大保护格局下的知识产权保护中心，不仅有助于实现快速审查、快速确权、快速维权的协调联动，而且在高价值专利培育和专利维权方面可以起到有效的助推作用。在高价值培育方面，本文从技术价值、法律价值和经济价值三个维度入手，探讨保护中心对提高备案企业、知识产权服务机构、科研院所的知识产权保护能力的意义。在专利维权方面,探讨保护中心如何在加强事前保护和事中保护中发挥作用,针对创新主体,尤其是针对科创板上市公司,有效预防知识产权风险,加强知识产权保护力度。

专利转让相关问题研究

周 秒* 柴爱军**

随着经济全球化的快速发展,对外贸易、资本流动、技术转移在国家以及地区之间更加频繁。专利技术的转移作为技术实施、投资入股、合作开发的主要形式,对推动技术应用、科技进步和经济社会发展有着重要和积极的意义。在专利申请权或专利权的转移中,依据是否有涉外因素,主要分为两大类:一类是非涉外专利申请权或专利权的转移,专利申请权或专利权仅在国内主体之间流动,即我们通常所说的“内转内”;另一类则是涉外专利申请权或专利权的转移,权利转移前后涉及外国主体,具体有三种情形,即我们通常所说的“内转外”、“外转内”以及“外转外”。

近年来,我国促进专利实施运用的政策相继出台,知识产权运营机构如雨后春笋般地快速发展,专利交易活动日趋活跃,与此同时也呈现出一些明显的特点,值得分析和思考。在涉外转让中,由于专利“内转外”的特殊性,具有不同于其他情形下专利申请权或专利权转让的规定,在实践中也存在一些转让操作中的难题,值得进一步探讨。因此,本文将从上述两个方面分别展开分析。

一、国内专利转让现象分析及应对建议

如何提升我国专利技术的转化运用水平,一直是困扰我国专利事业发

* 周秒,国家知识产权局专利局专利审查协作北京中心,法律手续审查室审查员,法律硕士。

** 柴爱军,国家知识产权局专利局初审及流程管理部,法律手续审查二处副处长,法律硕士。

展的难题。《2019 年中国专利调查报告》显示,2019 年有效发明专利实施率 49.4%,产业化率 32.9%,许可率 5.5%,转让率 4.4%。[①] 高校和科研单位作为科研攻关的重要力量,其专利运用水平更是远低于企业。这些年,我国一直在力促专利技术的转化运用,例如,拟通过修改专利法引入开放许可制度,建设知识产权运营服务平台,各省市更是加大了促进专利技术转化运用的力度,在一定程度上有效刺激了专利交易的活跃度。

(一)国内专利转让的现象及特点

中国专利申请数量已持续多年在全球领先,2019 年 PCT 国际专利申请首超美国。随着专利申请数量的不断增长和积累,国内每万人口发明专利拥有量已达到 13.3 件,2019 年国内发明专利授权量省份排行榜中,每万人口发明专利拥有量排名前五的省市依次为北京(132.0 件)、上海(53.5 件)、江苏(30.2)、浙江(28.0)、广东(26.1),[②]北京依据独特的地理优势、资源优势和人才优势在有效专利的保有量方面遥遥领先。这也说明,知识产权与经济发展密不可分,上述这些排名靠前的省市均是我国经济发达地区,基础条件较好,具有较强的创新能力和专利保护意识,对专利制度运用熟练,使我国的专利交易活跃地区也集中于此。从近些年专利申请权和专利权转移的整体情况来看,专利申请权和专利权在国内主体之间的转移还呈现以下明显特点。

1. 专利申请权的转移多发生于办理登记手续期间

根据专利法的规定,一项专利申请经过审查没有发现驳回理由的,由国务院专利行政部门作出授予专利权的决定,同时发出办理登记手续通知书;申请人按期办理登记手续,即缴纳授权当年年费和专利证书印花税的,国务院专利行政部门将授予专利权,颁发专利证书并公告。此外,《专利审查指

① 《2019 中国专利调查报告》,载国家知识产权局网站,http://www.cnipa.gov.cn/docs/20200309165140567125.pdf,2020 年 3 月 9 日最后访问。

② 《国家知识产权局 2019 年第三季度例行新闻发布会》,载国家知识产权局网站,http://www.sipo.gov.cn/twzb/2019ndsjdlxxwfbk/index.htm,2019 年 7 月 9 日最后访问。

南》还规定了专利证书更换的具体情形,对专利权的转移、专利权人更名发生专利权人姓名或者名称变更的,不予更换专利证书。由于国内主体较为看重专利证书,且对专利证书中体现的专利权人的姓名或名称较为关注,这也使大多数的专利申请权转移发生于办理登记手续期间。另外,由于专利申请经过审查未发现驳回理由,专利申请人收到授权通知书,表明该专利具有一定的稳定性,对于专利需求者在办理登记手续期间与专利申请人协商办理申请人的变更,既能在一定程度上保证获权的稳定性,又能在专利证书上体现新的权利人,可谓两全其美,因此专利申请权的转移多发生于办理登记手续期间。

2. 权利转移频繁,且参与转移的主体类型不断增多

专利申请权或专利权转移频繁是国内专利在国内主体之间流转的一个非常明显的特点,一项专利申请权或专利权在转移之后不久,经常会出现再次或多次转移的情形。近几年,在每年的 11 月至 12 月还会出现向个别省市某区较为集中转移的情形,然而,到次年年初个别专利申请或专利权还会再转移回来或再次发生权利变更或地址变更,推测上述情形的发生可能与有关省市区的指标考核相关。此外,随着国家促进专利高效实施运用政策的相继出台,知识产权运营服务体系不断完善,知识产权服务机构和运营机构快速发展,在很多专利申请权和专利权的转移中,知识产权服务机构和运营机构作为权利转移前后的中间体,也在一定程度上导致了专利转移数量的增加、频次的增多以及转移周期的缩短。

3. 权利转移的目的多样,且受政策层面的影响较大

排除企业分立、合并、注销、组织形式变化或当事人权属纠纷等原因而发生的权利转移,在实践中表现出来的专利权利转移的目的和用途呈现多样性,主要有三类:第一类是为了获取专利证书,至于专利技术的价值大小、能否实施以及实施后的效果并非考虑的重点,其实际目的是用于职称评定、升学、积分落户、指标考核或高新技术企业认定等,该类型的权利转移还经常随着发明人变更请求;第二类是基于专利技术本身的价值和实施效果,旨在将专利技术或相关技术产业化,将其推向市场获取利润,实现专利技术本

身的价值;第三类是从经营发展策略考虑,用于专利布局和防御侵权,或将专利作为谈判和交易的砝码,提升企业在市场中的竞争力、谋划未来发展。其中,第二类和第三类的专利转移,是对专利本身价值的有效运用,符合专利法的立法初衷,对于激发创新活力,促进科学技术进步和经济社会发展有着积极的作用。上述第一类的专利转移,是某些单位或个人为获取一己私利而采取的一种手段,对专利技术本身的转化运用、创新活力的激发并无实际意义。

(二)应对建议

从上述分析可知,专利申请权和专利权转移的情形和目的是多样的,有些专利虽然转让了,但转让并不等于转化,转让也并不代表能产生实际效益。不少专利的转让完全是为了获取某些方面的私利而发生的,以达到实现职称评定、升学等目的,这些做法并非社会鼓励和倡导。此外,还会在一定程度上导致不以专利技术本身为目的、申请质量不高的专利申请出现,浪费或无谓地消耗行政审批资源和社会成本。

国务院知识产权战略实施工作部际联席会议办公室《关于印发〈2020 年深入实施国家知识产权战略加快建设知识产权强国推进计划〉的通知》中,明确提出“强化知识产权质量导向”,并提出若干切实有效的推进措施。例如,推动地方全面取消实用新型、外观设计和商标申请注册环节的资助与奖励。又如,通过提高转化收益比例等“后补助”方式对发明人或团队予以奖励,在职称晋升、绩效考核、岗位聘任、项目结题、人才评价和奖学金评定等政策中,坚决杜绝简单以专利申请量、授权量为考核内容,增加专利转化运用绩效的权重。在我国知识产权刚刚起步阶段,在政策层面采取一些激励措施有助于提升社会公众、企业的知识产权意识,激发创新活力,但时至今日,我国早已迈入知识产权大国之列,正在寻求高质量发展的有效路径,实现向知识产权强国的转变,有必要取消或调整较低层次的政策激励和已经产生不良效果的一些政策措施。与此同时,还应当进一步加强知识产权领域的诚信体系建设,净化知识产权业态环境,引导市场主体、服务机构规范自身行为,营造良好有序的创新环境,让专利申请回归到技术本身,让专利交易回归到专利价值本源。

二、涉外专利转让相关规定及实践分析

在涉外专利申请权或专利权的转移中,具体有三种情形,即我们通常所说的"内转外"、"外转内"以及"外转外"。在上述涉外转让中,由于"内转外"的特殊性,在《对外贸易法》、《技术进出口管理条例》以及《专利审查指南》中都有不同于其他类型专利转移的具体规定。

(一)专利"内转外"的相关规定

《专利法》第10条规定,专利申请权和专利权可以转让。中国单位或者个人向外国人、外国企业或者外国其他组织转让专利申请权或者专利权的,应当依照有关法律、行政法规的规定办理手续。这里所说的"法律、行政法规"主要是指《对外贸易法》和《技术进出口管理条例》。

《对外贸易法》是我国对外贸易法律体系中一部非常重要的法律,它对我国对外贸易关系的法律调整作了原则性的规定。该法适用于对外贸易以及与对外贸易有关的知识产权保护,其中所称的对外贸易,是指货物进出口、技术进出口和国际服务贸易。《对外贸易法》第14条规定,国家准许货物与技术的自由进出口。但是,法律、行政法规另有规定的除外。第15条第3款规定,进出口属于自由进出口的技术,应当向国务院对外贸易主管部门或者其委托的机构办理合同备案登记。第16条规定了有关可以限制或者禁止有关货物、技术的进口或者出口的原因,其中包括为维护国家安全、社会公共利益或者公共道德,为保护人的健康或者安全,保护动物、植物的生命或者健康,保护环境等。第19条中规定国家对限制进口或者出口的技术,实行许可证管理。

《技术进出口管理条例》是《对外贸易法》的配套实施法规,对技术进出口的有关规定进行了具体的细化。该条例规定,技术进出口的行为包括专利权转让、专利申请权转让、专利实施许可、技术秘密转让、技术服务和其他

方式的技术转移。该条例将技术分为禁止进出口的技术、限制进出口的技术和自由进出口的技术,属于禁止进出口的技术,不得进出口;属于限制进出口的技术,实行许可证管理,未经许可,不得进出口;属于自由进出口的技术,实行合同登记管理。

从上述规定可以看出,进出口的技术主要分为三类,即自由进出口的技术、限制进出口的技术以及禁止进出口的技术。在对外贸交易中,对于自由进出口的技术所要履行的手续是办理合同备案登记,对于限制进出口的技术所要履行的手续是取得许可证,对于禁止进出口的技术,不得进出口。

对于专利申请权或专利权的转让涉及转让方为中国内地的个人或者单位,受让方是外国人、外国企业或者外国其他组织,即"内转外"的这种情形,依据《对外贸易法》和《技术进出口管理条例》的规定,《专利审查指南》在专利申请权或专利权的转让和赠与部分作出了具体规定,明确了当事人办理权利转移需要提交的材料。具体来说,对于发明或者实用新型专利申请(或专利),转让方是中国内地的个人或者单位,受让方是外国人、外国企业或者外国其他组织的,应当出具国务院商务主管部门颁发的《技术出口许可证》或者《自由出口技术合同登记证书》,或者地方商务主管部门颁发的《自由出口技术合同登记证书》,以及双方签字或者盖章的转让合同。中国内地的个人或者单位与外国人、外国企业或者外国其他组织作为共同转让方,受让方是外国人、外国企业或者外国其他组织的;或者转让方是中国内地的个人或者单位,受让方是香港、澳门或者台湾地区的个人、企业或者其他组织的,均参照以上规定。

(二)相关案例的实践分析

涉及专利申请权或专利权"内转外"转让的办理手续是明确的,但是权利主体构成的复杂性、变化性以及技术形成、流动的不同情形增加了我们在实践中判断的难度。如何区分和界定"中国内地的个人或者单位"和"外国人、外国企业或者外国其他组织",以及专利技术是否涉及进出口、跨境流动至关重要。

1. 从主体所属国籍判断

对于个人而言,判断是中国人还是外国人是以国籍为标准的,中国内地的个人通常理解为国籍为中国,且非港澳台居民。

中国内地的单位,对于政府部门、事业单位以及社会团体是比较明确的。公司的国籍如何判断,学术上有法人成立地说、法人住所地说、法人设立人国籍说、准据法说,不同的国家采取不同的标准判断,我国采取设立准据法兼设立行为地说。《公司法》第 2 条规定,本法所称公司是指依照本法在中国境内设立的有限责任公司和股份有限公司。第 191 条规定,本法所称外国公司是指依照外国法律在中国境外设立的公司。

外国公司在中国境内设立的分支机构,其是依据外国法设立的,但其行为地在中国,在中国境内的设立必须经中国有关部门批准,不具有中国法人资格,在中国境内进行经营活动的民事责任由该外国公司承担。

基于上述规定,我们可以很清晰地厘清"中国内地的个人或者单位"和"外国人、外国企业或者外国其他组织"的界定。但在一些中方和外方作为共有权利人进行转让时,虽然每个主体的国籍是明确的,《专利审查指南》对于该共有权利情形的规定也是明确的,但是,在实践中仍会出现规定执行上的困境,以下笔者从实际案例出发进行分析。

2. 从技术跨境流动判断

案例(1),转让方是中方 A 公司和外方 B 公司,受让方是中方 A 公司、外方 B 公司和外方 C 公司。案例(2),转让方是中方 M 公司和外方 X 公司,受让方是中方 N 公司和外方 Y 公司。

按照规定,对于中国内地的公司与外国公司作为共同转让方,受让方是外国公司的,在办理权利变更手续时,除了提交双方签字或者盖章的转让合同外,还应当出具国务院商务主管部门颁发的《技术出口许可证》或者《自由出口技术合同登记证书》,或者地方商务主管部门颁发的《自由出口技术合同登记证书》。但是在实践中,对于上述情形,当事人在办理权利变更手续时,总是会向国家知识产权局陈述取得《技术出口许可证》或者《自由出口技术合同登记证书》的困难,理由是该情形的专利转让并不涉及技术的出口。

那么该情形的专利转让是否涉及技术的出口呢?《技术进出口管理条例》所称的技术进出口,是指从中华人民共和国境外向中华人民共和国境内,或者从中华人民共和国境内向中华人民共和国境外,通过贸易、投资或者经济技术合作的方式转移技术的行为。由此可见,技术进出口首先是一种跨境行为。[①]在《技术进出口管理条例》的前身之一1990年的《技术出口管理暂行办法》中规定,技术出口是指中国境内的公司、企业、科研机构以及其他组织或者个人(不包括外商投资企业、外国在中国的公司、企业以及其他经济组织和个人),通过贸易或者经济技术合作途径(不包括对外经济技术援助和科技合作与交流项目)向境外的公司、企业、科研机构以及其他组织或者个人提供技术。该规定内容强调的是主体身份,而新的管理条例则强调的是跨境转移技术的行为,但无论新旧规定,统一用语都为"境外""境内",规制的是技术跨境流动的过程。

从《专利法》第10条规定的字面含义分析,其强调转让主体依据国籍判断,但《技术进出口管理条例》则强调的是地域问题,即涉及行为是不是一种跨境行为。上述两个案例,转让前专利权共同归属于中方公司和外方公司,案例(1)转让后原中方公司和外方公司作为权利人并无变化,仅是增加了另一外方公司,案例(2)转让后变为另一中方公司和另一外方公司,如果仅是单纯从权利本身境内外的流动来看,转让之前权利归属于中方公司和外方公司,转让之后权利仍归属于中方公司和外方公司,似乎并不属于由境内到境外纯粹的跨境转移技术行为。从该角度分析,也就能够理解此种情形下为何当事人获取《技术出口许可证》或者《自由出口技术合同登记证书》具有一定困难。实践中作为一种变通的处理方式,当事人为了获取《技术出口许可证》或者《自由出口技术合同登记证书》,在商务主管部门办理时,例如案例(1)仅体现将专利权由中方A公司转移给外方C公司,案例(2)仅体现将专利权由中方M公司转移给外方Y公司,以符合由境内向境外转移技术的行为,而在向国家知识产权局递交的专利权转让协议,则是按客观实际情况

① 王允方:《对技术进出口管理条例的理解与思考》(下),载《知识产权》2003年第4期。

提交由转让前后的全体转让人和全体受让人签署的专利权转让协议。这样就会导致专利权转让协议与《技术出口许可证》或者《自由出口技术合同登记证书》中登记的合同主体并不一致。但鉴于实践中当事人出具证明文件的现实困难，以及当事人获得《技术出口许可证》或者《自由出口技术合同登记证书》已经证明该专利技术获准出口的事实，基于全体转让人和全体受让人签署的专利权转让协议进行相应的权利人变更手续审批，也是一种不得已的处理方式。但是，在办理《技术出口许可证》或者《自由出口技术合同登记证书》时，如果有任何一方公司不同意该变通方式办理，例如当事人担心与客观事实不符，后续可能出现纠纷，则获取《技术出口许可证》或者《自由出口技术合同登记证书》仍具有一定的困难。

3. 除外情形分析

需要说明的是，涉及专利申请权或专利权转移的情形包括转让、权属纠纷、赠与、公司的合并分立、注销以及继承等，但《专利审查指南》仅在转让和赠与部分作出了“内转外”的明确规定，原因就在于其他变更的情形并不涉及对外贸易活动，《技术进出口管理条例》所称的技术进出口是指由中国境外到中国境内，或者由中国境内到中国境外，通过贸易、投资或者经济技术合作的方式转移技术的行为。因此，在涉外权利转移中还要注意区分权利转移的具体情形和原因。

比如某案例，A 向国家知识产权局提交著录项目变更申报书请求将专利权转让给 B，A 为个人，国籍是中国内地，B 为外国某大学，A 是就读于 B 的学生。初看该案例属于专利权“内转外”的情形，依照规定，A 应当提交技术出口的相应证明文件。但该案当事人陈述，A 在该外国大学上学期间利用其提供的条件进行的发明创造。依照专利法的规定，该发明创造实质上属于职务发明创造，专利权本应属于 B，A 未经 B 同意在中国申请了专利，B 知晓后，经双方协商，A 请求将专利权转让给 B。

在如何理解和适用专利申请权或专利权“内转外”的规定方面存在争议：一种观点认为，依据国籍标准判断，只要是“内转外”，当事人就应当提交商务部门出具的技术出口证明文件；另一种观点则认为，应考虑案件的具体情形,简单地适用"内转外"的规定不妥,该专利申请权本身就属于单位,双方当事人通过协商纠正前述不当行为应当允许。

笔者认为,该案实际上属于权属纠纷。一项发明创造未由真正的权利人申请,而被他人申请,真正的权利人发现后,可以通过协商、请求有关部门调解或向法院提起诉讼等途径解决。该案当事人通过协商,对错误的权利人进行纠正,如果仍要求当事人提交商务部门出具的技术出口证明文件并不合理。但为了防止当事人在正常的"内转外"案件中规避去商务部门办理技术出口证明文件的风险,特别是对于当事人通过协商解决的,当事人在办理涉及"内转外"的权利变更手续时有必要提交足以证明变更后的权利人是真正权利人的证据。对于通过有关部门调解或向法院提起诉讼确定真正权利人的,当事人在办理涉及"内转外"的权利变更手续时提交有关部门作出的调解书或法院生效的判决书即可,无须提交商务部门出具的技术出口证明文件。

4. 小结

对于专利申请权或专利权"内转外",《专利法》第 10 条和《专利审查指南》相关规定强调转让主体的国籍,而《对外贸易法》和《技术进出口管理条例》则对地域和行为目的予以强调,即涉及行为是不是一种跨境行为,行为的目的是不是通过贸易、投资或者经济技术合作的方式转移技术。因此,对于涉及专利"内转外"的案件,是否需要当事人提交商务部门出具的技术出口证明文件,应当从当事人国籍、是否跨境转移技术、专利转移的原因和目的等因素综合考虑,对于某些较为复杂的案件仅从某单一因素考虑是不全面的。对于实践中某些情形下当事人取得《技术出口许可证》或者《自由出口技术合同登记证书》的困难,笔者建议应当进一步细化研究,给予当事人明确的指引,方便当事人办理相关手续。

三、结语

面向新时代,知识产权强国战略纲要正在稳步推进,将对知识产权在创造、运用、保护、服务各方面实现再一次质的飞跃指明方向。专利成果的转化运用是实现专利价值和经济效益的重要一环,但专利申请的质量也是影响专利成果转化运用的重要因素,同时对于实践中当事人在办理专利申请权或专利权"内转外"的权利转移中存在的现实困难,也非常值得我们进一步研究和思考,以促进专利转移交易的有序发展,助推专利的转化运用和专利价值的真正实现。

北京市珐琅厂知识产权保护调研报告

刘　蕾*

老字号凝聚了人们代代相承的独特生活和情感，包含着经过历史沉淀、凝聚祖先智慧的产品的品质及工艺，体现了中国人的百年科技与智慧，作为中国文化载体的一种，具有巨大的经济价值和文化价值。当下的老字号发展，不但要传承品牌本身的历史文化与价值精髓，更要创新其品牌形象及经营方式。保护和促进老字号发展，是落实党中央、国务院部署的具体举措。当前，北京致力于建设具有中国特色的世界城市，城市文化软实力建设是其中不可或缺的一环。老字号企业作为中国传统文化传承与发展的主体，其字号不仅蕴含着中国传统的物质文化以及道德风尚、行业修养等观念文化，还蕴含着宝贵的无形财产。同时，北京文化中心建设给老字号的发展提出了新的任务和挑战，老字号体现北京文化价值的商品和服务需求上升，应成为北京对外交流的重要名片。随着人们对老字号资源开发和利用相关问题研究的深入，已经充分认识到知识产权对于老字号企业的发展具有不可忽视的作用。

北京市珐琅厂目前是全国生产经营景泰蓝规模最大的专业企业，也是全国景泰蓝行业中唯一的一家中华老字号。作为工艺美术类老字号企业，其产品不是普通的衣食住用行类日用品，而是涉及非物质文化遗产技艺展示与传承的文化商品，体现了老北京传统文化特色，蕴含独特的商业文化，

---

* 刘蕾，北京市社会科学院法学所助理研究员，法学博士，研究方向：知识产权。

品牌价值高,是老北京文化的发扬与代表。为此,我们特选择其作为北京工艺美术类老字号企业知识产权调研的重点企业,想通过有关情况的整理,为其在知识产权创造、运用、保护及管理各方面提出建议。

一、知识产权对工艺美术类老字号企业发展的意义

知识产权对于老字号企业的发展具有不可忽视的作用:知识产权能使老字号企业获取独占优势,享有竞争优势;有助于老字号企业提高产品或服务质量,赢得市场认可;可以提升老字号企业产品或服务的附加值,创造丰厚利润;还可以增加老字号企业的无形资产,提升老字号的企业实力。国务院近几年出台的文件中,多次提出要扶持老字号的创新发展,传承和弘扬老字号品牌。在创新驱动发展大背景下,实施商标品牌战略,助力老字号品牌保护、创新与发展,对于弘扬"工匠精神",打造"中国品牌",促进实体经济转型升级具有重要意义。从市场发展方面看,在当下的"互联网+"市场竞争环境中,信息传播方式、交易模式、智力成果使用方式等都发生了重大的变革,对传统知识产权的地域性、价值周期均造成了冲击,也使老字号知识产权问题变得更为复杂,尤其是侵犯老字号知识产权的情形可能会趋于多元化,因此必须要通过落到实处的知识产权工作做到防患于未然。

对于工艺美术老字号企业来说,要立足于当前的市场竞争,除了保留和传承已有的品质与特色外,更需要用多样化的产品、高质量的产品、生产效率的提高、生产和交易成本的降低来满足客户的需求进而提高竞争力。这是因为,现在的市场竞争已经是以客户需求为导向的竞争,"产品的最终消费者是人,如果企业只是研究市场、开发产品而不考虑消费者的需求,那么这个产品就无法打动消费者"。[①] 这一过程中,即使是工艺美术品的市场竞争,知识产权也无疑是有巨大作用空间的。"无论是专利或是商标制度,对于企业来说,其主要的价值在于,企业可以通过制度提供的空间,来维持竞

① 陈春花:《超越竞争:微利时代的经营模式》(修订版),机械工业出版社2016年版,第66页。

争优势,打压竞争对手的竞争优势,是帮助企业获取市场份额的工具。"①老字号企业所具有的老字号招牌、独特的工艺流程和专有技术蕴含着比一般的企业更多的经济价值,在当前全球各产业均强调知识产权保护的大背景下,有着丰富的知识产权资源的老字号企业更应该抓住机遇,珍惜历史形成和凝聚的无形资产,关注企业发展过程中出现的知识产权问题,有针对性地探寻相应的保护和利用对策。

在工艺美术类老字号企业知识产权问题上,需要强调的一点在于:老字号知识产权保护只是起点,真正的落脚点应当是通过知识产权推动和促进其发展。工艺美术老字号企业不同于常见的食品老字号企业的一个重要方面在于,它为社会提供的是文化消费产品。而"文化消费是一个经济分析和经济决策过程,追求经济效用目标最大化,也是一个心理过程及在社会环境中的行为过程,追求心理情感效用和社会积极评价效果"。② 因此,其产品需要工艺美术的技艺,凝聚有文化的特质,既需要生产制造者具备较高的工艺美术修养,也需要消费者对其产品背后的文化意义有所了解、认可。这就需要工艺美术类老字号企业在用好传统元素的同时,根据时代发展和市场变化的情况,把产品背后的文化用新的形式呈现出来,并为这些新的形式寻求充分的知识产权保护与利用。即使工艺美术类老字号企业想借时下的"跨界"东风,发展各种文创产品,也要充分保护好自身的知识产权同时防止侵犯他人的知识产权,才能保证不陷入知识产权纠纷缠身的困境。

二、北京市珐琅厂知识产权工作现状

(一)北京市珐琅厂知识产权数据③

根据实地调研和相关数据库检索,我们整理的北京市珐琅厂的知识产权数据如下。

---

① 张志成、易继明:《知识产权战略研究》,科学出版社 2010 年版,第 32 页。

② 戴钰:《文化产业竞争力研究》,世界图书出版公司 2012 年版,第 27 页。

③ 相关知识产权数量的数据查询截止时间为 2019 年 11 月 5 日。

1. 专利情况

北京市珐琅厂目前共有24项外观设计专利，多数处于有效状态，少数几件快要到期。

从这些外观设计专利的申请时间看，北京市珐琅厂对外观设计专利的重视开始于9年多以前，2012年和2015年是该企业申请外观设计专利较为集中的年份。其于2010年申请的外观设计专利至今仍处于有效状态，则说明企业在专利维持决策方面有自己的理性判断。而大部分是2012年的申请意味着未来2～3年，该企业将面临大批外观设计因为保护期限到期而失效的状态，后续如何对相关产品予以保护是其需要考虑的问题，这也是工艺美术礼品行业的企业在知识产权保护类型选择方面的一大难题。

需要注意的是，北京市珐琅厂提出申请并获得授权的专利都是外观设计专利，其并没有就产品或者方法提出任何发明专利或者实用新型专利申请。从专利数据库检索的情况看，并非景泰蓝产品没有申请发明专利或者实用新型专利的空间，已经有不少申请人就景泰蓝相关制品提出专利申请并获得授权。类似"一种景泰蓝挂件""景泰蓝刀把陶瓷刀""一种具有景泰蓝装饰的门"的实用新型专利数量甚多，它们的存在实际上对北京市珐琅厂的业务扩展形成潜在的专利风险，这些风险大小不一，但任何一个实际发生都会造成珐琅厂因为侵犯他人专利权而受到损失。其中还存在有珐琅厂技师作为合作者参与他人发明的专利，其发明人为多人，而专利权人却不是北京市珐琅厂。对于这种潜在的专利风险，从目前调研的情况看企业尚没有开展相关的预警工作，也没有意识到风险的存在。

2. 商标情况

目前，北京市珐琅厂在国家知识产权局商标查询系统中共有40件注册商标，分布在10类产品上。

需要指出的是，北京市珐琅厂在商标国际分类第14类上获得商标注册的并不是"景泰蓝"，而是"京珐""泰蓝"等。这是由于"景泰蓝"作为通用名称，不能在商标国际分类第14类下获得注册。

从相关商标注册申请的日期看，与外观设计专利申请日期情况相似，

2012 年和 2015 年是北京市珐琅厂提出商标注册申请集中的年份,尤其在 2012 年,相关申请多达 31 件。

尽管珐琅厂注册了多项商标,但是其主打产品“景泰蓝”被抢注为商标的风险仍然颇为严重。仅仅查询以“景泰蓝”提出的商标注册申请就有 39 项,分布在多个商标国际分类号下,其中的 18 个分类号下是北京市珐琅厂没有提出过申请的类别。进一步进行的商标近似查询结果的数量也很大。

3. 版权情况

目前,北京市珐琅厂有登记著作权 13 项。从证书登记的日期可以看到,这些作品均是在 2017 年获得的登记证书。

由于景泰蓝作品的图案设计是其作品生产的关键,因此,设计图纸的著作权应当受到极大的重视。珐琅厂予以登记的美术作品中,最早的完成日期是 1965 年,55 年来珐琅厂生产的景泰蓝工艺品显然不止 13 项。选择什么样的图案设计进行著作权登记,是否应当对所有设计图纸都进行著作权登记,是珐琅厂现实经营活动中存在选择困难的地方,也是调研中反复被提到的问题。

(二)北京市珐琅厂知识产权管理制度情况

我们草拟了老字号企业知识产权管理情况的调研表格发放给企业,北京市珐琅厂有关工作人员对此进行了填写和反馈。

根据表格反馈的情况可以看出:北京市珐琅厂目前没有专门的知识产权部门,除了具体申请事项采用了委托知识产权服务机构办理的方式,企业知识产权工作主要由工作人员兼顾,企业尚无专门的知识产权管理制度与文件。而且该企业迄今在知识产权申报方面没有获得任何市、区两级的知识产权资助。

(三)北京市珐琅厂知识产权纠纷情况

在相关法院判决数据库中并没有查询到有关北京市珐琅厂的知识产权诉讼文书,实地调研中向企业负责人了解也没有发生诉讼的情况,但调研中我们了解到企业经营中出现过销售部门在市场上发现企业产品被仿冒而发出律师函、通过业务关系私下沟通解决等情况。

对于景泰蓝产品来说,设计图样是其生产最重要、最核心的部分,为了防止产品被仿冒,北京市珐琅厂在网上商店里并没有展示太多产品,在企业的网页介绍里,对特别的产品也不放清晰大图以防止他人直接复制,这可以算是该企业为了保护产品知识产权采取的特别措施。但是,随着企业线上线下经营的同步,企业经营模式数字化升级成为未来各行业的发展趋势,这一特别措施的效果必然会受到影响。

三、北京市珐琅厂知识产权实务问题汇总

在调研及深入沟通的基础上,课题组总结了北京市珐琅厂知识产权实务方面存在的问题。

(一)商标实务问题

主要集中在两大方面:

1. 企业应当如何选择商标注册的类别才能更好地作出商标布局,而这一问题并非短期内能够解决。

2. 地理标志是否适用于工艺美术类产品,应该怎么申请,能否解决知识产权保护期限的有限性与老字号工艺美术产品期待长期保护的矛盾。

(二)专利实务问题

1. 专利的申请时机问题。(1)企业对开发的新产品是否需要申请专利的认识问题。在他们看来,新产品新设计刚刚做出来,并不知道产品是否好卖,是否有利润,是考虑应否申请知识产权的因素。甚至认为,新产品生产出来,产品不被市场认可,就盲目申请知识产权保护会造成一定的浪费。(2)对申请专利的时机认识不清晰。提出了“参加展览会之前还是之后申请知识产权?已经做过宣传、已经开工的,是否还适合申请知识产权”?这类明显会影响专利新颖性的问题。(3)对专利保护的落实,亦有误解,提出“已

有产品是否还可以申请知识产权? 已经申请的,如何维护”等问题。

2. 专利年费与专利失效、专利权恢复的处理。

3. 可以导致专利被宣告无效的理由中,使用公开的情形与证明。

4. 合作成果的专利归属:(1)申请权、专利权的归属合作关系中的地位、能力是实际考虑的因素;(2)发明人和专利权人的区别、人数与权利份额、发明人能否是企业、单位;(3)合作商的许可与被许可、专利的转让。

5. 委托设计引起与在先权利冲突:(1)设计图与美术作品的区别;(2)委托设计的责任;(3)职务作品与非职务作品。

6. 专利种类的选择问题。应当怎样权衡选择申请发明、实用新型还是外观设计。

7. 专利对企业能够产生的价值的疑惑。

(三)其他知识产权问题

1. 外观设计保护到期之后该怎么保护产品?

2. 作为非物质文化遗产的景泰蓝,为什么在知识产权保护方面与普通商品同等待遇,保护期限能不能延长?

3. 在出售产品签订合同中,有知识产权转移条款如何处理?

以上问题的存在,既反映出北京市珐琅厂开展生产业务活动中对知识产权的需求,也表明其虽然具有了一定的知识产权意识,但在具体的知识产权事务上仍处于起步阶段,许多基础性问题仍然没有明确的方向和战略。此外,也反映了工艺美术类企业在知识产权方面的特殊需求,即在版权、商标、专利三类权利之外希望寻求别的保护途径,以便能够克服保护期有限、保护力度不够的问题。

四、北京市珐琅厂知识产权状况调研分析

通过对北京市珐琅厂进行调研,我们对工艺美术礼品类老字号企业的知识产权状况有了一定程度的了解,也理解了他们在知识产权工作上的困惑和缺陷。对此,我们形成以下认识。

(一)该企业具备了一定的知识产权意识

从该企业的版权登记、商标申请和外观设计专利申请活动可知,该企业已经具备了一定的知识产权意识。认识到知识产权的重要性并且开始申请知识产权、寻求获得知识产权,这是企业重视知识产权的起点。

(二)该企业开始尝试根据自身特点布局知识产权

北京市珐琅厂的产品与其他很多老字号企业不同,它不是衣食住行日用品,而是涉及美术、艺术欣赏,而且从其生产技艺、产品运用的历史看,它不是普通的生活用品,因此,其知识产权布局有别于衣食住行类老字号企业。因为意识到版权对于其产品设计的重要性,该企业在申请著作权登记方面投入了力量。又因为其产品的外观是其作为美术艺术品的特色,所以该企业的外观设计专利申请很多。这些都反映出北京市珐琅厂在知识产权布局方面是从企业经营目的出发,不是为了知识产权而知识产权,企业在知识产权方面的投入是基于市场状况考虑的行为。这一点,在他们对知识产权申请时机等问题上的困惑也可以得到证明。与此同时,希望能够为非物质文化遗产获得更多、更强的保护,也是该企业愿意尝试采用地理标志等方式保护产品的动机。

(三)经营压力下,该企业的知识产权工作受到了限制

知识产权的布局、维持和管理都需要企业投入一定的资金、人力和精力,而从我们调研的情况看,该企业目前仍有经营压力,还做不到全面、长远考虑知识产权问题。这使其知识产权活动很多带有偶发性,如零星进行申请、做不到持续规模申请等,申请活动看不出来规划性和长期性,这样会导致企业知识产权工作缺乏系统与规划。

从实际的生产销售状况看,北京市珐琅厂面临一定的经营压力,知识产权为其经营活动带来的收益是有限的。这一方面使知识产权上的投入是其较为看重的成本支出,另一方面由于没有发生实际的侵权诉讼、赔偿,老字

号企业用于知识产权的各项投入均被计入经营成本,并不能直接在收益、利润中体现,这导致企业始终不能把知识产权放到足够高的位置。这使企业在知识产权布局、管理、实施方面出现了缺乏专人负责、长期规划、专门人才等问题,也导致企业知识产权种类不多,数量偏少,开展知识产权许可、运营的机会有限。一旦发生重大的侵权诉讼和巨额的赔偿时,往往也是企业意识到知识产权的重要性但经营活动已遭受极大的打击。

(四)该企业缺乏专门的知识产权人才

如前所述,知识产权实务问题汇总反映出的是珐琅厂知识产权实务的经验不足,没有知识产权人才处理各项具体知识产权事务,导致现阶段在知识产权管理、运用方面的综合能力有限。对于知识产权维护、管理中的很多新问题,更是由于没有处理过,所以经验不足,进而无法有效实施管理和维护职能。

尽管该企业已经具备了知识产权意识,也聘请了专门的知识产权服务机构进行知识产权申请,但在具体的企业知识产权事务操作上,还需要有专人进一步了解详细的法律规定和操作指南以便与知识产权服务机构对接。

五、北京市珐琅厂知识产权工作建议

综合各方面情况,结合前述知识产权实务问题汇总,我们认为,今后北京市珐琅厂的知识产权工作需要从以下几个方面进行调整。

(一)从整体和长远规划的角度建立起企业知识产权管理体系

企业需要清晰地认识知识产权保护与企业的市场经营活动之间的关系。“首先需要获得特定知识产权的权利,之后才能从中获益。只有明晰地确立了你的权利,才能让你的组织机构拥有把新产品打入新市场的行动自由。”①知识产权对于企业首先应该是一种战略,是保护和创建自己竞争优势

---

① [美]约翰·帕夫雷:《知识产权战略》,陈晓帆译,重庆大学出版社2015年版,第32页。

的战略。作为老字号企业要牢记的一点是,无论是知识产权战略还是其他经营战略,都是为获取利润这一核心战略目标服务的。利润的获得必然来源于企业商誉的累积和消费者对于企业品牌的认可和忠诚度。

要力争通过知识产权管理实现下列目标:

1. 通过知识产权管理,促进本企业知识产权的产生。通过老字号企业的资助研发以及品牌的推广,促进企业知识产权数量的增加和质量的提升,从而增强企业的市场竞争力。这包括:通过对传统工艺和技艺进行研发创新,积极申请专利以增强企业的专利储备;通过对新产品、新系列的开发,做好子品牌的推广,积极申请商标以增加企业的商标数量;通过对产品内容设计的创新,做好著作权登记,从产品本身的艺术特性出发,为保护企业产品构筑全面的保护体系。

2. 通过知识产权管理,为企业增加获得政府资助的机会,提高企业获得知识产权收益的概率。企业知识产权管理的一个重要内容是在对政府知识产权政策进行了解和沟通的基础上,促进在本企业政策的落地实施。企业处于对于市级、区级知识产权资助政策不了解,也没有获得实际资助的状态表明,北京市珐琅厂对于知识产权政策获取渠道、利用方式的管理,有必要予以改进。

3. 通过知识产权管理,增强企业的知识产权管理水平,加强风险管理和策略规划水平。其中,风险管理包括企业在研究开发、生产、经营、技术创新活动全过程当中如何避免可能遇到的法律风险和商业风险,对有关风险进行评估与控制等。

(二)在充分认识专利对企业价值的基础上,有策略地实施企业专利战略

专利战略被学者们定义为:为获得与保持市场竞争优势、运用专利制度提供的专利保护手段和专利信息,谋求获取最佳经济效益的总体性谋划。[①]

① 冯晓青:《企业知识产权战略》(第3版),知识产权出版社2008年版,第72页。

虽然专利的价值,在法律层面,符合法律保护要件的权利都具有同等价值,每个专利受到同样的法律保护。但在市场应用层面,每个权利所呈现的实际价值则是不同的。“不是每个创新的想法都能找到合适的出口,重要的是这种想法一定要源于特定的需求。仅有聪明的想法是远远不够的,因为它们可能并没有满足人们实实在在的需求,这样一来人们就会觉得没有必要进行改变。”①这也是为什么一个拥有市场潜力的专利技术其价值会远远大于过时且面临淘汰的技术,市场价值越高的专利遇到侵权者的概率就会越高。因此,企业不能指望申请一两件专利就能够保护全部产品,也不能期待所有专利投入都会有1∶1甚至更高的回报。在做专利申请决策时,就要有清醒的认识。

鉴于珐琅厂在专利申请布局方面的力量较为薄弱,我们认为目前及未来一个时期,企业特别需要注意在专利申请策略方面进行调整,力争在专利数量方面有所提升。从企业竞争的角度考虑,企业进行专利申请并不是一个简单的获取专利权的行为,企业应该在专利战略指导下,除了保护自身的技术之外,还要考虑制约竞争对手,占领未来科技发展的制高点。专利申请的产品类型是由企业的主营业务所决定的,但企业对于行业发展的预判亦影响着专利申请的产品类型。在我国可以申请的专利种类有发明、实用新型和外观设计三种。这三种专利形式各有特点,珐琅厂应当根据自身企业产品的特点,结合这三种专利的不同要求选择适当的专利申请类型。

在专利申请策略的选择方面,存在商业利用角度与法律维权角度两种不同的专利申请策略。从商业角度看,有些专利权主要是作为广告宣传推广使用,因此只需申请1~2件专利即可;从法律维权角度的实际需要考虑,则要以能发挥专利法律保护效果为优先,在申请专利时需要配合企业研发产品而进行专利申请布局。由于北京市珐琅厂近年来进行了各种产品领域的拓展,我们认为,选择法律维权角度的专利申请策略更为合适,以保证申

① [英]乔·蒂德、[英]约翰·贝赞特:《创新管理——技术变革、市场变革和组织变革的整合》(第4版),陈劲译,中国人民大学出版社2012年版,第181页。

请的专利能够切实用于维护企业权利。

(三)以维护品牌为目标,建立企业商标战略

商标只是品牌的一个部分而不是全部,两者最大的差异点在于商标是在法律层面的讨论,而品牌属于市场角度的讨论。商标注重于利用法律来保护企业产品不被仿冒,而品牌是为产品提供无形价值,强化顾客对产品的认知,建立起客户的忠诚度,因此企业的商标战略必须纳入企业品牌及产品销售整体的规划中。故企业商标战略应当是一个宏大的、全方位的战略体系,不能局限于具体商标的申请、维护这个初级状态。

从珐琅厂的商标注册现状看,我们认为需要在以下几个方面予以注意。

1. 积极防止商标被抢注。企业寻求一个合适的商标标识,凝聚了企业的心血,但抢注一个商标的成本却非常低廉。一旦商标遭到抢注,企业若想夺回就必须要面临一场旷日持久的"战斗",无论是在金钱还是时间方面都需要极大的投入与消耗。企业夺回商标通常需要向商标局提异议或无效请求,然而通过异议或无效夺回商标除了需要企业投入大量精力外,还需要很长时间。

2. 保证核心类别商标注册的同时,注意在相关类别上也进行申请,以免日后需要时被动。在相关类别上的注册能够扩大商标权人原有的排他权,以保护核心商标不受侵犯,避免别有用心者攀附商誉、混淆市场,也可以为企业日后在其他相关领域的拓展奠定基础。尤其是在企业计划进行更多文创产品尝试的情况下,相关类别的商标申请更为迫切。

3. 进行密切的事后监测。企业成功注册获得商标权之后仍然不可掉以轻心,必须加强事后监测,定期定时查阅《商标公告》,一旦发现有其他企业在相同或类似商品上申请注册与本企业注册商标相同或类似的情况,要及时向商标局提出异议,防止本企业商标权遭到侵犯。通过商标监测,还能及时有效地获得商标续展与权利状态信息,防止商标因过期未续展而被注销,或者未经商标权人同意冒名转让或许可行为的发生。

4. 建立商标的使用证据档案。商标使用证据档案是企业在经营过程中

使用商标所形成的档案,包括商标宣传资料、广告资料以及销售资料等。因为无论是商标驳回、异议、无效还是“撤三”程序中,都需要提供商标使用证据,在商标权遭遇侵犯时更能为维权提供强有力的证据支持,从而有力地打击侵权行为。而且商标使用证据档案有助于企业对知名商标的培育,留存商标宣传和使用的痕迹和证明,并在适当时机申请著名商标、驰名商标的认定,可以使企业在激烈的市场竞争中立于不败之地。

(四)引进和培养知识产权人才,加强对企业员工的知识产权教育,培育员工知识产权意识

知识产权对于企业的重要性不能停留在口号层面,需要有专门懂行的负责人,才能深入企业进行业务内部挖掘、开发知识产权,并建立符合企业行业特点和发展前途的知识产权制度。而员工知识产权意识的提升,有助于帮助企业维权,以及促进企业的知识产权创造。

六、对政府知识产权管理部门的建议

知识产权的创造、保护(执法)和运用是紧密联系的环节,管理则贯穿于三个环节的始终。无论是加强老字号企业的知识产权创造、强化保护还是促进运用、提高管理水平,都需要政府知识产权管理部门为其提供相应的服务与指导。而这些服务与指导的最终目的,应当是提高老字号企业的知识产权能力,使其能够应对知识产权风险。经过对北京市珐琅厂知识产权的梳理,我们认为,在政府知识产权管理部门针对老字号企业知识产权保护的工作中,有必要确立如下制度以提高管理老字号企业知识产权工作的能力。

(一)老字号企业知识产权奖励、资助制度

知识产权的保护和管理乃至知识产权的运用,均需要以一定的知识产权数量为基础,企业没有知识产权,这些活动就无从谈起。为了引导老字号企业重视知识产权的申请和维护工作,同时考虑到适度减轻其知识产权申请和维护的成本负担,有必要在多个层级上设立老字号企业知识产权奖励、

资助制度。这种奖励、资助制度的具体设计，除了参考现有的知识产权资助制度外，还应考虑老字号企业发展的实际情况，确定具体的资助目标，如资助知识产权运营企业、奖励知识产权有效期长的企业，以期让资助制度更有实效。

（二）老字号企业知识产权维权援助制度

老字号企业中，除了少数具有知识产权维权经验外，多数尚在摸索中，因此有必要由知识产权政府管理部门出面，在老字号企业需要知识产权维权的场合提供包括提供知识产权信息、纠纷解决信息、知识产权服务机构指引等内容在内的有效援助。

鉴于当前的知识产权侵权行为呈现出各种复杂形态，知识产权查处、行政执法、诉讼均需要充分的证据支持，而这正是企业的弱项，为此由知识产权管理部门出面组织实务部门为老字号企业制定专门的侵权判断手册、证据材料收集指引手册，可以方便企业收集维权线索，提升企业的维权能力。

（三）老字号企业知识产权专项支持服务

鉴于老字号企业目前普遍经营压力大，知识产权工作能力有限的现实，建议由政府知识产权管理部门设定老字号企业知识产权专项支持服务。按照老字号企业发展状态的不同，提供不同层次的服务。主要分为：

1. 知识产权事务咨询服务。该服务主要是针对具体的知识产权可操作性事务提供，意在为想要利用知识产权制度但对知识产权制度具体运行不了解的企业提供基本指引，引其入门。这部分工作，与现有的知识产权培训、辅导会有部分重叠，但是要更侧重于具体的知识产权可操作性工作。

2. 知识产权人才培训服务。该服务主要是针对老字号企业知识产权人才缺乏的状态提供的服务，意在为企业提供可以与服务机构对接、处理企业知识产权具体事务的人才。

3. 知识产权专题研讨服务。该服务主要针对具备一定知识产权工作经验的企业，为其发展中的知识产权问题组织专家、召开有针对性的专题研讨,帮助其更有效地开展知识产权工作。

4. 知识产权定点辅导、培育、开发服务。该服务主要针对具有特色产品、服务的老字号企业提供,以保证知识产权制度对其特色的保护作用。

这些服务的落实,需要知识产权管理部门做好企业知识产权情况的摸底排查,了解企业的知识产权真实情况,与企业建立长期信任的合作关系。这样才能了解老字号企业的真实发展状态,真正的知识产权认识水平,也才能保证知识产权服务有的放矢。因此,作为基础,还应当建立详细的老字号企业知识产权信息登记统计制度。对此,我们认为,政府知识产权管理部门有必要设立详细的统计档案,并随着区内老字号企业整体知识产权水平的提高,进一步丰富、细化该统计档案。

(四)老字号企业知识产权保护工作协调制度

针对老字号从线下向线上跨越遇到的异地打假需求,老字号商标在外省市遭遇侵权、商标抢注的问题,知识产权管理部门可以通过联合行动、协助执法等方式完善跨区域、跨部门的执法保护联动机制。

(五)在全社会培育知识产权文化

知识产权文化以"尊重知识、崇尚创新、诚信守法"为基本理念,是基于对知识产权的创造、运用、保护和管理全流程精神需求的新型文化心态,这种文化的形成有利于激发知识产权人的创新热情,维护知识产权人的合法权益,促进知识产权的转化,形成全社会和谐分享人类文明成果的样态。政府加强对社会知识产权文化的培育,有助于知识产权制度与知识产权文化的融合,有利于营造鼓励创新创业的人文环境,为老字号企业知识产权发展创造良好的外部条件。

论人工智能领域发明创造的专利保护

张宪锋*

近年来人工智能技术的发展日新月异，受到国家的高度重视。2018 年和 2019 年政府工作报告中，均提出要加快新兴产业发展，推动人工智能等研发应用，培育新一代信息技术等新兴产业。2019 年 11 月，中共中央办公厅、国务院办公厅印发了《关于强化知识产权保护的意见》，其中专门提到针对新业态新领域发展现状，研究加强专利保护。

根据国家工业信息安全发展研究中心 2019 年 12 月发布的《人工智能中国专利技术分析报告》，人工智能产业技术包含深度学习技术、语音识别、计算机视觉、云计算、自然语言处理、智能驾驶、智能机器人，①已经渗透到了很多工业领域和生活领域。在北京，腾讯、华为、阿里、百度、寒武纪等多家公司都积极布局人工智能专利申请。

但是，由于人工智能发明的核心算法可能被认为是专利法意义上的智力活动规则和方法，并且大量应用到商业、营销、服务领域，不属于传统的技术领域，因此能否成为专利授权客体以及如何评价其发明贡献就成为能否获得专利保护的重点和难点问题。

---

* 张宪锋，国家知识产权局专利局审查业务管理部，工学硕士，法学硕士。

① 《2020 年中国人工智能行业技术现状分析 专利申请量快速发展、创新主体专利申请踊跃》，载前瞻网，https://www.360kuai.com/pc/9e6f9d62f4690039f?cota=3&kuai_so=1&sign=360_57c3bbd1&refer_scene=so_1，2020 年 6 月 1 日最后访问。

一、专利授权客体

(一)《专利法》第 25 条的判断

根据《专利法》第 25 条的规定,智力活动的规则和方法不能授予专利权。智力活动的规则和方法是指导人们思维、推理、分析和判断的规则和方法,具有抽象思维的特点,新业态新领域常见的情形,如组织、生产、商业实施和经济等方面的管理方法及制度、数学理论和换算方法。

世界上大多数国家对智力活动的规则和方法不授予专利保护,其原因并不是这些数学理论没有社会贡献,而是因为其基础性太强,它们是人们进行技术创新的源头、是必经的途径。因此,如果用授予专利权的方式对此予以保护,其保护范围非常大,会阻碍创新,将背离专利法推进科学进步的根本宗旨。

对于人工智能相关发明专利申请,根据中国专利法的规定及实践,一种基于抽象算法且不包含任何技术特征的数学模型建立方法,属于《专利法》第 25 条第 1 款第 2 项规定的不应当被授予专利权的情形。但是,如果权利要求中除了算法特征或商业规则和方法特征外,还包含技术特征,该权利要求就整体而言并不是一种智力活动的规则和方法,则不应当依据《专利法》第 25 条第 1 款第 2 项排除其获得专利权的可能性。由此可见,符合《专利法》第 25 条的关键在于是否包含技术特征。

(二)《专利法》第 2 条中"技术方案"的判断

如果要求保护的权利要求作为一个整体不属于《专利法》第 25 条第 1 款第 2 项排除获得专利权的情形,则需要就其是否属于《专利法》第 2 条第 2 款所述的技术方案进行审查。

根据中国《专利法》第 2 条的规定,发明,是指对产品、方法或者其改进所提出的新的技术方案。是否属于技术方案,需要结合技术问题、技术手段和技术效果三要素进行综合判断。在对一项包含算法特征或商业规则和方法特征的权利要求是否属于技术方案进行审查时,需要整体考虑权利要求中记载的全部特征。如果该项权利要求记载了对要解决的技术问题采用利用自然规律的技术手段，并且由此获得符合自然规律的技术效果，则该权利要求限定的解决方案属于《专利法》第2条第2款所述的技术方案。例如，如果权利要求中涉及算法的各个步骤体现出与所要解决的技术问题密切相关，如算法处理的数据是技术领域中具有确切技术含义的数据，算法的执行能直接体现出利用自然规律解决某一技术问题的过程，并且获得了技术效果，则通常该权利要求限定的解决方案属于《专利法》第2条第2款所述的技术方案。由此可见，通过《专利法》第2条审查的关键在于体现出技术性，对于人工智能发明而言，需要与具体的技术领域应用相结合，明确地表明权利要求的方案解决的技术问题，并具体地记载解决过程。

（三）典型案例

1. 单纯地建立数学模型的方法

某发明专利申请的解决方案是一种建立数学模型的方法，通过增加训练样本数量，提高建模的准确性。该建模方法将与第一分类任务相关的其他分类任务的训练样本也作为第一分类任务数学模型的训练样本，从而增加训练样本数量，并利用训练样本的特征值、提取特征值、标签值等对相关数学模型进行训练，并最终得到第一分类任务的数学模型，克服了由于训练样本少所导致的过拟合而建模准确性较差的缺陷。

该申请涉及一种抽象的数学模型建立方法。从权利要求来看，不涉及与具体应用领域的结合且不包含任何技术特征；从所述方法处理的对象、处理过程、获得的结果等方面来看，都是完全抽象的。因此，其属于《专利法》第25条第1款第2项规定的智力活动的规则和方法。

2. 运用神经网络解决图像识别问题

某专利申请的权利要求涉及一种卷积神经网络CNN模型的训练方法，其特征在于，所述方法包括：获取待训练CNN模型的初始模型参数；获取多个训练图像；然后对每个训练图像分别进行卷积操作和最大池化操作，得到每个训练图像在所述各级卷积层上的第一特征图像；对每个训练图像在至少一级卷积层上的第一特征图像进行水平池化操作,得到每个训练图像在各级卷积层上的第二特征图像;根据每个训练图像在各级卷积层上的第二特征图像确定每个训练图像的特征向量;根据所述初始权重矩阵和初始偏置向量对每个特征向量进行处理,得到每个训练图像的类别概率向量;根据所述每个训练图像的类别概率向量及每个训练图像的初始类别,计算类别误差;基于所述类别误差,对所述待训练 CNN 模型的模型参数进行调整;基于调整后的模型参数和所述多个训练图像,继续进行模型参数调整的过程,直至迭代次数达到预设次数;将迭代次数达到预设次数时所得到的模型参数作为训练好的 CNN 模型的模型参数。

图像处理也是目前人工智能常见的应用领域之一。从权利要求来看,其具体限定了获取模型参数、获取训练图像、处理图像、模型参数调整等步骤,体现出此算法具体应用的领域以及如何应用,所采用的具体训练图像分析处理的手段属于利用自然规律的技术手段、能够确定其解决了技术问题,并获得了技术效果,符合《专利法》第 2 条第 2 款的规定。这样的案例也是一个正向案例,既有图像处理这样的技术领域和技术问题,也有技术问题解决过程的详细描述,对如何体现权利要求技术性具有较高的借鉴意义。

(四)关于授权客体的国际比较

1. 美国经历了从宽松到严格的发展历程

《美国专利法》近年来在专利法层面的规定并未变化,但也不断通过判决来调整适用标准。联邦最高法院规定了司法例外:自然规律、自然现象和抽象概念。State Street Bank 案认为实际应用可以产生有用的具体的有形的结果,则具有可专利性。此后,专利申请量剧烈增长。直到 Alice 案中联邦最高法院认为仅需要普通计算机实现的方法权利要求无法将抽象概念转变成可专利的发明,从此授权客体标准开始收紧。Benson 案中,申请要求保护在通用目的计算机上实现的算法。该算法是一个抽象概念,要成为授权客体,权利要求必须提供“新的和有用的”应用,但计算机实现不能提供必要的“发明概念”,因此,在物理机器上简单地实现数学原理,不是可授权的应用。

Diehr 案提出了一种用于原料成型的方法,未硫化橡胶制成各种固化成型产品。该方法使用了一个已知的数学方程式,即阿伦尼乌斯方程来确定何时(取决于模具内部的温度、橡胶在模具中的时间和橡胶的厚度)打开压力装置。它实际上包含以下步骤:(1)连续监测在模具内部温度,(2)将得到的数据输入计算机,利用阿伦尼乌斯方程不断重新计算开模时间,和(3)设定计算机,在适当的时候计算机给出信号打开压力装置。法院指出,基础的数学公式不具有专利性,但发现数学公式的方法专利属于专利客体,因为方法的附加步骤将公式集合到整个方法中。专利权人没有"寻求先占公式的使用",但寻求"只是排除他人关于公式与其要求的方法中所有其他步骤结合的使用"。① 由此看出,美国的审查注重数学理论是否与具体问题结合。

2. 欧洲始终坚持专利制度的"技术性"

根据《欧洲专利公约》第 52 条第 2 款的规定,科学理论和数学方法,智力活动、商业方案、规则和方法都不属于专利法中的"发明"。自实施专利制度以来,专利保护留给技术创造,一直是欧洲法律传统的一部分。这是"技术特性"原则的起源。因此,可授权发明的主题必须具有"技术特性",包含"技术教导",即技术人员如何使用特定技术手段解决特定技术问题。但是对于如何定义"技术""技术特性""技术贡献",一直颇有争议,现实中也很难找到合适的定义,不过可以通过欧洲上诉委员会作出的各种正面和负面案件来理解。

《欧洲专利公约》没有与中国《专利法》第 2 条第 2 款相对应的条款,并且仅在涉及创造性时才会判断要求保护的发明要解决的技术问题及产生的技术效果。因此,在判断是否符合"发明"的定义方面,欧洲专利局的要求比我国更简单,认为装置权利要求属于发明,方法权利要求只要涉及计算机或网络等技术手段也属于发明,所以容易通过客体审查。在《欧洲专利局审查指南》中明确指出,②数学方法可能会对发明的技术特性做出贡献,即通过其

---

① Alice Corp. v. CLS Bank Int'l, U.S. _, 134 S. Ct. 2347 (2014).

② 《欧洲专利局审查指南》(2018 版),G 部分第Ⅱ章第 3.3 节。

应用于某一技术领域,从而对技术效果做出贡献。数学方法用于技术目的的示例包括：控制某一特定的技术系统或过程,如钢冷却过程;数字音频、图像的增强或分析,如去噪、检测图像中的人;加密或电子通信的签名;通过处理生理测量的自动系统提供医学诊断。在心脏监测设备中使用神经网络以识别不规则的心跳,是一种技术贡献。基于低级特征(如图像的边缘或像素属性)的数字图像、视频、音频或者语音信号的分类是分类算法的技术应用,这些都属于发明,能够通过客体审查。

3. 日本强调软件和硬件的协作

根据日本专利法,"发明"是指利用自然法则作出的具有一定高度的技术思想的创造。对于软件相关发明,如果是通过软件和硬件资源相协作,来构筑符合使用目的的特定信息处理装置或其操作方法,则该软件是"利用自然法则进行的技术思想创作"。

例如,某权利要求涉及一种使计算机发挥作用的训练模型①,根据酒店等住宿设施评判的相关文本数据输出定量化住宿设施评判的定量数值,其中,该模型包括第一神经网络和第二神经网络,其连接方式为所述第二神经网络接收来自所述第一神经网络的输出,最终计算第二神经网络输出层定量化酒店等住宿设施评判值。

本权利要求是根据分析酒店住宿设施进行信息处理,这是由软件与硬件资源联动的具体装置或者具体程序实现的。因此软件执行的信息处理是利用硬件资源具体实现的,所以权利要求涉及的训练模型是利用自然法则进行的技术思想创作,属于发明。

二、《专利法》第22条创造性评判

(一)人工智能领域的特殊问题

由于人工智能领域的发明专利申请中通常包含算法特征,而这类特征在传统意义上被视为非技术特征,因此在创造性审查中是否考虑这些特征

---

① 《日本发明和实用新型审查指南》特定技术领域适用实例,案例2~14。

成为一个特殊问题和疑难问题。特别是很多人工智能领域发明专利申请的发明点就在于算法,如自动驾驶领域,使汽车能够识别并躲避障碍物在很大程度上依靠其中的算法,如果不考虑这些特征就难以认可其创造性。

在很多情况下,某些表面上看起来属于智力活动规则和方法的特征,如算法特征,实质上与权利要求中的技术特征存在内在的联系,两者相互支持共同作用才能解决技术问题,因此,在审查中不应机械地割裂特征之间的联系。在创造性审查中,应将与技术特征功能上彼此相互支持、存在相互作用关系的算法特征或商业规则和方法特征与所述技术特征作为一个整体考虑,应考虑算法特征或商业规则和方法特征对创造性的贡献,只要这些特征与技术特征存在功能上的联系。

(二)典型案例

某专利申请的权利要求涉及一种基于多传感器信息仿人机器人跌倒状态检测方法,包含如下步骤:(1)通过对姿态传感器信息、零力矩点 ZMP 传感器信息和机器人步行阶段的信息进行融合,建立分层结构的传感器信息融合模型;(2)分别利用前后模糊决策系统和左右模糊决策系统来判定机器人在前后方向和左右方向的稳定性,具体步骤如下:①根据机器人支撑脚和地面之间的接触情况与离线步态规划确定机器人步行阶段;②利用模糊推理算法对 ZMP 点位置信息进行模糊化;③利用模糊推理算法对机器人的俯仰角或滚动角进行模糊化;④确定输出隶属函数;⑤根据步骤①~步骤④确定模糊推理规则;⑥去模糊化。

现有技术对比文件 1 公开了仿人机器人的步态规划与基于传感器信息的反馈控制,并根据相关融合信息对机器人的稳定性进行判断,其中包括根据多个传感器信息进行仿人机器人的稳定状态评价,即对比文件 1 公开了发明专利申请的解决方案中的步骤(1),该解决方案与对比文件 1 的区别在于采用步骤(2)的具体算法的模糊决策方法。

基于申请文件可知,该解决方案有效地提高了机器人的稳定状态以及对其可能跌倒方向判读的可靠性和准确率。姿态信息、ZMP 点位置信息以及步行阶段信息作为输入参数,通过模糊算法输出判定仿人机器人稳定状态的信息,为进一步发出准确的姿势调整指令提供依据。因此,上述算法特征与技术特征在功能上彼此相互支持、存在相互作用关系,相对于对比文件1,确定发明实际解决的技术问题为:如何判断机器人稳定状态以及准确预测其可能的跌倒方向。上述模糊决策的实现算法及将其应用于机器人稳定状态的判断均未被其他对比文件公开,也不属于本领域公知常识,现有技术整体上并不存在使本领域技术人员改进对比文件1以获得要求保护发明的启示,要求保护的发明技术方案相对于最接近的现有技术是非显而易见的,具备创造性。

对于涉及算法的专利申请,如果权利要求与最接近的现有技术的应用场景相同,区别仅在于算法的调整,如同样用于无人驾驶中障碍物的识别,权利要求的算法对参数和公式进行了重新选取或调整,其实际解决的技术问题是进一步提高检测障碍物的准确性,如果现有技术中整体上不存在解决此问题的技术启示,则权利要求是非显而易见的。如果权利要求与最接近现有技术的区别仅在于应用场景不同,在判断创造性时,通常可以考虑转用的远近、难易程度、是否需要克服技术上困难、是否存在技术启示、转用带来的技术效果等因素。

(三)关于创造性审查的国际比较

在创造性判断标准的表述上,各国专利局并无明显差异。日本强调本领域技术人员基于现有技术能否容易得到权利要求的技术方案。韩国指出要考虑动机、普通创造能力、发明有益效果等。欧洲专利局采用三步法评价创造性,并且在涉及人工智能的权利要求的创造性判断中,考虑所有对技术性做出贡献的特征。我国专利局与欧洲专利局的判断标准类似。美国专利商标局按照《美国专利法》第103条的规定判断非显而易见性。从实践来看,创造性标准最为开放的是日本,只要算法特征或者技术特征两者有一项是非显而易见的,则权利要求就具备创造性。

某案中，独立权利要求 1 请求保护一种大坝水力发电量估算系统，[①]输入河流上游的降水量、水流量等，使用神经网络估计未来的水力发电量。权利要求 2 的附加技术特征是输入数据还包含河流上游的气温。对于独立权利要求 1，按照美日欧韩中的判断标准，均认为仅仅使用神经网络代替现有技术对比文件 1 中的回归方程模型没有创造性。本案争议的焦点在于权利要求 2 引入的参数能否使其具备创造性。由于日本关于权利要求 2 的创造性标准最低，认为考虑了气温参数后提高了预测精度并且是不能预期的，因此具备创造性。而根据其余四局的标准，如果本领域技术人员容易想到气温作为预测水力发电的因素且未取得意料不到的技术效果，则权利要求 2 没有创造性。

三、如何满足《专利法》第 26 条的规定

《专利法》第 26 条第 3 款规定，说明书应当对发明或者实用新型作出清楚、完整的说明，以所属技术领域的技术人员能够实现为准。对于包含算法特征或商业规则和方法特征的发明专利申请而言，应当注意的是：首先，此类申请的特殊性在于算法特征、商业规则和方法特征，那么就应当在说明书中写明这些特征。其次，应当写明技术特征是如何与这些特征在“功能上彼此相互支持、存在相互作用关系”，共同解决技术问题的。例如，对人工智能发明专利申请而言，由于其内部运行的特殊性，在发明包含算法特征时，应当将抽象的算法与具体的技术领域结合，至少一个输入参数及其相关输出结果的定义应当与技术领域中的具体数据对应关联起来，此处的“与具体的技术领域结合”并非简单提及应用于哪个技术领域，而是应描述其结合过程，使本领域技术人员能够确认。再次，在说明书中应当写明有益效果，如质量、精度或效率的提高、系统内部性能的改善，必要的时候予以细化解释或证明。最后，如果从用户的角度而言，发明在客观上提升了用户体验，即用户体验的提升是客观的、并非因人而异的主观喜好，也可以在说明书中进

① 参见《人工智能技术相关审查案例集》中案例 34，载日本特许厅网站，www.jpo.go.jp。

行说明,同时写明这种用户体验的提升是如何由构成发明的技术特征,或者与其功能上彼此相互支持、存在相互作用关系的算法特征或商业规则和方法特征共同带来或者产生的。

其实,人工智能所谓"黑匣子"问题也是各国专利局的难点问题,日本认为输入数据和输出数据之间的关联是能否实现发明的关键。如果基于普通技术知识可以推断这种关联、或通过解释说明或数据提供支持、或提供人工智能模型的效果评价,那么可以认为能够实现发明。韩国认为说明书中应具体清楚地公开训练数据、训练方法、训练模型、算法参数以及预测准确度。欧洲专利局认为应当公开算法以及相应的训练步骤。美国专利商标局认为应当充分公开硬件和软件内容并表明功能是如何实现的。

我国《专利法》第 26 条第 4 款规定,权利要求书应当以说明书为依据,清楚、简要地限定要求专利保护的范围,这是对如何撰写权利要求提出的要求。对于包含算法特征或商业规则和方法特征的发明专利申请而言,权利要求应当记载技术特征以及与技术特征功能上彼此相互支持、存在相互作用关系的算法特征或商业规则和方法特征,这一要求也是根据专利法通用规定提出的,特殊性在于应当记载和关注算法特征。

IP 商业化路径及北京 IP 密集型企业的支持政策建议

徐伟锋*

一、知识产权商业化的现状

IP 圈中众所皆知的一句话——“专利制度是给天才之火浇上利益之油”，讲的是专利制度应该给发明者足够的直接经济利益驱动来促进发明创造和技术创新。很长一段时间以来，知识产权特别是专利由于需要大量的研发投入以及很高的申请、保护、管理和运用成本，而与之相对的收益却是长期、间接，甚至难以有量化的价值感知。对企业而言，在资产负债表中费用化的知识产权成本，似乎除了申评高新企业、申请各种政府项目和补助以及彰显企业对知识产权重视的形象利益之外，没有太多常态化的实实在在的现金回报。连续不断的“利益之油”更无从谈起。

从国家知识产权局制作的《2018 年中国专利调查报告》也能看出一些端倪，报告显示，对于国内的专利权人主体专利实施的主要利益在于进行技术储备的占 75.8%，塑造形象，形成宣传效用的占 41.0%，对竞争对手形成抑制或封锁的占 30.8%，而这些实施利益比较难以形成直接的经济收益。从该调查报告来看，能够形成直接经济收益的只有“获得相关资助”的占 26.1%。

---

* 徐伟锋，知熠科技 CEO，硕士。

表 1　不同类型专利权人未实施专利带来的利益分布情况(单位:%)

	企业	高校	科研单位	个人	总体
进行技术储备	78.8	69.9	83.1	60.8	75.8
对竞争对手形成抑制或封锁	31.9	7.5	4.5	27.0	30.8
获得相关资助	24.2	43.6	34.0	35.3	26.1
完成专利考核指标	19.2	52.3	33.5	19.9	19.5
塑造形象,形成宣传效用	43.0	39.8	45.6	31.1	41.0
其他	4.9	20.3	5.9	2.3	4.5

数据来源于 2018 年中国专利调查报告。

专利权人对于专利预期的收入同样也很悲观。该报告中另外还给出了一组数据,专利权人对于未来专利高收益(500 万元及以上)的预期很低,占 6.9%,适中收益(50 万~500 万元)的预期占 23.9%,对于未来较低收益(50 万元以下)的预期占了大部分,为 69.3%。

表 2　不同类型专利权人专利预期收入情况(单位:%)

	企业	高校	科研单位	个人	总体
5 万元以下(不含 5 万元)	18.5	35.6	19.4	40.1	22.1
5 万~10 万元(不含 10 万元)	19.8	25.5	21.6	31.6	21.8
10 万~50 万元(不含 50 万元)	26.8	28.0	28.3	18.1	25.4
50 万~100 万元(不含 100 万元)	16.6	7.9	14.5	5.2	14.7
100 万~500 万元(不含 500 万元)	10.4	2.9	8.2	3.2	9.2
500 万元及以上	7.9	0.1	8.0	1.7	6.9

数据来源于 2018 年中国专利调查报告。

综上所述,知识产权的“利益之油”现实来看并不厚重,或者说暂时并不能给大多数主体的创新活动添加直接的“利益之油”。

二、知识产权商业化的必然性

知识产权为何必须商业化,再例举几个官方数据,2018 年中国发明专利申请量 154.2 万件,实用新型专利申请量 207.2 万件,外观设计专利申请量

70.9 万件,我国商标注册申请量为 7371 万件,集成电路布图设计登记申请量 4431 件。世界知识产权的年度报告显示,2018 年中国受理专利申请数量为全球最多,占全球总量的 46.4%,其数量相当于排名第二位至第十一位的申请量之和。中国这些年的专利申请高速增长意味着官方和民间大量的知识产权投入。

有报告估算,2018 年中国专利申请代理市场规模超过 200 亿元人民币,如果算上官费,仅仅专利一年的投入就应当在 300 亿元人民币以上。如果算上商标等其他知识产权类型,保守估计每年资金投入在 500 亿元人民币以上。

具体到企业,一家中等规模的企业如果聘用一个专职的 IPR,年专利申请量 50 件以上,估计年预算至少得 60 万元以上,如果搭建一个 200 件左右的专利组合,估算 75% 的专利授权率,成本至少要在 300 万元以上,这还不算在整个专利生命周期中的维护成本,也不包括商标、著作权等方面的投入,知识产权维权等方面的费用。

一家企业的投入和成本如果只是沉淀下来的费用动辄百万元、上千万元的费用,但又无法获得知识产权的现金回报,那就是不划算的,例如,在芯片、医疗、软件等知识产权密集的行业中,知识产权的保护不仅不能形成货币资产,反而有可能变成"沉默的负担"。无论是政府、企业还是个人,都不可能长期忍受这样的投入产出回报模型。投入大却长时间不能产生回报显然不符合经济学的朴素常识。

三、知识产权商业化恰逢其时

外有贸易战应对叠加中国产业升级经济结构转型迫切之需,在加强知识产权保护层面已经达成政策方面的共识,越来越多地落实到行政、司法层面的实操。知识产权的数量已经足够多,为此资金投入也足够大。

随着知识产权保护力度的加大,同样意味着知识产权的显性经济价值会逐步凸显。高额的知识产权许可\转让交易、知识产权融资等已经逐步常态化。例如,复旦大学 6500 万美元的药物专利许可交易,山东泉林纸业 110 件专利、34 件商标质押获得 79 亿元银团贷款。根据国家知识产权局的统计,2019 年,中国专利和商标质押融资的总金额超过 1500 亿元。这些高额的知识产权许可\转让交易、知识产权融资等知识产权商业化案例过去是"吸睛"新闻,未来将是知识产权商业化的常态化经济行为。

根据世界贸易组织(WTO)给出的数据显示,2017 年与知识产权相关的服务贸易总额超过了 3960 亿美元,这些贸易额主要由发达国家主导,出口额和进口额发达国家分别占了 92% 和 75%。中国因出口额过小没有显示,进口额占 7%,大约为 277 亿美元。商业部的统计显示,2018 年中国支付的知识产权许可使用费达 356 亿美元。可见我们在知识产权方面的贸易逆差非常大。

这些数据也说明中国知识产权商业化有巨大的市场空间,随着经济结构转型、自主创新能力和知识产权保护意识的不断增强,以及知识产权保护力度的越来越大,我们将有更多机会和充足空间去开拓知识产权的商业价值并放大知识产权"利益之油"的效果。

四、企业知识产权商业化的路径

路径 1:权利人自商用。

权利人将知识产权置入自己或关联的商业项目中,提供对应的产品或服务。需要澄清的一点是,法律意义上的知识产权和商业化的知识产权是不同的范畴,例如,在上文中国家知识产权局《2018 年中国专利调查报告》中提及 75.8% 的专利权人认为实施专利权是为了技术储备。

不同主体的有效专利平均实施率为 52.6%。显然从技术储备落地为商用的技术是处于不同的阶段和状态。自商用需要做好知识产权布局和维权,提高竞争壁垒和充分利用知识产权保护和扩大市场范围。在面临侵权行为时,采取有效措施果断行动包括不限于行政、司法保护等,以阻断侵权和获得经济赔偿。

表3 有效专利实施率(单位:%)

	企业	高校	科研单位	个人	总体
有效发明	62.3	15.1	30.5	30.5	48.6
有效实用新型	62.8	9.0	31.3	27.3	54.9
有效外观设计	66.0	7.3	23.4	32.6	51.6
合计	63.2	12.3	30.6	29.2	52.6

权利人自商用在知识产权保护力度越来越强的大背景下,企业将自身的知识产权商业化,可以相对容易地获得知识产权保护的产品或服务的额外溢价。例如,原研药的单纯仿制药同有部分改进或提升的专利保护的"仿制药",定价差异非常大;再如,外观设计专利,研究好电商平台的规则,在关键的时刻点(如"双11""618"等流量尖峰时刻),下架"涉嫌"侵权的产品2~3天。通过平台知识产权保护条款的解读,企业演化出一系列的销售竞争行为,使知识产权不仅仅是保护自己的盾,也变成了攻击对手的矛。应当充分相信市场主体对于保护知识产权的法规、政策和规则的解读,商业竞争会充分激发企业灵活使用知识产权的策略。一旦"会用"的企业越来越多,知识产权自用的变现价值和能力就能逐渐体现出来。

路径2:知识产权金融。

知识产权金融目前主要包括两种方式:一是知识产权质押融资,也就是权利人将知识产权质押给金融机构,然后获得金融机构的贷款融资,如上文提到的泉林纸业的知识产权质押融资。二是将知识产权证券化,获得直接的现金流。最新的信息,2019年12月26日和31日分别获批的总额度10亿元"平安证券—高新投知识产权1-10号资产支持专项计划"和总额度10亿元"浦东科创1-10期知识产权资产支持专项计划",均可以帮助科技型企业获取宝贵的资金支持。

知识产权金融本身就是为企业融资服务的,尽管完全独立按照知识产权的价值融资暂时还做不到,但2019年1500亿元的知识产权质押融资还是解决了很多企业的资金需求。当前的金融政策鼓励科技型企业的融资,无论是2019年上交所科创板的正式上市交易,还是深交所创业板注册制的改革加速,抑或鼓励和支持知识产权质押融资和证券化,都是采用多种金融手段鼓励科技型企业的融资。

金融的好处是可以给资产做出市场标价,即便开始并不是完全纯粹的市场定价,资产折现率偏低,但随着交易规模的增大,市场逐渐会形成一套定价机制,解决目前看起来很多困难和甚至感觉是“无解”的难题。万物皆有裂隙,那是光照进来的地方。

路径3:知识产权运营。

知识产权运营的定义和范围目前还没有统一的标准。本文认为常用的知识产权运营包括知识产权的许可、转让和商业维权。知识产权许可收入的典型公司,如高通2018年许可费收入达53.34亿美元、诺基亚和爱立信每年也都超过10亿美元。知识产权转让比较多地出现在院校和科研机构等技术转移以及商业公司的业务重组中。例如,2011年价值45亿美元的北电专利资产包的转让,谷歌以收购专利资产为主要目的花125亿美元收购摩托罗拉移动。商业维权比较多见的是把知识产权经营作为主营业务的非专利实施主体NPE(Non-Practicing Entities)。知识产权运营在发达国家已是成熟的商业行为,在中国还处于早期的发展阶段。

知识产权运营意味着知识产权是一种独立或半独立的产品或服务,目前相对容易一些运营的知识产权类型为著作权和商标。

对于内容产业来讲,如影视剧、音乐、文学作品等,著作权与产品二位一体,所以知识产权运营天然是企业的主营业务。例如,爱奇艺和“知名度”非常高的视觉中国等都是知识产权运营作为主营业务的公司。商标涉及的品牌运营,主要是连锁加盟产业和少量运作成功的电商网络授权品牌。除此之外的行业,能够将知识产权运营作为企业主营业务都是极少数企业。

除著作权外,目前中国独立的知识产权运营机构无论是行业性还是跨行业的知识产权运营平台,都还不是很成熟。企业通过委托专业机构进行知识产权运营的变现周期也很长。笔者处理过的与某知名跨国公司的专利许可谈判,从开始正式接触,到最终达成交易,时间长达3年。3年时间对于企业来说意味着什么?2018年6月央行行长易纲在谈论金融如何支持中小微企业时,列举数据称,“美国的中小企业的平均寿命为 8 年左右,日本中小企业的平均寿命为 12 年,我国中小企业的平均寿命为 3 年左右”。目前,知识产权运营的“远水”与这些极度需要知识产权变现企业的“近渴”的时间错配如何解决呢?用知识产权金融衔接看起来是一个相对可行的方案。

综合来看,中国由于市场巨大,产业门类齐全、产业链非常完整,前面的三个路径都有充分的市场空间。并且这三个路径也不是互相排斥的,企业可以根据主营业务、商业模式和发展阶段灵活地采用不同的知识产权商业化路径。例如,同是初创型公司,内容创作为主的企业一开始就会选择将知识产权运营作为公司的主营业务,而研发驱动的科技型企业通常是知识产权自商用为主,随着企业产品或服务的大规模商业化,积累比较多的知识产权(专利为主)并具有一定的行业影响力的企业,才会根据上下游关系、竞争环境等确定是否需要实施一定的知识产权运营。知识产权金融本质上仍然是一种企业可以选择的金融工具,只要知识产权资产和企业主体适合,就可以为其所用。

总之,知识产权商业化的路径和方式选择对于具体企业就是在当下的时刻作资源最匹配的选择。

五、知识产权密集型企业的种类

对知识产权密集型企业目前还没有统一的定义,在本文中是指知识产权数量较多,并且知识产权是企业主营业务表现核心影响因素之一的一类企业。大致可以分为三种类型:

一是专利密集型企业,此类企业一般也是技术密集型的企业。任何一个在本领域内具备技术领先地位的企业,通常也在本领域的专利方面居主导地位,如 ICT 领域内的华为、中兴、京东方、OPPO 等。以专利为主的知识产权对企业的营收、利润和价值正起到越来越重要的作用。

根据国家统计局 2020 年 3 月发布的统计数字,专利密集型企业 2018 年的产业增加值达到 107,090 亿元,占 GDP 的 10%。

二是商标密集型企业,此类企业本质上也是品牌导向和高溢价型企业。

商标密集型企业常见于快销品、餐饮、零售等行业。

三是以内容著作权为代表的文创企业,此类企业同样是典型的知识产权密集型产业。围绕文创IP及其周边产品的打造已成为企业高速增长的核心动力。例如,这两年盛行的故宫文创产品,其年收入已经突破10亿元。

专利密集型企业、商标密集型企业和著作权密集的文创企业三者之间并不是截然分开的,通常是三种兼而有之,以上的分类主要考虑的是起主要作用的知识产权类型。

六、北京知识产权密集型企业的现状

(一)专利密集型企业的情况

根据北京市第四次全国经济普查获得的数据,高新技术制造业实现总产值4425.8亿元,比第三次经济普查时增长34.4%;占规模以上工业的比重为22.5%,比第三次经济普查时提高3.5个百分点。工业战略性新兴产业实现总产值4971.1亿元,比2014年增长27.7%;占规模以上工业的比重为25.3%,比2014年提高4.2个百分点。

根据北京市统计局的数据,2019年北京市高端产业贡献突出,高新技术制造业、战略性新兴产业(两者有交叉)增加值分别同比增长9.3%和5.5%,对规模以上工业增长的贡献率分别为74.7%和58.9%。

表4 规模以上工业战略性新兴产业发展情况

	法人单位(个)	工业总产值(亿元)
新一代信息技术产业	153	1930.0
高端装备制造产业	184	748.9
新材料产业	97	317.7
生物产业	320	1278.5
新能源汽车产业	33	137.7
新能源产业	64	171.6
节能环保产业	134	347.4

续表

	法人单位(个)	工业总产值(亿元)
数字创意产业	17	39.4
合计	970	4971.1

注:按照《战略性新兴产业分类(2018)》,1家企业生产的产品可能同时涉及多个领域,因此8个领域的法人单位数之和大于全市合计数。

由此可见,北京的高科技产业,特别是高端产业或战略性新兴产业已经成为北京市增长动力强劲的支柱性产业。例如,新一代信息技术产业、高端装备制造产业、生物产业的年工业产值都已经突破了千亿元人民币(见表4),这些都是典型的专利密集型企业。并且这些企业科技创新表现活跃,研发投入大、增长快,知识产权保护意识有了较大提高。2018年,北京市规模以上工业企业法人单位研发经费支出274亿元,比第三次经济普查时增长28.6%。全市专利申请量2.1万件,其中发明专利申请1万件,分别比第三次经济普查时增长7.5%和12.4%;发明专利申请所占比重为50.3%,比第三次经济普查时提高2.2个百分点。中关村国家自主创新示范区实现技术收入占总收入的比重为19%,比第三次经济普查时提高5.8个百分点。

(二)商标密集型企业的情况

2019年,北京市商标申请量54.66万件,商标注册量47.46万件,有效商标注册量达192.2万件。

北京有国内最多的百年老店,其商标品牌延续至今,被称为百年商标品牌,这些品牌历史悠久,具有浓厚的传统文化特色,拥有历代相传的独特技艺,在历经百年历史冲刷后仍在发展。其中有药店、酒厂、饭庄、茶馆、文物店等,有160余家,涉及医药、手工、饮食、文化等众多领域。例如,同仁堂、全聚德、稻香村等,不仅在国内久负盛名,而且已走向世界,得到了广泛的认可。

另外,改革开放以后,北京也同样涌现了一大批知名的商标品牌。例如,食品行业的汇源、三元、中粮、北冰洋等,服装行业的红都、依文、李宁、探路者、三夫户外等,电子消费品的联想、小米、爱国者等,商业品牌如北京SKP、燕莎商场、西单大悦城等。

这些知名商标不但创造了很高的美誉度,而且企业营收和利润的规模、增长速度明显优于同行业的其他非知名商标的竞争对手,也带动了北京地方经济的发展,增加的就业和税收。

(三)著作权密集型文创类企业的情况

根据北京市第四次全国经济普查获得的数据,北京市文化产业繁荣发展。全市有文化及相关产业法人单位 15.1 万个,比第三次经济普查时增长 54.2%;资产总量 2.72 万亿元,比第三次经济普查时增长 1.4 倍;从业人员 121.2 万人,比第三次经济普查时增长 28.7%。其中,经营性文化产业法人单位 14.7 万个,比第三次经济普查时增长 55%;公益性文化事业(含社团)法人单位 0.4 万个,比第三次经济普查时增长 27.8%。

据北京市统计局统计,北京文创产业增加值由 2006 年的 823.2 亿元增长至 2017 年的 3908.8 亿元,年均增长 15.2%。北京文创产业继续保持良好发展态势,2018 年 1 ~6 月规模以上法人单位实现收入 8493.4 亿元,同比增长 16.6%。2019 年上半年,北京市规模以上文化产业实现收入 5818.8 亿元,同比增长 9.1%,高于全国同期增速 1.2 个百分点。根据中国人民大学文化产业研究院发布的中国省市文化产业指数(2017),北京文化产业发展指数在全国各省市中排名第一。

北京陆续出台了一系列文创产业的相关政策,包括《关于保护利用老旧厂房拓展文化空间的指导意见》《关于促进首都文化金融发展的意见》《北京市实施文化创意产业“投贷奖”联动推动文化金融融合发展管理办法(试行)》《北京市文化创意产业园区认定及规范管理办法(试行)》等。

北京文化创意产业促进中心主任梅松曾在第三届峰火文创大会(2019)上表示,文化产业已成为北京的重要支柱产业之一。他介绍说,2018 年,北京市 100 强文化企业收入为 5958 亿元,占全北京市文化企业收入的 55%。在文化娱乐、文化教育、文化旅游三个板块的文化独角兽企业中,北京有 6 家文化娱乐类独角兽,6 家文化教育类独角兽,8 家文化旅游类独角兽。从中也不难看出,文创产业不但能够拉动经济增长,成为北京经济发展的重要引擎,解决就业问题,而且其深厚的文化内涵将大大有助于提升北京的城市形象,是“软实力”的重要组成部分。

文创产业同时还能带动城市更新升级,如北京798艺术区,就是建立在前民主德国援建的“北京华北无线电联合器材厂”之上,现在已经转型成为著名的创意园区,被美国《时代周刊》评选为全球最有文化标志性的22个城市艺术中心之一。

七、促进北京知识产权密集型企业知识产权商业化的政策建议

(一)专利密集型企业的政策建议

1. 以北京知识产权法院为基础打造专利司法保护的高地

北京知识产权法院党组书记、院长王金山在建院五周年新闻发布会上介绍说:“自2014年11月6日建院以来至2020年9月底,北京知识产权法院共受理各类知识产权案件70,924件,收案年平均增幅为26%。共受理知识产权授权确权案件44,924件,商标案件占87%,专利案件占13%。”知识产权纠纷中包含大量专业性较强的技术类案件,北京知识产权法院受理专利、计算机软件著作权、植物新品种、技术秘密等在内的技术类案件12,517件,占总收案量的17%。据最高人民法院的统计,2019年上半年,北京知识产权法院新收技术类案件位列全国第一。可见,北京知识产权法院已经在地方中级法院中具备独一无二的知识产权授权确权案件的管辖权,对包括专利申请、复审和无效的确权案件均有其管辖,由此北京知识产权法院具备地方中级法院最强的专利司法审查能力。

众所周知,专利由于其技术性强、侵权举证较为困难,在实践中常常存在侵权成本低,维权成本高周期长的问题。从美国的司法实践看,一般专利权人比较倾向于在对于专利权人比较友好的联邦地区法院起诉。相应地,美国专利侵权诉讼多集中在特拉华州东区联邦地方法院等法庭。近年来,中国也开始涌现出一些对于专利权人相对比较友好的地方法院,如福州、上海和深圳等中级/知识产权法院。

如前所述,北京具备非常好的专利司法审查管辖和能力基础,可以借此

打造一个专利权司法保护的高地,这符合北京的城市定位、产业特点和人才基础。只有打造一个高质量的司法体系,快速有效地保护专利权不受侵犯,才能让专利密集型企业的专利资产保值、增值,才能推动和促进专利密集型知识产权企业的知识产权商业化。

2. 打造知识产权金融扶持政策

主要的知识产权类型包括专利、商标和著作权三种。专利相对于商标和著作权,由于技术性比较强,不容易理解和准确评估,专利技术不等于可以商用的技术,从专利技术研发变为大规模应用的技术周期通常比较长,大多数情况下周期需要按年来计算,所以专利的商业化的难度相对较高。由此导致专利密集型企业需要将大量的专利资产通过商业化的方式转化为现金流,以便弥补研发支出,平衡现金流缺口,乃至获得大量的货币化收益以激励进一步的研发创新工作。

知识产权金融无论是已经较为成熟的知识产权质押贷款还是近年开始兴起的知识产权 ABS(知识产权资产支持债券),都可以发挥很好的杠杆作用,从而引导金融机构将资金注入专利密集型企业。例如,可以从补贴政策、增信手段等方面发挥政府的强大引导作用。在新冠疫情导致的特定经济环境下,可考虑为专利密集型企业开辟方便可用的新的融资渠道,特别是有知识产权属性的便利融资渠道。

3. 支持建立行业性专利运营机构

近年来从中央到地方都出台了很多支持专利运营的政策,也建立了一些国家级和地方的专利运营平台公司。在实践中这些平台发挥了重要的作用。但也应当看到,平台型的公司由于涉及的领域非常多,容易带来广而不精的问题,而专利运营需要对行业和产业有比较深入的理解和认识。不能简单通过建立一套工作体系就能达到专利运营的目的。通常专利运营的客户也都在本行业内,或者也是在产业链周边衍生的行业,是对本行业做有限的行业扩展。国外知名的能持续运营的机构通常都是行业内的专利运营机构,如 Sisvel 专注在信息通信产业,最早的业务起点是 Mpeg 编码专利包的运营,后来扩展数字电视 DVB 和 4G 标准专利 LTE/LTE – A 的专利运营。

北京市可以考虑从地方优势的高科技、专利密集型产业中开展行业专利运营机构的孵化、建设，从而由专业机构支撑专利密集型企业的专利运营工作，让企业将精力集中在产品开发、市场拓展等核心工作中。

（二）商标密集型企业的政策建议

1. 强化知名商标的行政保护

近年来，商标保护已经取得长足进步，商标侵权特别是针对知名商标的侵权形势有所缓解，但是侵权情况仍然存在，傍名牌的现象尤其多。特别是在一些电商平台上，利用知名商标企业在跨品类方面的布局缺陷或者申请不同商标，但在实际使用的商标中以近似方式标注，使消费者产生了混淆和误认，损害知名商标权利人的经济利益和品牌形象。

由于商标的侵权现象相对容易确认，因此北京市商标管理部门可以考虑与电商平台建立本辖区内知名商标的行政监管合作机制，降低商标侵权现象的发生。

另外，商标的跨地域保护一直是一个难点。建议北京市商标管理部门建立类似于公安机关的商标保护跨区协作机制。北京市辖区内的知名商标人，可以请求商标管理机构在北京市外的区域协调对应地区商标行政管理部门，给予业务协助便利。

从商标保护的实践看，行政手段仍然是非常有效的方式。通过强化商标的行政保护，可以有效提升品牌价值和促进商标密集型企业的发展。

2. 百年老字号的商标整合运营

如前所述，北京有中国最多的百年老字号，有160余家。这些老字号积累下来的品牌和商标价值非常高。但可惜的是，能够保持良好运营，持续发挥品牌价值的老字号企业在其中仍然是少数。而且这些老字号的商标散落在不同的国有企业主体中，并没有获得非常好的运营和维护。对于品牌而言，即便是百年老店，如果没有持续的商业经营，没有很好的维护消费者关系，长此以往，品牌的声誉和影响力就会烟消云散。

对于北京市这笔宝贵的老字号知名商标，建议可以集中运营，并采用商业化的方式,授权给行业内的专业团队进行商业开发,从而让老品牌焕发二次青春,这样既可以起到保护百年老品牌的作用,同时也能够将其经济价值充分挖掘出来。

(三)著作权密集型文创企业的政策建议

1. 强化政策支持、引导传统 IP 的文创产品再开发

北京市已经出台了不少支持文创的政策,但更多的是面向支持文创园区建设,支持文创企业的孵化和招商引资。北京作为历史最近的明、清两代的都城,是中华人民共和国的首都,世界著名的历史文化名城,累积了大量的传统历史文化的 IP 资源。例如,除了故宫博物院之外,北京还有颐和园、北京博物馆、中国革命历史博物馆等。可以说老北京城留下的各种遗迹、文化物件和历史典故都是一笔待开发的传统 IP 资源。

因此,要充分开发 IP 资源离不开政府的政策支持,如管理模式、产权关系、商业开发的程度和利益分配等方面需要有清晰的政策指引,这样才能有的放矢地利用好这些宝贵的资源。

如果能够出台这样的政策并落地,相信除了故宫 IP 之外,会涌现更多体现北京特色,文化软实力的 IP 产品。

2. 支持和鼓励文创人才的引进

文创产业同样离不开专业人才。但是,我们应当看到,文创产业与偏技术的高科技产业明显不同。高科技产业中引进的人才多为理工科背景,对于优秀人才的评价标准相对比较容易,如学历、学位、专业方向、研究成果等方面。评价标准相对比较客观。文创产业则有很大不同,创意设计人才往往不能简单地用传统的理工科类等标准来衡量人才的能力和价值,很难做到标准化评价体系。所以文创人才的评价方面需要政府给予更灵活的模式和更宽容的措施。例如,是否可以按照文创人才的作品影响力和商业化程度给人才定级,从而给予在北京市落户、办理工作居住证等方面的便利,至少应达到高新技术企业同样的标准。

3. 支持内容类著作权的交易

北京有中国最多的内容创作团队和平台，它们每年产生了海量的内容作品。同时北京还有非常好的内容创作和分发的网络平台，如爱奇艺、百度、优酷、抖音、西瓜小视频、火山小视频等。应当从政策导引方面支持内容交易平台在北京的落地和积聚，如可以考虑在税收政策、交易环节的监管便利性等方面提供政策支持。

综上所述，北京有非常优秀的知识产权密集型产业集群，无论是专利、商标还是著作权密集型企业都处于全国领先的地位。北京应当充分利用这种优势，将其转变为产业结构升级和城市经济转型的特长和动力。相信假以时日，在政府支持和产业发展的推动下，北京将会成为最适合知识产权密集型企业创立、发展的区域。

图书在版编目(CIP)数据

北京法治发展论丛. 2020 / 马一德主编 ; 北京市社会科学院法治研究中心, 法学研究所编. -- 北京 : 法律出版社, 2021
ISBN 978 - 7 - 5197 - 4970 - 5

Ⅰ. ①北… Ⅱ. ①马… ②北… ③法… Ⅲ. ①社会主义法制-北京-2020-文集 Ⅳ. ①D927.1 - 53

中国版本图书馆 CIP 数据核字(2020)第 272218 号

北京法治发展论丛(2020)
BEIJING FAZHI FAZHAN LUNCONG(2020)

马一德 主编
北京市社会科学院法治研究中心
法学研究所 编

责任编辑 慕雪丹 章 雯
装帧设计 臧晓飞

出版发行 法律出版社
编辑统筹 法商出版分社
责任校对 赵明霞
责任印制 胡晓雅
经 销 新华书店

开本 710 毫米×1000 毫米 1/16
印张 25.5 字数 363 千
版本 2021 年 5 月第 1 版
印次 2021 年 5 月第 1 次印刷
印刷 北京建宏印刷有限公司

地址:北京市丰台区莲花池西里 7 号(100073)
网址:www.lawpress.com.cn
投稿邮箱:info@lawpress.com.cn
举报盗版邮箱:jbwq@lawpress.com.cn
销售电话:010 - 83938349
客服电话:010 - 83938350
咨询电话:010 - 63939796

书号:ISBN 978 - 7 - 5197 - 4970 - 5
定价:88.00 元